Gestion des compétences, la grande illusion

MANAGER RH

Cette collection, tournée vers le *Management des Ressources Humaines*, s'adresse à celles et à ceux qui travaillent, se forment ou souhaitent continuer leurs formations dans ce domaine.

Composée d'ouvrages pratiques dont les auteurs sont « sur le terrain » des RH – que ce soit dans leur activité professionnelle quotidienne en entreprise ou au niveau de leurs centres d'intérêt et d'action dans un environnement académique et de recherche – cette collection se veut avant tout pragmatique et en phase avec les interrogations des managers RH d'aujourd'hui.

Claude Blanche Allègre et Anne Elisabeth Andréassian
Gestion des ressources humaines. Valeur de l'immatériel

Bernard Merck et Pierre-Eric Sutter
Gestion des compétences, la grande illusion. Pour un new-deal « compétences »

Ilios Kotsou
Management et intelligence émotionnelle. Comprendre et utiliser la force des émotions

Christine Marsan
Réussir le changement. Comment sortir des blocages individuels et collectifs.

André Mullenders
e-DRH. Outil de gestion innovant.

MANAGER RH

Bernard MERCK
Pierre-Eric SUTTER

Gestion des compétences, la grande illusion

Pour un new-deal « compétences »

Préface de Hubert LANDIER

de boeck

Pour toute information sur notre fonds et les nouveautés dans votre domaine de spécialisation, consultez notre site web : **www.deboeck.com**

1re édition

Éditions De Boeck Université
Rue des Minimes 39, B-1000 Bruxelles

Imprimé en Belgique

Dépôt légal :
Bibliothèque Nationale, Paris : février 2009
Bibliothèque royale de Belgique, Bruxelles : 2009/0074/002

ISSN 2030-3661
ISBN 978-2-8041-5840-8

Remerciements

Nous tenons à remercier ici les personnes suivantes, sans le concours desquelles cet ouvrage n'aurait pas vu le jour :

- Hubert Landier, qui nous a ouvert les portes de son référentiel des irritants sociaux, facteurs de la performance sociale, nous faisant ainsi partager le fruit de nombreuses années d'intervention en conseil ;
- Stéphanie Baggio, docteur en psychologie sociale et chercheuse au CNRS, qui conduit un travail remarquable et novateur sur les représentations sociales et l'étude du climat social ;
- Max Matta et Youri Demyk, tous deux DRH de grands groupes en France et à l'international, qui nous ont permis d'interroger plusieurs milliers de salariés de leur entreprise pour asseoir qualitativement et quantitativement nos réflexions relatives à la performance sociale ;
- Stéphane Catel, délégué syndical CFE-CGC au sein d'un grand groupe pétrolier, qui nous a permis d'élargir notre champ d'études sur le stress au travail et sur les attentes du personnel en matière de gestion des carrières ;
- le Centre des jeunes dirigeants (CJD) qui, par son approche novatrice de la performance globale et en qualité de « laboratoire d'idées », nous a permis d'expérimenter plusieurs indicateurs de performance sociale dans le monde des PME ;
- Rachel Crevoisier qui, en gérant nos multiples enquêtes de performance sociale, a su concrètement stimuler nos réflexions par son esprit d'à-propos ;
- enfin, Béatrice, Catherine ainsi que Théophile et Balthazar.

Préface

La financiarisation des entreprises a changé la donne en matière de gouvernance d'entreprise. Désormais, il ne s'agit plus de gérer celle-ci en bon père de famille, en ménageant les intérêts du capital et ceux du travail, mais bien de générer une rentabilité immédiate, maximale pour l'actionnaire investisseur, tout en préservant la valeur d'usage des produits ou des services pour le client final.

Dans cette perspective, les ressources humaines peuvent être perçues comme une source de coûts et un frein, dans la mise en œuvre des décisions de la direction générale. Celle-ci, prise dans la spirale ambiante du « toujours plus, toujours plus vite », peut être tentée de réduire les coûts en supprimant les budgets alloués au développement des RH et de ne voir dans la composante humaine qu'une simple variable d'ajustement financier.

Pourtant, toute une série de travaux venant de jeunes économistes installés aux États-Unis montre que les entreprises socialement responsables sont, à terme, plus rentables que celles qui composent l'indice S&P 500. Cela signifie que les apporteurs de capitaux, investissant sur la durée, ont tout intérêt à ce que l'entreprise soit exemplaire dans ses rapports avec son environnement et son personnel.

Cette convergence s'explique aisément : une initiative immédiatement rentable, mais contraire aux attentes du corps social, a pour effet de réduire l'implication et l'engagement des personnels, ce qui a un impact tout aussi immédiat sur la performance économique, en réduisant, par un mécanisme naturel de défense, la valeur créée. Par exemple, une entreprise qui décide de licencier 10 % de son personnel afin d'accroître sa rentabilité s'expose à ce que les « survivants » réduisent leur efficacité de 30 %, voire davantage, ce qui aura pour effet de détériorer les résultats d'exploitation, qui seront par conséquent bien pires qu'au départ.

L'accumulation de décisions mal perçues par le personnel augmente le risque social et le coût potentiel qu'il représente. La difficulté, c'est qu'un tel calcul, souvent, est loin d'aller de soi. Les outils de mesure du risque social, tel qu'il résulte de tensions sociales, et surtout d'une tendance au désengagement des salariés, font largement défaut et doivent encore, en grande partie, être inventés.

Humanisme et calcul économique ne sont pas nécessairement contradictoires. Les salariés peuvent être heureux dans une entreprise rentable. Se préoccuper de réduire les raisons qu'ont les salariés d'être insatisfaits et partager les motifs d'engagement peuvent être des façons de promouvoir la réussite, tant de l'entreprise que de son personnel. C'est le propos que cet ouvrage défend en mettant en scène les différentes perspectives de la performance des organisations, sous l'angle de la mobilisation de leurs compétences humaines.

Hubert LANDIER
Président de m@rs-lab

Avant-propos

> « Je ne t'ai donné ni visage, ni place qui te soit propre, ni aucun don qui te soit particulier, ô Adam, afin que ton visage, ta place, et tes dons, tu les veuilles, les conquières et les possèdes par toi-même. Nature enferme d'autres espèces en des lois par moi établies. Mais toi, que ne limite aucune borne, par ton propre arbitre, entre les mains duquel je t'ai placé, tu te définis toi-même. Je t'ai placé au milieu du monde, afin que tu puisses contempler ce que contient le monde. Je ne t'ai fait ni céleste ni terrestre, mortel ou immortel, afin que de toi-même, librement, à la façon d'un bon peintre ou d'un sculpteur habile, tu achèves ta propre forme. »
>
> Pic de la MIRANDOLE, *Oratio de hominis dignitate*

Le propos de cet ouvrage tient dans son titre : la gestion des compétences, telle qu'elle se pratique usuellement dans les organisations, n'est qu'une illusion.

La référence au chef-d'œuvre [1] du réalisateur Jean Renoir n'est pas fortuite : dans ce film qui se déroule durant la Première Guerre mondiale, deux officiers, l'un, allemand, commandant d'un camp de prisonniers, l'autre, français, prisonnier dans ce camp, fraternisent parce qu'ils appartiennent au même rang social. Cette fraternisation est une façade cachant un projet d'évasion des prisonniers français. Le titre du film résume le « mirage » dans lequel se trouvent ces deux officiers ennemis : les deux protagonistes se laissent aller à croire – bien qu'ils n'en soient pas complètement dupes – que le rang social qui leur offre leurs prérogatives d'officiers les place au-dessus du lot commun de la guerre, alors que les balles ne font pas cette différence. Le drame mis en scène dans *La Grande Illusion* tient dans l'idée que les personnages ont conscience du paradoxe de cette fraternité de classe qui les unit alors que la guerre les oppose ; ils comprennent trop bien cette vérité ineffable et souhaitent au plus profond d'eux-mêmes que les choses puissent être différentes.

Transposée dans le monde des organisations [2], la « grande illusion » de la gestion des compétences repose sur un ressort et un drame similaires. Qui n'a pas souhaité – la plupart du temps avec ardeur, sincérité et conviction – que

---

1. *La Grande Illusion*, film de Jean Renoir avec, entre autres, Erich von Stroheim, Pierre Fresnay et Jean Gabin, 1937.

2. Le terme « organisation » s'applique, dans cet ouvrage, à tous les collectifs de travail des secteurs marchand (entreprises, associations à but lucratif…) et non marchand (ONG, administrations publiques ou parapubliques…).

la gestion des compétences apporte le meilleur moyen de valoriser le capital humain des organisations ? Valoriser les individus en élargissant leurs compétences individuelles et, par ce truchement, leur employabilité, valoriser les groupes sociaux en accroissant leurs compétences collectives et ainsi développer leur capacité à créer de la valeur pour l'organisation ? Qui n'a pas déploré l'échec de toutes ces tentatives de mise en œuvre d'une « Gestion prévisionnelle des emplois et compétences » (GPEC) ? Pour la plupart, ces mises en place de GPEC n'ont été que des façades tentant d'occulter tant bien que mal des licenciements massifs de salariés ou de limiter le désengagement [3] de plus en plus flagrant de ces derniers, conséquence directe de la désillusion des politiques humaines.

Ce décalage entre l'intention et l'action pose le problème de l'illusion, de son statut, de ses mécanismes et de son rôle dans les systèmes et les démarches de gestion des compétences : comment en vient-on à mettre en place de tels systèmes, de telles démarches, puis à les faire perdurer alors qu'elles semblent aussi peu efficaces ? La récente législation sur la GPEC [4] illustrerait-elle cette persévérance à se complaire dans l'inefficacité ? L'étymologie du mot « illusion » donne un premier indice pour répondre à ces questions : en latin, « *illusio* » vient de « *illudere* » qui signifie « se jouer de » [5]. Ainsi, ce terme qui, dans sa première acception, est une interprétation erronée d'une donnée sensorielle (un mirage est une illusion de la vue) devient par extension dans sa deuxième acception une erreur de l'esprit, une « croyance fausse » ; « se nourrir d'illusion » consiste par conséquent à se nourrir d'espérances chimériques, à se tromper. Qui trompe qui ou, pour le dire autrement, qui est le jouet des illusions de la gestion des compétences ? À qui profite la tromperie, et quels intérêts sert-elle, si tant est qu'il y ait manipulation et volonté de manipuler ? Mais peut-être les démarches GPEC ont-elles un autre but que d'être utilitariste ? Le sociologue Pierre Bourdieu réfute l'hypothèse que les acteurs soient rationnels : l'intérêt ne se résume pas, selon lui, au seul intérêt matériel. Il est issu de la croyance qui pousse les individus à penser qu'une activité sociale vaut la peine d'être poursuivie. Bourdieu substitue au terme d'« intérêt » celui d'« *illusio* ». Le recours à ce mot souligne le fait qu'il n'est pas d'intérêt qui ne soit fondé sur une croyance, une *illusion* : celle de croire qu'un enjeu social spécifique a une importance telle qu'il faille le poursuivre. Comme le précise Bourdieu, « l'*illusio*, c'est le fait d'être pris au jeu, d'être pris par le jeu, de croire que le jeu en vaut la chandelle, ou, pour dire les choses simplement, que ça vaut la peine de jouer » [6]. Il en serait ainsi des démarches compétence et autres GPEC.

---

3. « Désengagement » est pris dans le sens large de « capacité du corps social à limiter sa coopération avec l'entreprise », que nous avons nommée (avec Stéphanie Baggio) « réluctance socio-organisationnelle » dans : « Mesurer le risque social en entreprise : la réluctance socio-organisationnelle », *Revue de Psychologie du Travail et des Organisations*, soumis en 2008. « Désengagement » – comme son corollaire « engagement » – est souvent utilisé comme synonyme de « dés-implication » (« implication » et « engagement » sont tous deux traduits en anglais par « *commitment* »), voire de « dé-motivation », termes qui ne peuvent, conceptuellement, rendre compte totalement du phénomène de « réluctance ». Comme le terme anglais « *reluctant* » l'indique, le concept de réluctance traduit le fait que la majorité des salariés peuvent venir à leur travail en « traînant des pieds », sans allant, alors même qu'ils peuvent être individuellement motivés par leur job ; ils sont ainsi « désengagés » par leur organisation (facteur externe) qui ne mobilise pas suffisamment de moyens pour qu'ils y soient « impliqués » (facteur interne). Dans cet ouvrage, le terme de « désengagement » sera utilisé dans ce sens large et commun pour éviter le terme de « réluctance » qui pourrait paraître trop docte à certains...

4. La loi de Programmation pour la cohésion sociale du 18 janvier 2005, dite « loi Borloo » (loi n° 2005-32), a instauré une obligation de négociation triennale sur la gestion prévisionnelle de l'emploi et des compétences (GPEC).

5. D'après *Le Petit Larousse*, 1998.

6. Pierre Bourdieu, *Raisons pratiques*, Paris, Seuil, 1996, coll. Points.

Cet ouvrage s'appuie sur le vécu et l'expérience de praticiens qui ont confronté leur croyance, dans une certaine mesure leur « illusion », en une « meilleure vision du monde de gestion ». Leur quête incessante a été la suivante : y a-t-il une démarche, une instrumentation donnant la meilleure prise sur les situations de gestion et d'évaluation des compétences qui permette de mobiliser les ressources humaines vers la création de valeur dans et pour l'organisation ? Fruit de leur vécu, cet ouvrage remettra en cause toute une série de présupposés, de croyances, voire de certitudes « allant de soi ». Par exemple :

- il existe des définitions rationnelles de la « compétence » permettant d'en fonder théoriquement la gestion ;
- l'informatique favorise la rationalisation de la gestion des compétences et aboutit à un résultat efficace et efficient, car elle dégage les utilisateurs de la complexité de la gestion ;
- il est aisé de coordonner et de guider les acteurs de l'organisation vers la création de valeur à l'aide d'une démarche instrumentée de gestion des compétences.

Nous tous, dirigeants, managers, salariés, représentants du personnel, consultants ou politiciens, qui avons mis en place ces « démarches compétence », ces GPEC, avons eu la « naïveté » de croire à l'illusion qu'il serait possible de « gérer des compétences » comme on gère des stocks ou des ressources. Comment avons-nous pu penser qu'il serait possible de concilier l'inconciliable, c'est-à-dire la mise en équation d'une valeur immatérielle (les « compétences »), avec une approche matérielle (« gérer », dans son acception gestionnaire, comptable et financière) ? Comme le souligne Edgar Morin[7], une pensée qui se borne à penser « chiffres » ne fait pas mieux qu'un ordinateur...

Il est vrai que les chiffres comme les mots ont ceci de séduisant qu'ils donnent l'illusion que la réalité humaine peut être simplifiée et réduite à l'échelle d'un tableau de bord et donc pilotée par un système de gestion informatisé. Le pilotage d'une organisation se résumerait, selon bon nombre de dirigeants et de managers, à la surveillance de quelques indicateurs ou ratios (chiffres d'affaires, Ebitda, ou encore taux de rentabilité pour l'actionnaire).

Le propos de ce livre consiste à défendre l'idée que la réalité humaine dans les organisations ne saurait se réduire à une hypothétique gestion des compétences si sa finalité est simplificatrice et mutilante : simplificatrice, car issue d'une « vision du monde » univoque, orientée vers la maximisation du profit des seuls actionnaires à court terme, selon la logique folle du « toujours plus, toujours plus vite » ; mutilante, car dissociant la compétence des hommes au travail de leur essence humaine et de leur vécu en « société »[8]. Portée aux nues dans les années 1980 et 1990 comme un « mot solution » face à la complexité perçue de la réalité humaine, la « gestion des compétences » est depuis devenue un « mot problème »[9], au vu du constat d'échec des GPEC. La GPEC, démarche naïve de mise en ordre des supposées lois du phénomène humain au travail, censée permettre la création de valeur pour l'organisation, a failli, là même où elle voulait conduire les gestionnaires. Alors qu'elle devait

---

7. In *Entretiens thématiques avec Edgar Morin*, film de Samuel Thomas, DVD, Paris, Éditions Montparnasse, 2004, « Regards ».

8. « Société » étant entendu dans le double sens de « sociologique » (groupe social) et de « juridico-économique » (personne morale).

9. Pour paraphraser Edgar Morin dans : *Introduction à la pensée complexe*, Paris, Éd. du Seuil, 2005.

simplifier, donner de la visibilité, expliquer, voire prévoir, elle a la plupart du temps abouti à des « usines à gaz » inopérantes… Revenons au propos d'Edgar Morin : les modes simplificateurs de connaissance mutilent plus qu'ils n'expriment la réalité ou les phénomènes dont ils rendent compte. Comment alors envisager la complexité des compétences sans la simplifier, la mutiler ? Il est vrai que la complexité est mal vue en organisation, car elle porte en elle confusion, incertitude, voire désordre, tout le contraire en apparence de « l'organisation » rationnelle qu'une organisation est censée porter en son sein, comme son nom l'indique… Nous savons pourtant depuis Weber (et son travail magistral sur la bureaucratie) qu'une organisation peut générer en elle – voire aboutir à – une totale désorganisation. C'est le destin que semble subir la GPEC en ce début de XXIe siècle. La complexité de la gestion des compétences est apparue en cours de route, alors que le point de départ des projets GPEC apparaissait comme fort simple (en apparence bien sûr !) : il s'agissait de mettre en équation les compétences des salariés et des métiers de l'organisation pour en favoriser l'adéquation future, au regard des évolutions à venir. La complication dans laquelle se retrouvent aujourd'hui les systèmes de GPEC dénote les limites de la pensée de leurs concepteurs, par trop simplificatrice quant à la notion de compétence, et par-delà de la nature humaine dans son environnement de travail.

Pareils propos ne doivent pas être compris comme la traduction d'un désespoir sans retour concernant la GPEC. Certes, la plupart des « démarches compétence » se sont fourvoyées par excès de rationalisme simpliste, mais la GPEC n'est pas dans une impasse. Penser la compétence dans sa complexité n'est certes pas aussi simple qu'il y paraît, mais il serait faux de croire que toute simplicité doit être éliminée dans cette démarche de pensée, loin s'en faut. S'il est juste d'affirmer que la GPEC, telle qu'elle a été pensée jusqu'à présent de façon simplifiée et simpliste, n'a fait que réduire, voire désintégrer la complexité de sa réalité, il serait injuste d'imaginer qu'il ne faudrait pas intégrer les modes simplificateurs permettant de penser la compétence : penser la compétence dans sa complexité ne veut pas dire compliquer la compétence, bien au contraire. Penser la complexité de la compétence peut – et doit – intégrer des modes simplificateurs de pensée, mais en aucune manière ne doit se réduire à eux. Si se donner comme but de simplifier la compétence pour en faire un reflet du réel est mutilant et réducteur, utiliser la simplification comme moyen d'appréhension des réalités multiples de la compétence est le début de la compréhension du phénomène « compétence ». Pour cela, il faut faire le deuil d'une connaissance complète de la compétence. Connaître totalement la compétence est impossible, comme le souligne Adorno : « la totalité est la non-vérité ». La compétence porte en elle les principes d'incomplétude et d'incertitude, pour reprendre le propos d'Edgar Morin [10]. Il s'agit d'utiliser la simplification pour distinguer les entités constitutives de la compétence, non pour les isoler et les séparer, mais pour mieux en discerner les liens qui les font interagir. Il s'agit également de replacer la partie « telle compétence » dans le tout « tel salarié dans telle organisation » dont elle est issue ; il s'agit de faire de la compétence un moyen, et non une fin en soi, car la compétence n'existe pas en tant que telle : elle se manifeste si les conditions de sa manifestation ont été réunies. En ce sens, la compétence ne se gère ni ne se prévoit, éventuellement, elle s'envisage et elle est suscitée. Tout l'enjeu consiste à organiser les conditions de sa manifestation, puis de son développement.

10. Edgar Morin, *Introduction à la pensée complexe*, *op. cit.*

Qui a dû gérer des compétences a sans doute appris l'humilité. Mettre en place une GPEC rend humble, particulièrement lorsque les résultats attendus ne sont pas au rendez-vous. L'humilité en GPEC n'est pas la fin de la démarche, mais justement son début. C'est revenir à l'essence même des êtres humains : rappelons que l'étymologie du mot « humilité » remonte au latin « *humus* », tout comme le mot « homme ». Rappelons également que « *humus* » signifie « terreau » ; il n'y a jamais de hasard dans l'archéologie des mots : rien ne croît sans terreau, pas même la compétence, surtout lorsque ce terreau est humain...

Nous terminerons cet avant-propos par une réflexion épistémologique. Faisant mentir l'adage qui veut que « qui trop embrasse mal étreint », nous avons jugé nécessaire d'aborder l'étude de la compétence par une approche large. Trop souvent, celle-ci est réduite à un champ de connaissance déterminé par les connaissances originaires de ses thuriféraires. Il eût été paradoxal que, cherchant à dénoncer les réductions dont souffre la compétence, les auteurs de cet ouvrage ne se soient pas donné comme ambition d'ouvrir l'horizon épistémologique qui semble naturellement le leur, forts de leur expérience de praticiens et gestionnaires. Il eût de fait été réducteur de n'envisager la compétence que sous le seul angle de la gestion, fût-elle abordée par l'angle de la « *praxis* praticienne » (les pratiques quotidiennes en matière de gestion des compétences telles que politiques de gestion des emplois, des carrières, plan de formation, de recrutement...) et celui de la « *doxa* scientifique » (revue de littérature faisant l'état des lieux des dernières recherches en la matière). C'eût été une condition nécessaire, mais néanmoins insuffisante. Parce qu'elle est le trait d'union entre l'organisation et les individus, la compétence concerne la gestion. Parce qu'elle est un facteur de la construction de l'identité professionnelle au travail, la compétence confine à la psychologie. Parce qu'elle contribue à la réalisation de « l'être-au-travail » dans sa quête de sens (que nous résumerons ici par « bien-être » *versus* « souffrance au travail »), elle confine à la philosophie. Aussi est-il apparu aux auteurs que leurs propos relatifs aux concepts de « gestion » et de « compétence » devaient par conséquent se situer au carrefour de trois champs de connaissance :

- le champ de la gestion, évoqué ci-dessus, plus particulièrement dans le domaine de la gestion des ressources humaines ;
- celui de la psychologie sociale, qui s'appuie sur le concept de « représentation sociale » [11] et des techniques d'analyse qui lui sont liées ;
- celui de la philosophie, qui permet, sinon d'y répondre, au moins de poser quelques questions existentielles relatives à « *l'être-au-travail* » [12] avec toute l'humilité que requiert le point de vue du candide ; rappelons qu'il fut un temps où la recherche de la vérité et « l'amour de la sagesse » étaient pour le citoyen de nobles occupations, socialement valorisées...

Chacun de ces champs de connaissance est en interaction avec des « intermondes » [13] de connaissances connexes qui viennent les féconder :

---

11. La représentation sociale peut être définie, selon les termes du psychosociologue Patrick Rateau, comme étant une « « façon de voir » localement partagée au sein d'une culture et reliant un sujet à un objet.

12. Nous paraphrasons ici le concept « d'Être-au-monde » (*Dasein*) du philosophe Martin Heidegger.

13. Nous empruntons le terme « d'inter-monde » au philosophe Henry Corbin qui désigne ainsi le monde intérieur, le monde psychique (pris à la fois comme champ, méthode et médium de connaissance) situé au carrefour de la raison et de l'imagination, ces deux dernières s'interpénétrant en une synthèse qui dépasse leurs limites respectives : l'imagination créatrice.

- *l'économie*, entre la gestion et la philosophie ;
- *la psychologie*, entre la philosophie et la psychologie sociale ;
- *la sociologie*, entre la psychologie sociale et la gestion.

Le schéma ci-dessous reprend en synthèse les champs de connaissance et les paradigmes qui seront utilisés ou évoqués dans cet ouvrage.

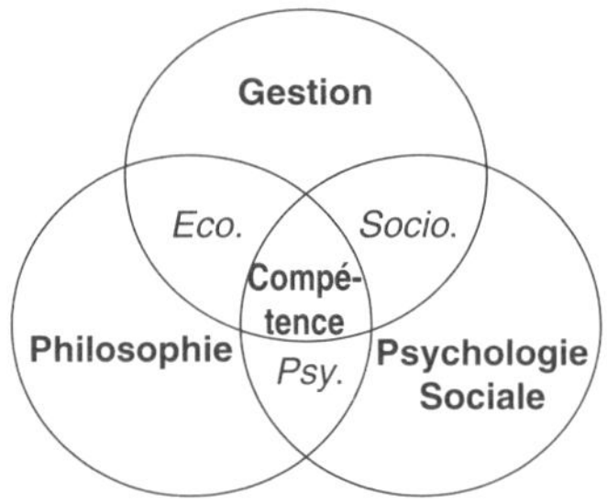

Pour illustrer ce schéma, prenons un exemple. Les diverses théories économiques sont des « visions du monde » qui tentent, chacune selon son approche, d'expliquer le marché et les agents qui y œuvrent : tantôt, ce sont les « structures » qui organisent la société (selon Marx) ; tantôt les comportements des agents qui sont déterminés par des « contrats » (théorie de l'agence [14]) dont le « moteur » est la maximisation du profit (École de Chicago [15]). Ces théories deviennent des « idéologies » qui architecturent la pensée sociale : elles influent les représentations sociales liées à la compétence... et les modes de management qui en découlent. Cet exemple montre le « chaînage » de connaissances : les théories dominantes (vision du monde du moment) du champ économique conditionnent les représentations sociales des managers (que la psychologie sociale se donne pour objet d'étude) ; ces représentations viennent influer les méthodes de management et de gestion des ressources humaines relatives aux compétences (sciences de gestion).

FIGURE 1 • Le discours sur la compétence, au carrefour de la gestion, de la psychologie sociale et de la philosophie

Si cet ouvrage traite de la compétence, comme son titre l'indique, la posture épistémologique telle qu'exposée ci-dessus confirme bien qu'il est de l'ordre de l'imposture de ne réduire l'Homme au travail qu'à quelques-unes de ses compétences. Par souci méthodique, il est certes utile de considérer l'Homme au travail à l'aune de ses compétences. Mais ce biais méthodologique ne doit pas se transformer en duperie ontologique : le Tout « Homme au travail », bien réel, ne doit pas être réduit au modèle de sa propre Partie « compétence », surtout lorsque ce modèle réduit de compétence a été préfabriqué par d'autres que lui. On ne peut davantage approcher l'Homme au travail

14. La théorie de l'agence est l'une des « approches conceptuelles » de la firme ; une agence est « un contrat par lequel une ou plusieurs personnes (le principal) engagent une autre personne (l'agent) pour exécuter en son nom une tâche quelconque qui implique une délégation d'un certain pouvoir de décision à l'agent » (Jensen et Meckling, 1976).

15. J. Van Overtveldt *The Chicago School : How the University of Chicago Assembled the Thinkers Who Revolutionized Economics and Business*, Agate Publishing, 2007.

comme on le fait avec des ressources matérielles en en faisant un facteur de production parmi d'autres, au service de la performance économique. Après avoir mis le « travail en miettes »[16], en le taylorisant au début du XXe siècle, il ne faudrait pas que l'organisation post-taylorienne du XXIe siècle, dite moderne, en vienne à mettre le travailleur en miettes du fait de l'accroissement des risques psychosociaux. Il est urgent de comprendre que l'Homme au travail est facteur de « performance sociale »[17], à la fois cause et conséquence de cette performance sociale, mais aussi contributeur de la performance économique de l'organisation. En sera-t-il bientôt le bénéficiaire ?

16. Georges Friedmann, *Le Travail en miettes*, 1956, rééd. Paris, Gallimard, 1964, coll. Idées.

17. Nous entendons par « performance sociale » tout ce qui résulte dans l'organisation de l'interaction de différentes parties prenantes en situation de travail, visant des objectifs communs, légitimés par cette organisation, qui prescrit le travail de ces différentes parties prenantes. Celles-ci sont des personnes physiques : direction, management, représentants du personnel, salariés pris individuellement ou comme sous-groupes sociaux formels ou informels, mais structurés – communautés sociologiques ou ethniques, catégories socioprofessionnelles, etc. –), mais aussi des « personnes » morales : (les réglementations et les institutions, telles qu'elles régulent les activités de et dans l'organisation ; l'organisation elle-même telle qu'elle ordonnance, prescrit et encadre le travail au travers du *job design*, des *process* ou des méthodes de management). On distingue la performance sociale selon les facteurs de *création de valeur sociale* (ceux qui accroissent la performance sociale du fait d'un engagement fort des parties prenantes) et selon les facteurs de *risque social* (ceux qui diminuent la performance sociale du fait d'un désengagement élevé des parties prenantes, voire qui génèrent des conflits sociaux).

Introduction

« Les méthodes de production modernes nous ont donné la possibilité
de permettre à tous de vivre dans l'aisance et la sécurité.
Nous avons choisi, à la place, le surmenage pour les uns
et la misère pour les autres : en cela, nous nous sommes montrés
bien bêtes, mais il n'y a pas de raison pour persévérer
dans notre bêtise indéfiniment. »

Bertrand Russel, *Éloge de l'oisiveté*, 1932

1. L'objet du management : garantir le bon fonctionnement de la « matière humaine »

Le management est l'art de définir les conditions de fonctionnement de l'entité sociale qu'est l'organisation : il s'agit de faire en sorte que chacun puisse s'exprimer et contribuer dans sa singularité à l'effort collectif. Le management s'exerce tant au niveau du pilotage de la stratégie et de la définition des processus que de l'animation de l'atelier de production ou du bureau administratif. Du fait de la division du travail, l'organisation regroupe divers collectifs de travailleurs, plus ou moins spécialisés selon les besoins de l'activité. Comment faire pour que des groupes sociaux coexistent, interagissent et produisent du « collectif », au-delà de la simple juxtaposition des expertises individuelles ? Le management conditionne le bon fonctionnement des individus et des collectifs ainsi que le succès de l'organisation à chacun des niveaux de l'organigramme. Ce rôle est complexe, car il traite de la « matière humaine » telle qu'elle se donne avec toutes ses contradictions cognitives : nous ne voyons ni la même chose, ni de la même manière, selon nos représentations collectives ou sociales liées à notre nation, à notre catégorie socioprofessionnelle ou au groupe social dont nous sommes issus. Car la matière humaine n'est pas constituée que de muscles, elle comprend aussi des neurones ; au-delà, comme en deçà du phénomène physique existe un phénomène intangible, parfois difficilement observable : le phénomène mental humain, tel qu'il se donne également avec ses contradictions émotionnelles, dont l'origine est enfouie dans l'inconscient de l'esprit. C'est ce qui fait agir et réagir les individus comme les groupes sociaux d'une manière qui peut paraître irrationnelle à celui qui observe ce phénomène, sans en être partie prenante.

Le management est interpellé au sein des organisations par des problèmes de gestion qui, parce qu'ils posent question dans la bonne conduite des opérations, deviennent des problématiques à part entière, problématiques parfois suffisamment récurrentes et importantes pour qu'elles engendrent des entités organisationnelles chargées de les gérer. Par exemple, de nombreux litiges avec des fournisseurs ou des clients posent la problématique de la judiciarisation des liens contractuels et la nécessité de doter l'organisation d'un département juridique interne pour éviter les surcoûts de conseils juridiques externes. La matière humaine est devenue dans l'histoire des organisations une problématique à part entière, à tel point que des entités organisationnelles spécifiques ont été créées pour la gérer : les services du personnel, départements des relations humaines ou autres directions des ressources humaines. Ces entités dédiées à la gestion de la matière humaine ont pour mission de « fournir » du personnel répondant aux attentes de l'organisation pour réaliser ses objectifs. Disposer au moment opportun d'un personnel compétent et stable (fidélisé) a été une nécessité qui s'est rapidement imposée aux organisations. D'où la mise en place de programmes de gestion des compétences plus ou moins formalisés en systèmes intégrés et transverses à l'organisation : de la détection (recrutement) à la valorisation des compétences (mobilité, promotion) en passant par leur « entretien » (formation). Ces systèmes se sont structurés au fil des années pour aboutir à ce que l'on appelle désormais la « GPEC », la Gestion prévisionnelle des emplois et compétences. Si, de nos jours, l'usage des termes « compétence » et « GPEC » est courant, il n'en allait pas ainsi il y a seulement quelques décennies. Nous reviendrons dans la première partie de cet ouvrage sur l'historique de ces termes pour comprendre comment et pourquoi ils ont émergé pour rendre compte des « unités de valeur » du capital humain au sein des organisations.

Toutefois, si l'artefact « compétence » est entré dans le langage courant, son recours pose de multiples questions au management soucieux de le gérer. Comment cerner cet objet au carrefour du physique et du psychique ? Quel contenu doit-il avoir ? Quelle démarche, quels processus mettre en place pour recueillir la connaissance qui va être produite ? Quelle est la finalité poursuivie par l'organisation qui légitime une telle démarche (et quels sont les coûts qui y sont associés) ? Cette démarche va-t-elle aider dans leur quotidien les acteurs confrontés à la gestion de la matière humaine ? Nous verrons que la façon dont les organisations ont tenté de répondre à ces questions les a conduites à « l'illusion » de la gestion des compétences.

2. Penser la compétence : une production de connaissance qui ne va pas de soi

Un système de gestion des compétences, même informel, produit de la connaissance. En effet, le fait pour un travailleur de se trouver face à un aléa l'amène à « penser compétence et performance », même si son travail est standardisé et en apparence peu qualifié : quel geste, quelle action, quelle interaction doit-il effectuer pour résoudre le problème que pose cet aléa ? Ce geste, cette action, cette interaction sont-ils en conformité avec son objectif individuel de performance tel que l'organisation l'a prescrit ? Sont-ils en phase avec l'objectif personnel de réalisation professionnelle de l'intéressé ? Tout ce cheminement mental, même s'il n'est pas complètement conscient, ni partagé avec autrui, produit de la connaissance *a minima* pour l'individu. Si le même aléa se représente, il saura mieux le prendre en compte, par évocation mémorielle. C'est là le début de l'apprentissage, base de la compétence. Le psychique, non observable, à l'origine du geste, de l'action ou de l'interaction, est indissociable du physique, directement observable. Ne pas prendre en compte le psychique, c'est se priver d'une partie de la réalité humaine et de la production de connaissance organisationnelle. Dès lors que l'on cherche à systématiser cette pensée individuelle intime en pensée collective et partagée au sein d'une organisation, on entre dans un système complexe de production et de gestion des connaissances. Cette analyse de l'acte en situation de travail ou de la faculté de connaître (production de connaissances puis mise en système) s'apparente à ce que les scientifiques appellent « l'épistémologie »[1], c'est-à-dire la théorie des connaissances. C'est avec cette démarche que nous allons conduire notre analyse critique des systèmes GPEC : quel est l'objet GPEC, quels sont les principes et les valeurs – explicites, mais surtout implicites – qui ont guidé sa construction et qui déterminent la méthodologie de récolte et d'interprétation des connaissances engrangées, quelles décisions ou actions engendre-t-il, et enfin, quelle production de connaissances celles-ci engendrent-elles à leur tour ? Il ne s'agit pas de rentrer dans une démarche épistémologique telle que les sciences la postulent, mais de s'en inspirer. Chercher à sortir de l'illusion des démarches GPEC requiert un minimum de rigueur, d'honnêteté intellectuelle, et aussi d'éthique. Rappelons-nous que le « matériau de base » est la matière humaine en situation de travail…

3. « Subir un échec et ne pas s'en corriger, c'est cela, l'échec »[2]...

Force est de constater que la plupart des tentatives de GPEC n'ont pas été que des succès ! Certains peuvent même être considérés comme des échecs[3]. Devant ces échecs, parfois coûteux, les décideurs ont demandé à ceux qui portaient ces démarches de les expliquer, voire de se justifier. Avant d'entendre les explications des thuriféraires de telles démarches, rappelons au préalable qu'il existe au moins deux analyses classiques de telles situations d'échec. La première manière propose une démarche d'analyse par la « *doxa* », la seconde par la « *praxis* ».

La « *doxa* »[4] représente, au sens large, l'opinion partagée par une communauté sur l'art et la manière de penser un objet. Au sens plus restreint, la *doxa* détermine la façon dont doivent se penser et s'aborder les fondements d'une science, à défaut ceux d'un champ de connaissance. L'approche par la *doxa* veille à ce que certains prérequis soient établis.

---

1. « *Epistanai* » dont est issu « Épistémiè » signifie en grec « *se tenir au-dessus de* » ; par extension, le mot a pris le sens de « *connaissance* ».
2. D'après Confucius.
3. Nous renvoyons le lecteur à l'état des lieux qu'en ont fait des chercheurs en gestion, dans la Partie 1 de cet ouvrage, Sous-partie A, Chapitre 2.
4. « *Doxa* », en grec, signifie « opinion ». En opposition complémentaire à « *praxis* » (cf. page suivante), « *doxa* » a peu à peu pris le sens de « pensée dominante du moment ».

- Comment la problématique est-elle posée, tant dans sa globalité que dans son contexte ? Concernant la gestion des compétences, la problématique est-elle posée au regard :
  - d'une théorie « économique » princeps (le spectre des théories économiques étant large (de l'école marxienne à l'école de Chicago), quels sont les présupposés et postulats de départ qui déterminent la « vision du monde » de ceux qui mettent eu œuvre une telle gestion des compétences, celle-ci est-elle implicite, explicite ?) ;
  - d'une approche « gestionnaire » (comment la place de l'agent « Organisation » est-elle posée dans le marché « Économie », comment la place de l'acteur « Homme » est-elle posée dans l'organisation, voire dans le marché ?) ;
  - d'une approche « humaine » (comment l'Homme au travail est-il envisagé : individuellement, socialement, sociétalement ?).
- Comment les savoirs et les connaissances s'organisent-ils ? Quelle est la méthode (en son sens étymologique de « *chemin* ») proposée pour passer de la théorie à la pratique ?
- Enfin, quel est le regard en « rétro-boucle » posé sur ces fondements, théoriques comme méthodologiques ? Après passage à l'action, valide-t-on ou invalide-t-on ces fondements, voire la *doxa* en cours ? Est-il possible d'établir des lois généralisables permettant d'éviter de se retrouver dans l'illusion, les non-vérités, voire les manipulations ?

La science a bataillé ferme dans sa longue histoire pour acquérir le statut de démarche objective lui permettant de « *connaître pour connaître* »[5], en se déconnectant des enjeux de pouvoir sociétaux, qu'ils aient été théocratiques ou monarchiques. Le monde des organisations n'a pas à être soumis à « l'orthodoxie » du monde des sciences, mais il ne faudrait pas qu'il devienne celui d'un nouvel obscurantisme : il convient de s'assurer qu'un minimum de prérequis théoriques et méthodologiques ont été pesés, soupesés et posés avant la mise en œuvre d'une « démarche compétences ».

L'approche par la « *praxis* »[6] s'attache à considérer la mise en acte d'un champ de connaissance selon une « méthodologie » appropriée qui traduit concrètement la « méthode » permettant de passer de la théorie à la pratique, des objectifs à la réalisation. Elle se donne également les moyens de son évaluation qui jugera les résultats obtenus par rapport aux attentes initiales et donc l'écart éventuel constaté. Ceci suppose que l'on soit en mesure de « normer » objectivement cette évaluation : le recours à des instruments de mesure sensibles, discriminants et solides s'impose alors.

En matière de gestion des compétences, l'exercice de la *praxis* est délicat, car l'initiateur d'une telle démarche « compétence » est l'agent « organisation », c'est-à-dire l'employeur, tandis que celui qui la « vit » au quotidien est l'acteur « Homme », c'est-à-dire le salarié. Où placer le curseur de l'objectivité ? Sachant que l'employeur et ses salariés sont régis par un lien de subordination (la plupart du temps formalisé par un contrat de

5. In *Entretiens thématiques avec Edgar Morin*, DVD, *op. cit.*

6. « *Praxis* », en grec, signifie « action » : « action ordonnée vers une certaine fin (par opposition à connaissance, à théorie) » (*Le Larousse*, 1998).

travail en ce qui concerne les salariés de droit privé), le regard sur la démarche et les résultats obtenus ne sera pas le même selon que l'on se situe d'un côté ou de l'autre. Du côté de l'employeur (s'il a développé une approche de *praxis* sérieuse et solide), la démarche et ses résultats pourront être considérés comme « planifiés, objectifs et rationnels ». Par contre, ils pourront être perçus comme « subis, subjectifs ou irrationnels » par les salariés, parce que ceux-ci n'auront que leur opinion, partielle et partiale, pour s'exprimer quant à leur vécu vis-à-vis d'une telle démarche.

Or nous le savons depuis Platon : « L'opinion est quelque chose d'intermédiaire entre le savoir et l'ignorance. Elle ne porte ni sur l'être véritable (les idées) ni sur ce qui n'est pas (le néant), mais sur quelque chose qui est intermédiaire entre l'être et le néant : ce quelque chose, c'est le monde du sensible. » Car l'opinion est une masse informe d'expressions individuelles agrégées collectivement, donnant une impression d'incohérence dans les propos, souvent contradictoires, parfois fortement chargés émotionnellement. Nous voici donc en présence d'une situation qui semble bipolaire, voire binaire : d'un côté, ceux qui, avec leur « démarche compétence » en apparence rationnelle, tentent au sein de l'organisation de mettre de l'ordre dans le désordre humain ; de l'autre, ceux qui, avec leurs opinions en apparence irrationnelles, mettent du désordre dans l'ordre organisationnel. Cette situation met en présence des acteurs qui semblent s'opposer par nature : d'un côté, ceux qui « commandent » (les représentants de l'organisation qui décident de lancer puis de conduire une « démarche compétence »), de l'autre côté, ceux qui « subissent » cette « démarche compétence ». Cet antagonisme ne serait-il pas la cause de l'échec des démarches GPEC ?

4. GPEC : des échecs justifiés par la résistance au changement des salariés

Ceux qui ont piloté ces projets ont souvent justifié leur échec par la *résistance* des salariés face aux démarches « emplois et compétences ». La théorie de la résistance au changement, grand classique des théories du management, explique la moindre performance des entreprises par l'incapacité des salariés à remettre en cause leur manière de faire pour se conformer aux nouveaux *process* mis en place. Car le *process*, c'est, depuis les années 1990, l'avenir de l'entreprise, son nouvel eldorado. Le *process* fait étrangement écho aux fondements de « l'organisation scientifique du travail » conçue par Taylor. Le *process* permet de cadrer l'imprévisible, de modéliser le changement, voire de lutter contre la « flânerie des salariés ». D'où l'émergence et le succès des éditeurs d'ERP (*Enterprise Resource Planning*) ou PGI (progiciels de gestion intégrés) et, dans leur foulée, des démarches « emplois et compétences » et/ou GPEC. Les dirigeants d'entreprise (surtout des plus grosses) se sont équipés de ces ERP qui leur donnent l'illusion qu'ils peuvent tout voir dans l'entreprise et ainsi piloter les inflexions stratégiques, rendues nécessaires par la pression des marchés : c'est le « mythe panoptique »[7] qui se fonde sur la croyance que l'entreprise peut se mettre en équation et en logiciel, permettant de compiler, d'analyser, et donc de prévoir tout ce qui s'y passe.

---

7. Concept de Michel Foucault, développé dans *Surveiller et punir*, Paris, Gallimard, 1975, repris et adapté au monde des organisations par le sociologue Philippe Bernoux.

Comment peut-on être amené à postuler que les salariés résistent au changement ? Le changement, c'est la vie. L'homme passe en effet sa vie à changer : physiologiquement, psychologiquement, socialement. Sans changement, il n'y aurait pas d'adaptation au milieu, à l'environnement. La résistance au changement est-elle aussi un mythe, une illusion ? « Ce à quoi les gens résistent, c'est à la représentation qui leur en est donnée, trop souvent très pauvre », comme l'indique le sociologue (et coach de dirigeants !) Thierry Chavel, dans son entretien avec Christine Marsan [8]. Pour ce sociologue, la clé de cette résistance se situerait dans la peur de la représentation du changement donnée aux salariés : ils auraient peur de ne pas y arriver, et pour cause, car c'est rarement leur représentation qui est prise en compte, mais très souvent celle de consultants externes. Ils le craindraient d'autant plus qu'on leur impose le changement de l'extérieur, parfois en les mettant devant le fait accompli, sans qu'ils aient pu se l'approprier, le confronter à leur singularité et le digérer, tandis que le dirigeant et les membres du comité de direction y pensent et s'y préparent de longue date, car pour ces derniers « le changement « ne s'improvise pas, il se planifie »...

L'illusion de la résistance justifie la difficulté à installer une démarche « emplois et compétences ». Les salariés – et même certains managers – résisteraient à la mise en œuvre de ce type de démarche, *dixit* les consultants ou les DRH. À les entendre, alors que l'entreprise dépense des millions d'euros pour mettre en place un ERP avec un module « gestion des emplois et des compétences » (traduit littéralement, « *Enterprise Ressource Planning* – ERP – signifie « planification des ressources de l'entreprise », ce qui paraît totalement antinomique par rapport à l'idée de changement, soit dit en passant...), les membres du corps social, dans leur « ingratitude » (*sic* !), s'engagent dans une telle démarche à reculons, alors que celle-ci serait la garantie de leur employabilité par la valorisation de leurs compétences. Puis, dès que l'ERP est installé, le corps social répugne à l'utiliser dans le respect des processus, voire s'évertue à les contourner. Curieux, non [9] ?

5. L'humain réduit à l'état de ressource binarisée, convertible en variable d'ajustement

Il est pourtant aisé de comprendre les salariés qui louvoient : comment accepter de voir gérer ses compétences comme des ressources matérielles et de n'être réduit qu'à cela en tant qu'être humain ? Après qu'on a mis leur « travail en miettes », les salariés accepteraient-ils de se voir eux-mêmes réduits en miettes ? Le corps social de l'organisation est composé de collectifs humains qui, avant de se mettre au travail et de remplir leurs tâches, ont besoin d'y croire. Les salariés ont besoin de percevoir la finalité de leurs actions, leur valeur ajoutée propre pour s'approprier une démarche « emplois et compétences ». Mais, vu les résultats concrets des démarches « emplois et compétences », force est de constater qu'ils ne sont pas beaucoup à y croire. Car, face à la montée de la logique de financiarisation du monde des entreprises, les salariés sont de plus en plus circonspects. Ils jugent sur les résultats et non sur les déclarations. La maximisation du profit

8. Christine Marsan, *Réussir le changement*, Bruxelles, De Boeck, 2008.

9. Toute ressemblance avec un cas réel n'est absolument pas fortuite, d'autant moins que nous en avons été les acteurs et en sommes les témoins ébahis...

impose de gagner toujours plus, et de plus en plus vite. Ce sont les logiques à court terme qui sont valorisées et non les logiques à long terme : retour sur investissement rapide, profits élevés. « Les gens résistent parce qu'ils sentent un mensonge »[10] : comme pour le changement imposé par la mise en œuvre de *process*, les démarches de GPEC entraînent suspicion, méfiance, voire rejet parce qu'il existe beaucoup de non-dits ou de faux nez. Le « toujours plus, toujours plus vite », c'est pour les actionnaires, et pas pour le bien-être des salariés, voire simplement pour leur pouvoir d'achat. Alors, pourquoi coopérer ? La GPEC est un ersatz de progrès social, voire de contrat social, dans l'entreprise qui chercherait à forcer la coopération (dans le seul intérêt financier) pour mobiliser les hommes, de plus en plus souvent contre leur gré, si l'on en juge les enquêtes de satisfaction au travail[11]. À vouloir le bonheur pour autrui contre son gré, la GPEC, par certains aspects, pourrait être totalitaire[12] : à vouloir mettre les compétences en équation, c'est-à-dire « faire rentrer » les compétences humaines dans l'instrument de gestion des compétences, on réduit les êtres humains au modèle de GPEC, alors que ce devrait être l'inverse. Mais l'inverse, c'est-à-dire « faire rentrer » l'instrument de gestion dans les compétences, suppose une démarche de prise en compte de la complexité de la compétence et, par delà, de l'être humain. Les systèmes de gestion des compétences devraient être au service des hommes dont ils sont censés gérer les compétences, et non l'inverse. Car les entreprises appréhendent et gèrent le facteur humain comme une ressource matérielle, comme une matière première ou comme un stock. Cela est dû à la finalité originelle d'une entreprise capitalistique, qui est la création de valeur pour les facteurs de production, pour le client final, mais surtout pour l'actionnaire. Or la création de valeur pour l'actionnaire passe aussi par ce que nous appelons la « création de valeur sociale », partie constitutive de la performance sociale qui crée de la valeur pour les travailleurs (mais pas la même). Nous y reviendrons.

6. Les limites de la vision « mécaniste » du monde

Le problème est aussi plus profond. Si les entreprises s'évertuent à gérer le facteur humain comme une ressource, c'est parce qu'elles ne prennent pas le temps du recul épistémologique sur leur façon d'appréhender le monde. La plupart des instrumentations de gestion des compétences, le plus souvent informatisées, trouvent leurs propres limites dans les principes qui les fondent : ces principes reposent sur l'approche analytique qui prévaut en Occident depuis Descartes. Cette approche découpe les objets qu'elle cherche à appréhender pour qu'ils soient normalisés dans un référentiel (celui que l'entreprise s'est choisi) puis encodés en langage binaire (celui de l'informatique). Ces principes sont donc simplificateurs de réalité. De fait, parce qu'elles ne peuvent gérer la complexité des compétences humaines, les démarches « emplois et compétences » informatisées conduisent à une succession de réduction et de perte en ligne de l'information liée à l'essence même des compétences. Or ces compétences sont issues de l'interaction des salariés entre eux, dans

---

10. *Réussir le changement, op. cit.*

11. Déjà en 2004, une enquête réalisée par le cabinet Towers Perrin révélait que seulement 15 % des salariés européens se sentent très engagés dans leur travail, la majorité se situant dans une situation d'attente, faisant état d'un engagement modéré.

12. Il ne faut jamais oublier ce qui était inscrit au fronton de l'entrée du camp d'extermination nazi d'Auschwitz : « *Arbeit macht frei* » (le travail rend libre).

l'entreprise qui les fait travailler ensemble ; réduire la compétence à une information figée et parcellaire, c'est pour l'entreprise rendre statique ce qui n'arrête pas de bouger, de se combiner et de se recomposer : les compétences de ses salariés. À peine le référentiel des compétences est-il finalisé qu'il est déjà faux : les compétences des salariés en interaction se sont recomposées pour créer de nouvelles combinaisons de compétences. Les systèmes de gestion des compétences fondés sur la logique analytique ne peuvent qu'appréhender le passé, figé dans le système de gestion, et approximativement le présent ; ne parlons même pas du futur… Comment, dans ces conditions, saisir les enjeux des changements que l'entreprise doit affronter pour s'adapter à son environnement ? Nombreux sont les dirigeants, les managers, les représentants du personnel, les salariés, les consultants qui se satisfont d'un système de pensée hérité d'un monde (dé)passé, qui s'y enferment et ne parviennent plus à remettre en cause leur propre pensée ni même à penser le monde d'aujourd'hui (et à nouveau, ne parlons même pas du futur…). De là à passer au virtuel…

Comment donc manager les compétences à partir d'un outil de gestion qui délivre des informations non seulement réductrices, mais également erronées ? Les salariés ne s'y trompent pas : en aucune manière cette tentative artificielle consistant à « refabriquer » leurs compétences pour les faire entrer dans les « cases » d'un système de gestion réducteur et approximatif ne peut mobiliser les hommes, car loin de faire sens, elle fait non-sens. Les compétences ne se « préfabriquent » pas, elles se révèlent en situation, dans le vécu des émotions humaines, souvent à l'occasion de collaborations collectives. C'est la part de quête de sens que chaque salarié revendique. Car l'être humain est en permanence en quête de compréhension pour trouver du sens. Il veut travailler dans un environnement qui fait sens pour lui, pas non-sens. Tant que les organisations n'auront pas compris cela, elles ne pourront pas mobiliser les hommes et encore moins leurs compétences. À quoi bon travailler pour une entreprise qui aux yeux de ses salariés a perdu son âme, parce qu'elle a perdu de vue sa mission originelle qui consistait à produire un produit ou un service, et qui ne pense plus qu'à dégager 15 % de rentabilité pour son actionnaire ?

Ainsi, les échecs constatés dans les démarches GPEC pourraient être causés par un problème de rationalité, tant au niveau de la « *doxa* » qu'à celui de la « *praxis* ». Toutefois, ne nous fourvoyons pas : la réalité n'est pas aussi simple qu'il y paraît. Le monde n'est pas aussi binaire que certains le voudraient. Bien que les salariés ne soient pas les commanditaires de telles démarches de gestion des compétences, ils ont leur part de responsabilité dans ces échecs. En effet, ils ne rejettent pas ouvertement – individuellement ou collectivement – la vision réductrice des compétences que leur imposent les organisations. Il suffit de regarder les statistiques, d'observer particulièrement la baisse du taux de syndicalisation et du nombre de conflits sociaux en France depuis deux décennies et d'analyser les « revendications ». Effectivement, les récriminations portent principalement sur les salaires, les conditions d'emploi, le maintien dans l'emploi, rarement sur la façon dont sont gérées les compétences. Qui ne dit mot consent ? Les salariés acceptent-ils vraiment cet état de fait ? S'ils ne l'acceptent pas complètement (et nous verrons que c'est le cas), comment comprendre qu'ils consentent librement à l'aliénation de leurs compétences, plus ou moins consciemment ? Une piste d'explication réside dans le fait qu'ils trouvent dans l'organisation une source de contentement ; si tant est qu'elle produit des contraintes, elle leur fournit également nombre de bénéfices. L'organisation en effet est porteuse de qualités que les individus ou sous-groupes sociaux ne trouveraient pas isolément ou difficilement :

sécurité, lien social, argent, pouvoir, etc. L'organisation est ainsi perçue de façon paradoxale par les individus qui la composent : ils ont besoin de l'organisation comme elle a besoin d'eux pour vivre ; l'organisation a besoin de leurs compétences pour exister sur son marché comme eux ont besoin de l'organisation pour valoriser leurs compétences et exister professionnellement, dans le sens étymologique de « manifester leur être-au-travail ». Une autre piste, qui dépasse le périmètre des organisations, mais qui les englobe, se situerait dans le fait que, dans la culture occidentale, on valorise de moins en moins les individus au détriment des images qu'ils produisent : images d'individus idéalisées, superficielles, de plus en plus coupées de la réalité humaine intérieure. On en vient à calquer une image fausse de ce qu'est le travailleur et de ce que sont ses compétences. Le travailleur est ainsi de plus en plus « extériorisé » de son travail : on lui impose une image du travailleur au travail qui ne correspond pas ou plus du tout à son monde intérieur ; une sorte de schizophrénie chronique est en train de s'installer entre le « travailleur-image » et le « travailleur-individu ». Ce qui vient de « l'intérieur » du travailleur ne compte plus ; ce qu'il faut, c'est qu'il se calque à ce « travailleur-image » qui vient de l'extérieur. Et peu importe que l'image ne colle pas à la peau du travailleur. Quand la GPEC alimente la vision du « travailleur image », les salariés ne se laissent pas abuser, de là à ce qu'elle les mobilise...

7. Remettre en cause les visions du monde, paradigmes [13] et postures

Les démarches de gestion des compétences sont vouées à plonger l'organisation et ses thuriféraires dans la « grande illusion » dès lors qu'il s'agit de vouloir contrôler, maîtriser l'incontrôlable, le non maîtrisable, la complexité humaine en l'enfermant dans un concept réducteur. Ne nous méprenons pas : notre propos n'est pas de condamner les tentatives de gestion des compétences (à laquelle nous préférons le terme de gestion *par* les compétences, voire de gestion *grâce* aux compétences...), bien au contraire. Il faut bien nommer le réel, même imparfaitement, pour pouvoir agir dessus. Toute tentative de gestion des hommes par les compétences est vouée à l'échec dès lors que ceux qui la managent ne remettent pas en cause les modes de pensées qui, hérités de la culture rationnelle, débouchent sur une position « positiviste » [14] réductrice. Elle est vouée à l'échec dès lors qu'elle n'est pas orientée vers le désir sincère de donner du sens, tant aux individus qu'aux collectifs de travail. Or ce sens doit se révéler dans la réalisation de la performance sociale de l'entreprise. Les entreprises y ont tout à gagner : dès lors qu'elles cesseront de vouloir contrôler le phénomène humain avec des paradigmes mécanistes transposés et plaqués tels quels sur leurs salariés, dès lors qu'elles sauront stimuler l'imagination créatrice des hommes qui les conduisent vers l'innovation et la flexibilité, elles pourront mobiliser leurs compétences humaines en vue d'une meilleure performance sociale et donc d'une performance économique optimisée, tant quantitativement que qualitativement.

---

13. Paradigme : corpus de croyances d'une communauté scientifique (définition donnée par Thomas Khun dans son ouvrage *Structure des révolutions scientifiques*, 1962). Par extension, ce terme désigne une « vision du monde » rendue cohérente par des constructions théoriques, des écoles de pensée, voire des disciplines académiques.

14. L'approche positiviste, dont le père fondateur est Auguste Comte, étudie les faits sociaux comme les phénomènes physiques, à partir de l'observation empirique et dans le cadre de théories *ad hoc*. Cette approche postule que la réalité existe et que l'on peut atteindre la vérité en faisant correspondre les faits et la réalité en établissant des lois de causalité, ce qui sous-entend un déterminisme entre causes et conséquences.

Il est urgent de changer nos représentations de la notion de compétence, d'abandonner nos certitudes quant à leur gestion, afin d'être capables de percevoir le changement pour le susciter (plus que de le conduire, encore une belle illusion !), permettant ainsi à l'entreprise de s'adapter à son environnement et de créer une valeur qui la perpétue et la pérennise sur son marché. Tant que nous parlerons de gérer les compétences avec la pensée, les attitudes et les outils d'hier, on ne saura pas mettre en mouvement la performance sociale des organisations. Car il s'agit bien de cela : mieux vaut mettre les compétences en mouvement que vouloir prétendre les gérer. Ce sera le sens du propos de la dernière partie de cet ouvrage qui tentera de montrer qu'il vaut mieux se préoccuper de favoriser la performance sociale par l'engagement des individus et la valorisation concrète de leurs compétences que se soucier de mettre en œuvre un système de gestion des compétences qui « mutile » la représentation qu'ont les salariés d'eux-mêmes au travail, en les réduisant en miettes, jusqu'à les « broyer » [15].

Il convient de faire la révolution de notre mode de pensée, dans les différents sens du mot « *révolution* », dans son sens étymologique de « *cycle* » (comme les astres ou les saisons) et dans son sens de « *changement* » : en faire le tour pour en faire l'état des lieux, la remettre en cause en la confrontant à d'autres modes de pensée, d'autres champs de connaissance, d'autres paradigmes, voire d'autres visions du monde. Puis revenir à son point de départ enrichi par ce tour et ce retour de soi sur soi-même. Ce voyage doit « décentrer » l'individu (et l'organisation) de ses certitudes, en se fécondant de champs de connaissance qui touchent à autre chose que l'économie, la finance ou la gestion. Les champs qui touchent aux sciences de l'homme au sens large – psychologie, sociologie, philosophie, anthropologie, histoire... – donnent une nouvelle dimension à la place de l'homme dans l'entreprise. Il s'agit de réconcilier, de rassembler ce qui en apparence est antagoniste, mais qui, en réalité, est complémentaire : l'ordre et le désordre, le rationnel et l'irrationnel, l'objectif et le subjectif, le pensé et le sensible, le prescrit et le vécu, l'économique et le social. Car, si l'on y réfléchit bien, le monde est ainsi fait : issu du chaos initial du « *big bang* », l'univers s'est organisé autour de lois immuables, mais aussi d'événements imprévus et soudains (comme les comètes et les astéroïdes qui arrosent étoiles et planètes depuis la nuit des temps) ; la vie sur terre est née par hasard, mais elle s'organise autour de lois cosmiques qui la dépassent. Le phénomène humain, ultime avatar du développement terrestre, est lui aussi un aléa, infime à l'échelle cosmique et biologique, mais il s'organise autour de lois qui le transcendent. Le désordre est dans l'ordre, comme l'ordre est dans le désordre ; l'irrationnel est dans le rationnel, comme le rationnel est dans l'irrationnel ; le social est dans l'économique, comme l'économique est dans le social ; l'organisation (en tant que « métasystème ») est dans les parties comme les parties sont dans l'organisation ; la compétence est dans l'Homme comme l'Homme est au cœur de la compétence.

Si les organisations ne changent pas de « paradigmes », elles risquent « d'aller dans le mur », même si ce sont les hommes qui les composent qui « trinqueront » en premier : le stress et les suicides au travail, en augmentation constante depuis près de deux décennies, en sont les prémices. Et comme nous l'avons vu, les organisations ont besoin des hommes comme les hommes ont besoin des organisations. Or une organisation sans hommes « valides » est vouée à disparaître. C'est ce qu'avaient compris les patrons de la fin du

15. Cf. Dominique Decèze, *La Machine à broyer*, Paris, Éd. Jean-Claude Gawsewitch, 2004.

XIXe siècle quand ils inventèrent le paternalisme[16]. L'Histoire est-elle un perpétuel recommencement ? Force est de constater qu'on peut encore de nos jours répondre par l'affirmative à cette question, car, depuis près d'une décennie, l'exemple vient des États-Unis (une fois n'est pas coutume !), où les organisations réapprennent à rendre les conditions de travail en leur sein moins rudes, le travail plus valorisant et le management plus reconnaissant, comme le présente Philippe Askenazy dans son ouvrage *Les Désordres du travail*[17].

8. En finir avec la dictature du matériel sur l'immatériel

Force est de constater que les organisations parviennent à faire travailler les hommes, le plus souvent sous des contraintes externes (crainte du chômage) ou internes (« pressions » salariales). Plus l'homme moderne travaille, moins il semble aimer travailler, mais l'idée de se retrouver sans travail lui est insupportable. Car sans travail, l'individu n'est plus rien dans la société : il perd son statut de consommateur et l'illusoire liberté qui l'accompagne, celle du pouvoir d'achat. Le pouvoir d'achat est l'une des préoccupations majeures du citoyen français moyen, voire pour certains la seule : avec l'argent qu'il gagne (et les crédits qu'on lui octroie), il peut presque tout s'acheter et s'étourdir dans un monde matériel qui obéit à toutes ses pulsions et impulsions d'achat. La sécularisation et le délitement des valeurs morales ainsi que des repères spirituels n'ont rien arrangé. Les « cadres » sociétaux d'antan (la paroisse, le club d'échec, l'association sportive...) ont disparu, sous les coups de boutoir de l'individualisme et de la société de l'information. L'individu n'a plus besoin de sortir de son cocon domestique : câblé à des centaines de chaînes de télévision ou connecté à Internet, il peut entendre le sermon d'un télé-évangéliste, jouer en réseau à un *shoot 'em up*[18] contre des centaines d'adversaires qu'il ne rencontre que virtuellement ou suivre plusieurs matches de foot en simultané grâce à sa « zapette », tenue d'une main, une part de pizza (livrée à domicile en moins de 30 minutes) de l'autre. Envahi par cette surabondance matérielle, l'homme moderne n'a que peu de temps de « cerveau libre »[19] pour un agir plus immatériel. Tant les besoins de base (se nourrir, se vêtir, se loger...) que l'angoisse existentielle de la finitude poussent l'être humain à agir par le travail s'il veut subsister, exister. Cette mise en action est dévoyée de son sens originel par la tournure qu'a prise le système capitaliste post-taylorien, soumis à l'impératif du « toujours plus, toujours plus vite ». L'homme travaille de moins en moins pour sa propre finalité, mais de plus en plus pour celle d'un système de plus en plus financiarisé, qui en vient à spéculer sur le cours des matières alimentaires[20].

---

16. Relire *L'Assommoir* d'Émile Zola permet de se remémorer la dureté, voire la détresse de la condition ouvrière au XIXe siècle...
17. Philippe Askenazy, *Les Désordres du travail*, Paris, Seuil, 2004, coll. La République des Idées.
18. Jeu virtuel en réseau sur Internet dans lequel les joueurs sont armés de différentes armes avec lesquelles ils se tirent les uns sur les autres ; disposant de plusieurs vies, ils peuvent « ressusciter » quasi à volonté...
19. Nous plagions à dessein Patrick Le Lay, alors PDG de la chaîne de télévision française privée TF1, qui avait affirmé en 2004 : « La vocation de la chaîne est de vendre du temps de cerveau humain disponible » à ses annonceurs, positionnant clairement la chaîne sur un créneau plus que consumériste...
20. L'effondrement des *subprimes* (crédits hypothécaires accordés, aux États-Unis, à une clientèle peu solvable) a entraîné en 2008 une spéculation sur les cours des matières alimentaires. Cette spéculation a fait grimper les prix au détail des denrées, ce qui a engendré une crise touchant principalement les pays émergents ; ce phénomène social a été dénommé « les émeutes de la faim ».

De fait, que l'on se trouve dans une organisation privée ou publique, toute l'appréciation est fondée en termes de création de valeur matérielle, directement mesurable financièrement. De nos jours, tout se rapporte à la valeur financière, tout se résume à l'économique. Or le paradoxe, c'est que la valeur matérielle est créée par la valeur immatérielle des organisations, c'est-à-dire par l'esprit humain de ses dirigeants avant tout, et ensuite concrétisée par celui de ses salariés (d'une façon générale par l'innovation, car toute réalisation est d'abord née dans l'esprit de son ou ses concepteurs). Bien sûr, il y a ensuite « passage de témoin, des neurones aux muscles » pour que l'idée se matérialise. Mais ce passage des neurones aux muscles engendre à nouveau une activité « de l'esprit » dans le cerveau de ceux qui concrétisent la réalisation. Or cette donnée immatérielle est dérangeante dans un monde d'ingénieurs où tout doit être mis en équation dans des *process* de production pour fabriquer ce qui a été conçu. Même chose pour le monde des comptables et des financiers, où tout doit être également mis en équation dans des tableaux de bord ou des *reporting* pour calculer un prix de revient et un indice de rentabilité. Il faut bien expliquer et justifier la manière dont s'est générée toute la création de valeur matérielle des organisations. C'est ainsi qu'est apparue et que s'est généralisée la vision technique et comptable de l'individu, considéré comme une ressource permettant la création de valeur matérielle.

Comme l'explique Thomas Coutrot [21], si l'intérêt des organisations est patent dans leur prise de conscience de la capacité des Hommes à créer de la valeur matérielle, il a fallu que les Hommes aient été convaincus de mettre ce potentiel de création de valeur à la disposition des organisations qui les employaient. Il a fallu également casser les rigidités statutaires des catégories professionnelles. Les organisations ont donc flatté l'ego des salariés et revu les systèmes de rémunération et de valorisation salariale en les individualisant. C'est ainsi que le raisonnement est passé de la notion de qualification à celle de compétence. Cette dernière présente pour les organisations et leurs dirigeants deux avantages majeurs :

- elle permet d'individualiser le monde du travail ;
- elle casse les logiques de collectifs de confrontation.

9. Du refus de la réciprocité entre les acteurs à l'échange « gagnant-gagnant »

Comment « l'illusion » relative aux compétences s'est-elle mise en place ? Mentale et sociale, cette illusion s'inscrit dans une « vision du monde » propre à notre époque et à notre société dite « moderne », elle est le fruit de l'aboutissement momentané de l'Histoire humaine occidentale. Comme l'ont montré Freud [22] puis Claude Lévi-Strauss [23], toute société humaine comporte des interdits (par exemple l'inceste et l'exogamie), des transgressions (par exemple le meurtre du père dont le cadavre est mangé par ses fils) et des mythes fondateurs (par exemple celui d'Icare). Il nous semble que la société capitaliste néolibérale post-taylorienne d'aujourd'hui, consacrée par la division du travail qui a permis l'essor industriel

---

21. Thomas Coutrot, *Critique de l'organisation du travail*, Paris, La Découverte, 2002, coll. Repères.
22. Sigmund Freud, *Totem et Tabou*, Payot, Paris, 1913, 1965 ; *L'Avenir d'une illusion*, Paris, PUF, 1923, 1999, coll. Quadrige.
23. *Claude Lévi-Strauss*, film de Pierre Beuchot, DVD, Paris, Éd. Montparnasse, 2006, Regards ; Claude Lévi-Strauss, *Anthropologie structurale*, Paris, Plon, 1958.

que connaît l'Occident depuis près de deux siècles et qui essaime sur l'ensemble du globe (la « mondialisation »), repose sur un interdit majeur, le *refus de la réciprocité entre deux types d'acteurs* : les acteurs qui produisent, mais qui ne peuvent détenir l'outil de production, les acteurs qui détiennent le capital, mais qui ne le partagent pas avec ceux qui produisent. Si nous nous référons à l'œuvre de René Girard qui a développé la théorie mimétique [24], refuser la réciprocité engendre l'absence de réciprocité, qui est elle-même une forme de réciprocité qui engendre la violence. Cette violence serait au fondement des conflits qui opposent ceux qui possèdent et ceux qui produisent. La violence révèle l'asymétrie de la situation et pose le problème de leur rivalité mimétique qui s'expliquerait par le fait que les seconds désireraient s'approprier les biens ou qualités des premiers. La religion aurait ainsi été, dans le modèle de la violence mimétique, la protection contre les paroxysmes de violence qui menaçaient la cohésion de la société. Comment ? En mentant sur la volonté des dieux qui justifient et confortent les hiérarchies sociales, dieux dont ils pourraient s'attirer les foudres en cas de désobéissance, dieux qu'il faut apaiser par l'offrande de victimes expiatoires : c'est le principe du bouc émissaire. Le bouc émissaire est une victime de substitution, symbolique, que l'on sacrifie à la place de l'Autre. Le bouc émissaire est choisi ; par son sacrifice, on apaise le conflit et la paix revient. Mais, très vite, les conflits mimétiques réapparaissent. D'où l'émergence des rites qui institutionnalisent les sacrifices. L'État s'est peu à peu substitué à la religion. L'État et ses institutions sont devenus suffisamment puissants pour interdire le recours au sacrifice de victimes expiatoires et pour punir en son nom les coupables des violences qui leur sont attribuées. Les coupables ne sont plus sacrifiés, ce qui évite de relancer la violence mimétique ; on ne peut se venger de l'État ou le tuer. Ainsi, l'interdit refusant la réciprocité, dans le capitalisme, entre producteurs et détenteurs du capital se trouve institutionnalisé ; la violence mimétique qui émane des rapports de travail est canalisée : s'il en est qui entrent en conflit, l'État arbitre entre les deux catégories d'acteurs, par la loi et l'application de la loi. Pierre Bourdieu reprend à son compte une théorie équivalente avec la notion de « violence symbolique ». Cette notion renvoie à l'intériorisation par les « agents » [25] de la domination sociale inhérente à la position qu'ils occupent et plus généralement à leur position sociale. Cette violence serait *infra*-consciente et ne s'appuierait pas sur une domination *intersubjective* (celle d'un individu sur un autre), mais sur une domination *structurale* (celle d'une position sociale en fonction d'une autre). Cette structure fait violence, car elle n'est pas directement perçue par les agents. Elle engendre par conséquent un sentiment d'infériorité subi. La violence symbolique se trouve fondée par la légitimité issue du système de classement qui résulte de la hiérarchisation des groupes sociaux, préexistant aux individus. Pour Bourdieu, la reproduction de l'ordre social passerait donc à la fois par la reproduction des hiérarchies sociales et par une légitimation

---

24. *René Girard, la violence et le sacré*, film de Pierre-André Boutang, Benoît Chantre et Annie Chevallay, DVD, Paris, Éd. Montparnasse, 2006, Regards.

25. Pierre Bourdieu préfère utiliser le terme d'« agent » plutôt que celui d'« acteur », de « sujet » ou d'« individu » parce qu'il évoque mieux la double dimension sociologique de l'être humain « qui agit » et « qui est agi ». Bourdieu défend l'idée que le sujet n'est pas aussi libre dans son action (au sens où l'entendait Jean-Paul Sartre) que les théories existentialistes le laissent entendre. Toutefois, il n'est pas non plus complètement déterminé par des règles structurales, tel que le défend Claude Lévi-Strauss. Ainsi, pour Bourdieu, l'agent agit de lui-même, mais son action est le produit de « stratégies inconscientes » qu'il a développées, sachant que ces stratégies sont constituées à partir de dispositions que l'agent a incorporées. L'action des individus est donc le produit des structures objectives du monde dans lequel ils vivent, et qui façonnent en eux un ensemble de dispositions qui vont structurer leurs façons de penser, de percevoir et d'agir (source : *http://fr.wikipedia.org*).

de cette reproduction. Selon lui, la violence symbolique se concrétiserait entre groupes sociaux sous la forme d'une lutte symbolique fondée sur l'imitation. Les individus des groupes sociaux dominés s'efforcent d'imiter les pratiques culturelles des groupes sociaux dominants pour se valoriser socialement. Toutefois, les individus des groupes sociaux dominants, sensibles à cette imitation, ont alors tendance à changer de pratiques sociales : ils en cherchent de plus subtiles, aptes à restaurer leur distinction symbolique.

Le refus de la réciprocité ne signifie pas le refus des échanges entre les agents, car ceux-ci ont besoin les uns des autres pour exister : le producteur met à disposition sa force de travail à celui qui détient le capital en échange d'un salaire, celui qui détient le capital met à disposition à celui qui produit salaire, sécurité et lien social en échange de sa force de travail... Ainsi, on retrouve toute la puissante nécessité du « *potlatch* »[26] décrit par Marcel Mauss, constitué d'autant de petits arrangements avec cet interdit appelé de nos jours « l'échange donnant-donnant », voire « l'échange gagnant-gagnant ». Le fait que cet interdit coexiste avec ces échanges peut sembler contradictoire, mais c'est justement la coexistence de cette contradiction qui évite au système d'exploser. Nous verrons qu'il est possible de refonder une démarche compétence réellement « gagnante-gagnante » qui ne soit pas univoque (l'intérêt exclusif de l'organisation dans une logique « gagnant-perdant ») en la contractualisant au travers d'échanges au quotidien, dans lesquels les acteurs voient leur intérêt dans l'intérêt d'autrui et vice-versa (relations bijectives), transgressant ainsi l'interdit fondateur du capitalisme et rendant le progrès socio-organisationnel possible.

10. Les tentatives d'instrumentalisation de la compétence

Les organisations sont régies par cet interdit, ces échanges, et par une série de mythes fondateurs dont nous parcourrons les plus saillants. Ceux-ci déterminent l'idéologie dominante de ceux qui détiennent le pouvoir et refusent la réciprocité (ce ne sont pas seulement les dirigeants d'entreprise, loin s'en faut : il faut englober également les leaders d'opinion, tels que, par exemple, les représentants syndicaux, les journalistes ou les élus politiques). Refuser la réciprocité, c'est imposer ce qui est tenu pour raisonnable ou non raisonnable, ce qu'il faut croire et ne pas croire, ce qu'il faut faire et ne pas faire, ce qu'il faut être et ne pas être. L'important n'est pas que ce que l'on dit au sein des organisations soit vrai, mais qu'on y croie et qu'on agisse en fonction des croyances dominantes du moment. On se trouve ici dans le débat, vieux comme la philosophie antique, qui opposait au sujet de la rhétorique les fervents de la « logique » aux adeptes de la « dialectique ». Dans un petit livre posthume[27], Schopenhauer décortique la dialectique, non sans humour, en la qualifiant d'« art de disputer, et ce, de telle sorte qu'on ait toujours raison, par tous les moyens possibles ».

---

26. Le *potlatch* est un comportement culturel qui adopte souvent la forme d'une cérémonie plus ou moins formelle, basée sur le don. Plus précisément, c'est un système de dons et de « contre-dons » dans le cadre d'échanges non marchands. Une personne offre à une autre un objet en fonction de l'importance qu'elle accorde à cet objet (importance évaluée personnellement) ; l'autre personne, en échange, offrira en retour un autre objet lui appartenant dont l'importance sera estimée équivalente de l'objet qu'elle a reçu. Tout en créant un lien social, le don est *agoniste* (il « oblige » celui qui reçoit, qui ne peut se libérer que par un « contre-don »). Pour Mauss, le don est essentiel dans la société humaine et comporte trois phases : premièrement, l'obligation de donner ; deuxièmement, l'obligation de recevoir ; troisièmement, l'obligation de rendre (source : *http://fr.wikipedia.org*).
27. Arthur Schopenhauer, *L'Art d'avoir toujours raison*, 1864, rééd. Fayard, 2000, coll. Mille et une nuits.

Aristote distinguait la logique de la dialectique : la logique, en tant que théorie ou méthode, permet d'arriver aux conclusions exactes ; la dialectique, en tant que méthode, arrive aux conclusions *jugées exactes* et adoptées comme telles, sans qu'il ait été démontré qu'elles soient fausses – ni qu'elles soient vraies, car ce n'est pas cela qui importe. Tout l'art d'avoir raison consiste donc à parvenir à l'apparence de la vérité sans se soucier de l'objet de la controverse. Ainsi, on peut être objectivement dans le vrai sans pour autant être perçu subjectivement comme ayant raison [28] et, inversement, on peut être objectivement dans le faux tout en étant perçu comme ayant raison [29]. Ainsi, toute une dialectique s'est organisée dans les organisations autour du concept de « compétence » pour instrumentaliser à la fois le concept lui-même et les forces productives. Ce dont il s'agit, c'est de jeter de la poudre aux yeux aux salariés, leur vendre du rêve, des paillettes afin de les faire travailler dans le cadre « mythique » de la société post-taylorienne. Peu importe que le discours concernant la gestion et la valorisation des compétences soit faux. Ce qui compte, c'est qu'il soit tenu depuis le plus haut échelon de l'organisation et ensuite qu'il donne l'apparence d'un raisonnement acceptable auquel on ne peut opposer aisément la contradiction. Ce qui compte, c'est de fournir un « prêt-à-penser » relatif aux compétences (par exemple, le discours sur « l'employabilité », qui peut sembler raisonnable sans être vérifiable pour autant...) qui incite les salariés à donner le meilleur d'eux-mêmes en échange d'un salaire qui leur évite de réfléchir à l'absence de réciprocité que prône le système.

11. Adopter la pensée dialogique

Pourtant, il semble qu'on puisse se frayer un chemin satisfaisant entre « logique » et « dialectique » [30], entre vérité à jamais inatteignable – car soumise au principe d'incom-

---

28. Ce fut le cas de Galilée qui, de son vivant, fit l'expérience de la solitude pour avoir découvert une vérité avant tout le monde et qui dut lutter contre la « raison commune » du moment qui ne pouvait ou ne savait accepter cette vérité (« et pourtant, elle tourne »)...

29. Ce n'est pas moins ce que dit Coluche dans l'un de ses aphorismes humoristiques : « Ce n'est pas parce qu'ils sont nombreux à avoir tort qu'ils ont raison. »

30. Il faut entendre ici « *dialectique* » au sens où Aristote l'entend, c'est-à-dire l'art de porter la contradiction. D'autres philosophes grecs, comme Zénon ou Platon, avaient désigné la contradiction comme fondement de ce qui existe, à partir du paradoxe suivant : du Un naît le Multiple, mais pas l'inverse ; toutefois, dans le Un réside le Multiple et le Multiple réside dans le Un. Ainsi, pour ces derniers, il n'existait pas de dialectique pure parce qu'ils maintenaient la différence entre les deux oppositions ; ils ne découvrirent pas ce que Hegel mettra plus tard au jour, le fait que la contradiction pouvait faire naître un troisième élément par la *synthèse*. Hegel est en effet le premier non seulement à n'avoir préjugé d'aucune des deux propositions opposées (les opposés s'équivalent en qualité et sont réversibles), mais aussi à avoir signalé que, dans la dialectique parfaite, les contraires (*thèse* et *antithèse*) doivent s'absorber dans une nouvelle résolution positive, la *synthèse*. La vérité pour Hegel, ce n'est ni l'Être ni le Néant (l'Être et le Néant sont les éléments de la contradiction suprême) ; l'Être « s'absorbe » dans le Néant comme le Néant « s'absorbe » dans l'Être. La vérité réside ainsi dans le mouvement de la disparition immédiate de l'un dans l'autre (double négation), mouvement qui est le *devenir*, en vertu de quoi les deux éléments de l'opposition se distinguent par une différence, elle aussi absorbée et dépassée. L'exemple qui suit permet de mieux comprendre la dialectique hégélienne : il est raisonnable d'affirmer que le cycle nycthéméral (synthèse) se décompose en nuit et jour (thèse et antithèse) ; cependant, il ne fait jamais totalement jour ni totalement nuit, car la nuit est dans le jour comme le jour dans la nuit, dans une succession permanente sans délimitation formellement avérée entre ces deux états (minuit et midi étant des conventions horaires qui n'ont désormais plus rien à voir avec le milieu du jour ou de la nuit). Ainsi, prétendre qu'il fait nuit en été à 23 heures ou à 4 heures du matin n'est pas tout à fait vrai (car le jour, dans le premier cas, finit de s'éteindre et, dans le second cas, commence à poindre imperceptiblement), mais raisonnable (car il fait trop noir pour qu'on puisse opposer l'argument qu'il fait jour). La dialectique hégélienne doit donc être différenciée de la dialectique antique telle que reprise par Schopenhauer.

plétude – et raison dogmatique et manipulatrice. Il s'agit d'adopter ce qu'Edgar Morin appelle la « pensée dialogique ». La dialogique dépasse l'approche dialectique telle que développée par Hegel, car il s'agit dans un ensemble donné de mettre en exergue non seulement les éléments qui s'opposent, mais aussi de trouver la complémentarité qui unit ces éléments en opposition et qui crée un « plus » pour cet ensemble du fait de leur opposition [31]. Cette approche dialogique permet d'entrevoir une autre façon d'aborder les démarches « emplois et compétences », qui sont le plus souvent univoques et donc le plus souvent stériles pour les salariés. En effet, l'organisation offre des emplois dont le profil de compétences requises est spécifié. C'est au salarié d'adapter son portefeuille de compétences acquises à l'offre de l'organisation, sans que sa demande, matérialisée par un projet professionnel plus ou moins manifeste ne soit prise en compte, ni que l'on s'interroge sur la pertinence du référentiel d'emplois au regard de ses compétences acquises. On se trouve là encore dans une logique d'adaptation du stock supposé des ressources de l'organisation à ses besoins, et non dans une logique d'adaptation mutuelle et bijective, complémentaire entre les parties en présence (salariés et organisation, compétences et performance sociale). Sans aller jusqu'à adapter les postes ou les emplois pour qu'ils épousent les compétences acquises des salariés, il est possible de trouver un juste milieu qui permette de jouer un jeu « gagnant-gagnant » entre organisation et salariés. Outre les compétences requises pour les emplois, il convient de prendre en compte les compétences acquises par les salariés bien sûr, mais aussi (et surtout !) celles qu'ils souhaitent développer parce qu'ils ne les détiennent pas encore (avec une juste évaluation du risque d'échec que cela peut représenter). Obtenir un poste pour lequel on ne détient pas toutes les compétences requises est souvent beaucoup plus motivant que d'accepter un poste pour lequel on détient déjà toutes les compétences requises. La motivation engendrée par le défi que représente un poste dans lequel de nouvelles compétences vont être développées s'ajoute à l'engagement qu'engendre la confiance laissée par l'organisation au salarié ; cette motivation et cet engagement sont le gage d'une performance sociale optimisée, sans qu'il y ait forcément une augmentation salariale à la clé lors de l'accession au poste... Pour jouer ce jeu « gagnant-gagnant », il est nécessaire d'entrer dans une logique de contractualisation bijective [32] entre le salarié et l'organisation dont la philosophie consiste à faire de l'intérêt de l'autre son propre intérêt. Nous développerons cette approche en seconde partie.

31. Le symbole du yin et du yang permet d'appréhender concrètement la pensée *dialogique* : ce symbole asiatique se représente par un rond (l'ensemble) composé de deux formes identiques similaires à un « S » (les éléments), mais symétriquement opposées et respectivement de couleur blanc et noir ; chacune de ces deux formes est composée d'un petit rond de couleur opposée ; ainsi, le blanc « s'absorbe » dans le noir comme le noir « s'absorbe » dans le blanc ; pourtant, ils continuent de coexister dans leur opposition tout en formant un tout, le rond qui les englobe, tout en englobant ce petit rond de couleur opposé qui les constitue et qui rappelle le rond qui forme le tout du symbole (le Un est dans le Multiple comme le Multiple est dans le Un).

32. Le modèle de l'interaction bijective s'inspire du théorème mathématique décrivant la relation bijective des ensembles dont la définition suit : « Application d'un ensemble A dans un ensemble B telle que deux éléments distincts de A aient deux images distinctes dans B (application injective) et que tout élément de B ait un antécédent et un seul dans A (application surjective) » (in *Le Larousse illustré*, éd. 1992). Ce modèle est présenté en seconde partie. Il a été décrit dans : Pierre-Éric Sutter, *Recruter ou se faire recruter*, Bruxelles, De Boeck, 2007.

12. De la gestion des compétences à l'optimisation de la performance sociale

L'objet de cet ouvrage consiste à tenter de comprendre comment on a pu en arriver à cette illusion collective qui amène à croire que les compétences des salariés peuvent être gérées non seulement pour l'intérêt de l'organisation, mais aussi pour leur propre intérêt, et ce, *via* des instrumentations informatisées capables de prédire l'avenir, comme le laisse entendre la dénomination de certains progiciels[33]. Le plus étonnant, c'est de voir le nombre de ceux qui fondent leurs décisions de gestion parce qu'ils croient[34] en ces « magiciels »[35] et en leurs pouvoirs mythiques, tel le mythe techniciste : « *le magiciel peut tout pour vous* », ou le mythe social : « *le magiciel peut tout pour nous* ». Il sera ainsi nécessaire de « déconstruire » (dans la première partie) cette illusion au travers d'un double mouvement de « diagnostic-pronostic » résumé par les deux questions suivantes : « comment en est-on arrivé là ? (diagnostic : tentative de description du phénomène) » et « pourquoi on en est arrivé là ? (pronostic : tentative de compréhension du phénomène) ».

13. De la performance sociale à la création de valeur

À l'issue de cette déconstruction, il sera opportun de proposer un « remède » permettant de traiter au mieux cette illusion, pour en éviter les travers et reconstruire une démarche de management des hommes par compétences qui fasse sens pour tous les protagonistes concernés par cette démarche (ce sera l'objet de la seconde partie). Ce double mouvement de « déconstruction-reconstruction » peut se synthétiser selon la formule suivante : « plutôt que de tenter de gérer les compétences comme on gère des stocks, mieux vaut susciter l'engagement des travailleurs afin qu'ils créent par eux-mêmes de la valeur pour l'organisation et retrouvent du sens à leur travail ». Nous verrons notamment qu'il faut résoudre la dichotomie entre la valeur d'échange (centrée sur le producteur) et la valeur d'usage (centrée sur le client). Si la seconde crée, dans le cadre de la stratégie, de la valeur pour le consommateur, elle n'en crée pas ou peu pour le salarié, considéré comme variable d'ajustement. Le salarié peut ainsi se retrouver exclu de l'organisation quand il s'agit de créer mécaniquement de la valeur à son insu… Laissons le mot de la fin à Henry Mintzberg : « Vouloir élaborer la stratégie sur la base d'une démarche mécanique ne peut aboutir qu'à des résultats médiocres. »

14. Refonder les « démarches compétence »

Nous espérons contribuer, par cet ouvrage, à refonder les démarches compétence. Que le lecteur ne se méprenne pas sur notre propos : nous pensons sincèrement que l'on n'a pas

---

33. Nous faisons référence au « P » d'ERP pour « *Planning* » signifiant « Planification » qui sous-tend les notions de projection dans l'avenir et d'anticipation et qui fait étrangement écho au « P » de GPEC pour « *Prévisionnel* »…

34. Nous utilisons le verbe « croire » dans son acception d'« idéologie psychosociale ». On parle d'idéologie dans les systèmes sociaux dès lors qu'on observe que les acteurs sociaux tiennent pour vraies des croyances qu'ils s'obstinent à « démontrer » par le biais de propositions ou justifications *normatives* – par essence indémontrables – et *positives* qui peuvent être soit non démontrables, soit non démontrées, soit fausses.

35. Néologisme emprunté à Patrick Gilbert, télescopage des mots « *magique* » et « *logiciel* ».

trouvé mieux qu'une démarche « compétence » pour réconcilier l'homme au travail avec l'organisation et dépasser violence et enjeux de pouvoirs entre groupes sociaux. L'approche dialogique peut créer une heuristique novatrice du concept de compétence et des démarches qui lui sont associées. Certes, jusqu'à présent, les démarches compétence se sont plutôt soldées par des échecs, mais elles sont ce qu'il y a de mieux pour faire converger les intérêts des individus et ceux des organisations. Il convient de dépasser les échecs en s'attelant à faire « échouer l'échec » pour faire aboutir ces démarches compétence dans la réalisation des intérêts des parties prenantes. Il convient de commencer par remettre en cause notre façon de penser la réalité humaine et la façon de l'appréhender dans les situations de gestion.

Partie 1

Gestion des compétences : autopsie d'une illusion

SOMMAIRE

Sous-partie A

Comment en est-on arrivé là ?
État des lieux et diagnostic

SOMMAIRE

La gestion des compétences recouvre divers domaines : le recrutement, la formation, la rémunération, la promotion, la mobilité professionnelle et l'organisation du travail. L'évaluation des compétences humaines et individuelles constitue un acte de gestion transversal à tous ces domaines. Cette évaluation est de plus en plus « instrumentée » afin d'en optimiser la performance. Notre réflexion se focalisera plus particulièrement sur la partie immergée de l'iceberg que représentent les effets implicites des instruments de gestion, particulièrement en situation de recrutement externe et de mobilité interne.

Les évaluations de compétences confrontent classiquement l'individu, ou un groupe d'individus, au travail envisagé pour un emploi (un poste ou une mission à pourvoir) au sein d'une organisation. Elles ont pour objectif de déterminer l'adéquation du « profil » d'un ou de plusieurs individus à celui d'une situation de travail donnée, plus ou moins « fractionnée » en tâches, activités, missions, postes, métiers... Les bilans d'évaluation permettent entre autres à l'organisation et à ses représentants de « s'assurer » que l'individu évalué « est compétent » (vision essentialiste) ou « dispose des compétences » (vision comportementaliste) pour les emplois qu'il occupe, qu'il a occupés ou qu'il va occuper.

Les profils d'emploi sont plus ou moins formalisés à l'avance, en amont du processus d'évaluation. A minima, il s'agit de déterminer plus ou moins intuitivement, à partir des tâches et des activités de l'emploi exercées à un niveau de performance supposé « correct », les qualités attendues (compétences, motivation, personnalité...) pour le candidat « idéal ». Cette formalisation peut se concrétiser sous la forme de référentiels « emplois » et « compétences », établis avec des méthodes et des outils de pesée de poste, par exemple, sous la forme classique « papier/crayon ». Cette formalisation peut également se matérialiser par une instrumentation de gestion informatisée : du référentiel de compétences jusqu'à la gestion des étapes et du processus de recrutement/mobilité (gestion du « *workflow* »), en passant pas la base de données de candidatures (CVthèque interne ou externe).

Cette formalisation ne va pas de soi, tant du point de vue théorique que pratique. Comme nous allons le voir dans le chapitre qui suit, la notion de compétence ne se laisse pas aisément enfermer dans une définition « passe-partout », pas plus qu'elle ne se laisse encoder en binaire dans des systèmes d'information, aussi performants soient-ils. La littérature scientifique abonde d'exemples d'analyse expliquant les difficultés à mettre en œuvre de tels systèmes, particulièrement ceux des démarches GPEC, les succès dans ce domaine restant rares, toujours relatifs et fragiles [1], comme nous le verrons dans le chapitre 2. Enfin, le chapitre 3 clôturera cette première sous-partie en établissant le diagnostic de la relation qu'entretiennent salariés et organisation qui par certains aspects, semble au bord de la rupture voire du divorce.

---

1. Alain Klarsfeld et Ewan Olry (dir.), *Gérer les compétences : des instruments aux processus*, Paris, Vuibert/AGRH, 2003.

CHAPITRE 1

Du concept « compétence » aux S.I. GPEC : des fondements hasardeux

Apparue dans les années 1960 dans la littérature de gestion, la notion de compétence s'est substituée à la notion de qualification et s'est imposée à tous, dans les organisations, depuis plus de deux décennies. Le passage conceptuel de « qualification » à « compétence » a permis à cette dernière d'acquérir le statut de « ressource » ; à ce titre, elle est devenue un objet de gestion à part entière. La gestion des compétences représente un enjeu majeur, aussi bien dans les entreprises qu'au sein des sociétés civiles, parce qu'elle semble garantir à la fois la compétitivité des économies et l'employabilité des individus. Ainsi, dans les organisations, la compétence n'échappe pas à l'appréciation de sa valeur relative et absolue, c'est-à-dire à son évaluation, à l'instar des autres ressources mobilisées pour créer de la valeur dans l'entreprise.

1. Un concept « compétence » ambigu et difficile à appréhender

1.1 Un concept ambigu

1.1.1 *La compétence existe-t-elle ?*

La « quête » de la compétence relève presque du mythe, au regard des nombreuses démarches de gestion des compétences qui n'atteignent pas le niveau d'exigence attendu. Bien qu'elle fonde nombre d'expériences et suscite bien des discours, dans l'entreprise et hors de l'entreprise, la notion même de compétence demeure aujourd'hui toujours mystérieusement insaisissable. Insaisissable par essence – la compétence n'est pas directement observable en tant qu'objet en soi –, son « existence » (dans son sens étymologique de « manifestation ») semble, elle aussi, se jouer des tentatives de ceux qui cherchent à l'appréhender, si on se réfère aux multiples définitions qui ponctuent son histoire.

Pour tenter de comprendre pourquoi peu de démarches de gestion des compétences aboutissent à une réussite patente et pour tenter d'améliorer leur efficacité, il peut sembler pertinent de se donner comme point de départ une définition objective de la compétence, reconnue et adoptée par le plus grand nombre, dont découleront de « bonnes » pratiques qui les transcenderont. Tenter de définir, de cerner la compétence avec objectivité ne va pas de soi et pose question quant au meilleur chemin pour y parvenir. En effet, comme la compétence n'existe qu'au travers de ses manifestations (pensées, discours et actes), il est nécessaire de recourir à l'interprétation pour lui donner une forme intelligible, compréhensible, qu'on appelle ici « représentation ». Comment le recours à l'interprétation, par nature subjective, peut-il garantir une représentation objective de la compétence que tous peuvent appréhender ?

Ce constat nous amènera à nous interroger sur l'attitude épistémologique la plus à même de produire une connaissance pertinente et valide de la notion même de compétence ; il nous paraît à cet égard fondamental de nous poser à nous-mêmes, dans ce chapitre, la question de l'influence de notre subjectivité sur l'objectivité dont nous cherchons à nous entourer pour nous représenter la compétence. Nous montrerons que, loin de vouloir nier notre subjectivité en cherchant à mener à bien cette quête d'objectivité pour la compétence, nous cherchons à nous en servir pour tenter d'atteindre une forme d'objectivité « intersubjective » [1] d'ordre phénoménologique.

Ainsi, au-delà de la question « de quelles compétences avons-nous besoin ? » (cf. Guy Le Boterf [2]) que se pose toute entreprise lorsqu'elle se lance dans une démarche « compétence » – et à laquelle nous n'aurons pas la prétention d'apporter une réponse universelle –, notre ambition consistera à tenter de répondre à la question « de quelle définition de la compétence avons-nous besoin ? », en proposant une grille d'analyse applicable à chaque configuration et contexte d'entreprise.

1.1.2 *La compétence existe dans le « dire » et par le « faire »*

Si la compétence ne s'observe pas en soi, elle se manifeste toutefois dans la pensée humaine. Pour trouver des indices de l'existence de la compétence, il nous semble possible de suivre au moins deux pistes :

- la première consiste à retrouver les traces matérielles laissées par la compétence dans l'environnement en tant que résultante du « faire » humain ;
- la seconde consiste à rechercher dans les discours le « dire » humain, les traces immatérielles (ou les témoignages ?) relatives à la mise en œuvre des traces matérielles de la compétence dans le « faire » humain. Ces traces matérielles et immatérielles représentent une forte présomption de l'existence d'une dynamique de compétences en action et en situation, selon qu'elle s'observe « *ex-post* » (c'est-à-dire après sa manifestation) ou « *ex-ante* » (en prévision de sa manifestation, sur la « foi » des témoignages de ceux qui la mettent en œuvre ou de ceux qui l'ont déjà vue en action).

---

1. Selon le courant de la phénoménologie, une impression, une intuition, un concept…, c'est-à-dire toute forme de manifestation d'un phénomène de l'esprit par essence subjective devient objective quand elle a été « objectivement » partagée par différents individus qui sont parvenus à un consensus sur la description de ce phénomène.
2. Guy Le Boterf, *Construire les compétences individuelles et collectives*, Paris, Éd. d'Organisation, 2e éd., 2003.

Bien que ces deux pistes nous paraissent intimement liées, nous allons plus particulièrement nous attarder, au cours de ce chapitre, à examiner la deuxième piste, celle des discours « autour » de la compétence.

1.1.3 *La compétence n'existe que dans le « lieu social » où le faire et le dire qui s'y rattachent font sens*

Ce « faire » humain ne se manifeste ni spontanément ni sans raison : l'action exercée sur l'environnement, évoquée ci-dessus, implique des situations environnementales à traiter selon leur propre unité de temps et de lieu, leurs spécificités et leurs aléas. Elle implique, quand il s'agit d'une entreprise au sens capitalistique du terme, de prendre en compte les salariés et « agents » en présence, et de comprendre comment ils « pensent » la compétence pour avoir prise sur leur environnement : nous verrons en quoi le discours des économistes sur la notion de compétence diffère, par exemple, de celui des psychosociologues et comment ces discours influent sur la représentation de la compétence des agents dans l'entreprise ainsi que sur notre propre compréhension de la compétence. Ces approches sont complémentaires et permettent de comprendre en quoi la notion de compétence peut avoir un sens « différent » selon les agents de différentes entreprises, voire d'une même entreprise. Cela se vérifie même quand il existe un socle cognitif et représentationnel commun, qui offre la possibilité de parler à plusieurs de la même chose. C'est pourquoi, finalement, il est si difficile de parvenir à se comprendre…

1.1.4 *La compétence, tout le monde en parle…*

Quasi inusité en entreprise il y a encore quarante ans, le mot « compétence » est aujourd'hui dans la bouche de tous : des dirigeants aux salariés, en passant par les managers et les représentants du personnel. Il a acquis ses lettres de noblesse en franchissant le périmètre des entreprises puisque, en France, les institutions publiques se sont emparées de la compétence, qui pour l'inscrire au centre de dispositifs de mobilité professionnelle et de formation tout au long de la carrière (cf. l'accès au bilan de compétence inscrit dès 1991 comme un droit des salariés, mais aussi la réforme touchant au droit individuel à la formation – le DIF – et la récente loi Borloo concernant la GPEC) [3], qui pour en « normaliser » sa gestion au travers de processus (cf. Afnor et sa norme ISO 9001, version 2000). Le point d'orgue de cet intérêt s'est matérialisé au congrès du MEDEF de 1998 qui a placé « officiellement » la compétence au cœur du management d'entreprise. Malgré cet intérêt apparent de tous pour la compétence, la gestion par les compétences n'a pas véritablement décollé en France. Très souvent, les managers d'entreprises appliquent ce vocable « à la mode » sur des pratiques de gestion restées au stade de la simple administration du personnel.

1.1.5 *Sans qu'il y ait consensus quant à sa définition…*

Un rapide tour d'horizon de la littérature permet de s'apercevoir que le terme « compétence » a pénétré autant le monde des praticiens – managers et gestionnaires

---

3. La loi de Programmation pour la cohésion sociale du 18 janvier 2005, dite « loi Borloo » (loi n°2005-32) a instauré une obligation de négociation triennale sur la Gestion prévisionnelle de l'emploi et des compétences (GPEC).

d'entreprise, consultants – que celui des universitaires et des chercheurs, par un double mouvement : d'une part, par des témoignages de plus en plus nombreux sur des pratiques et des méthodes de gestion des compétences en entreprise, et, d'autre part, par des tentatives de description académique de la validité empirique de ces pratiques et de ces méthodes. Malgré l'engouement certain qu'elle a suscité, la notion de compétence ne semble pas aller de soi et sa gestion encore moins. Si, aujourd'hui, la compétence fait l'unanimité, elle est loin de créer le consensus ; pour s'en rendre compte, il suffit de demander à quiconque une définition succincte et générale de la compétence : il y a autant de définitions que d'acteurs et d'organisations. Et pourtant, beaucoup l'utilisent dans leurs discours comme si le concept allait de soi, sans forcément parler de la même chose… Dans la littérature spécialisée, il est assez difficile de trouver une définition du concept « compétence » qui mette tout le monde d'accord. Finalement, on peut s'étonner de constater que l'on tente, en entreprise, de gérer les compétences, sans définir clairement le concept même de compétence. N'est-ce pas mettre la charrue avant les bœufs ?

1.1.6 *Et pourtant, parler le langage de la compétence mobilise les individus dans l'action*

La « quête de compétence(s) » à laquelle se livrent nombre d'entreprises avec une fortune diverse laisse toutefois à penser que le concept de la compétence progresse dans les esprits. Plutôt que d'essayer de cerner le concept, il paraît plus efficace de comprendre en quoi cette quête de compétence fait sens dans les entreprises. En effet, malgré l'absence de fondements théoriques solides, on constate que, souvent, le recours à la notion de compétence au sein des entreprises « mobilise » les individus dans l'action, voire les fédère.

1.1.7 *Au-delà des mots, la compétence est une promesse*

« Il ne faudrait pas opposer dire et faire. Dire, c'est déjà faire ; en particulier, il y a des actes de discours qui engagent, car on ne s'engage pas seulement en faisant, mais en parlant. Et pour moi, le modèle de cette parole qui engage, c'est la promesse. » Paul Ricœur[4], auteur de ces lignes, pose le langage comme précurseur et complément de l'action. Ainsi, quand un individu indique par ses dires qu'il est compétent, il sous-tend une « promesse » qui devra se traduire en actes congruents à ses dires. Pareillement, une organisation qui annonce, *via* ses dirigeants ou ses managers, qu'elle gère ou valorise les compétences de ses collaborateurs, s'engage dans une promesse dont les salariés attendent qu'elle débouche sur une réalisation concrète. Paul Ricœur estime que la promesse est porteuse d'une valeur d'exemplarité parce que la promesse est un acte de parole qui engage l'individu vis-à-vis de ses actes à venir. On trouve ainsi dans la promesse une dimension temporelle. Quand un individu supposé compétent va s'engager en promettant : « je ferai cela demain », il va peut-être regretter d'avoir promis quelque chose, mais il « tiendra » sa promesse pour « maintenir » sa position de personne prétendument compétente. Cette capacité à « maintenir », en dépit de la variation des humeurs et des sentiments, caractérise la

4. DVD et Livret Paul Ricœur, philosophe de tous les dialogues, documentaire de Caroline Reussner, entretien avec Olivier Abel, Éd. Montparnasse, 2007.

promesse et révèle un rapport intériorisé de soi à soi. Du fait de cette capacité à se projeter dans une promesse, l'individu prouve sa maîtrise du temps, même si le temps use le désir de tenir sa promesse.

La promesse est porteuse d'un second versant fondamental : l'individu n'est pas seul en cause dans la promesse ; il doit en effet tenir sa promesse vis-à-vis d'un autre qui compte sur lui. Si bien que c'est en recevant, en recueillant cette attente que l'autre a trouvé la capacité de tenir sa promesse. L'autre compte sur lui, il compte qu'il tiendra sa promesse. Ainsi, sous les démarches compétence point l'idée d'une promesse... de mariage entre les individus et l'organisation avec, pour trait d'union ou alliance, la compétence qui scelle cette union.

Un troisième élément est présent dans la promesse : c'est, outre le rapport de soi à soi, outre le rapport à l'autre, le rapport à « l'institution » du langage. Une promesse non tenue représente une brèche dans l'institution du langage, puisque le langage repose sur la confiance. Dans la violation de la promesse, un individu ne trahit pas seulement un autre individu, mais aussi l'institution du langage qui est l'institution de toutes les institutions, celle du logos, de la parole, du verbe. Par conséquent, lorsqu'une organisation ne tient pas sa promesse d'une démarche compétence, les salariés peuvent le ressentir comme une trahison, une incapacité de tenir ses promesses, celle-là ou d'autres. Il est évident que la confiance est perdue et qu'il sera difficile de la reconquérir, comme nous le verrons.

En quoi la compétence fait-elle sens auprès des agents en présence et les mobilise-t-elle dans l'action, malgré la diversité de leurs intérêts ? Le discours sur la compétence a-t-il le même sens pour ceux qui l'émettent et pour ceux qui le reçoivent ? Comment la représentation de la compétence se construit-elle ? Quelles fonctions explicites et/ou implicites remplit-elle ? L'absence de solidité conceptuelle peut-elle entraîner des décalages de construction, de représentation de la compétence d'un groupe d'agents à d'autres, d'une entreprise à d'autres ? L'action collective peut-elle se fonder sur une représentation de la compétence en décalage avec une base conceptuelle « sérieuse » ? En va-t-il de même pour toute tentative de gestion par les compétences ?

Les paragraphes qui suivent vont permettre de répondre à ces questions et d'identifier des « décalages » de compréhension entre les différents « agents sociaux » de l'entreprise, voire des décalages entre les discours et les actes, des « dissonances cognitives », comme disent les psychosociologues ou des promesses non tenues, pour reprendre le propos de Paul Ricœur. Ces décalages sont inhérents à la construction d'une connaissance autour de la compétence et apparaissent en deux temps : il s'agit de « glissements cognitifs » entre le concept de compétence et sa représentation d'une part et entre les discours sur la compétence et les actes d'autre part ; ces décalages ont pour risque ultime, quand ils sont ignorés ou mal maîtrisés, de brouiller le concept de compétence, de vider sa représentation de sa substance ou, pire, de démobiliser les individus.

1.2 Un concept difficile à appréhender : le décalage entre le concept de compétence et sa représentation

1.2.1 *Comment poser la question du concept de compétence ?*

« De quelles compétences avons-nous besoin ? » Si la question paraît désormais aller de soi en entreprise, il n'en va pas de même de la réponse. Celle-ci suppose la nécessité d'envisager la gestion conjointe de l'entreprise et des individus par les compétences. Avant de se lancer dans une gestion de ce type et de savoir ce qu'elle entend, il paraît inévitable de se poser la question du concept même de la compétence. Bien sûr, il n'est nul besoin de trouver à tout prix la « bonne » définition de la compétence pour initier dans l'entreprise une gestion par les compétences, mais la plupart des recherches en sciences humaines et sociales montrent qu'un fondement théorique *a minima* semble nécessaire pour donner des bases solides à ce type de démarche.

De notre point de vue, il paraît fondamental de se demander *de quelle définition* de la compétence nous avons besoin afin de parvenir à un consensus – tant dans l'action quotidienne la plus basique que dans la démarche compétence – sur la réponse à obtenir, plutôt que d'en imposer une. En effet, nous avons constaté que l'une des principales causes de la difficulté à appréhender et à gérer la (les) compétence(s) réside en même temps dans son concept – qui est large, polysémique et par conséquent probablement inatteignable – et dans la *représentation* [5] de ce concept par le plus grand nombre – forcément réducteur, mais nécessaire à l'action, fruit d'une dynamique de conflits et de consensus plus ou moins conscients d'un groupe social donné.

En clair, il y a confusion entre le « concept » de la compétence et sa « représentation » du fait de la collision entre trois approches intellectuelles issues de deux « cultures » de pensée : la première, rationaliste, héritée d'un mode de pensée technico-rationaliste et les deux autres, l'une constructiviste et l'autre phénoménologique, plus proches d'un mode de pensée équivalent à celui des sciences humaines :

- la première, rationaliste, d'inspiration positiviste [6], sépare pensée et action, et se fonde sur un concept de la compétence prédéfini, absolu. Le plus souvent, ce type d'approche postule que de ce concept découle un « *one best way* » pour conduire l'action collective dans l'entreprise, fait de normatif et de prescription, comme pour piloter un outil de production ;
- la seconde, contingente et constructiviste, fonde la pensée dans et par l'action ; cette approche part de l'existant, du construit collectif d'un groupe social donné, fruit d'un héritage historique et culturel, en perpétuel changement et aux interactions multiples (interactions réciproques du construit social concernant la représentation de la compétence avec le groupe social concerné et les individus qui le composent). Cette approche postule que cet existant est interdépendant de l'action collective à conduire, qu'il n'est ni bon ni mauvais, mais complexe parce qu'il faut chercher à le comprendre pour agir avec lui (et non contre lui) ;
- enfin, la dernière, phénoménologique, se préoccupe du vécu des individus et des groupes sociaux, tels qu'ils se le représentent. Cette approche ne se préoccupe pas de ce qui est ontologiquement vrai, mais de ce qui est perçu comme « vérité » par les personnes qui partagent – consciemment ou inconsciemment – la même

5. Le terme « *représentation* » est ici envisagé sous deux aspects : l'aspect « cognitif » (compréhension « intellectuelle » du concept) et l'aspect « social » (production collective de connaissance « vulgaire », dans son sens de « commun », sans connotation péjorative) autour d'un concept qui ne fait sens que pour le groupe qui a produit cette connaissance.

6. « Positiviste » fait ici référence à la pensée de la philosophie positive d'Auguste Comte, ou aux courants qui s'en réclament.

expérience de vécu. Elle nécessite une interprétation des phénomènes mentaux des individus en présence. C'est cette troisième approche qui, dans notre propos, nous paraît la plus pertinente pour cerner la compétence, en tant que manifestation de l'esprit *via* son véhicule oral, qui est sa mise en représentation par les mots.

1.2.2 *Un concept difficile à cerner*

Peut-on cerner la compétence ? La compétence est plus difficile à mettre en mots en tant que telle qu'en tant que moteur, âme de l'action. En effet, si la compétence est un concept difficile à cerner, ses effets sont en revanche plus aisément visibles, voire bénéfiques. Nous l'avons vu dans l'introduction de ce chapitre, la compétence « n'est » pas, elle « existe » au travers de ses manifestations, telles que nous les percevons intuitivement, telles que nous les interprétons afin de leur donner une forme intelligible pour le plus grand nombre.

Existe-t-il un concept pur, absolu et universel de la compétence qui puisse être atteignable sans passer par ses manifestations et sa perception ? Il peut être en effet frustrant de devoir se contenter de ses manifestations, multiples et polymorphes, donc complexes à saisir et à décrire, pour fonder en entreprise une gestion par les compétences. Cette frustration est sans doute l'une des « motivations » qui fondent et alimentent la quête de la compétence de certains praticiens qui, adoptant le raisonnement propre aux sciences « dures » (mathématiques, sciences physiques), tentent de découvrir les lois naturelles et intangibles auxquelles l'environnement obéit.

Vu la difficulté de cerner ce concept, doit-on vraiment s'embarrasser du concept de compétence ? Ne devons-nous pas en faire le « deuil » et focaliser notre attention sur son « ombre », la représentation que les uns et les autres s'en font au travers de leurs comportements, dans le périmètre d'action donné par l'entreprise concernée ? Appréhender la compétence par la représentation sociale présente à nos yeux un double avantage : en tant que connaissance imparfaite, cette représentation est l'un des chemins susceptibles de mener au concept de compétence parce qu'elle en est partiellement constitutive ; en tant que connaissance partagée et conscientisée au sein de l'entreprise par les groupes d'individus, elle peut être un des instruments de la compréhension et de la conduite d'actions collectives rendues efficaces par une contractualisation clairement identifiée et acceptée dans les esprits.

1.2.3 *Peut-on définir la compétence ?*

De nombreuses définitions de spécialistes et de praticiens de la compétence recouvrent souvent d'autres concepts, proches de celui de la compétence, qui parfois nuisent à sa clarté tout en le dévoilant partiellement : ressource, capacité, connaissance, savoir, savoir-faire, qualification, performance, savoir être… Il est intéressant de remarquer que chacun de ces concepts, chacune de ces définitions n'est ni totalement faux ni totalement juste, (même si « d'instinct » on peut se sentir plus proche de l'un ou de l'autre…), que chacun aborde un ou plusieurs aspects de ce que l'on pense juste, vrai ou opératoire pour mettre en œuvre une gestion par les compétences. Pour autant, il n'y a pas à ce jour de définition « transcendante » qui fasse « autorité »…

Les nombreuses tentatives de définition trahissent l'impossibilité actuelle de recouvrir parfaitement le concept de compétence. Plutôt que de nous risquer à embrasser le panorama des définitions, penchons-nous au préalable sur l'étymologie[7] du terme « compétence », large et polysémique.

À l'origine, la compétence est une notion qui fonde un mode de relation entre deux personnes : celle qui détient un savoir-faire et celle qui y fait appel. Le recours à ce savoir-faire implique avant tout la confiance en la personne à laquelle on s'en remet, du fait de la déontologie professionnelle à laquelle elle se réfère. Ainsi, en liant contractuellement ces deux personnes dans un respect réciproque, la compétence est l'enjeu d'une interaction voulue, voire institutionnalisée. Par la suite, la compétence concerne l'aptitude d'une autorité publique à effectuer certains actes ou l'aptitude d'une juridiction à instruire ou à juger un procès : un tribunal est jugé compétent pour instruire tel type d'affaires et pas d'autres. Le mot désigne également, par extension, une habileté reconnue.

L'étymologie de « compétence » recouvre plusieurs significations interdépendantes qu'il paraît important de prendre en compte à égalité sans négliger ni surestimer l'une au détriment des autres, si l'on veut embrasser le panorama du concept. De notre point de vue, les différents sens de la notion de compétence peuvent être classés en deux catégories : ceux qui décrivent son « contenu » ou son état et ceux qui font état d'une dynamique, d'un processus opérationnel et relationnel.

La catégorie de sens décrivant le contenu de la compétence recouvre deux visions, l'une *essentialiste* et l'autre *comportementaliste*, résumées par la question suivante : est-on compétent ou a-t-on des compétences ? Ces deux visions partent « de l'extérieur », elles représentent le regard d'autrui sur le produit de l'action d'un ou de plusieurs individus, sans pour autant que l'on cherche pour autant à comprendre la façon dont cette action s'est produite.

La vision *essentialiste* se rapproche du sens étymologique de « capacité d'une personne à faire autorité vis-à-vis d'autres dans un domaine particulier ». Ce premier sens a progressivement glissé vers celui de l'évaluation ou celui du jugement de valeur, dès lors qu'on peut constater qu'un résultat attendu a été atteint ou ne l'a pas été (« cette personne est compétente/incompétente »).

La vision *comportementaliste* se rapproche plutôt de l'habilité reconnue et du savoir-faire, constaté et acquis par telle personne dans tels domaines particuliers, permettant à autrui de penser que cette personne peut créer, dans certaines situations appropriées, des richesses nouvelles par la combinaison de ressources mises à sa disposition.

La catégorie de sens décrivant la dynamique de la compétence nous permet de souligner l'importance de son processus de construction individuelle et collective : individuelle, car on ne naît pas compétent, mais qu'on le devient ; collective, car on n'est pas compétent isolément et sans « raison sociale »[8]. Nous reviendrons sur cet aspect.

---

7. Sources : *Encyclopédie Universalis*, article « compétence » ; A. Rey (dir.), *Dictionnaire étymologique Le Robert, Dictionnaire historique de la langue française*, Paris ; J. Allouche (dir.), *Dictionnaire des ressources humaines*, 1998, tome 1, article « compétence, compétences », Paris, Vuibert, 2003.

8. Nous utilisons à dessein le jeu de mots « raison sociale » dans son double sens, celui de « motif » dans un contexte sociologique et celui, plus juridique, « d'entreprise ».

Enfin, il nous semble qu'il existe une troisième catégorie, représentant la synthèse de son contenu et de sa dynamique telle que vécue par un collectif de travail qui porte sur elle un regard intersubjectif en « rétro-boucle ». Ce regard permet une « extériorisation » de l'intériorité de la compétence individuelle partagée avec un collectif de travail qui, par cet échange interactif, fait évoluer la dynamique de la compétence du dire au faire, puis du faire au dire, et ainsi de suite.

1.2.4 *Les manifestations de la compétence : l'individu ou la situation de travail ?*

La compétence peut s'appréhender par l'observation d'individus en situation de travail. Elle se manifeste en effet au travers du geste d'individus expérimentés, jugés « compétents », car personne ne naît compétent en valeur absolue. Ce geste, intellectuel ou manuel, suppose une période d'apprentissage ; il est maîtrisé après une série d'essais et d'erreurs de telle manière qu'après un certain laps de temps, l'individu est en mesure de fournir un résultat jugé correct puis optimal dans l'exécution de son activité, ce résultat étant observable et quantifiable en fonction d'une qualité attendue déterminée par des critères extérieurs.

En outre, l'individu observé est capable de justifier son geste, de l'expliquer à celui qui l'observe (ou qui l'évalue). Par le recours au discours, il laisse entendre que son geste est pensé dans sa récurrence et dans sa maîtrise comme une perfection croissante pour un temps d'exécution décroissant. Progressivement, le geste résulte d'un effort moindre et le résultat est de mieux en mieux atteint.

Parfois, la maîtrise qu'offre la compétence est telle que la technique gestuelle devient un art, si bien que l'individu suscite l'admiration, comme l'exprime l'expression « beauté du geste ». Ainsi, le geste exécuté « avec compétence » permet de faire plus vite et mieux la tâche, ainsi que le geste lui-même.

Cette simple observation des manifestations de la compétence amène à une interrogation : la compétence est-elle le fruit de l'individu ou de la situation de travail ? Si elle est le fruit de l'individu, elle peut être appréhendée au travers de ses manifestations cognitives (la pensée de l'action) et physiques (le geste en action) ; c'est sur cette thèse que se sont penchés des chercheurs comme Argyris et Schön[9], dans la droite ligne de l'œuvre de Piaget[10]. Si la compétence est le fruit de la situation de travail, elle peut être

---

9. Argyris et Schön distinguent, dès 1978, les apprentissages en boucle simple et en boucle double : l'apprentissage en boucle simple est un processus comportemental d'adaptation/réponse ou de correction d'erreurs dans des schémas organisationnels établis et non remis en cause ; l'apprentissage en boucle double est un processus cognitif de remise en cause des modèles mentaux qui conduit à l'adoption et à la production de nouveaux schémas de connaissance, de pensée et d'action.

10. Le courant constructiviste, et particulièrement le travail de Piaget sur la constitution de l'intelligence, permet d'éclairer le volet individuel du processus de construction de la compétence. La compétence est une forme de maîtrise de la connaissance construite au travers d'actions coordonnées par l'individu, en interaction avec son environnement. Elle s'élabore selon une dynamique de mécanismes cognitifs permettant une progression par étape. Elle sous-tend un accès, puis la maîtrise de connaissances par apprentissages successifs, consistant en une intériorisation de l'action (résolue ou non) par « schème », canevas formel d'organisation permettant la répétition adaptée du comportement face à l'action et son adaptation quand la situation d'action est nouvelle.

appréhendée au travers d'une organisation du travail qui permet d'atteindre de mieux en mieux les résultats grâce au contrôle des coûts et à la hausse de la productivité ; c'est la thèse qu'ont choisie bon nombre de théoriciens du management d'entreprise avec, comme chefs, de file Taylor et Fayol.

La compétence naît-elle de la pensée ou du geste ? Le geste est-il pensé avant ou après la mise en action ? Taylor fait clairement son choix dans son « organisation scientifique du travail » en distinguant la pensée (en la confiant aux concepteurs, les ingénieurs) du geste (en le confiant aux opérateurs, les ouvriers peu ou pas qualifiés). Toutefois, s'ils doivent apprendre à faire le « bon » geste, celui du « *one best way* », Taylor prive les opérateurs de la faculté de penser leurs gestes, avec pour conséquence de priver l'organisation de la possibilité qu'ils trouvent un « meilleur » geste...

La compétence ne nous paraît pas devoir être dissociée du couple « individu – situation de travail » ; un individu n'est pas compétent en dehors de la situation de travail qui permet l'épanouissement de sa compétence ; une situation de travail n'existe pas sans individus « capables » de l'appréhender. Toutefois, il nous semble que la compétence ne doit pas se réduire à ce couple, parce qu'elle se révèle aussi au-delà de ce couple : si la compétence se manifeste au travers du comportement d'agents physiques (les individus sont certes « compétents », mais des groupes d'individus peuvent révéler des compétences qui leur sont propres et qui dépassent les compétences individuelles), elle peut également être la caractéristique d'entités morales (une firme dont la compétitivité est supérieure à celle de ses concurrents d'un même marché, une organisation dont l'efficacité est supérieure à un moment donné par comparaison à celle qu'elle avait à un moment antérieur).

2. Des instrumentations GPEC approximatives

Comme le précisent Patrick Gilbert et Géraldine Schmidt [11], l'évaluation des compétences dans les organisations est d'abord un processus et n'est en rien réductible à une instrumentation, même si de nombreuses entreprises ont, dans les faits, cédé à la tentation de voir en l'instrument une fin plutôt qu'un moyen. Elles ont parfois été poussées dans cette voie par l'expertise des acteurs du conseil (cabinets de consultants en organisation, sociétés de services en informatique, éditeurs de logiciels, etc.) qui s'efforcent de faire connaître, et surtout de faire acheter les modules d'évaluation disponibles sur le marché au sein de leur « solution » informatique de gestion.

Les rapports qu'entretiennent les gestionnaires d'entreprise avec les outils informatiques de gestion des compétences sont paradoxaux : soucieux d'optimiser la gestion des compétences des salariés (et donc celles de l'organisation), ils investissent dans des solutions informatiques onéreuses, mais simultanément, ils n'essayent pas d'optimiser l'efficacité et l'efficacité de ces outils quand ceux-ci s'avèrent peu adaptés aux buts de gestion pour lesquels ils ont été déployés.

---

11. Patrick Gilbert et Géraldine Schmidt, *Évaluation des compétences et situations de gestion*, Paris, Economica, 1999, coll. Recherche en gestion.

L'attitude des utilisateurs de ces mêmes outils informatiques est assez irrationnelle vue de l'extérieur. Les utilisateurs sont souvent demandeurs de ces outils et s'impliquent assez volontiers dans leur mise en œuvre. Mais ils restent critiques quant à leur valeur ajoutée pratique une fois qu'ils ont été déployés. En outre, à l'usage, malgré leurs critiques, ils répugnent à les faire évoluer.

Comment comprendre cette problématique paradoxale : pourquoi les dirigeants persistent-ils à imposer des instruments souvent mal adaptés aux fins de gestion de l'organisation et qui, au final, leur coûtent très cher en frais d'ajustement ? Pourquoi les utilisateurs sont-ils conduits à rejeter ces instruments alors qu'ils « fonctionnent » correctement ?

Ce sont des croyances qui seraient à l'origine de tels phénomènes. En effet, celles-ci contribuent beaucoup plus souvent qu'on ne le penserait intuitivement à déterminer les finalités de l'action. Elles interviennent également dans la recherche de moyens. Si l'objectif visé par le gestionnaire est simple, ce dernier peut chercher à établir la liste des moyens disponibles pour l'atteindre et choisir le moyen le plus adapté et le moins coûteux. Mais ce schéma rationnel cesse d'être réaliste dès que l'objectif est plus complexe. *Plus l'objectif est complexe, plus le choix des moyens est le produit ou l'effet des croyances.*

Considérons, par exemple, le choix d'internaliser ou d'externaliser un système d'information. Plusieurs « théories » sur les bienfaits de l'une ou de l'autre formule arrivent aux oreilles du décideur de l'entreprise, *via* le directeur des systèmes d'information (DSI), par le biais de consultants experts du domaine (plus ou moins partisans de l'une ou de l'autre formule). L'adhésion du décideur à l'une ou l'autre de ces théories résultera autant de ses propres croyances que d'une analyse objective des théories en question. Pour parler comme Pareto (cité par Boudon et Bourricaud [12]), l'évaluation des moyens est, en partie, le produit de « sentiments », ceux-ci étant rationalisés sous une forme pseudo-objective. Ainsi, le DSI, s'il est hostile à l'externalisation, a, à l'évidence, beaucoup plus de chances de convaincre le décideur en développant un long raisonnement plutôt qu'en déclarant des sentiments, non étayés. Dans notre exemple, il expliquera que l'externalisation d'applications *core business* développera des risques d'intrusion, de déni de services, qui auront un impact stratégique pour l'entreprise. Bien entendu, le dosage entre croyances et critique rationnelle dépend de la complexité de l'objectif, de l'expérience, des connaissances acquises, ainsi que de la situation de l'acteur. Les « théories » informatiques ne sont évidemment pas toutes, au même degré, le produit de croyances. Leur acceptation peut être plus ou moins « rationnellement » fondée, selon la position de l'acteur. Mais la décision du dirigeant reste complexe, et formuler un choix totalement fondé est quasi impossible, car il lui sera difficile d'avoir accès à toutes les informations, même s'il fait appel à des experts.

Supposons que le décideur, dans l'exemple ci-dessus, décide de ne pas suivre ce que son DSI préconise et qu'il veuille arrêter son choix (externaliser ou internaliser une application de gestion des compétences) en toute connaissance de cause. Pour ce faire, il voudra obtenir les informations les plus complètes possible sur le sujet. Il contactera alors quelques experts du domaine, dont les avis ne concorderont pas forcément. Ainsi, deux consultants A et B défendront chacun une thèse contradictoire (internalisation *versus* externalisation) admirablement bien argumentée. Le consultant « A » proposera la stratégie « a » (l'externalisation) et

12. Boudon et Bourricaud, *Dictionnaire critique de la sociologie*, Paris, PUF, 2002, coll. Quadrige.

proclamera qu'elle conduira à la conséquence *alpha*. Le consultant « B » proposera la politique « b » (internalisation) et proclamera qu'elle conduira à *bêta*. Troublé par l'apparente solidité de chacune des théories, notre décideur ne parviendra pas à déterminer quelle est la meilleure stratégie : externalisation ou internalisation ? Même si le décideur est certain de préférer *alpha* à *bêta*, il ne pourra pas être assuré que « a » conduise effectivement à la conséquence *alpha*. Seule l'expérience pourrait le lui confirmer, et encore, il ne sera pas à l'abri d'une erreur d'interprétation. Et puisque les stratégies « a » et « b » sont incompatibles, elles ne pourront pas être menées simultanément. Le décideur aura de la peine à déterminer laquelle des deux stratégies, « a » et « b », est le moyen le plus sûr d'aboutir à la conséquence désirée, *alpha*. Faute de pouvoir aboutir à un choix rationnel, le décideur se reportera « naturellement » vers le consultant qui se réclame des « principes » les plus proches possible de ceux auxquels il est lui-même attaché.

Par une sorte de paradoxe, le décideur choisira le consultant non pas en vertu d'une rationalité avérée, mais en fonction de sa « sensibilité » à la théorie (on parlera par la suite « d'idéologie ») qui lui semble la plus proche de ses propres « sentiments ». L'étude du mécanisme de la décision et du rôle des croyances, grâce à la théorie de la décision et aux contributions de la sociologie, sera déterminante pour comprendre ce phénomène d'influence des croyances dans les contextes de prise de décision.

Considérons maintenant les phénomènes qu'engendrent les instrumentations de gestion au sein des organisations. Voyons le cas suivant (toute ressemblance avec la réalité ne sera pas fortuite !). Une application informatique de gestion des compétences a été déployée dans l'entreprise Boulons SA ; elle permet de gérer la mobilité des salariés *via* l'Intranet, et les recrutements externes *via* le site web « *corporate* » en s'appuyant sur le référentiel des compétences déjà mis en place lors d'une précédente opération de déploiement. Après un lancement globalement réussi (malgré un dépassement des délais et du budget, cf. ci-dessous), au bout de quelques mois, les utilisateurs se plaignent de l'application : « elle est inadaptée à leurs besoins », « elle ne correspond pas tout à fait au processus de mobilité/recrutement de l'organisation », « elle est trop souvent en déni de service » ; bref, elle « dysfonctionne ». Selon les dires de l'administrateur fonctionnel, salarié au sein de la société, la majorité des utilisateurs semblent pourtant correctement l'utiliser, car ces derniers le sollicitent pour leur demander comment fonctionne telle ou telle partie de l'application, même si la plupart n'utilisent qu'une partie des fonctionnalités. On constate pourtant chez certains utilisateurs un dévoiement de certaines fonctionnalités, parce qu'ils jugent trop lourdes certaines procédures d'utilisation.

Pourtant, tout avait été mis en œuvre pour que l'on n'arrive pas à ce résultat. Une étude en amont de la décision avait été conduite par le DSI pour déterminer les besoins des utilisateurs. Après l'analyse fonctionnelle, conduite en bonne et due forme par la Maîtrise d'ouvrage (MOA), aidée en cela par une Assistance à maîtrise d'ouvrage (AMOA), incarnée par un consultant d'un cabinet d'audit et d'organisation réputé, un cahier des charges a été rédigé. Ce cahier des charges avait été validé par les utilisateurs. Le choix de recourir à une solution externe, commercialisée par un éditeur de logiciel de gestion des compétences, s'était imposé pour trois raisons principales : premièrement, parce que la politique du DSI consistait à limiter ses ressources de développements internes aux processus clefs ; deuxièmement parce que le DSI voulait éviter de confier les développements complexes à un prestataire externe (ce qui mobilise en interne des ressources de suivi dudit prestataire) ; troisièmement parce que cette option avait été préconisée par l'AMOA, du fait de son expérience dans le domaine (et de ses bonnes relations avec quelques-uns de ces éditeurs, facilitant, selon ses dires, le déploiement). Plusieurs éditeurs de logiciel du domaine réputés avaient été identifiés au préalable ; au cours de l'appel d'offres, trois finalistes avaient été identifiés. Une maquette, respectant dans les grandes lignes l'application décrite par le cahier des charges, leur avait été demandée, afin que les utilisateurs soient inclus dans le processus de décision et qu'ils donnent leur avis quant à l'adéquation de l'application avec leurs besoins. Puis le déploiement s'était effectué non sans quelques difficultés techniques et non sans un allongement des délais. Il avait fallu aussi « *customiser* » (les développer pour les adapter sur mesure) quelques fonctionnalités du logiciel qui ne cadraient pas complètement avec le cahier des charges. Avec six mois de retard et 25 % de dépassement budgétaire, on y était arrivé : l'application avait été livrée aux utilisateurs.

Afin de comprendre pourquoi l'application ne fonctionne pas et d'expliquer ces griefs, le DSI et l'AMOA décidèrent de procéder à une enquête pour essayer de cerner les causes de ce malaise, notamment en demandant aux utilisateurs de quantifier les dénis de services. Ils firent passer un questionnaire de satisfaction, ils interviewèrent l'administrateur, ils étudièrent les rapports techniques des serveurs, les statistiques du service « Assistance aux utilisateurs ». Quelle ne fut pas leur surprise en compilant les résultats de leur analyse : ils constatèrent, d'un côté, un rejet en masse, subjectif, peu étayé par les utilisateurs (cf. les *verbatim* ci-dessous, page 54) et, de l'autre, les données objectives suivantes :

- les statistiques de fréquentation de l'application par les utilisateurs sont très faibles, particulièrement pour certaines fonctionnalités : à peine 20 % de celles-ci sont globalement utilisées ;
- très peu de données à valeur ajoutée sont stockées dans la base de données « compétences » prévues à cet effet (pourtant, la « CVthèque » avait été mentionnée comme indispensable pour optimiser les compétences des candidats externes comme celles des salariés). Résultat : les requêtes pour identifier des compétences susceptibles de « coller » avec les profils donnent des résultats quasi nuls ;
- le service Support aux utilisateurs (SAU) n'est presque jamais sollicité pour des demandes d'aide et encore moins pour mentionner des dysfonctionnements. Pourtant, le SAU est doté d'un outil informatique *ad hoc* de suivi des demandes : chacune d'elles est « traquée » par le système qui les comptabilise et les qualifie par type et qui envoie des rapports vers les responsables du domaine concerné. Dans les faits, l'administrateur est sollicité à la place du SAU parce qu'il est devenu « l'expert qui connaît l'application sur le bout des doigts et qui dépanne quand on en a besoin », beaucoup plus efficacement que le service dédié à cet effet. Dans les faits, à force de dépanner, il bricole directement sur les bases de données ;
- les statistiques montrent que les dénis de service sont rarissimes et toujours anticipés par les services techniques (les utilisateurs sont systématiquement prévenus ou informés des problèmes techniques). Normal pour une application peu utilisée ou qui ne l'est souvent que de façon « sauvage » par l'administrateur ;
- enfin, les utilisateurs justifient leur faible utilisation en surestimant systématiquement les temps d'accès à l'application (cependant soigneusement répertoriés par le serveur grâce à un compilateur automatique) avec des échelles de mesures

incompatibles avec les standards informatiques des contrats de services ! Lors de l'enquête, plusieurs utilisateurs se sont révélés incapables de lancer une requête !

Comment « croire » que de telles réactions d'hostilité aient pu s'exprimer *a posteriori* alors que la phase d'implémentation de l'application avait été précédée par une phase d'analyse des besoins avec les utilisateurs et qu'un cahier des charges, correspondant à leurs besoins, avait été validé avec leur avis ? Nous reviendrons plus bas sur cet exemple réel.

Le courant de recherche relatif à l'instrumentation de gestion a permis de faire progresser l'explication de ces phénomènes. Ce courant a révélé que les outils informatiques ou les instruments de gestion étaient porteurs de fonctions « implicites », concomitamment à leurs fonctions explicites de traitement des objets de gestion. On parle de « fonctions implicites » dès qu'un instrument de gestion produit d'autres effets que ceux qui en justifient l'usage et pour lesquels il a été conçu, sans pour autant que l'utilisateur ou le gestionnaire le remette en cause [13]. Ainsi, malgré un rendement faible (selon l'approche *praxéologique*, l'instrument de gestion ne permet pas d'atteindre complètement les fins qui justifient son usage), l'instrument de gestion crée une valeur « cognitive » reconnue par les utilisateurs (selon l'approche *cognitive*, par les « bénéfices secondaires symboliques » qu'il génère, l'instrument de gestion atteint d'autres fins que celles prévues pour son usage). Nous décrirons ces fonctions implicites et nous constaterons leurs effets à partir de l'étude empirique de plusieurs cas réels d'entreprises.

Pourquoi parler « d'instrumentation de gestion » ? Le terme « instrument » est plus général et moins concret que celui d'« outil ». Il désigne, selon Patrick Gilbert, les moyens, matériels ou conceptuels, par lesquels le gestionnaire met en œuvre une technique de gestion. L'instrument ne se limite pas aux actions sur l'univers matériel, car il peut agir sur des données (c'est le cas des logiciels ou des applications informatiques). L'instrument peut également exercer son influence sur des êtres vivants, en régulant leurs conduites : c'est le cas des cartes, schémas et plans.

Nous nous appuyons particulièrement sur la contribution théorique de Patrick Gilbert [14] qui a élargi le cadre conceptuel du courant de recherche sur l'instrumentation de gestion grâce à une approche à coloration psychosociologique. Cette approche resitue ces instruments comme des construits sociaux, inscrits au cœur de rapports sociaux établis. L'approche psychosociologique ne se substitue pas aux approches techniciennes ou scientifiques qui président à la conception de ces instruments. Bien au contraire, elle les complète et permet de mettre en exergue d'autres propriétés dont sont porteurs les instruments de gestion, au-delà de leurs caractéristiques intrinsèques.

Un instrument de gestion n'existe pas en soi ; il s'insère toujours dans un environnement organisationnel – donc social – qui le valide en amont et en aval. Ce choix n'est jamais totalement neutre, en amont, du fait de la décision des gestionnaires de le créer ou de le déployer dans telle organisation, tel contexte et tel corps social et, en aval, du fait de l'interaction entre les acteurs qui s'en trouve affectée. Le choix d'acquérir, par exem-

---

13. Patrick Gilbert, *Psychologie du travail et des organisations*, Paris, 1998, vol. 1, pp. 118-130 : « Fonctions explicites et implicites des instruments de gestion des ressources humaines ».

14. Patrick Gilbert, *L'Instrumentation de gestion, science humaine ?*, Paris, Economica, 1998, coll. Gestion.

ple, un logiciel de recrutement ou de mobilité interne « *full web* » ne vaut que pour des organisations qui offrent à leurs utilisateurs des accès aux réseaux IP et dont le niveau de recrutement est tel qu'il est pertinent d'en automatiser certains processus. L'arrivée dans l'organisation de ce nouvel « actant non humain » (pour reprendre l'expression de Latour), selon qu'elle est plus ou moins bien préparée, conditionne le ressenti des « actants humains » à son égard, quel que soit le niveau de services intrinsèques rendus par ce nouvel arrivant. Les deux auteurs ont été témoins de drames lors de la mise en œuvre de tels logiciels, parce que les conséquences du changement pour certains salariés n'avaient pas été évaluées à leur juste mesure par le management. Comment ne pas comprendre la défiance de la secrétaire d'un service de recrutement vis-à-vis d'un logiciel de recrutement fraîchement déployé, présenté par sa hiérarchie comme débarrassant l'entreprise de tâches administratives peu créatrices de valeur, tâches qui pourtant constituent son quotidien professionnel et légitiment son emploi et donc sa valeur ajoutée à l'organisation ?... En ce sens, l'instrumentation de gestion n'est jamais neutre pour l'organisation et les acteurs qui l'utilisent.

Elle s'immisce également dans les jeux de pouvoir entre acteurs, comme l'a brillamment démontré Crozier. Dans son ouvrage *L'Acteur et le système*, Crozier cite un cas d'entreprise où les agents d'entretien des machines de production bloquent toute l'organisation parce qu'ils sont les seuls à pouvoir la faire fonctionner correctement... Dans la droite ligne de ces travaux, Francis Pavé [15] a analysé de nombreux cas de dysfonctionnements ou de blocages organisationnels directement liés à des machines ou à des systèmes d'information, du fait du pouvoir informel qu'ils donnent.

À un niveau plus symbolique, l'instrumentation de gestion révèle la confrontation des représentations de la « meilleure vision du monde gestionnaire » que se sont construite tous les individus concernés ou impliqués par l'évaluation. Parce que ceux-ci sont « instrumentalisés » par un instrument de gestion, tout ce qui constitue la situation d'évaluation, le processus d'évaluation, les compétences, *l'évaluateur et l'évalué a été « pensé » à l'avance* [16] au moins par les concepteurs et les promoteurs de l'instrument de gestion. L'instrument de gestion impose aux acteurs de l'évaluation de se conformer à un cadre extérieur à leur relation directe ; il les fait tenir des rôles plus ou moins imposés, qui cadrent leur interaction : les procédures, outils, comportements, etc. ont été prévus préalablement à la situation qui les réunit. Ces acteurs doivent ainsi se calquer sur les représentations d'autres acteurs, celles que les concepteurs d'instrument de gestion, les prescripteurs d'instrument de gestion et les décideurs de l'organisation se sont faites de la situation d'évaluation, de son processus, de la notion de compétence, et du résultat qui doit en découler pour l'organisation.

Or rien ne nous laisse présupposer que ces deux catégories d'acteurs ont la même vision de la situation d'évaluation ni la même représentation de la notion de compétences. Il est même légitime d'imaginer qu'elle peut être radicalement différente. De même, l'opinion que les utilisateurs (évaluateurs et évalués) et les promoteurs (concepteurs et prescripteurs) de cet instrument de gestion peuvent avoir quant au bien-fondé de la mise en place de l'instrument de gestion peut être diamétralement opposée, comme nous

15. Francis Pavé, *L'Illusion informaticienne*, Paris, L'Harmattan, 1989.

16. Claude Flament et Michel-Louis Rouquette, *Anatomie des idées ordinaires*, Paris, A. Colin, 2003.

avons essayé de l'illustrer avec le second exemple « Boulons SA » exposé ci-dessus. Les utilisateurs peuvent éprouver le sentiment de subir un rapport de domination de la part des promoteurs (cf. les travaux des sociologues des organisations), ce qui, comme nous le verrons plus bas, n'est pas neutre dans l'acceptation et l'utilisation optimale de l'instrument de gestion.

Ainsi, il apparaît que les actions et l'interaction de « l'évaluateur/l'évalué penseur » peuvent être en décalage avec celles de « l'évaluateur/l'évalué pensé », malgré le cadrage que semble proposer l'instrument de gestion : les protagonistes de l'entretien adoptent des opinions, des attitudes, voire des comportements opposés à ceux que l'on attend dans la situation d'évaluation avec l'instrument de gestion parce qu'ils ne se sentent pas « en phase » avec lui, même s'ils en ont été demandeurs, puis coopérants dans sa mise en œuvre. La lecture des *verbatim* relatifs à la mise en œuvre d'instruments de gestion des compétences (véridiques, car issus de notre propre expérience de conseil en ingénierie de logiciel) complète l'exemple « Boulons SA » décrit ci-dessus :

- « Ils nous pondent des systèmes qui dégradent la qualité de nos évaluations et qui réduisent notre liberté d'action : avant l'informatisation du processus de recrutement, c'était bien, on allait voir les managers, on parlait des candidats à bâtons rompus, on avait une vraie plus-value ; maintenant on reste dans notre bureau à rédiger des comptes rendus électroniques d'entretiens que les managers ne lisent même pas. »
- « La direction avait dit que le nouvel ERP faciliterait les flux de mobilité interne, mais c'est un système lourd qui contrôle nos demandes de mouvement et qui nous met des bâtons dans les roues, alors on ne l'utilise pas, on passe par le téléphone arabe. »
- « La direction informatique ne comprend jamais nos demandes d'évolution parce qu'ils n'ont pas la même idée que nous de la notion de compétences ; c'est normal, ils ne sont pas du même métier. »
- « Au bout d'un an et demi de groupe projet, nous n'avons jamais pu nous mettre d'accord entre nous à la DRH sur une définition commune de ce qu'est une compétence ; alors, quand il s'agit de vendre le projet de GPEC aux managers… »
- « Ils nous avaient dit que l'ERP abolirait les frontières culturelles entre les filiales des différents pays du Groupe ; moralité, on ne fait plus de mobilités internationales, car personne ne respecte les procédures du système et toutes les rencontres périodiques entre responsables carrière ont été supprimées. Pire, on ne sait plus qui en est chargé dans les autres pays. »
- « On a passé près de deux ans à se mettre d'accord avec la DRH sur le référentiel de compétences et maintenant on passe plus de temps à essayer de comprendre comment marche le système et à saisir des données inutiles sans rapport avec ce référentiel : encore un outil inadapté à notre organisation et qui nous fait perdre du temps. »
- « Le système informatique, il fonctionne quand il veut, il rame ou il plante toujours quand on a le plus besoin de lui ; quand il faut recruter en urgence et qu'on cherche des CV avec les bonnes compétences dans la CVthèque, on ne les y trouve pas. »

- « On n'utilise pas toutes les fonctionnalités du logiciel telles qu'elles sont, car elles ne correspondent pas à notre vision de la mobilité interne, donc on est obligé de le contourner pour pouvoir faire correctement notre travail. »
- « Pour postuler sur une offre d'emploi interne, on ne passe surtout pas par l'Intranet de mobilité Groupe, on envoie notre CV par e-mail directement au responsable qui recrute, sinon personne ne prend connaissance de notre candidature. »
- « La DRH avait promis que tous les postes à pourvoir seraient affichés sur l'Intranet ; mais nous constatons que tous les postes intéressants ne le sont pas. Ceux qui sont affichés sont déjà pourvus. Bel outil en vérité ! »

Comme le montrent ces commentaires, les utilisateurs sont très critiques à l'égard de l'instrument de gestion. Dans leur esprit, il ne remplit pas son rôle. Or nous avons dit plus haut que, sur le plan technique, ce rôle est rempli, l'instrument « fonctionne ». Où se situe donc le « dysfonctionnement » ou, pire, la « mal fonction » ? Est-ce véritablement l'instrument de gestion qui est mis en cause ? N'est-il pas le médiateur silencieux (qui ne peut contredire personne !) à qui les utilisateurs s'adressent, faute d'un interlocuteur identifié, pour manifester leur désaccord quant à la « vision du monde » en matière de gestion des compétences proposée par les concepteurs de l'instrument de gestion ? Les croyances dont sont porteurs les concepteurs ne heurtent-elles pas celles des utilisateurs ? Ne sommes-nous pas en présence de deux rationalités incompatibles entre elles ? Le modèle de compétences, reconstruit par les concepteurs, est-il, au final, en phase avec celui que les utilisateurs ont intériorisé (sans pour autant être toujours capables de l'exprimer) ?

Ainsi, il semblerait que « la créature » (l'instrument de gestion des compétences) échappe à ses « créateurs » (ses concepteurs ou ses prescripteurs) quand elle se retrouve entre les mains des utilisateurs. Nous avons vu plus haut que l'on parle de « fonctions implicites » dès qu'un instrument de gestion produit d'autres effets que ceux qui en justifient l'usage et pour lesquels il a été conçu. Gilbert n'envisage toutefois ces fonctions implicites que sur une seule « polarité » : l'instrument de gestion produit ses effets sans être remis en cause (cette polarité est par conséquent appelée « positive). Nous pensons qu'il peut y avoir des fonctions implicites *à polarité « négative », lorsque des instruments de gestion sont critiqués ou rejetés alors que rien ne semble objectivement devoir les remettre en cause* : tout tend à montrer qu'ils fonctionnent parfaitement sur le plan praxéologique (le moyen qu'est l'instrument de gestion atteint bien les fins de gestion pour lesquelles il a été déployé), mais ils dysfonctionnent du point de vue cognitif et symbolique (ils génèrent des « maléfices symboliques secondaires », incompatibles avec les données psychosociales de l'organisation). Nous allons donc nous intéresser plus particulièrement aux phénomènes implicites « négatifs », ceux qui concourent à la déconsidération ou au rejet de l'instrument de gestion, laissant de côté les phénomènes implicites positifs.

L'hypothèse que nous avons défendue et démontrée empiriquement [17] pour comprendre les phénomènes de « rejet » des instruments de gestion de compétences est la

17. Travail de recherche conduit par Pierre-Éric Sutter, centre de recherche en gestion (GREGOR), IAE de Paris, 2005.

suivante : de tels rejets par les utilisateurs (l'évaluateur/l'évalué) sont dus à des conflits idéologiques et représentationnels avec les concepteurs et/ou prescripteurs :

- « l'idéologie » relative à la « compétence » (au travail), insufflée dans les instruments de gestion des compétences par les prescripteurs ou concepteurs (supposés experts, donc « penseurs » d'instrument de gestion), et par nature rattachée à une formation, une culture ou école de pensée, voire un type d'entreprise. Le terme « idéologie » est pris ici dans son acception sociologique de « structure organisée de croyances » (nous aurons l'occasion de revenir sur ce concept). Cette « idéologie » forme un « type de rationalité » spécifique à une population (le mot « rationalité » est pris ici dans le sens d'une combinaison préalable de moyens spécifiques en vue d'atteindre une finalité de gestion) ;
- la représentation sociale « compétence », telle qu'elle est formée de manière cognitive au sein des groupes sociaux constitutifs des entreprises et intériorisée par les acteurs évaluateurs/évalués (supposés profanes, donc « pensés » par l'instrument de gestion). La « représentation sociale » est utilisée ici dans le sens que lui donnent les psychosociologues. Elle se combine avec des attitudes, des opinions par nature changeantes, mais qui forment un socle cognitif commun entre les utilisateurs, aboutissant à une autre forme de rationalité.

Les moyens présupposés par les utilisateurs ne sont pas les mêmes que ceux qu'ont imaginés les concepteurs/prescripteurs, même si tous concordent sur la finalité de gestion à atteindre.

Notre ambition consiste à comprendre ces conflits idéologiques en recourant au concept de « représentation sociale » ainsi qu'au courant théorique et méthodologique de la psychologie sociale, qui se donne pour objet d'étudier ce concept.

Le concept de « représentation sociale » est un modèle validé empiriquement et qui dispose d'une méthodologie confortée par plus de quarante ans de recherche. Il permet de valider des intuitions non fondées empiriquement et de dépasser le concept flou de « croyance », encore insuffisamment cerné par les sciences sociales.

Une représentation sociale est par nature commune aux membres de groupes sociaux différenciés. Elle est constituée par une structure d'éléments organisés entre eux, ce que les experts appellent des « cognèmes », des éléments cognitifs sémantiques de base. Toutefois, seul le « noyau » des représentations sociales est commun à tous les membres ; d'autres « cognèmes », qualifiés de « schèmes périphériques », s'organisent différemment, de manière cognitive, selon les sous-groupes sociaux.

Bien que ses impacts soient parfois plus importants que ce qu'avaient imaginé ses promoteurs, il ne faut pas surestimer la toute-puissance de l'instrument[18], car les « responsabilités » sont partagées avec d'autres médiateurs humains. Comme l'indique Patrick Gilbert, l'instrument ne tombe pas tout droit du ciel dans les mains du gestionnaire. Pour se servir d'un instrument, il faut d'abord le détenir et, pour le détenir, il faut connaître son existence et savoir où le trouver. Les consultants et les médias professionnels jouent ici un rôle considérable d'intermédiation et donc d'influence idéologique.

18. Cf. Patrick Gilbert, *op. cit.*

Pour se servir de l'instrument, il faut ensuite savoir s'en servir. Les formateurs et les enseignants jouent un rôle non moins négligeable dans son appropriation praxéologique et cognitive. Ses éventuels effets implicites ne s'actionnent pas sitôt l'instrument déployé, le gestionnaire devant « faire connaissance » avec son nouveau partenaire.

Comme tout autre objet, l'instrument est un agent actif de l'appropriation du monde par ses utilisateurs. À ce titre, il occupe une vraie place de médiateur, au sens où les psychologues sociaux l'entendent : par son intermédiaire transitent des informations sur le monde et sur l'art et la manière de penser ce monde, dont certaines sont largement partagées. L'instrument contribue même parfois à vulgariser et diffuser certaines connaissances et certains concepts scientifiques.

C'est en cela que les instruments de gestion contribuent à construire les représentations sociales, et plus particulièrement celle sur la « compétence ». Toutefois, cette construction prend beaucoup de temps. Flament et Rouquette[19] estiment qu'il faut environ une génération (trente à quarante ans) pour qu'une représentation sociale émerge. Les résultats que nous avons obtenus tendent à montrer que la représentation sociale liée à la valeur travail atteint ce stade. C'est ce que nous verrons en seconde partie.

Concluons ce chapitre en disant que l'instrument informatisé, placé entre la réalité de gestion et le gestionnaire, est un médiateur social tout à fait particulier, de par sa nature de système « informatisé ». Tout d'abord, l'instrument ne s'exhibe jamais soudainement : il se dévoile peu à peu, il faut « jouer avec » pour en découvrir les capacités, mais ce n'est pas un jouet, loin s'en faut. Ensuite, il transmet beaucoup d'informations et, dans le même temps, il demeure muet. C'est là tout son paradoxe : il donne beaucoup à dire et à penser ; on pourrait être amené à le croire doté d'une intelligence, mais il garde obstinément le silence…

19. Claude Flament et Michel-Louis Rouquette, *Anatomie des idées ordinaires*, *op. cit.*

CHAPITRE 2

Gestion des compétences : pratiques organisationnelles

1. Brève histoire de la gestion des compétences : un bilan mitigé

Nous reprenons ici le travail de mise en perspective historique de la gestion des compétences « à la française » réalisé par Patrick Gilbert dans l'ouvrage collectif coordonné par Alain Klarsfeld et Ewan Olry [1]. Cet aperçu historique met en exergue quelques constantes qui, malgré la diversité des pratiques et des discours, caractérisent bien la gestion des compétences au sein des organisations :

- la gestion des compétences répond, depuis sa naissance, au besoin qu'éprouvent les organisations d'une plus grande flexibilité afin de s'adapter aux évolutions concurrentielles toujours plus fortes ;
- elle contribue à renouveler la relation emploi-formation ;
- elle s'est substituée progressivement à la GPE (gestion prévisionnelle des emplois) ;
- elle matérialise la mutation des rapports « salariés-organisation » dans le sens d'une plus ample individualisation du lien salarial, alors que, jusqu'au début des années 1990, celui-ci obéissait à un mode beaucoup plus collectif. Ce dernier point révèle tout particulièrement les évolutions de la GRH et des nouvelles formes d'organisation, particulièrement celles en mode projet ;
- elle manque encore, sur le plan théorique, d'une conceptualisation solide, comme le soulignent certains auteurs (Cadin, Guérin et Pigeyre).

Cette « histoire » de la gestion des compétences se divise en quatre périodes.

1re période : les précurseurs (années 1960 et 1970)

Durant cette période, qui peut être qualifiée de « préhistoire », s'ébauche ce qui ne peut encore s'appeler « gestion des compétences ». Destinée à former les adultes, l'éducation permanente émerge, dans un contexte de forte

1. Alain Klarsfeld et Ewan Olry (coord.), *Gérer les compétences, des instruments aux processus*, *op. cit.*

mutation du monde du travail. Quelques entreprises, en avance sur leur temps, abandonnent la gestion des carrières par postes de travail pour mettre en place une gestion par les compétences. La notion de compétence apparaît pour la première fois en 1973 outre-Atlantique : elle est introduite par McClelland qui estime que les tests d'intelligence et d'aptitude ne prédisent pas suffisamment le rendement professionnel et qu'ils sont mal considérés par le personnel au sein des organisations.

2e période : les pionniers (années 1980)

La gestion des compétences commence à apparaître dans les grands groupes ; par exemple chez IBM France qui, en 1985, crée son premier référentiel de compétences dans l'une de ses usines de la région parisienne. Les pratiques émergent du fait de l'évolution des modèles d'organisation du travail et du changement de règles du jeu concurrentiel qui appelle un nouveau modèle des ressources humaines. La littérature sur les compétences est centrée essentiellement sur la formation. La CEGOS organise fin 1984 un colloque centré sur la nécessaire articulation entre formation continue et stratégie d'entreprise. Ce colloque met l'accent sur les nouvelles compétences requises pour l'économie et sur le rôle des organisations dans le développement de ces compétences. Toutefois, les termes de « gestion des compétences » sont encore peu usités et quand ils le sont, c'est toujours dans un contexte de formation.

3e période : l'institutionnalisation (début des années 1990)

La gestion des compétences devient un enjeu de négociation collective et de réglementation. Dès le début des années 1990 sont mis en place des dispositifs de gestion des compétences. Signalons l'un des plus connus : l'accord A CAP 2000, signé par le groupement des activités des industries sidérurgiques et minières avec les fédérations syndicales CFDT, CFTC, CGC et FO. La GPE (gestion prévisionnelle des emplois) subit des revers du fait de vagues successives de fusions et d'acquisitions et d'un contexte économique moins porteur : l'emploi devient une variable d'ajustement. Pour sortir de l'approche quantitative que la GPE sous-tend, la GPEC apparaît. Cette dernière introduit un nouvel état d'esprit qui cherche à inciter le salarié à mobiliser par lui-même « les ressources utiles à l'amélioration de son employabilité ». Ainsi, EDF-GDF abandonne sa GPE, mise en place en 1985 pour une « GAEC », gestion anticipée des emplois et compétences qui donne une coloration plus qualitative au dispositif d'anticipation de l'évolution des métiers et qui s'accompagne d'un dispositif d'information et d'implication des salariés. Mais les PME ne sont pas en reste : la gestion des compétences commence à s'y diffuser, car elle présente un enjeu social désormais suffisant pour les entreprises de moindre taille. Par ailleurs, les institutions s'emparent également de la notion de compétence : le 31 décembre 1991, le bilan de compétences devient un droit du salarié inscrit dans le Code du travail ; en 1993, la nouvelle édition du ROME (répertoire opérationnel des métiers et emplois) de l'ANPE réserve une place centrale à cette notion. Les consultants s'en emparent également et commencent à formaliser une offre abondante pour accompagner les DRH dans leur nouvelle pratique et dans la mise en place de GPEC. Ils contribuent ainsi à développer le concept qui en est à ses balbutiements.

4e période : la normalisation (à partir de 1995)

La gestion des compétences, en tant que pratique, se stabilise ; en tant que discours, elle se banalise, bien qu'un décalage se dessine entre intentions et pratiques effectives. Sa définition n'étant plus au cœur des débats, la compétence fait l'objet d'une normalisation par l'AFNOR. La norme X50-750 définit la compétence comme « mise en œuvre, en situation professionnelle, de capacités qui permettent d'exercer convenablement une fonction ou une activité ». Suit la certification ISO 9000 dans la version 2000 qui impose « le développement continu et contrôlé des compétences des salariés ». Cette période voit se renforcer la formalisation des dispositifs conjointement à leur informatisation. Les premiers logiciels spécifiques apparaissent, tel le logiciel « GINGO » qui propose une représentation par arbres de connaissance valorisant la réalité des savoirs et savoir-faire de chacun dans l'organisation. À l'orée du bug de l'an 2000, tous les éditeurs de progiciels incluent une « brique fonctionnelle » de gestion des compétences dans leur offre. En 1998, lors de son congrès annuel, le MEDEF s'empare de la gestion des compétences en affirmant qu'elle « constitue une révolution managériale » et incite les syndicats à y réfléchir avec les dirigeants pour tenter d'établir des convergences de vue. En 2002, la loi dite « de modernisation sociale » du 17 janvier prévoit la mise en place de dispositifs de validation des acquis de l'expérience, donnant droit à une équivalence de diplôme. En janvier 2005, la loi Borloo entérine l'obligation de signature d'accords GPEC triennaux au sein des entreprises, donnant à la GPEC une coloration de mécanisme de sauvegarde des emplois.

Malgré ces avancées apparentes, certains chercheurs (Defélix, Dubois et Retour) affirment dès 1997 que la gestion des compétences est en crise, car elle « n'est plus un moteur de renouvellement des pratiques gestionnaires »[2]. D'autres chercheurs (Igalens et Scouarnec) commencent à différencier la gestion *des* compétences de la gestion *par* les compétences. Ce nouveau paradigme traduit l'évolution vers une gestion des ressources humaines dans laquelle la notion de compétence prend le pas sur d'autres, comme celle de poste, pour assurer de façon moins restrictive le fonctionnement d'une organisation.

Quel avenir pour la gestion des compétences ?

La gestion des compétences : mode ou mouvement de fond ? Produit ou technique ? S'il est vrai que la gestion des compétences a connu un engouement fort, comme la quatrième période ci-dessus le montre, il semble que le mouvement s'essouffle. Les instrumentations informatisées n'ont pas réussi à convaincre suffisamment pour faire des démarches GPEC une technique arrêtée du fait de produits logiciels qui, pour certains, ont été construits de façon approximative, comme le chapitre précédent l'a montré. Ce concept, qui avait su séduire bon nombre de parties prenantes – dirigeants, salariés, syndicats, institutions –, n'a pas réussi à fédérer les pratiques autour d'un noyau central solide approuvé par le plus grand nombre, du fait de fondements théoriques incertains, nous l'avons vu. Refonder conceptuellement la gestion des compétences nous paraît être un prérequis incontournable : il s'agit de la refonder conceptuellement tant en amont, quant aux notions et concepts de base, mais aussi quant à l'épistémologie la plus appropriée, tant en aval, en enrichissant la démarche par des apports tangibles, comme la création de valeur, ou novateurs, comme la performance sociale[3]. Cette refondation devrait permettre d'aborder les pratiques avec plus de sérénité et donner à la démarche compétence plus de chances d'aboutir. Toutefois, comme le souligne Gilbert, il est pertinent de

2. Patrick Gilbert, *in* Alain Klarsfeld et Ewan Olry, *Gérer les compétences : des instruments aux processus*, *op. cit.*
3. Cf. la deuxième partie.

ne pas écarter l'hypothèse selon laquelle la gestion des compétences pourrait se faire absorber par les approches de gestion des connaissances qui semblent avoir le vent en poupe du fait notamment du vieillissement de la population active.

2. Critique de l'organisation du travail

2.1 L'entreprise capitaliste

Le modèle dit « néolibéral » est désormais quasi universel depuis le mouvement de mondialisation qui s'est accéléré dans les années 1990. Ce modèle instille une « *corporate gouvernance* » de plus en plus dédiée à la satisfaction des actionnaires, au détriment des traditions sociales qui régissent les rapports au travail. Ces traditions sociales, pour certaines institutionnalisées au lendemain de la Seconde Guerre mondiale, sont en train de subir de profondes métamorphoses sous l'influence des principes du capitalisme néolibéral. Mais ses métamorphoses se situent également sur un plan plus quotidien, plus informel : outre les traditions sociales, les usages sociaux se trouvent eux aussi remis en cause. De quoi s'agit-il ? De ces presque rien qui font presque tout : la disparition des machines à café dans les couloirs, la suppression des imprimantes individuelles, la fin des bureaux individuels remplacés par des *open spaces*... Pire, les notes de service reçues par e-mail et les nouveaux *reporting* qu'il faut remplir, car le « chef » n'a plus le temps d'organiser des réunions, les entretiens d'appréciation qui se font à distance... Dans le même temps, les primes d'ancienneté sont remises en cause, les avantages en nature deviennent imposables, etc. Les seules réponses qu'obtiennent les salariés pour justifier ces « évolutions » sont : « restrictions budgétaires », « pression de l'actionnaire », bref l'invocation de motifs supérieurs, sans considération aucune pour les difficultés que peuvent rencontrer les individus. Et s'ils ne sont pas contents, « ils peuvent aller voir ailleurs »... Comme cet ailleurs est improbable, les salariés subissent. Ils subissent, car le corollaire à la remise en cause de ces traditions et de ces usages sociaux, c'est que la pression du travail s'est accrue, particulièrement depuis le passage aux 35 heures en France, comme le montre Philippe Askenazy [4], car les objectifs pour obtenir la rentabilité escomptée par les actionnaires ont été revus à la hausse. C'est la logique du « toujours plus, toujours plus vite ». Les salariés subissent, car ils n'ont plus les moyens de ne pas subir : l'individualisme est passé par là, poussant à la désaffection syndicale, affaiblissant par là même le contre-pouvoir censé les représenter face à la « *corporate gouvernance* ». La nature ayant horreur du vide, le capitalisme néolibéral pousse ses pions. Le modèle du capitalisme rentier est désormais le seul qui prévaut, il impose sa logique au système productif. Les syndicats neutralisés, la seule rationalité possible, est la maximisation du profit pour la création de valeur la plus grande pour l'actionnaire, au détriment des intérêts des salariés et du consommateur et, peut-être aussi, de la planète.

Ainsi, les entreprises se sont transformées en « *cash machine* » pour actionnaire. La problématique est ainsi posée : l'organisation du travail, parce qu'elle tend de plus en plus vers cet objectif de maximisation du profit de moins en moins implicite, se reconfigure sous l'emprise du rapport de force qui régit les organisations : l'antagonisme entre les détenteurs du capital et les producteurs. Nous l'avons vu en introduction, ce rapport

4. Philippe Askenazy, *Les Désordres du travail*, Paris, Seuil, 2004, coll. La République des idées.

de force est issu de la violence due à l'absence de réciprocité quant à la détention du capital entre ces deux types d'acteurs. Et « rapport de force » ne veut pas forcément dire « conflit » : nous l'avons vu, la désaffection syndicale chasse du paysage du monde du travail les grèves et autres manifestations du mécontentement des travailleurs, les statistiques sont là pour l'illustrer[5]. Conjointement, la montée de l'individualisme engendre une forme de « résistance » bien différente. Ce que l'on observe désormais, c'est le désengagement des travailleurs, avec sa forme ultime qu'est le suicide.

Avant d'aborder cette forme moderne de résistance qu'est le désengagement, rappelons quelques principes qui régissent les rapports humains entre acteurs au sein des entreprises.

2.1.1 *L'entreprise capitaliste, un système de droit de propriété fondé sur la non-réciprocité*

La théorie marxiste affirme que l'entreprise capitaliste repose sur une séparation fondamentale entre producteurs et moyens de production. Les moyens de production sont détenus par ceux qui détiennent le capital de l'entreprise, en général une minorité d'actionnaires (qui parfois peuvent être des salariés de l'entreprise, mais qui, dans la quasi-totalité des cas, sont minoritaires et ne peuvent vivre de leurs rentes[6]). Les travailleurs, ne possédant que leur force de travail, ne peuvent que la vendre aux détenteurs des moyens de production. Sans vouloir nous inscrire dans cette théorie émise il y a plus d'un siècle, nous sommes forcés de constater que cette séparation fonde l'asymétrie existante entre le travail et le capital, et donc entre travailleurs et actionnaires. Il n'y a pas forcément de réciprocité en termes de facteurs de production et de ressources : les salariés n'ont pour seule ressource que leur force de travail et leurs compétences qui les rendent dépendants de leur employeur du moment, même si la conjoncture peut les rendre plus « attractifs » aux yeux du plus offrant et donc leur accorder une plus grande « valeur ».

L'entreprise capitaliste est orientée vers l'efficacité – l'optimisation des ressources de l'organisation – et vers l'efficience – la création de valeur pour le profit, la rentabilité de l'actionnaire. L'entreprise capitaliste a pour objectif de réduire l'incertitude marchande.

5. Un article du journal *La Croix* en date du 7 juillet 2008, rebondissant sur la déclaration du président Nicolas Sarkozy qui affirmait devant les cadres de l'UMP que « désormais, quand il y a une grève en France, personne ne s'en aperçoit », dresse un état des lieux statistiques du nombre de jours de grèves, en diminution constante depuis les années 1970. Selon la Dares, le nombre de journées individuelles non travaillées pour fait de grève dans les entreprises a tendance à baisser : 4 millions en 1976, 1,5 million en 1981, 500 000 en 1993 (hors agriculture et fonction publique). La diminution de l'impact des grèves ne signifie pas forcément baisse de la conflictualité dans les entreprises. Datée de février 2007, une autre note de la Dares concernant les établissements de plus de 20 salariés signale « des conflits du travail plus nombreux et plus diversifiés » pour la période 2002-2004 comparée à 1996-1998. Si le nombre de grèves de plus de deux jours diminue, les débrayages, les pétitions, les manifestations et, surtout, les refus collectifs d'heures supplémentaires (augmentation de 200 %) ont touché un nombre plus important d'entreprises.

6. Les rares cas de cogestion – les salariés sont les uniques détenteurs du capital et de la production de l'entreprise – se sont dans leur immense majorité soldés par des échecs (cf. l'affaire LIP dans le milieu des années 1970)… De nouvelles formes d'entreprises, fondées sur le modèle de la coopérative, du groupement d'employeurs ou de l'entreprise en réseau, voient le jour ; citons également le développement de projets individuels financés hors des réseaux de finance traditionnels par la tontine ou le microcrédit (cf. l'œuvre de Yunus qui lui a valu le prix Nobel d'économie). Toutefois, ces modèles sont loin de pouvoir supplanter à court terme celui de l'entreprise capitaliste, même s'ils représentent une alternative intéressante.

Cette incertitude marchande dès lors qu'elle est réduite vise à obtenir un avantage compétitif qui permet à l'entreprise de maximiser l'écart entre la valeur du produit réalisé sur le marché et les coûts de production : matières premières, main-d'œuvre essentiellement. Réduire l'incertitude marchande permet d'augmenter ses marges de manœuvre face à un éventuel concurrent. L'incertitude marchande diffère de la création de richesse qui, elle-même, diffère du profit. Les salariés peuvent être une richesse pour l'entreprise, mais celle-ci peut être amenée à les licencier, quitte à diminuer ainsi sa richesse, simplement pour augmenter son profit immédiat. L'entreprise capitaliste est à la recherche de la rente absolue par l'élimination de tout ce qui crée le moins de valeur dans l'organisation. Désormais, au XXIe siècle, force est de constater que, de plus en plus souvent, la stratégie des entreprises consiste à générer des taux de profits maximaux pour les capitaux investis tout en transformant la force de travail achetée aux salariés en une prestation aussi efficace que possible pour atteindre la plus grande efficience ; la richesse de l'organisation figure de moins en moins souvent dans les priorités.

2.1.2 *Et pourtant, il faut que l'organisation tourne...*

La finalité de l'organisation de l'entreprise capitaliste, c'est d'optimiser les capitaux investis par les actionnaires avant même qu'ils puissent en recueillir les fruits. L'organisation mise en place par les dirigeants se doit d'assurer une production qui tournera à plein régime, c'est-à-dire qui optimisera les investissements traduits en équipements et en personnel : ainsi, la productivité sera au rendez-vous de même que, si les ventes se passent bien, la rentabilité et donc le profit. De fait, investir dans une entreprise est un pari qui s'accompagne d'un risque variable. Indépendamment du marché plus ou moins porteur, de l'équipe dirigeante plus ou moins crédible et compétente, l'organisation peut représenter un risque au niveau tant des moyens de production que de la main-d'œuvre. Les moyens de production sont-ils correctement maintenus et en situation de produire à plein régime ? La main-d'œuvre est-elle compétente et disposée à produire à plein régime ? Ce risque a été appelé par Henry Mintzberg « l'incertitude organisationnelle »[7]. Cette incertitude peut être lourde de conséquences : concernant les moyens de production, choisir une technique dépassée ou un équipement inadéquat est un acte irréversible, la perte est sèche pour l'entreprise ; concernant la main-d'œuvre, une erreur d'un salarié sur un équipement peut coûter cher et faire perdre des clients, sans même que l'on s'en aperçoive ou que l'on identifie le responsable de l'erreur. À l'inverse, les aléas de production qui surviennent inévitablement peuvent être parfaitement pris en compte et résolus par le personnel, ce qui permet d'éviter ainsi des coûts non prévus, voire de faire gagner des clients, parfois hélas sans que l'organisation ne manifeste de la reconnaissance à son salarié bienfaiteur, même quand celui-ci est identifié...

2.2 Le risque social, une incertitude organisationnelle qui pèse sur la performance...

Les entreprises ne peuvent se permettre de négliger les collectifs sociaux qui constituent leur organisation. Certaines ne s'y trompent pas puisqu'elles clament haut et fort dans leur rapport annuel qu'elles constituent leur plus grande richesse (mais on a vu plus haut

7. Henry Mintzberg, *Structure et dynamique des organisations*, Paris, Les Éditions d'organisation, 1994.

le destin qui pouvait être réservé à cette richesse…). C'est également la raison pour laquelle elles acceptent de financer des démarches GPEC : non seulement pour identifier les compétences du personnel, mais aussi pour valoriser ce « capital compétences ». Toutefois, les collectifs sociaux, parce qu'ils sont plus que la somme des individus, produisent plus qu'une compétence individuelle et collective. Ils produisent également du lien social. Ce lien social découle du « travailler ensemble » qui cimente les individus autour de leur collectif d'appartenance. Les individus y puisent un certain nombre de ressources immatérielles – comme le plaisir de travailler ensemble ou de se réaliser dans des projets à défi – qui valent et produisent plus que de la valeur matérielle. Ce sont ces collectifs – en interaction les uns avec les autres – qui engendrent la valeur sociale de l'entreprise ou son corollaire, le risque social. Le risque social est directement en prise directe avec l'efficacité économique de l'organisation et donc avec la performance de l'entreprise. On peut à ce titre parler d'une *performance sociale* de l'organisation, qui contribue à la performance économique de l'entreprise. Il est intéressant de se pencher sur la façon dont les organisations ont essayé de limiter le risque social.

2.3 Les cinq stratégies possibles pour contrôler l'incertitude organisationnelle

Mintzberg a établi une typologie des formes d'organisation permettant de contrôler les aléas susceptibles de survenir dans la chaîne de création de valeur et ainsi de réduire l'incertitude au sein de l'organisation, ainsi que son corrolaire, le risque social.

1. La supervision directe. Elle est assurée par le supérieur hiérarchique qui donne des ordres pour prescrire le travail quotidien ; celui-ci vérifie en permanence que ce travail est correctement effectué par ses collaborateurs. Ce type d'organisation est adapté aux petites organisations pour des tâches relativement simples.
2. La standardisation des procédés. Dans ce cas, la nature des tâches à accomplir est normée à l'avance ; l'initiative est peu recommandée, voire découragée. Toutefois, lorsqu'un événement ou un aléa non prévu par la standardisation surgit, il n'est pas ou mal pris en compte parce que n'ayant pas été préalablement normé.
3. La standardisation des qualifications/compétences. Dans cette typologie d'organisation ne sont embauchés que des salariés ayant une formation professionnelle poussée, car ils sont censés savoir réagir avec efficacité en cas d'aléa, quelle que soit la situation de travail. Dans la majorité des cas, ils sauront effectivement réagir. Toutefois, quand les situations de travail deviennent plus exigeantes (par exemple lorsqu'elles nécessitent la mise en relation de plusieurs employés avec plusieurs services pour résoudre des problématiques plus complexes) ou qu'elles requièrent une circulation de l'information rapide, cette typologie trouve ses limites.
4. L'ajustement mutuel. Il s'agit d'une organisation fondée sur la coopération entre collègues, fonctionnant avec une communication informelle. Cette coopération suppose la bonne volonté des différentes parties prenantes ainsi qu'un fort lien de confiance entre les individus, même si leurs intérêts divergent, pour que s'établisse un engagement réciproque et efficace.
5. La standardisation des résultats. Ici, la direction ne s'intéresse pas à la manière dont les salariés organisent leur travail, mais uniquement à leurs résultats. Son rôle

consiste également à leur allouer les ressources nécessaires pour atteindre des résultats. Ce type d'organisation présente les avantages de la souplesse et de l'adaptation : l'organisation du travail est moins structurée, la délégation est forte, l'autonomie octroyée importante, la pression managériale se situant essentiellement sur le contrôle des performances.

2.4 La division du travail

Le développement économique de l'Occident n'aurait pas été concevable sans l'interaction de multiples compétences ni sans la coopération de diverses parties prenantes au sein des organisations. Mais c'est la division sociale du travail qui, par-dessus tout, fonde la société capitaliste. Comme le précise Adam Smith, la division du travail favorise des économies de temps, de spécialisation et d'innovation :

- *économie de temps* : le travailleur optimise son temps en ne se consacrant qu'à une seule tâche ;
- *économie de spécialisation* : en se spécialisant, le travailleur acquiert une habileté supérieure qui va lui permettre d'économiser encore plus de temps ;
- *économie d'innovation* : la décomposition du travail permet sa standardisation et l'invention de machines spécialisées dans certaines tâches, ce qui augmente la productivité.

Le principe de Babbage vient compléter les propos d'Adam Smith en stipulant que subdiviser le travail permet de payer le salaire le plus juste, pour chacune des tâches nécessaires à son accomplissement.

La division du travail repose sur le principe de subordination qui englobe la notion « d'arrangements existants »[8]. Les travailleurs, face à toute nouvelle situation, évitent de se reposer des questions sur le « qui fait quoi » ou de renégocier en permanence les relations hiérarchiques, à savoir qui donne les ordres à qui. Le principe de subordination repose sur un échange : en contrepartie d'un salaire, les travailleurs abandonnent leur droit de propriété sur la production et acceptent de recevoir des ordres.

Critique de la division du travail

Si la division a permis l'essor de l'économie occidentale, elle porte en elle des limites qui expliquent en partie les dysfonctionnements liés à l'engagement des salariés. Ceux-ci augmentent le risque social des organisations, comme nous allons le développer. Regardons d'un œil critique les principes d'Adam Smith :

- *économie de temps* : en ne se consacrant qu'à une seule tâche, le travailleur appauvrit considérablement son travail. Qui plus est, la finalité étant d'optimiser le temps de travail, ce qui est demandé au travailleur est une quantité produite maximum dans un laps de temps donné. Il existe de fait un risque réel pour que cela le soit au détriment de la qualité produite ;
- *économie de spécialisation* : en se spécialisant, le travailleur perd en polyvalence ; de fait, son spectre de compétences et ses possibilités d'évolution se restreignent, son

8. Thomas Coutrot, *Critique de l'organisation du travail*, *op. cit.*

employabilité diminue. Par ailleurs, seules les compétences spécifiques pour lesquelles il est employé sont reconnues, toutes ses qualités ou compétences implicites (même basiques, comme le respect des horaires, la propreté, la minutie, la coopération avec autrui, la détection des aléas...) ne sont ni reconnues, ni valorisées ;

- *économie d'innovation* : la standardisation dépossède les opérateurs de toute possibilité d'innovation, celle-ci étant réservée aux ingénieurs ou aux chefs de produits qui conçoivent de leur côté. Il y a donc un risque de prescrire des tâches inadaptées. Quant aux machines, si elles augmentent effectivement la productivité, elles augmentent également les pathologies de type TMS par la répétition des mêmes gestes à longueur de journée, à longueur d'année... [9]

Le principe de Babbage, en promouvant le principe du salaire payé à la tâche, circonscrit la tâche au salaire. Inutile alors de demander plus au salarié « qui considère qu'il n'est pas payé pour faire plus que ce pour quoi il est payé ». Par ailleurs, en l'absence d'incitation salariale, le travailleur peut être tenté d'en faire le moins possible. On voit les limites d'un tel principe qui restreint le potentiel d'initiative du travailleur dans les frontières du périmètre de son poste et des tâches qui lui sont confiées et qui met en avant l'incitation financière comme seul élément d'implication. Il est intéressant au passage de constater combien cela aura facilité l'action syndicale jusqu'aux années 1990.

Le lien de subordination, s'il procure le salaire, déresponsabilise le salarié et l'aliène. Il le déresponsabilise, car n'ayant plus à organiser son travail, celui-ci peut être tenté d'attendre les ordres de son supérieur hiérarchique plutôt que d'anticiper lui-même son activité ou de prévenir les aléas. Il l'aliène, car disposant de la confortable certitude que son salaire tombera bon gré mal gré chaque fin de mois (sauf faute majeure), il n'aura plus à se préoccuper du financement de ses besoins vitaux. Ceci le détermine, dans une certaine mesure, au salariat, et ne le prédispose pas à prendre des risques, à imaginer et à rechercher d'autres formes de revenus, comme ceux liés à la prise de responsabilité, à la création et à la conduite d'entreprise.

Ainsi, la division du travail comporte un effet pervers. Elle pérennise la situation tout en alimentant par le lien de subordination les rapports antagonistes entre producteurs et détenteurs du capital. Tout le monde se satisfaisait d'une « stratégie de la paresse » aux règles parfaitement connues. Sous cet aspect, une démarche compétence, si elle s'accompagne d'une prise en compte des avantages et des inconvénients de la division du travail, d'une identification et d'une valorisation large des compétences des travailleurs, peut représenter un juste compromis entre les attentes des organisations et celles des travailleurs en déminant l'antagonisme présenté ci-dessus.

Les systèmes de gestion des compétences sont propres à chaque organisation, même si le législateur tente de favoriser la reconnaissance des compétences par des dispositifs tels que celui de la VAE ou du DIF [10]. En effet, il n'existe pas de normalisation des

---

9. Cf., dans le film *Attention danger travail*, un film de Pierre Carles, Christophe Coello, Stéphane Goxe, DVD, CP Productions, 2003, le témoignage poignant de cette opératrice qui répétant depuis de nombreuses années le même geste sur son poste dans une chaîne de production taylorienne, ne parvient plus à lever ses bras au-dessus de sa tête...

10. VAE : validation des acquis d'expérience ; DIF : droit individuel à la formation. La VAE et le DIF sont des dispositifs institutionnels tendant à inciter la valorisation des compétences individuelles.

pratiques en matière de GPEC ayant emporté l'adhésion des entreprises. Ceci fait que chaque organisation dispose de son propre système de mesure et de classement des compétences. Par ailleurs, comme nous l'avons déjà abordé plus haut, l'organisation peut être tentée, par souci d'efficacité, de ne reconnaître que les « compétences qui l'intéressent », c'est-à-dire celles qui contribuent directement à son efficacité économique. Or l'individu attend qu'on reconnaisse l'ensemble de ses compétences. Cette asymétrie alimente à son tour l'antagonisme entre organisation et travailleurs dans leur vision de ce que représente, pour chacune des parties, une « bonne » gestion des compétences. On peut s'interroger sur la bonne foi des entreprises : craindraient-elles que les salariés ne réclament une rétribution de ces compétences connexes, non directement utilisées au sein de l'organisation ? Les salariés pourraient en effet arguer que nombre de qualités ou de compétences implicitement employées par l'entreprise ne sont pas prises en compte, comme la polyvalence ou le sens de l'initiative. Ainsi, on peut se trouver dans une situation dans laquelle une organisation rémunère de la même façon ceux qui disposent des strictes compétences nécessaires à leur poste et ceux qui disposent en valeur absolue d'un portefeuille de compétences plus large… Pour illustrer ce débat, rappelons le commentaire de Proudhon assistant à l'érection de l'obélisque sur la place de la Concorde à Paris : celui-ci constatait que, pour ériger le monument, pas moins de 200 hommes avaient été nécessaires. Toutefois, il s'étonnait que ces hommes n'eussent été rémunérés que pour leur contribution individuelle et non pour leur contribution collective. En effet, selon lui, il y avait imposture dans le sens où les payer individuellement revenait à considérer que chacun des 200 manœuvres avait tiré sur les cordes chacun leur tour, ce qui n'aurait certainement pas permis l'érection du monument…

CHAPITRE 3

Travailleurs et organisations : le divorce ?

Lors de la révolution industrielle, des déterminismes théoriques et pratiques (du type « *one best way* : voilà comment il faut agir pour réussir ») ont permis au monde occidental de passer d'une économie de subsistance à une économie de production, engendrant des bouleversements économiques et sociaux sans précédent. Des doctrines comme celle d'Auguste Comte ou de Karl Marx ont émergé à la suite de cette révolution, se positionnant comme systèmes de représentation, et ont servi de repères idéologiques à des groupes préoccupés de défendre et de promouvoir leur existence sociale. Aujourd'hui, nous assistons au déclin de ces systèmes de représentation. Nous sommes passés d'une économie de surproduction à une économie de « métaproduction » dans laquelle il convient de savoir analyser et commenter le « comment agir pour produire plus et plus vite ? ». Le progrès et l'apparente réussite du modèle occidental s'inscrivent dans une perspective historique : en effet, le progrès n'est pas venu d'une coordination plus stricte des ressources et des actions, mais d'une coordination différente. Le progrès n'est pas dû à des cerveaux « meilleurs » que ceux qui ont bâti la synthèse précédente, mais à la conjonction d'un ensemble de conditions sociales, techniques et culturelles, qui orientent l'attention d'une façon différente, engendrant de nouvelles formes d'organisation du travail et donc imposent des changements dans le discours tenu aux collaborateurs. Capacité d'innovation, accroissement de la productivité, contrôle des coûts, création de valeur garantissent la compétitivité : telles sont les conditions *sine qua non* de la survie des entreprises et de leurs emplois. Tout l'enjeu consiste à y associer les salariés pour qu'ils coopèrent de leur plein gré, avec le moins de résistance et de désengagement possible. Pour atteindre cet objectif, les dirigeants vont placer la compétence au cœur de leur discours comme levier humain de la compétitivité des organisations.

La seule chose qui ne change pas, c'est que tout change

L'entreprise doit s'adapter aux changements de paradigme qu'engendrent les mutations de l'environnement. Les entreprises doivent apprendre à ne plus s'appuyer sur les « recettes » du passé, même sur celles qui ont fait leurs preuves ; il leur faut changer, faire différemment… avec les mêmes hommes (qui ont changé, qui réfléchissent différemment). Elles ne peuvent plus gérer l'organisation de leur production aujourd'hui comme jadis en se basant sur la prescription et l'injonction. Ces changements remettent en cause les fondements mêmes du taylorisme. Tout l'art du management consiste désormais à promouvoir et à conduire le changement dans l'entreprise en intégrant et en traitant la résistance au changement « naturelle » et spontanée des êtres humains qui n'aiment pas qu'on bouleverse trop leurs habitudes. Le management ne doit pas lutter contre les représentations qui peuvent être considérées comme fausses, mais, au contraire, il doit partir de ces représentations. S'appuyer sur les représentations existantes doit permettre de partir de consensus, certes faibles au départ, pour mobiliser les hommes autour d'une réelle gestion de l'entreprise par les compétences qui à la fois soutiendra sa compétitivité et garantira l'employabilité des individus. Mais la tentation – plus ou moins consciente – reste grande de les manipuler par le biais d'une pseudo-gestion et une pseudo-valorisation de leurs compétences.

La dialectique de la compétitivité et de l'employabilité pour mobiliser les individus : la compétence comme monnaie d'un marché de dupes ?

Dans un contexte de mondialisation et de complexification de l'économie, la gestion des entreprises et des hommes a pris une tournure nouvelle. Après le choc pétrolier et depuis les années 1980, une nouvelle donne semble s'imposer aux agents au sein des entreprises : la compétitivité contre l'employabilité avec, comme monnaie d'échange, la compétence. Pour garantir la compétitivité de leur organisation, les dirigeants ne peuvent plus se contenter d'allouer et d'optimiser les ressources dont ils disposent, ils doivent également toujours serrer les coûts, créer de la valeur par la mobilisation de ce que les individus ont de mieux en eux, tout en prenant en compte les intérêts de toutes les parties prenantes avec lesquelles ils sont en contact. Pour développer leur compétitivité, les entreprises doivent exploiter les gisements d'employabilité de leur organisation pour que les salariés puissent donner le meilleur de leurs compétences. Pour gérer leur carrière, les salariés ne peuvent plus se contenter d'attendre passivement que l'emploi vienne à eux comme par le passé. Ils doivent construire un véritable projet professionnel pour anticiper les brusques changements de parcours qui peuvent s'imposer à eux (mobilité, voire chômage). Ceci signifie qu'ils doivent se donner les moyens d'optimiser par eux-mêmes l'éventail de leur employabilité. Or il existe une voie étroite dans laquelle les salariés peuvent développer leur employabilité tout en contribuant à la compétitivité de leur entreprise en donnant le meilleur d'eux-mêmes et dans laquelle ils peuvent, en retour, trouver une optimisation de leurs compétences dans l'action. La vraie question est de savoir comment créer les conditions de cette réaction alchimique.

Un tel environnement peut-il être généré du dehors (le marché, l'environnement) ou doit-il être le fruit d'une négociation au sein des entreprises ? Dans les deux cas, certains enjeux de pouvoir risquent d'apparaître, et l'une des parties risque de chercher à imposer à l'autre sa vision déterministe par la manipulation ; mais il peut aussi y avoir une volonté sincère de jouer un jeu « gagnant-gagnant ». Les paragraphes qui vont suivre vont tenter de démêler l'écheveau afin de mesurer s'il y a écart entre le discours et la réalité : les RH sont-elles LE capital humain des organisations susceptibles de créer de la valeur pour le client et l'actionnaire ou ne demeurent-elles qu'une variable d'ajustement ?

1. Après le travail en miettes, le travailleur en miettes ?

En 1956, Georges Friedmann fait florès avec un ouvrage au titre évocateur : *Le Travail en miettes*[1]. Rappelons en quelques mots son propos, lequel, avec un recul de plus de cinquante ans, paraît prophétique à bien des égards. Dans *Le Travail en miettes*, le sociologue étudie les effets du progrès technique sur le travail. Il porte un regard critique sur les effets du travail à la chaîne, qui se démarque des analyses optimistes d'Émile Durkheim (*De la division du travail social*, 1893) ou de Frederick Taylor (*L'Organisation scientifique du travail*, 1912). En s'appuyant sur de nombreuses enquêtes de terrain, il met en évidence les conséquences de l'organisation scientifique du travail (OST) : sur la chaîne, les tâches sont éclatées, parcellaires et effectuées à une cadence soutenue par des ouvriers spécialisés qui ont perdu leur savoir-faire. Pour Friedmann, le travail à la chaîne réduit en miettes l'activité laborieuse et la vide de son sens. Ceci engendre fatigue, démotivation et ennui pour les employés, ce qui accroît l'absentéisme et le *turn-over*. Certes, la productivité du travail a augmenté, mais à quel prix ? Les organisations ont tenté d'atténuer ces effets secondaires en recomposant les tâches ou en instituant des rotations sur les postes de travail. Force est de constater que ces tentatives n'ont pas permis de réconcilier les salariés avec leur travail parcellisé. La financiarisation de l'économie n'a depuis rien arrangé puisque, à ce travail vidé de son sens, se sont ajoutées, d'une part, une insécurité liée à la fin de l'emploi garanti et, d'autre part, une dégradation des conditions de travail. La logique du « toujours plus, toujours plus vite » du modèle néolibéral n'a fait qu'accentuer les conséquences néfastes de l'OST : après le travail en miettes, n'est-ce pas désormais le travailleur qui est en miettes ? Si on en juge par la récente médiatisation du phénomène de suicides ou du *burn-out* de salariés, on serait tenté de répondre par la positive à cette hypothèse. La réalité est toutefois plus contrastée, comme nous le verrons à l'issue de ce chapitre.

Pour remédier aux conséquences du travail à la chaîne, Georges Friedmann proposait comme échappatoire la promotion des loisirs afin que le travailleur puisse se réaliser en dehors du travail. Il est intéressant de noter comment il met en opposition travail et loisirs. Implicitement, Georges Friedmann indique ainsi que la réalisation de soi ne peut s'effectuer dans et par le travail. Cette mise en opposition est une spécificité qui caracté-

1. Georges Friedmann, *Le Travail en miettes*, *op. cit.*

rise la société française : si l'on en juge par d'une part le nombre de jours de congé et de RTT des salariés depuis l'avènement des 35 heures – aujourd'hui remises en cause – et d'autre part le taux de productivité individuel qui est l'un des plus élevés au monde, la relation que les Français entretiennent avec le travail est bien ambivalente ! L'avènement de la société des loisirs, rêvée par Georges Friedmann, n'a pas résolu l'ennui des travailleurs : pire, désormais les Français ont, semble-t-il, « mal à leur travail ». Celui-ci ne semble pas encore être un facteur de réalisation de soi et les loisirs n'ont rien résolu. Malgré tout, le travail semble de plus en plus incontournable, car ne pas en avoir engendre la souffrance et le mal-être de « l'exclusion sociale ». Évoquant à la suite de Georges Friedmann la notion de réalisation de soi, ne pourrait-on pas envisager de réconcilier travail et loisir ? Ne pourrait-ce pas être profitable ? Pourquoi les opposer ? Nous verrons dans la seconde partie de cet ouvrage qu'il est possible d'appréhender une échappatoire alternative à celle proposée par Georges Friedmann en adoptant la pensée dialogique. La réalisation de soi peut s'envisager autant dans le travail que dans les loisirs, dès lors que l'on envisage de mettre du loisir dans son travail et du travail dans ses loisirs. Que l'on ne s'y trompe pas : il ne s'agit pas de confondre travail et loisirs en pratiquant son hobby préféré au travail ou en ramenant du travail à la maison. Il s'agit d'adopter une position, un état d'esprit dialogique, en s'interrogeant sur la meilleure façon d'une part de vivre son travail avec un plaisir similaire à celui que procurent ses loisirs et d'autre part de profiter de ses loisirs pour prendre le temps de penser son travail comme facteur d'équilibre personnel d'autre part.

> « Choisis un métier que tu aimes, et tu n'auras jamais à travailler. »

1.1 Le travail en miettes

1.1.1 *Émergence du modèle néolibéral : quelques jalons historiques*

Durant les années 1970, les théoriciens du libéralisme n'ont qu'un seul credo : libérer les forces du marché, quitte à mettre à mal les « concessions sociales » qui pourraient affecter la rentabilité des investissements. Tout est remis en cause : rôle de l'État et des syndicats, systèmes de protection et avantages sociaux, contrôle des mouvements de capitaux, partage des fruits de la croissance… Ces idées sont mises en application au début des années 1980, particulièrement aux États-Unis durant le mandat du président Reagan et au Royaume-Uni durant le gouvernement Thatcher. Un certain nombre de mesures sont adoptées pour libérer les contraintes à la libre circulation des capitaux : suppression du contrôle par les institutions nationales concernant les mouvements de capitaux, augmentation des taux d'intérêt, désindexation du dollar sur l'or, financement de la croissance par le déficit budgétaire… On assiste alors à un changement de paradigme en matière de financement des entreprises : ce ne sont plus les banques qui financent la croissance, mais les acteurs des marchés financiers. Certes, ceux-ci, par les levées de fonds, offrent des moyens accrus aux entreprises, mais ils sont plus exigeants sur la rentabilité des capitaux. Leur financement reste volatile si la rentabilité n'est pas au rendez-vous, ce qui rend incertain l'avenir des entreprises investies. Pour les acteurs financiers, certes, ces mesures ont pour objectif de permettre de relancer l'investissement et de renouer avec la croissance, dans un contexte de post-récession due au premier choc pétrolier. Mais dans les entreprises, ces mêmes mesures ont pour effet de chercher à augmenter la rentabilité potentielle des entreprises et de diminuer le coût du travail. Peu à peu, la logique de dissociation de l'efficacité économique *versus* l'équité sociale est exacerbée. Désormais, le client est au centre de l'organisation : il faut produire en fonction de ses attentes, voire des pressions qu'il exerce de l'extérieur (et non plus en fonction des capacités des organisations). On est ainsi passé en une vingtaine d'années d'une logique « *push* » à une logique « *pull* ». La mesure de la valeur étant de plus en plus centrée sur le consommateur, les salariés se doivent d'être polyvalents et flexibles, plus mobiles. On assiste à la fin des systèmes de classification qui, par leur rigidité, ne permettent plus aux entreprises de suivre l'accélération de la demande. En échange, les salariés se voient attribuer une part plus importante de rémunération variable individualisée. Ils découvrent également la rémunération liée à l'intéressement aux résultats, ce qui a pour effet de les sensibiliser à la pression de la demande et à la logique des marchés financiers. Toutefois, en contrepartie de cet échange, les salariés réalisent que l'emploi ne leur est plus garanti à vie, ils découvrent la précarité. En effet, la masse salariale devient, dès la fin des années 1980, une nouvelle norme d'ajustement, car il convient de servir des rendements acceptables aux investisseurs. Ainsi, les exigences des actionnaires passent désormais avant les intérêts et les emplois des entreprises. Progressivement, la logique financière prend le pas sur la logique entrepreneuriale : les levées de fonds des entreprises financent des OPA, ce qui permet de « manger » les concurrents – non plus par des produits ou des services plus performants – et de constituer des oligopoles en situation de position dominante, voire exclusive. Progressivement, les marchés financiers fixent la norme d'efficacité économique : « être dans la course ou disparaître ». De fait, « tous les coups sont permis » pour survivre. Dès qu'une filiale ou une branche est en difficulté financière, la décision est prise de la restructurer, ce dont les salariés peuvent faire les frais. Le chômage augmente, car les restructurations deviennent permanentes ; les dirigeants les évoquent comme ils brandiraient un outil disciplinaire ou, pire, une menace. Les capitaux se redéploient beaucoup plus rapidement que les salariés, qui ont de plus en plus de mal à trouver un travail de qualité, tant dans le contenu qu'au niveau de la rémunération globale (intégrant les avantages sociaux). Les salariés doivent désormais composer avec la norme de rentabilité. Du fait de la pression des marchés financiers et de la précarité de l'emploi, les salariés sont forcés de coopérer, ce qui remet en cause le schéma traditionnel régissant les rapports entre organisations et salariés. Toutefois, la flexibilité qui leur est demandée leur apporte une nouvelle forme d'autonomie. Celle-ci s'appuie sur le développement de l'individualisation du lien entre travailleurs et organisation et favorise le développement de la logique « compétence » : il s'agit de l'autonomie contrôlée.

1.1.2 *L'organisation néolibérale et post-taylorienne du travail : l'autonomie contrôlée*

Qu'est-ce que l'autonomie contrôlée ? Selon Thomas Coutrot[2], c'est une forme de pouvoir concédé aux salariés par les organisations sans que ces dernières ne perdent le contrôle sur eux. L'autonomie contrôlée est apparue avec l'émergence du modèle néo-

2. Thomas Coutrot, *Critique de l'organisation du travail*, *op. cit.*

libéral. Voyons comment on en est arrivé là à l'aide d'un bref rappel historique de l'organisation du travail et des rapports régissant l'organisation et ses travailleurs.

À l'origine du capitalisme, l'organisation du travail est quasi militaire. On obtient la coopération productive des ouvriers par la contrainte. La hiérarchie est très autoritariste : les ordres tombent d'en haut ; le contremaître vérifie que les ordres sont appliqués en contrôlant en permanence le travail des ouvriers. Les ouvriers sont engagés à la journée et sont réduits à de simples appendices des machines. Progressivement, les patrons cherchent à s'attacher la main-d'œuvre pour améliorer la qualité de la production. Ainsi, à la fin du XIXe siècle, le patronat adopte une posture paternaliste qui reproduit le modèle familial : le contrôle est toujours autoritaire, mais plus souple et tempéré par la familiarité. Une relation d'emploi à long terme commence à s'installer ; certaines entreprises proclament qu'elles prennent en charge leurs ouvriers « du berceau au tombeau ». Les conditions de vie des ouvriers s'améliorent notablement, sans pour autant que les conditions de travail et les rythmes de production soient raisonnablement améliorés. Rappelons que, des acquis sociaux qui paraissent aujourd'hui aller de soi – la semaine de cinq jours ou la journée de huit heures – ont été obtenus après de longs et durs conflits sociaux. Certains dirigeants comme Ford anticipent ces améliorations de la condition ouvrière en décidant d'adopter les canons de l'OST [3] et d'augmenter les salaires, de manière à améliorer la productivité et à fidéliser les salariés. L'OST favorise le développement de grandes unités de production et l'amélioration des standards tout en permettant un contrôle accru du travail des ouvriers. Le taylorisme associé à la fidélisation des salariés contribue à homogénéiser la classe ouvrière qui s'organise et qui devient particulièrement contestataire dans les années 1930. Pour garantir le maintien de la productivité, les patrons acceptent de conclure des compromis avec les syndicats et le législateur. Les ouvriers obtiennent ainsi un cadre juridique réglementant le travail et un partage des gains de productivité. Après la Seconde Guerre mondiale, l'heure est à la reconstruction, il faut donc fédérer les forces vives de la nation. Apparaissent les grandes avancées sociales que nous connaissons encore aujourd'hui : sécurité sociale pour tous, allocation retraite, et même allocation chômage. Les Trente Glorieuses voient la prospérité économique contribuer à améliorer les conditions de vie des travailleurs. Toutefois, avec la montée du plein-emploi, la productivité baisse. Parallèlement aux mouvements sociétaux de la fin des années 1960, on assiste à une résistance à l'intensification du travail. Dans des systèmes démocratiques, la pure contrainte n'est plus opérante, le cadre rigide du taylorisme ne suffit plus à garantir compétitivité et réactivité. Les incitations monétaires se développement alors, mais elles montrent vite leurs limites à mobiliser les collectifs de travail ; ceux-ci s'investissent de plus en plus dans le cadre de l'activisme syndical qui connaît alors son apogée dans les années 1970. Toutefois, dans les années 1980, les employeurs vont profiter de la récession pour renforcer l'individualisme, notamment en individualisant les rémunérations et en atténuant leur dépendance envers les travailleurs. La crise contracte le marché de l'emploi ; le chômage et la précarité menacent les salariés. Le rapport de force se trouvant inversé, l'organisation du travail des entreprises capitalistes va pouvoir vivre une grande métamorphose en faisant sauter les rigidités tayloriennes qui limitent la compétitivité des organisations.

---

3. OST : rappel, organisation scientifique du travail.

Le capitalisme adopte le modèle néolibéral dans les années 1980 ; il a désormais les mains libres pour mettre en place l'autonomie contrôlée : en faisant sauter les rigidités tayloriennes, l'organisation du travail se trouve libérée des lourdeurs de l'OST, les entreprises vont pouvoir augmenter leur productivité sans pour autant relâcher la pression sur les salariés, grâce au spectre du chômage. Il faut pourtant réussir à mobiliser les travailleurs pour qu'ils donnent le meilleur de leurs capacités créatives, dans le contexte émergent de la mondialisation. La concurrence accrue oblige les entreprises à se différencier fortement et rapidement. Pour ce faire, elles vont innover en matière d'organisation du travail :

- s'inspirant du modèle japonais, les premières équipes autonomes de production apparaissent dès la fin des années 1970 : les groupes de travail en projet puis les cercles de qualité fleurissent ;
- en contrepartie, les entreprises abandonnent la standardisation des procédés pour la standardisation des procédures et des résultats : ce n'est plus le geste ou le style de management qui compte, mais les résultats, sachant qu'on garde la traçabilité des responsabilités. La production en flux tendu se généralise.

Ainsi, « *l'empowerment* » se développe au sein des organisations. Les directions délèguent du pouvoir sans perdre le contrôle du pouvoir. On assiste à une diminution du nombre d'échelons hiérarchiques ; on passe de l'autorité du chef à la pression du client. Les salariés sont incités à prendre plus d'autonomie et à développer leur polyvalence. Leurs tâches s'enrichissent, même s'ils sont toujours soumis à des procédures de contrôle et même si la pression et le rythme du travail s'accroissent. C'est dans ce contexte qu'apparaissent les discours sur la compétence et les premières démarches compétence. En effet, les dirigeants y trouvent des arguments convaincants pour que les salariés acceptent les nouvelles règles du jeu de l'organisation du travail et donnent le meilleur d'eux-mêmes. Pour garantir la mise en œuvre de cette autonomie contrôlée, toute une dialectique se construit avec pour pierre angulaire la notion de compétence. Cette dialectique s'organise en une représentation en trois actes : acte 1, mettre en scène la compétence ; acte 2, de la mise en scène à la mise en représentation de la compétence ; acte 3, donner l'illusion d'une convergence de l'économique et du social par les compétences.

A. Acte 1 – Mettre en scène la compétence

Avec la nouvelle donne néolibérale, la création de valeur n'est plus centrée sur le producteur : ce qui compte désormais, c'est le client final, le consommateur. Pour que les entreprises restent compétitives à tous les niveaux de l'action, leurs dirigeants ne peuvent plus désormais les gérer aujourd'hui comme ils le faisaient hier, en séparant les concepteurs des opérateurs, c'est-à-dire en s'interdisant de recourir à la créativité du plus grand nombre et en dirigeant les hommes par injonction ou prescription. Les entreprises doivent réinventer leur modèle d'organisation du travail pour devenir plus compétitives, avec un minimum de rigidité dans le *job design*[4], mais en maintenant le contrôle sur le respect des standards et des processus. Elles doivent gagner en efficacité (optimisation des ressources mobilisées) et en efficience (création de valeur matérielle et immatérielle pour l'actionnaire investisseur). Schématiquement, l'innovation portait auparavant sur la

4. Le *job design* est, au sein d'une organisation, l'architecture des activités déclinées en postes de travail situés à la croisée des processus et de l'organigramme. Ce concept est largement abordé en seconde partie.

capacité à imaginer des façons de réduire les coûts de l'organisation (qui ne demeurent que des moyens) et rarement sur la capacité de chaque salarié à créer de la valeur. Avec la pression des concurrents, il est primordial que désormais chaque salarié contribue individuellement et à son niveau à la création de valeur, centrée sur le client final. Avec la pression des investisseurs, chaque salarié doit également participer à la création de valeur centrée sur l'actionnaire. Pour réussir ce « tour de force », les entreprises vont placer les salariés dans une double contrainte qu'on peut résumer par ce discours : « Soyez dorénavant plus autonomes, utilisez toutes vos ressources et vos compétences, mais n'oubliez pas que vous restez encadrés par des processus et des contrôles. » L'exemple du toyotisme illustre l'illusion dans laquelle vont se trouver plongés bon nombre de salariés. Le toyotisme est au départ une fausse bonne idée (pour un esprit français épris d'individualisme et de liberté). Monsieur Onno, alors dirigeant du constructeur automobile nippon, décide d'associer ses salariés à la nouvelle organisation de la production qui doit permettre de produire les véhicules en « juste à temps ». Cette proposition, flatteuse, est acceptée par les opérateurs qui retrouvent un sens à leur travail, en devenant les co-concepteurs de leur *job design*. Effectivement, qui pouvait connaître mieux qu'eux les temps morts générés par une organisation conçue par des ingénieurs peu habitués aux aléas de la production ? Avec les nouveaux aménagements qui compressent les temps morts dans la chaîne de création de valeur, la productivité s'accroît significativement. Les cadences augmentent très sensiblement. Les opérateurs comprennent alors qu'ils ont été pris dans un piège paradoxal : en contribuant à faire évacuer le peu d'espace mental de ressourcement que leur octroyaient les temps morts de la précédente organisation du travail, ils ont accepté l'augmentation de leur propre souffrance : TMS [5], pathologies professionnelles, stress, voire suicides sont venus s'ajouter à la fatigue, à la démotivation et à l'ennui dénoncés par Georges Friedmann…

Pour inciter les salariés à travailler, les organisations usent ainsi de l'argument de la compétence, qui est désormais valorisé, parce qu'il valorise les individus tout en les plaçant en situation de double contrainte. Intuitivement, la compétence n'a besoin ni d'être définie ni d'être précisée pour qu'on ait l'impression de comprendre de quoi il retourne ; d'ailleurs, ne dit-on pas de quelqu'un qu'il est « compétent » et de son opposé qu'il est « incompétent » ? La notion de compétence représente l'avantage d'être suffisamment floue pour englober beaucoup plus que ne le faisait le paradigme de la qualification, car elle intègre, outre des savoirs et des savoir-faire, des savoir-être. La notion s'est donc retrouvée au centre des discours managériaux à partir des années 1980, comme une panacée tant pour l'entreprise que pour les salariés. La compétence individuelle et collective a été doublement mise en scène, à partir de l'action concrète, puis au travers du discours qui l'a accompagnée.

- À partir de l'action : cette mise en scène a d'abord valorisé les salariés reconnus comme ayant su mobiliser leur créativité et leurs compétences au bénéfice de l'organisation, qui s'en est trouvée reconnaissante. Cette reconnaissance s'est concrétisée au travers d'actes managériaux, mettant en rapport la contribution des

---

5. TMS : les troubles musculo-squelettiques sont des pathologies professionnelles liées à des problèmes d'ergonomie des postes de travail ou de configurations inappropriées en termes de *job design* ou de cadence de production.

salariés méritants, compétents avec une rémunération ad hoc, directement reliée à leurs actions « compétentes ».

- Au travers du discours : cette valorisation a permis en retour de mobiliser les autres individus autour du projet de l'entreprise et de développer sa compétitivité sur son marché par la valorisation « orale » témoignant des actes « compétents ».

B. Acte 2 – De la mise en scène à la mise en représentation de la compétence : construire une représentation de la compétence afin de pouvoir fédérer les actes

Pour pouvoir agir ensemble, un langage commun est nécessaire pour éviter les incompréhensions et les incohérences dans l'action. Ce langage commun sous-entend que les individus rassemblés autour d'une action commune mettent le même sens derrière les mots. L'avantage des mots est qu'ils offrent une « économie cognitive », en permettant de faire la synthèse de sens d'une pensée, d'un concept, d'une théorie, d'un outil... Les « langages maison » que l'on voit fleurir dans les entreprises ou dans certains secteurs d'activités au travers d'acronymes, de néologismes ou d'anglicismes en sont des illustrations bien vivantes.

Toutefois, le sens mis derrière chacun des mots ne va pas de soi. D'abord, parce que les mots recouvrent avec peine les émotions et les vécus qui les teintent, et c'est particulièrement le cas quand ces mots tentent de traduire une abstraction telle que celle de compétence. Ensuite, parce que certains agents dans l'entreprise peuvent être tentés de dévoyer plus ou moins consciemment le sens sous-entendu par tel mot ou tel mot, ou de jouer sur leurs ambiguïtés et ainsi d'orienter les actions des individus dans un sens déterminé par des intérêts particuliers. C'est le cas pour la notion de compétence qui est exprimée et « entendue » différemment selon le « lieu social » de ceux qui en parlent et de ceux qui écoutent. Le mot « compétence », au sens large, est polysémique ; son utilisation dans les discours peut sembler ambiguë pour ceux qui l'entendent. Certains auront tendance à focaliser leur attention sur une « aire » de sens plutôt que sur une autre. D'autres auront également tendance à vouloir imposer leur acception de la notion de compétence en fonction de leurs intérêts particuliers plutôt qu'en fonction des intérêts communs, voire des intérêts des autres parties prenantes. Il nous paraît opportun de nous attarder sur les différentes représentations des acteurs en présence pour comprendre quelles ambiguïtés peuvent surgir dans les discours et leur compréhension.

À l'instar du modèle freudien décrivant la psyché en trois topiques (le ça, le moi et le surmoi), nous identifions trois types d'*instances socio-organisationnelles* susceptibles de faire s'exprimer les acteurs sur la compétence, en leur nom propre ou pour le compte d'une entité morale :

- le « nous-firme » : cette instance représente l'identité morale de l'organisation, elle tient son identité du nom même, du logo de l'entreprise. Elle est gardienne de sa culture et de son histoire, elle en fixe et rappelle les règles ; à ce titre, elle correspondrait au « surmoi » freudien ; c'est cette instance qui dans l'esprit des salariés instille les sentiments de fierté d'appartenance à telle enseigne (polarité positive) comme ceux d'inquiétude pour l'avenir de son emploi (polarité négative) ;

- le « nous-collectif » : identité sociale de l'entreprise, cette instance est constituée de sous-groupes de salariés dont l'agrégation forme le corps social, sa « micro-société » singulière et contingente, c'est le « travailler-ensemble », à l'instar du « vivre-ensemble ». Parce qu'elle est dans l'action immédiate et quotidienne, mais le plus souvent raisonnée, cette instance s'apparente au « moi » freudien ;
- le « nous-individuel » : somme des identités individuelles des salariés ayant des motivations ou buts souvent contradictoires entre eux et avec ceux de l'organisation, cette instance correspond aux tiraillements pulsionnels que suscite le « ça » dans le modèle freudien, et que le « nous collectif » doit réguler, parfois avec le secours du « nous firme » qui doit « brandir la carotte ou le bâton » pour plus d'efficacité collective.

Le parallèle du modèle des instances socio-organisationnelles avec le modèle freudien n'a aucune valeur scientifique, bien qu'il s'appuie sur une pratique de conduite de plusieurs milliers d'entretiens d'évaluation des compétences. Cette analogie a uniquement pour but pédagogique de faire comprendre comment les salariés « intériorisent les messages » sur les compétences de chacune des trois instances, messages parfois contradictoires, parfois complémentaires. L'analogie permet également de mieux comprendre comment les salariés peuvent devenir parfois à leur insu le messager, « l'agent » d'une ou de plusieurs des trois instances ; elle permet de mettre en exergue les éventuels enjeux et tentatives de manipulation (le plus souvent inconscientes) de certains salariés qui s'expriment en « agents » (parfois sincères, parfois doubles...) selon l'une ou l'autre position que sous-tend chaque instance. Nous développerons notre modèle des instances socio-organisationnelles dans la seconde partie afin de mieux poser le pronostic expliquant pourquoi on en est arrivé à cette situation de « grande illusion » en matière de gestion des compétences.

C. Acte 3 – Donner l'illusion d'une convergence de l'économique et du social par les compétences : réalités, vécus et enjeux en matière de gestion des compétences

Le « nous-firme » se situe résolument au cœur du champ économique : son objectif premier consiste à créer de la richesse pour les actionnaires et du confort pour les dirigeants. Richesse pour les actionnaires, car leurs investissements dans les entreprises doivent rapporter, sous peine de voir ces investisseurs sanctionner les entreprises peu rentables en les délaissant pour d'autres. Confort pour les dirigeants qui doivent montrer à leurs actionnaires que l'entreprise qu'ils dirigent est digne d'être « investie » par un apport de capitaux, ces derniers permettant d'étendre le pouvoir organisationnel. Il peut certes exister des « tensions » entre actionnaires et dirigeants, mais celles-ci sont plutôt des rapports de régulation du pouvoir, comme le rapporte la théorie de l'agence[6]. Les intérêts des salariés sont loin de ces débats puisque, le plus souvent, le personnel est considéré comme une « variable d'ajustement » financière ou organisationnelle. Le « nous-firme » peut être tenté d'instrumentaliser leurs compétences au service non plus de

6. Comme nous l'avons vu dans l'introduction, la théorie de l'agence propose une approche contractuelle de la firme ; une agence est « un contrat par lequel une ou plusieurs personnes (le principal) engagent une autre personne (l'agent) pour exécuter en son nom une tâche quelconque qui implique une délégation d'un certain pouvoir de décision à l'agent » (Jensen et Meckling, 1976).

l'organisation ni des salariés, mais des actionnaires seuls pour mieux fidéliser ces derniers, avec l'argument de la « compétence collective différenciatrice ».

Le « nous-collectif » se situe au carrefour du champ managérial et du champ sociologique parce que la chaîne managériale découle des intérêts des équipes dirigeantes. Souvent, cette instance va tenter d'imposer ses intérêts au corps social en mobilisant la chaîne managériale qui est en contact avec le corps social. Le « nous-collectif » se donne pour objectif de régir les rapports de dominance et les jeux d'acteurs dans les rapports sociaux, afin d'éviter les conflits et les blocages, notamment en composant. Le « nous-collectif » peut être tenté d'instrumentaliser les compétences individuelles pour contribuer à maintenir sa cohésion sociale afin de mieux lutter contre le « nous-firme », parfois au détriment des intérêts du « nous-individuel ».

Le « nous-individuel » est au cœur du champ individuel et psychologique : il cherche à assouvir des « besoins » comme le besoin de se rassasier, d'être ensemble, d'apprendre, de croire... Le « nous-individuel » investit dans les compétences pour non seulement évacuer les tensions pulsionnelles en renforçant l'estime de soi de l'individu, mais surtout pour lui construire une image de soi solide, garantissant la meilleure employabilité possible. C'est ce qui fait que le « nous-individuel » peut être tenté d'instrumentaliser la compétence à ses fins propres, indépendamment des objectifs de l'organisation (tant ceux du « nous-firme » que du « nous-collectif »), en investissant sur le développement en valeur absolue des compétences de l'individu (favorisant son employabilité à l'extérieur de l'organisation) et non en valeur relative (pour l'organisation qui l'emploie).

Comme nous venons de le voir, il existe de fortes tentations de dévoyer le paradigme « compétence ». En effet, les démarches GPEC peuvent être au cœur de réseaux d'intérêts divergents et donc d'enjeux de pouvoir contradictoires. C'est ce qui explique pourquoi, lorsque le travailleur est sollicité pour participer à la mise en œuvre de nouvelles formes d'organisation du travail – qui ne sont pour la plupart que des mascarades de reconfiguration de l'ancienne OST –, il se retrouve lui-même en miettes, tout comme son travail. L'exemple du toyotisme en est un exemple particulièrement flagrant. Toutefois, le travail n'ayant pas d'âme il ne souffre pas, contrairement au travailleur. C'est ce que nous allons voir dans le paragraphe qui suit.

1.2 Le travailleur en miettes

Le *focus* médiatique actuel sur le « malaise au travail » en donne une représentation binaire : les représentations idéologiques des parties prenantes tendent à réduire partiellement, et de manière partiale, le problème et à prendre le pas sur la réalité.

- Du côté des dirigeants et des managers d'entreprise, on tend à nier le problème en le renvoyant à la subjectivité et au progrès des instruments de mesure. La dégradation serait fictive : l'augmentation du nombre de maladies professionnelles serait la preuve non d'un mal grandissant, mais d'une meilleure identification des pathologies. Bref, ce serait la « qualité du thermomètre » qui ferait monter la température.
- Du côté des « psys » ou des représentants des organisations syndicales, on tend à exacerber le problème, mais pour le réduire à des mécanismes psychiques qui font l'impasse sur l'organisation du travail elle-même et précipitent les individus dans un douloureux fatalisme. La dégradation serait réelle, mais c'est le mal qui aurait

changé de nature ; le travail serait aujourd'hui porteur d'un stress psychologique accru auquel il faut se résigner.

L'approche psychologisante tend à négliger les aspects physiques de la pénibilité du travail : « le stress d'aujourd'hui est psychologique et non plus, comme autrefois, physique », affirme le Dr Légeron, coauteur du rapport sur les risques psychosociaux commandité par le ministre du Travail[7]. Mais comment comprendre la multiplication des maladies professionnelles de type TMS ? Cette représentation est réductrice et insuffisante : le travail est-il vraiment moins physique, est-il plus psychique ? Ce qui semble sûr, c'est qu'il semble pour le moins beaucoup plus stressant. Ce stress serait dû selon Philippe Askenazy[8] aux évolutions du travail des deux dernières décennies.

1.2.1 *Les désordres du travail*[9]

L'organisation des entreprises s'est radicalement transformée du fait de l'avènement du « productivisme réactif » qui s'est substitué au taylorisme. Les nouvelles clés de la compétitivité passent par l'adaptation permanente des organisations et par un accroissement de la qualité des biens et des services produits. Le travail a été en conséquence réorganisé à partir d'une exigence de réactivité, de souplesse et de flexibilité. Ce nouveau productivisme est certes source d'intellectualisation, de polyvalence, de mise en responsabilité des travailleurs, donc *a priori* d'enrichissement du travail, mais ses effets sont d'une autre nature. Par-delà les méfaits décrits il y a plus de cinquante ans par Georges Friedmann, on assiste dorénavant à la montée du stress, à l'accroissement de la charge mentale et des contraintes physiques. On peut parler d'une véritable épidémie des TMS, alors que les pathologies psychologiques et psychiatriques restent stables. Le travail comprend aujourd'hui un cumul de contraintes physiques et mentales. L'avènement de ce productivisme réactif coïncide avec la mise en place des 35 heures en France. Ces dernières, qui s'annonçaient comme un enrichissement, voire comme une forme d'émancipation par rapport au modèle tayloriste, se sont accompagnées en réalité d'une dégradation des conditions de travail et d'une intensification du travail.

La situation actuelle des travailleurs français n'est pas tout à fait inédite : les Américains l'ont connue eux aussi dans la seconde moitié des années 1990. Or, depuis, on assiste dans ce pays à une spectaculaire amélioration de la santé et de la sécurité des travailleurs, amélioration qui a participé à la prospérité américaine des années 2000. Aux États-Unis, si le travail évolue, il continue à obéir à des logiques sociales et économiques aussi vieilles que le capitalisme : il s'agit du jeu des rapports de force entre acteurs, qu'ils soient salariés, syndicats, employeurs, États ou forces du marché. Ce sont ces logiques qui ont modifié le comportement ou « l'éthique » de certaines entreprises qui disposaient, quoi qu'elles aient pu en dire, de marges de manœuvre considérables pour améliorer le sort de leurs salariés, sans obérer leur compétitivité. La qualité du travail a été vue aux États-Unis – et devrait être vue en France – comme une clé de la productivité, et non comme un obstacle à la création libre de richesses. La pénibilité ne revêt donc pas un

7. Rapport Nasse-Legeron, mars 2008.
8. Philippe Askenazy, *Les Désordres du travail*, *op. cit.*
9. Nous reprenons le titre de l'ouvrage de Philippe Askenazy, *Les Désordres du travail*, *op. cit.*

caractère inéluctable pourvu que l'on repose correctement la question du travail, celle des relations du capitalisme avec le travail et des enjeux de pouvoir qui les régissent.

L'actuelle montée des contraintes au sein des organisations traduit en réalité une augmentation des cumuls de contraintes que subissent les salariés. Plus précisément, des salariés qui enduraient seulement des contraintes mentales (pression du client, tensions, etc.) voient s'ajouter désormais des contraintes physiques. Inversement, les contraintes mentales touchent désormais des professions auparavant soumises à des contraintes physiques. C'est le cas du toyotisme et des logiques de production en « juste à temps ».

Le productivisme moderne a des conséquences ambiguës sur le bien-être des salariés : rythme plus soutenu, mais plus d'autonomie et un enrichissement des tâches et plus de polyvalence, tout en cassant les collectifs de travail, en promouvant l'individualisation. Nous pouvons conclure ce paragraphe par une remarque tautologique : la situation des salariés se détériore dans les entreprises où les conditions de travail ne sont pas prises en compte par les directions, mais inversement, elle s'améliore si l'employeur et les partenaires sociaux intègrent cette dimension. Nous verrons dans la sous-partie B qui suit que les causes de ces nouveaux désordres du travail sont effectivement liées à une organisation du travail inappropriée, qui ne sait pas prendre assez en compte la dimension humaine.

Comment comprendre que les salariés en viennent à subir des extrémités destructrices, voire autodestructrices pour – ou à cause de – leur travail ? Quel est le mécanisme qui consiste à pousser les individus à se mettre sous la coupe d'une organisation, à accepter les objectifs de performance et à s'y conformer, voire à les dépasser ?

1.2.2 *Les dangers de la performance : le coût de l'excellence*

La performance est au centre des préoccupations de l'Homme occidental. Il s'agit de réussir sa vie, d'être performant en tout, d'être le premier, bref de « gagner », pour éviter d'être taxé de « loser » [10]. Comme l'indique Pierre Legendre [11], « la performance est le nom nouveau du pouvoir absolu. La marche technologique balaye les faibles, comme les guerres d'autrefois : elle réinvente le sacrifice humain, de façon douce. » Avec l'émergence du capitalisme néolibéral, les organisations doivent survivre ou mourir. Les salariés sont, de fait, condamnés à réussir. Certains sont ainsi prêts à toutes les performances pour ne pas perdre, ce qui fait qu'ils peuvent réussir leur vie, c'est-à-dire leur travail, et ce, quitte à sacrifier leurs loisirs, leur famille, voire leur intégrité psychique, comme nous allons le voir.

La performance devient possible lorsque les acteurs accèdent à un certain dépassement personnel ou collectif. Ce dépassement se caractérise par la capacité des acteurs à fournir un effort physique ou psychique exceptionnel. Le tout est de savoir ce que l'on doit comprendre par « exceptionnel ». Il s'agit en fait d'amener les salariés à se dépasser sans se poser la question de savoir si cela va les faire souffrir, voire les détruire. Cette question est pourtant primordiale si l'on souhaite que cet « effort exceptionnel » puisse être renouvelé dans le temps. C'est ainsi que les salariés sont invités à fonctionner aujourd'hui, dans beaucoup d'organisations, pour le développement et le maintien de la compétitivité. Pour être performant, comme dans le sport de haut niveau, il faut faire abs-

10. *Loser* : en anglais « perdant » et, dans sa connotation péjorative, « raté ».

11. Pierre Legendre, *La Fabrique de l'homme occidental*, Paris, Éd. Mille et une Nuits, 2000.

traction de soi-même et être possédé par les buts de l'organisation. Nicole Aubert et Vincent de Gaulejac ont présenté dans leur ouvrage *Le Coût de l'excellence*[12] le processus de mise en performance des individus au sein des organisations. Ces auteurs expliquent que ce processus passe par le rapprochement progressif des idéaux des acteurs avec ceux de l'organisation. Ils distinguent trois étapes bien précises.

Dans un premier temps, les deux entités sont indépendantes l'une de l'autre : l'individu avec son moi ; l'organisation avec ses objectifs et ambitions. À ce stade, il existe une distance entre le moi de l'individu et les buts de l'organisation. Pour relever les défis de l'organisation, le management a besoin de toutes les énergies de ses collaborateurs. Le management doit mettre en place un système de suggestion pour obtenir l'engagement maximal des salariés. Ce système s'appuie sur diverses méthodes de management pour capter les énergies humaines, dont l'efficacité reposera, selon les auteurs, davantage sur la dimension symbolique que sur leur apparente réalité. Le management relèverait finalement de divers processus visant à capter l'imaginaire des sujets.

La deuxième étape se caractérise par le rapprochement des idéaux. L'organisation, par son système de suggestion (qui relève le plus souvent de l'alternative punition ou récompense), fait entrer en résonance ses idéaux avec ceux de l'individu. Peu à peu, l'individu « introjecte » les idéaux de l'organisation et les fait siens, ce qui se traduit progressivement par un engagement en temps et en énergie de plus en plus important vis-à-vis de l'organisation. En entrant dans ce jeu, la plupart du temps de façon inconsciente, l'individu « entre en performance ». Cependant, ce processus inconscient a un coût pour l'individu : le coût de l'excellence. Que se passe-t-il ? En faisant siens les objectifs de l'organisation, le moi du sujet s'affaiblit et l'individu se dépossède de lui-même. La « conscience de soi » se trouve alors peu à peu envahie par les buts de l'organisation.

Au cours de la troisième étape, le sujet entre en fusion avec l'organisation. Il ne fait plus de différence entre celle-ci et lui-même. Les fonctions psychiques qui permettent d'avoir une existence propre en tant que sujet indépendant et libre tendent à disparaître. Le sujet perd sa capacité à « raisonner » objectivement. Cet envahissement présente un risque psychique pour l'individu si l'identification aux idéaux devient trop intense. En devenant étranger à ses propres besoins ou à ses propres désirs, l'individu s'aliène à son organisation. Ce n'est plus son corps qui est asservi au système, comme dans le modèle taylorien, mais son esprit. Son moi est anéanti. Il n'existe plus. Il est devenu l'organisation. Cette dérive entraîne le sujet dans une expérience de déréalisation quand, dans son esprit, le réel se confond avec l'imaginaire : il ne parvient plus à distinguer son moi du non-moi, son soi de l'autre, le rêve du le réel. L'excellence poussée à l'extrême peut ainsi conduire à la dissolution du moi, à des décompensations psychiques, voire à une sorte de folie.

Il y a bien évidemment toute une gradation dans ce processus d'aliénation. Le plus souvent, ce processus n'est pas mené à son terme. Mais il peut aller suffisamment loin pour exercer une captation significative de la conscience de soi. Les conséquences personnelles sont faciles à comprendre : en se privant de lui-même, le sujet va se priver aussi des siens, des familiers qui l'entourent. En donnant toute son énergie à l'organisation, sa vie privée risque tout simplement d'être privée de vie.

---

12. Nicole Aubert et Vincent de Gaulejac, *Le Coût de l'excellence*, Paris, Seuil, 1991.

1.2.3 *Le contrat narcissique*

Nicole Aubert et Vincent de Gaulejac posent l'hypothèse que les individus tissent avec l'organisation un « contrat narcissique ». Ce contrat est évidemment inconscient. Si les salariés acceptent de « se perdre » ainsi dans les buts de l'organisation à laquelle ils donnent toute leur énergie, ce n'est pas seulement pour la rémunération, comme le postulent les gestionnaires rationalistes. Si les salariés acceptent de répondre aux sollicitations du management de l'organisation néolibérale, c'est parce qu'ils espèrent obtenir en échange plus que de l'argent : une reconnaissance sociale, mais aussi une reconnaissance égotique, voire de l'amour. Cette reconnaissance, en provenance d'une entité socialement valorisée ou de figures d'autorité idéalisées, peut permettre de compenser des doutes fondamentaux qui fragilisent le moi des individus : renforcement de l'estime de soi qui confine à l'émergence, sinon au renforcement, d'un « faux-self »[13]. Plus les individus sont porteurs de ces failles, plus ils sont dépendants de cette quête. Il leur sera d'autant plus difficile de renoncer aux sirènes de cette forme de management que celui-ci propose au moins deux types de récompenses particulièrement appréciées sur le plan du narcissisme :

- un sentiment de toute-puissance en s'identifiant aux ambitions de l'entreprise ;
- une reconnaissance égotique, l'amour en échange du don de soi.

En jouant ainsi sur les idéaux et sur la valorisation de l'ego, le management néolibéral interpelle les structures profondes du soi. Ce faisant, elles maintiennent les sujets dans une relation régressive. L'organisation représenterait « la mère idéale » qui accorderait ou non sa reconnaissance, son amour en fonction du don de soi de ses sujets en réponse à ses exigences. En entrant ainsi en contact avec les structures archaïques du soi, le management néolibéral envahit l'intimité des sujets. Ce jeu de valorisation de l'ego est le plus souvent inconscient, les managers étant eux-mêmes en prise avec ce mécanisme égotique. Dès lors que cet envahissement est conscientisé, officialisé, institutionnalisé comme mode de management, il devient manipulateur et peut exercer une certaine forme de violence sur la psyché des collaborateurs. Cette forme de violence est d'autant plus sournoise qu'elle se présente sous un aspect toujours séduisant. Dans ce type de management, on laisse entendre au collaborateur qu'une adhésion sans réserve aux buts de l'organisation pourrait lui permettre d'accéder à la reconnaissance éternelle de l'organisation, à une sorte de « bonheur » suprême. En réalité, le risque réside dans le fait de capter définitivement la conscience du collaborateur, de dévorer son moi pour en tirer le maximum. L'actualité relative aux risques psychosociaux illustre à quel point ce mécanisme peut conduire à la « carbonisation psychique » (*burn-out*) : en plaçant la barre de la performance de plus en plus haut (« toujours plus, toujours plus vite »), les organisations mettent les individus dans des situations qui confinent à l'impossible et qui les font toucher à leurs limites.

1.2.4 *Des salariés à bout de souffle*

Mis en face de leurs limites par leurs managers, les salariés sont d'autant plus désabusés qu'ils ne reçoivent pas de « retour » en termes de reconnaissance. Le mode de management néolibéral fait de moins en moins rêver ; pire, il agace. Les salariés commencent à prendre du recul et s'interrogent sur certaines disparités : augmentation des dividendes des actionnaires au détriment des augmentations salariales, « anthropophagie » des restructurations d'entre-

---

13. Le faux-self est un concept développé par le psychologue Winnicott. Il traduit une forme d'illusion égotique.

prise au détriment de leurs emplois, etc. Aussi se posent-ils la question de savoir s'ils ne seraient pas en train de se faire duper par l'organisation. La confiance vient à manquer, les organisations et leur management sont remis en cause. Les salariés sont lassés par le cynisme de leur direction. Cette perception semble encore plus aiguisée pour les jeunes générations qui entrent dans l'entreprise avec un certain scepticisme, promptes à en percevoir les incohérences. Beaucoup de salariés s'engagent discrètement sur la voie de la distanciation et du désengagement. Les valeurs qui fondaient le travail se désagrègent à travers la prise de conscience de l'illusion sur laquelle semble basé le mode de management néolibéral.

1.2.5 *« Faire et avoir pour être » et non « se faire avoir »...*

Du fait de la vision à court terme qui prévaut désormais, l'entreprise d'aujourd'hui se préoccupe d'attirer des compétences principalement parce qu'il lui faut avoir les ressources les plus à même de produire « toujours plus, toujours plus vite », et très peu parce que ces compétences seraient en soi susceptibles, par leur potentiel d'innovation, de la pérenniser. En d'autres termes, on recrute surtout des muscles, et non des cellules grises, et quand il s'agit de cellules grises, c'est pour réfléchir à la façon dont les muscles pourraient produire plus et plus vite. Ainsi, l'illusion des compétences se met en action dès le recrutement des salariés : l'organisation tient un discours tendant à faire croire que les impétrants seront valorisés dans leurs compétences ; mais on recrute les salariés, non pour ce qu'ils sont, mais pour ce qu'ils pourront faire dans l'intérêt univoque de l'entreprise. Désormais, celle-ci considère qu'elle possède des ressources et non des hommes. Lorsque l'on se penche sur les ambiguïtés des entretiens d'embauche, on comprend mieux ce que ressentent certains protagonistes (les candidats salariés) quand ils déclarent qu'ils « se sont fait posséder » ou, plus familièrement, « fait avoir ». Le ressort de la « grande illusion des compétences » repose particulièrement sur ce verbe « avoir », comme nous allons le voir maintenant.

L'être humain en situation de travail se situe schématiquement dans l'une des trois attitudes possibles et complémentaires, que l'on peut désigner par l'un des trois verbes « avoir », « faire » ou « être ». On peut résumer cette triple attitude à l'aide de l'histoire des trois tailleurs de pierre[14] : au Moyen Âge, un bourgeois visite le chantier de construction d'une cathédrale. Il rencontre successivement trois tailleurs de pierre à qui il pose la même question : « Que fais-tu ? » Le premier lui répond : « je gagne ma vie » ; le second : « je taille une pierre » ; le troisième, quant à lui, affirme : « je bâtis une cathédrale »[15]. L'être humain, dans son processus d'évolution, est tôt ou tard confronté à l'angoisse existentielle, celle qui lui fait prendre conscience que sa vie a une fin (dans les deux sens du terme). Cette angoisse existentielle, plus ou moins conscientisée, le pousse à se mettre en action pour agir, dans, sur et avec le monde, afin de donner un sens à sa vie (voire au-delà de sa mort). Cette prise de conscience peut se matérialiser au quotidien, quand sa vie individuelle est menacée par un accident ou une maladie grave. L'individu comprend ainsi que cette vie peut s'interrompre à tout moment si rien n'est fait pour lui fournir l'énergie suffisante pour subvenir à ses besoins de base (nourriture...), voire pour survivre : c'est la condition même de tout être biologiquement constitué. Or il ne peut se procurer cette énergie de base qu'en la puisant dans son environnement. C'est ce qui, entre autres, pousse l'être humain à agir sur son envi-

14. Christian Jacq, *Le message des constructeurs de cathédrales*, Paris, Éditions du Rochet, 1980, coll. « J'ai lu ».

15. Cette histoire vulgarise la pensée d'Hannah Arendt qui compare le travail, l'œuvre et l'action dans son ouvrage *Condition de l'homme moderne*, Paris, Press Pockett, 1993, coll. Agora.

ronnement par le travail, non seulement pour lui, mais pour sa société d'appartenance (pour nourrir ceux qui ne sont pas encore – ou ceux qui ne sont plus – capables de le faire par eux-mêmes : les nourrissons et les vieillards). Ce besoin vital explique pourquoi le fait de ne pas avoir de travail (comme lorsque l'on est touché par le chômage) peut être vécu comme une souffrance abyssale. Cette souffrance renvoie l'être humain à son angoisse existentielle, celle du « fait-néant »[16] : celui qui ne fait rien, qui menace sa propre vie et qui agit – car faire le néant, c'est toujours agir – contre la logique de la vie, contre le « *bio-logique* ». C'est cette angoisse qui amène à considérer le travail soit comme une contrainte inéluctable (« mon travail est un gagne-pain, il n'est qu'une activité alimentaire » : le « bio-logique » prend le pas sur le « psycho-logique »), soit comme un facteur de réalisation (« mon travail est un moyen du dépassement de soi, de cette condition première d'être biologiquement dépendant » : le « psycho-logique » prend le pas sur le « bio-logique ») à la fois pour l'individu et, de façon beaucoup plus inconsciente et archaïque, pour l'espèce. Pour se rendre compte de cette quasi-obsession de « l'agir par le travail » chez l'être humain, il suffit de constater la façon dont le plus souvent on présente spontanément son identité lorsque l'on se trouve en société face à un inconnu : dès qu'on a décliné son nom, on en vient immédiatement à évoquer ce que l'un ou l'autre « fait » dans sa vie : « et vous, que faites-vous, dans quoi travaillez-vous, quelle votre activité professionnelle ? ».

Si on résume la problématique à l'aide de nos trois verbes (voir le schéma ci-dessous), l'individu, pour « être », doit « faire » l'effort suffisant pour « avoir » ce qu'il faut pour, non seulement vivre, mais aussi pour survivre. Il y aurait ainsi schématiquement un ordre des choses dans le sens « être > faire > avoir », sous-tendant une hiérarchie dans laquelle prédomine l'« être » sur le « faire » et sur l'« avoir ». La compétence naît de la rencontre de ces trois attitudes. Elle s'y trouve au carrefour[17] ; c'est pourquoi la compétence s'exprime avec ces trois verbes, en fonction de la situation de travail dans laquelle se trouve l'individu, de son niveau de conscience et de connaissance de lui-même du point de vue professionnel et de sa situation par rapport à son travail : « je suis compétent » ; « je fais (autorité de) compétence » et « j'ai des compétences ».

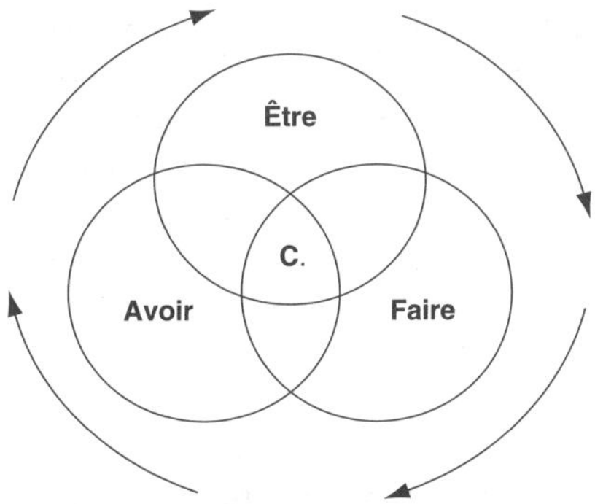

FIGURE 2 • Modèle de l'être > faire > avoir

16. Merci à Bruno Gay qui a permis de comprendre le sens à donner à la fénéantise…

17. Le « C » à l'intersection des 3 cercles de la figure 2.

Tout se détraque quand l'ordre des choses est inversé, ou lorsqu'il y a impression de non-sens, particulièrement quand la hiérarchie des trois verbes est bouleversée, par exemple quand la finalité n'est plus l'être, mais le faire ou l'avoir, pire quand l'être est exclusivement un moyen mis au service de l'avoir, surtout lorsque cet avoir ne revient pas à l'être qui le fait : c'est, littéralement, pour l'être, « se faire avoir », l'aliénation même... Et l'individu perd alors le sens de son propre existentialisme professionnel : à quoi bon « être » si le « faire » se résume à « l'avoir » accaparé par un autre qui n'est pas soi dans un processus qui n'a pas été librement accepté ? Le schéma précédent illustre bien l'impasse matérialiste dans laquelle nous nous débattons à l'époque actuelle. L'homme moderne s'y complaît un temps, à court, voire à moyen terme (il est bon « d'avoir »...), mais, profondément, cela lui disconvient à long terme (« J'ai eu, mais je me suis fait avoir »). D'où l'importance d'un équilibre perçu par l'individu entre ces trois attitudes. En effet, l'individu peut désirer surinvestir telle ou telle attitude, particulièrement à certains moments de sa vie. Le modèle schématisé ci-dessus sous-entend qu'il y a interaction entre les trois attitudes, qu'elles sont interdépendantes de façon cyclique. Ceci contrairement au modèle de la pyramide de Maslow qui sous-entend que l'individu passe de « l'avoir » (premier étage de la pyramide, celui des besoins vitaux comme se nourrir, se vêtir...) au « faire » (les étages intermédiaires relatifs au « confort » psychique), puis à « l'être » (les derniers étages plus « spirituels » donnant du sens aux actions, comme la réalisation de soi). Le modèle de Maslow présente l'individu dans une dynamique linéaire (il faut gravir les échelons un à un) ; celui de « l'être-faire-avoir » met en lumière une dynamique circulaire (il existe une interdépendance entre les différentes logiques, même s'il y a évolution). Cette dynamique circulaire postule que l'individu travaille dans le but de passer d'un état de déséquilibre inconfortable à un nouvel état d'équilibre, plus confortable. Dans une première phase, « l'être fait, pour avoir ». Dès lors que l'environnement fait évoluer cet état d'équilibre vers un nouvel état de déséquilibre, l'individu entre dans la seconde phase, celle de « l'être qui fait pour mieux faire ». Puis la troisième phase l'amène à « faire pour être ». C'est ce qui explique que l'on peut se reconnaître successivement dans l'un des trois tailleurs de pierre sur le chantier de la cathédrale, et simultanément dans les trois, selon le moment où on se situe dans la vie, selon son état d'équilibre ou de déséquilibre dans son travail et selon ce qu'il représente en termes d'intégration pour l'identité individuelle (nous reviendrons dans la prochaine sous-partie sur ce point en décortiquant les rapports qu'entretiennent l'image de soi et l'estime de soi au travail et par le travail dans la psyché individuelle). L'« avoir » est nécessaire pour « être » (pour « *bien* être », serions-nous tentés d'écrire) et il ne peut s'obtenir sans le « faire » que procure le travail. Le bien-être moderne nécessite ainsi un certain nombre de conditions extérieures, comme l'évoque la pyramide de Maslow : manger, se laver, avoir une voiture, etc. Le travail devient ainsi quasi incontournable pour l'homme moderne s'il veut concrétiser ces conditions extérieures en éléments tangibles qui viennent contribuer à construire son bien-être. De fait, ces éléments extérieurs sont devenus de plus en plus proéminents, au détriment d'éléments « intérieurs ». Leur possession ne suffit toutefois plus à créer et à maintenir ce bien-être ; il y aurait donc du mal-être dans cette forme de bien-être.

À ce titre, on peut classer schématiquement les organisations selon leur position, en leur transposant le modèle des trois verbes évoqué ci-dessus : « avoir », « faire » et « être ».

- « avoir » : quand l'organisation envisage la gestion des hommes et de leurs compétences sous le signe de « l'avoir » (acquérir des ressources pour produire), on ne peut que difficilement mobiliser ces hommes et leurs compétences autrement que par la carotte ou le bâton ;
- « faire » : quand l'organisation s'envisage elle-même dans le « faire » (faire travailler ensemble un collectif vers un projet commun), elle est en chemin vers la mobilisation des hommes et des compétences, vers la performance sociale, dans une perspective constructiviste de « co-construction » ;
- « être » : quand l'organisation se conçoit dans « l'être » (mettre ses salariés en finalité avec eux-mêmes, comme travaillant ensemble dans l'entreprise), elle ne peut que mobiliser les hommes et leurs compétences vers une performance sociale optimale dans une perspective ontologique [18] et phénoménologique [19] de réalisation des salariés.

1.2.6 *De l'adhésion… à la démission ?*

Force est de constater que les salariés remettent de plus en plus en cause :

- le double langage : plus on parle des « valeurs » de l'entreprise, moins on s'y tient. Un seul exemple : on prêche la fidélité…, mais bien malin celui ou celle qui peut dire aujourd'hui si son entreprise ou son activité ne sera pas vendue, délocalisée, restructurée ou refondue dans les six mois qui viennent, passant sans scrupules ses plus fidèles collaborateurs par pertes et profits !
- le processus décisionnel : comme on travaille à court terme, seule une poignée de cadres stratégiques participe effectivement au devenir de l'entreprise ; les autres constituent les hommes de troupe à qui on demande de suivre !
- la détermination des niveaux de salaires n'appartient plus à la sphère du rationnel, et les écarts que l'on peut désormais constater minent la relation de confiance, plus en profondeur qu'on ne le croit habituellement ;
- l'exercice d'évaluation des performances devient dans bien des cas un outil de *turn-over* imposé ou de management par le stress, alors qu'il devrait être un moyen réel de progression professionnelle et d'évolution salariale.

1.2.7 *La position du démissionnaire : le syndrome « bonjour paresse »*

Comment ne pas s'étonner que les salariés en viennent à opter pour la position, ou plus exactement, l'attitude du « démissionnaire » ? Le succès de librairie de l'ouvrage de Corinne Maier, *Bonjour paresse*, fin 2004, traduit l'état d'esprit de toute une frange de salariés qui ont cessé de « croire en l'entreprise » [20], indépendamment de toute manifestation

---

18. Ontologique : l'être en soi et pour soi. Dans ce contexte, « ontologique » concerne ce que le travail favorise comme développement personnel pour les salariés en tant que ce qu'ils sont pour eux-mêmes et pas seulement pour ce qu'ils font dans le cadre du lien contractuel avec l'organisation.

19. Phénoménologique : le « vivre-ensemble » partagé en intersubjectivité. Ici, il s'agit de la valorisation du vécu des salariés au quotidien (le « travailler-ensemble ») pour eux-mêmes en tant que membres d'un collectif de travail singulier, et pas seulement pour ce qu'ils produisent par le prescrit de l'organisation.

20. Corinne Maier, *Bonjour paresse : de l'art et la nécessité d'en faire le moins possible en entreprise*, Paris, Éd. Michalon, 2004.

active ou de référence à une quelconque idéologie. Ce livre offre une idée de la représentation mentale que certains peuvent se faire de leur vie au travail et en entreprise, parce qu'ils ne « gobent » plus les discours (centrés ou non sur la compétence) que leur servent leurs dirigeants et leurs managers. Quelle représentation de l'entreprise ce livre renvoie-t-il ? L'entreprise a cessé d'être le lieu de la réussite individuelle : elle exige toujours plus de diplômes pour des fonctions de moins en moins gratifiantes ; la méritocratie a vécu, le diplôme et les réseaux relationnels l'emportent largement sur la compétence ; ainsi, le « cadre maison » a peu chance de se réaliser professionnellement. À quoi bon l'effort, s'il n'y a plus la « carotte » de la carrière, la reconnaissance du travail accompli ?

Cette représentation mentale nous paraît illustrer la manière dont de plus en plus de salariés disqualifient leur entreprise en tant que « partenaire » susceptible de contribuer à construire leur individualité, voire leur identité au travail. La mentalité de ces salariés types, que nous dénommons « démissionnaires », présente les caractéristiques suivantes :

- un décalage entre l'image de soi et l'estime de soi : de plus en plus de salariés acceptent un emploi « faute de mieux », sans s'intéresser à leur travail. Certains se font une raison, mais d'autres, avec le temps, deviennent aigris : ils reprochent à l'entreprise qui les emploie de les empêcher de réussir leur vie comme ils le souhaitaient ; ils adoptent alors la « position du démissionnaire » ;
- un manque de reconnaissance : ce décalage est d'autant plus fort que la course au diplôme, bien française, se heurte à la nécessité de trouver un emploi. Nombre d'individus sont en effet amenés à accepter un emploi pour lequel ils sont manifestement surqualifiés. Ils ont alors le sentiment de ne pas être reconnus à leur niveau de compétence et se montrent d'autant plus frustrés que, plus le temps passe, moins il y a de perspectives d'évolution correspondant à leur formation initiale, ce qui accentue leur position de démissionnaires ;
- une perte de sens : le travail devient ainsi totalement vide de sens, inutile, absurde parce qu'éloigné des centres d'intérêt intellectuels ; son seul intérêt réside dans la paye à la fin du mois ;
- une perte d'identification à un collectif : ce travail pourrait être compensé par la richesse des relations interpersonnelles, mais il n'en est rien. Les « chefs » apparaissent incultes (puisqu'ils sont parfois moins diplômés que les individus surqualifiés), les « militants » (représentants du personnel) sont perçus en dehors du coup, soit cabrés sur des combats d'arrière-garde qui n'ont plus de sens pour les nouvelles générations, soit décalés par rapport au vécu des démissionnaires ;
- le nihilisme : confrontés à un monde qui s'est montré dur à leur égard, les démissionnaires n'ont pas de cadeau à faire à l'entreprise. Il n'est pas question d'essayer de se battre pour construire une société plus juste, plus solidaire, etc., comme l'avait tenté la génération précédente ; il est plutôt question de protéger, vis-à-vis de l'entreprise, son « cocon » en se focalisant sur ses intérêts personnels ;
- la défiance vis-à-vis du management : l'attitude des démissionnaires se trouve encouragée par les déficiences comportementales du management (manque d'exemplarité, décisions absurdes et contradictoires, attitudes hypocrites, incapacité à reconnaître et à rétribuer les individus à la hauteur de leur contribution).

Les dirigeants se heurtent de plus en plus souvent à une sorte de molle désertion rendant impossible la mobilisation des compétences des salariés au service de la compétitivité de l'entreprise. Une telle attitude d'esprit représente un coût implicite dont l'ampleur reste manifestement sous-estimée par les dirigeants, aussi longtemps que le spectre du chômage maintient les salariés sur place.

2. Capitalisme néolibéral post-taylorien : mythologies

Comme toute société, la société occidentale s'est construite à partir d'une vision du monde qui lui est spécifique. Cette vision du monde, appuyée sur une architecture de croyances, est au cœur du capitalisme néolibéral post-taylorien. Elle explique comment les individus qui composent la société doivent donner du sens à leurs actions et régir leurs rapports. Nous l'avons vu en introduction, Freud ainsi que Claude Lévi-Strauss ont montré que toute société humaine comporte interdits, transgressions et mythes fondateurs. Nous allons maintenant passer en revue l'interdit fondateur de la société capitaliste, la transgression qu'il porte en lui et les mythes qu'il draine pour donner du sens aux individus et tenter de les fédérer dans l'action.

2.1 Un interdit majeur : le refus de la réciprocité entre producteurs et détenteurs du capital

Nous l'avons dit en introduction, la société capitaliste est structurée par un interdit premier : le *refus de la réciprocité* entre ceux qui produisent, mais qui ne peuvent détenir l'outil de production, et ceux qui détiennent le capital, mais qui ne le partagent pas avec ceux qui produisent. Nous nous appuyons sur la théorie mimétique développée par René Girard pour poser cet interdit fondamental du capitalisme : le refus de la réciprocité engendre une absence de réciprocité, mais dans un autre domaine, celui de la violence. Cette violence est au fondement des conflits qui opposent ceux qui possèdent et ceux qui produisent. Cet interdit génère une structure sociale forte, tellement forte en Occident qu'elle n'a pas plié sous les coups de boutoir des modèles socialiste et communiste. De plus, cet interdit qui révèle les différentes parties prenantes en interaction dans la société occidentale rappelle étrangement ce que Georges Dumézil avait mis à jour dans ses travaux[21]. À notre sens, cet interdit est tellement structurant qu'il est illusoire d'imaginer qu'il puisse disparaître. Les différentes catégories sociales en présence ne doivent pas être comprises de façon univoque, comme étant systématiquement et uniquement en opposition, comme le voudrait l'analyse marxienne. Ces catégories, bien qu'étant en opposition, sont aussi en complémentarité, ce qui a favorisé le développement de l'économie occidentale. Il faut donc composer avec cet interdit qui est profondément ancré dans notre culture, plutôt que de tenter de s'y opposer.

---

21. Par l'étude comparative des textes les plus anciens des mythologies et des religions des anciens peuples indo-européens, Georges Dumézil, fameux philologue et historien, a démontré que la plupart de ces récits étaient organisés selon des structures narratives similaires. Ainsi, ces mythes traduiraient une conception de la société organisée selon trois fonctions : la fonction du sacré et de la souveraineté ; la fonction guerrière ; la fonction de production et de reproduction. Cette organisation en trois fonctions se retrouve aussi bien dans la mythologie, dans les récits fondateurs de la Rome antique, que dans des institutions sociales : castes indiennes, division de la société de l'Ancien Régime en clergé, noblesse et tiers état… (source : *http://wikipedia.org*).

Certains, pourtant, tentent de s'y opposer au nom de la démocratie. Cela nous paraît être une erreur. L'erreur est due au fait qu'il y a confusion entre démocratie et liberté. Parce qu'ils ne se sentent pas libres dans une entreprise, certains y réclament « plus de démocratie ». Une entreprise, quelle que soit sa taille, est la propriété d'une personne, d'un groupe de personnes, d'une autre entreprise ou de plusieurs autres entreprises. Nul n'a le droit d'imposer quoi que ce soit à son propriétaire légitime, de la même façon que personne ne peut venir chez un particulier pour disposer à son gré de ses biens ou pour lui dicter ses comportements. Ce que l'on est en droit de faire dans une entreprise découle en dernier ressort du droit de propriété qu'exerce le propriétaire de l'entreprise (qui a pu déléguer divers pouvoirs à divers échelons, ce qui, dans les grandes entreprises, se traduit par une hiérarchie interne). Le modèle de l'entreprise est celui de la copropriété : les décisions se prennent démocratiquement, mais uniquement entre copropriétaires, et les votes comptent proportionnellement aux parts détenues. Les décisions prises aux échelons inférieurs par délégation sont présumées avoir été avalisées par les propriétaires, qui sont les responsables ultimes (il n'y a pas de propriété sans responsabilité). Un salarié qui exigerait la démocratie dans l'entreprise pourrait être assimilé à un invité sans gêne qui se comporterait chez autrui comme s'il était chez lui, et qui réclamerait le droit de disposer des biens d'autrui selon son bon plaisir. Cela ne veut pas dire que le salarié ne peut exprimer son point de vue sur les sujets qui le concernent pour tenter d'en convaincre ses responsables : l'intérêt de l'entreprise n'est pas nécessairement contradictoire avec celui du salarié (qui d'ailleurs a toujours la possibilité de changer d'employeur s'il n'est pas satisfait, ou de s'établir à son propre compte).

Ainsi, *le refus de la réciprocité ne signifie pas le refus des échanges entre ces acteurs,* car les uns ont besoin des autres pour exister : nous l'avons dit, le producteur met à disposition sa force de travail à celui qui détient le capital en échange d'un salaire ; celui qui détient le capital met à disposition salaire, sécurité et lien social à celui qui produit, en échange de sa force de travail. Ainsi, on retrouve toute la puissante nécessité du « *potlatch* » évoqué dans l'introduction, qui consiste en autant de petits arrangements avec cet interdit et qui en minimise sa violence. Le fait que cet interdit coexiste avec ces échanges peut sembler contradictoire. C'est justement la coexistence de telles contradictions qui évite au système d'exploser. En effet, la violence de la non-réciprocité s'atténue grâce à l'échange et se mue en conflit institutionnalisé.

Le conflit est une composante fondamentale de l'action humaine, particulièrement dans les sociétés dites « développées » qui, contrairement, à ce qu'on pourrait penser, ne deviennent pas plus pacifiques. Elles deviennent peut-être plus pacifiques en ce sens que les conflits ne se traduisent plus par le meurtre ou par la violence physique ouverte, mais les conflits sont désormais portés dans le langage des organisations, dans des forces puissamment organisées, dans des systèmes de justifications et d'argumentations, etc. Le conflit est le prix de la complexité, dès que la complexification sociale s'accroît, comme l'a montré Edgar Morin.

Concrètement, chaque individu porte une diversité de « masques »[22] du fait qu'il tient nombre de rôles sociaux (chef de famille, conjoint, salarié, responsable d'une asso-

22. Le masque, dans l'approche dite de « psychologie analytique » développée par Carl Jung, désigne la part de la personnalité qui organise le rapport de l'individu à la société. Cette organisation détermine la façon dont chaque individu doit se couler dans un personnage socialement prédéfini de manière à tenir correctement son rôle social.

ciation…), fruits de diverses allégeances[23] (contrat de mariage, contrat de travail, promesses d'engagement…). Il n'existe pas de « méta-rôle » qui intégrerait la pluralité des rôles. D'où la nécessité d'établir des compromis fragiles entre diverses allégeances dans lesquelles nous exprimons nos engagements (de salarié, de citoyen…). À l'instar de la pluralité des interprétations, on pourrait parler de la pluralité des engagements : les hommes modernes sont des êtres à « multi-engagements » et donc, il leur faut toujours négocier en eux-mêmes ces appartenances multiples.

Selon Paul Ricœur, il existerait différentes « sphères de justice » : ainsi, chaque individu appartient à différents mondes tout en en privilégiant certains particulièrement : le monde marchand, le monde lyrique, le monde de la création, le monde civique… Les gens acceptent l'idée qu'un joueur de football puisse gagner des millions – beaucoup plus qu'un ministre ou un président de la République – parce que le monde de la renommée est un monde en soi, différent du monde de l'administration publique. Cette appartenance à des mondes multiples fait que les individus doivent négocier des transitions entre ces différentes sphères de justice : il s'agit de compromis. Or les compromis sont toujours plus faibles que les allégeances. Le compromis est le contraire de la compromission, parce que la compromission, c'est le mélange des genres (par exemple le monde industriel et le monde politique), alors que le compromis respecte la différence des engagements pris pour chacune des différentes allégeances. Le compromis se différencie de la compromission qui résulte de la confusion entre allégeances. Prenons un exemple pour illustrer cette différence ; supposons qu'un patron de style paternaliste tienne à ses collaborateurs le discours suivant : « nous sommes une grande famille, alors nous nous aimons bien, aussi je vous paierai peu ». Que va-t-il alors se passer dans l'esprit des collaborateurs ? La confusion de deux allégeances : entre l'allégeance domestique, de rapport de famille et de fidélité, et l'allégeance organisationnelle, avec des règles de production et de profit. Tous les conflits que nous venons d'évoquer sont des conflits de justice ou, plus exactement, de la justification. On agit et l'on justifie ses actes d'une certaine façon lorsqu'on est dans le cercle privé familial : on ne parle pas ou rarement d'argent, on parle plutôt d'amour (entre époux, au sein de la fratrie, entre parents et enfants). Lorsqu'on se trouve dans le domaine marchand, on discute âprement les prix. Dans ce second domaine, on se justifie de façon différenciée ; en ce sens, les individus cherchent à se situer dans une position d'ordre et de justice. Sur le plan de la justice, on se trouve dans un rapport de réciprocité, de « donnant-donnant ». Il s'agit d'un plan d'équivalence, que l'on retrouve dans le droit pénal : on y cherche une certaine équivalence entre la grandeur du délit commis et la grandeur de la sanction, de la punition. L'amour ne recherche pas de justification au sens de la recherche d'équivalence. C'est la grande différence entre le plan de l'amour et de la justice. Ainsi, paradoxalement, le plan de l'amour se trouve être une logique de non-réciprocité, comme la non-réciprocité du capitalisme évoquée ci-dessus. Toutefois, la non-réciprocité du plan de l'amour, positive, débouche sur une logique de surabondance et d'abandon de soi[24] contrairement à la non-réciprocité capitalistique, négative, qui, fondée sur une violence originelle, débouche sur les conflits.

---

23. DVD et livret *Paul Ricœur, philosophe de tous les dialogues*, *op. cit.*
24. « Abandon de soi » est pris dans le sens de « don-au-delà-de-soi ».

Nous avons vu, au début du chapitre 1, que la compétence est une « promesse » dans laquelle trois éléments sont liés : le fait de se maintenir soi-même, le fait de tenir compte de l'attente de l'autre et le fait de respecter l'institution du langage. Paul Ricœur situe dans le respect de la promesse la structure même de l'éthique : c'est ce qui joint l'estime de soi, la sollicitude pour l'autre et l'attente d'une justice (comme l'organisation qui met en œuvre une démarche compétence « honnête ») pour vivre avec les autres. Ainsi, l'éthique au sein d'une organisation, c'est l'éthique commune, l'éthique de tous les salariés et, en ce sens, il n'est pas une organisation qui puisse être à l'abri d'un conflit. Croire le contraire est encore une belle illusion.

La responsabilité, au sens où Hans Jonas l'entend[25], complète ce qui vient d'être dit sur l'estime de soi, la sollicitude et la justice, par le souci de la fragilité. Selon cet auteur, l'homme est responsable de ce qui est fragile, tant dans la nature que dans la société. Dans la nature d'abord, parce que l'homme y intervient de plus en plus comme un prédateur. La nature est devenue destructible à cause de l'activité de l'homme. Ce dernier est par conséquent responsable de la fragilité de la nature. Il est également responsable de la fragilité des sociétés humaines. C'est en ce sens que l'on peut parler de responsabilité sociétale des entreprises, particulièrement dans les domaines de la démarche compétences et du sens à donner au travail. Le paragraphe qui suit va montrer comment l'homme a pris progressivement une telle responsabilité.

2.2 La transgression capitaliste néolibérale : la technique contre la nature

La transgression fondatrice de la société capitaliste occidentale nous semble, quant à elle, reposer sur la rupture des activités humaines avec l'harmonie de la nature telle que la révéraient les Anciens, par le truchement de la « technique ». Par la technique, l'Homme a pu s'arracher à sa condition d'animal, il a acquis la mesure de lui-même par le biais de ses réalisations techniques. La technique a désacralisé ses liens avec la nature. La technique a permis de sortir l'Homme de sa condition naturelle, pour le meilleur et pour le pire, en lui donnant l'illusion d'être placé au-dessus des lois de ce monde : désormais, l'Homme n'appartient plus à la Terre, c'est la Terre qui lui appartient. Heidegger[26] s'est interrogé sur la question de la technique et a montré qu'elle était l'action de l'Homme sur la nature. Cette action aboutit, à l'époque moderne, à un « arraisonnement » du monde, à une mise à la raison humaine, en dépit de toute autre rationalité. Mais il n'en fut pas toujours ainsi. Heidegger explique qu'il existe une différence fondamentale entre la technique traditionnelle et la technologie moderne telle qu'elle fut adoptée par la société capitaliste taylorienne. La technique ancienne est productrice d'œuvres, de choses fabriquées par l'Homme, mais qui s'inscrivent dans la nature. La technologie moderne met la nature en demeure de livrer ses ressources. La nature est considérée comme un « fonds » ne visant pas à produire une œuvre susceptible de s'intégrer à son environnement. La technologie opère une coupure radicale entre les produits de l'activité humaine et la nature. La nature est réduite à un objet profitable à l'Homme seul. Les ressources naturelles sont désormais inféodées à la production humaine. Leur exploitation, associée au progrès technologi-

25. Hans Jonas, *Le Principe Responsabilité* (1979), trad. Jean Greisch, Paris, Cerf, 1990.
26. Martin Heidegger, « La question de la technique », in *Essais et conférences* (1958), Paris, Gallimard, 1980.

que, a certes contribué à un confort jusqu'à présent inégalé, mais à quel prix et pour combien de temps encore ? La nature est une réserve dans laquelle l'Homme puise sans retenue, et les effets de cette surexploitation se font ressentir dans tout l'écosystème, jusqu'à menacer nombre d'espèces [27] et la planète elle-même. Le monde se transforme en un système d'objets intégrés dans une chaîne de moyens permettant de tendre vers une certaine fin. Mais l'Homme sera-t-il capable de maîtriser ce processus et de déterminer sa fin ? Pour Heidegger, l'Homme ne saurait maîtriser que des fins particulières, la fin générale restant hors de sa portée. L'illusion est là, là encore, mais non la maîtrise, car l'Homme n'est qu'un maillon de la chaîne naturelle à laquelle il appartient, *nolens volens*. Il ne peut plus faire comme s'il était extérieur au fonds qu'il arraisonne. Il est urgent qu'il en prenne conscience.

2.3 Les mythes fondateurs du capitalisme néolibéral post-taylorien

Comme l'indique Frederick Herzberg, « toute société est tenue de s'appuyer sur des mythes si elle veut sauvegarder la structure de ses institutions » [28]. Par « mythes », il faut entendre non pas des fables ou des récits romanesques, mais des « histoires dont l'origine est en partie dans la tradition, relatant des évènements historiques servant à expliquer quelque pratique, croyance ou institution ou phénomène naturel, particulièrement en rapport avec des croyances [sociales] ou des rites religieux » [29]. La fonction des mythes est de proposer des conventions sociales acceptées par le plus grand nombre, malgré le fait qu'ils soient partiaux, imprécis, voire faux. Les mythes se justifient par le fait que l'Homme ne peut tout connaître du monde qui l'entoure, qu'il ne peut traiter la multitude des informations qui l'assaillent, qu'il a besoin de combler les vides de sa méconnaissance face aux incertitudes par une sorte de « prêt-à-penser mythique », d'autant plus acceptable qu'il est partagé par le plus grand nombre. Les individus accepteraient de se « soumettre » aux mythes pour éviter de faire face par eux-mêmes à un certain nombre d'inconnues et de situations déroutantes dans leur quotidien ou leur existence. Les mythes seraient proposés par la puissance sociale prépondérante ou dominante non seulement parce qu'ils la servent, pour sa conservation, mais aussi parce qu'ils permettent de façonner les comportements des individus à sa finalité. Suivant cette ligne, nous postulons que la société capitaliste post-taylorienne occidentale s'appuie sur un certain nombre de mythes fondateurs qui contribuent à sa conservation et à l'instrumentalisation des comportements humains. Bien évidemment, il ne s'agit pas de « personnifier » cette société en lui attribuant un esprit, des desseins, une volonté. Il s'agit de montrer de quelle manière certains groupes sociaux, au sein de cette société, contribuent à diffuser et à renforcer certains mythes pour qu'ils régulent les comportements des individus dans le sens de leurs intérêts.

À l'instar de l'historien Paul Veyne qui se demandait si les Grecs avaient cru à leurs mythes [30], nous devons nous demander dans quelle mesure les dirigeants, les managers

27. Selon Claude Allègre (*Ma vérité sur la planète*, Paris, Plon, 2007), environ 80 espèces, animales ou végétales, disparaîtraient chaque jour !

28. Frederick Herzberg, *Le Travail et la nature de l'homme*, Paris, Entreprise moderne d'édition, 1971.

29. Webster, cité par Frederick Herzberg, *Le Travail et la nature de l'homme*, *op. cit.*

30. Paul Veyne, *Les Grecs ont-ils cru à leurs mythes ?*, Paris, Seuil, 1983, coll. Points essais.

et les salariés croient aux mythes qui sont mis en représentation – et pour certains ressassés – au sein des organisations. Or certains de ces mythes fondent et justifient les démarches compétence. Après avoir analysé les modalités de la croyance dans l'Antiquité, Paul Veyne défend la thèse que les critères du vrai et du faux dépendent des époques. Ce n'est donc pas tant de la crédulité et de l'incrédulité des Grecs dont il s'agit, que du statut de nos propres croyances et plus précisément du statut de la vérité. À travers les siècles, les gens ont cru dur comme fer à des « vérités » qui n'en étaient pas. Les scientifiques modernes croient à leurs théories tout en considérant que, demain, elles seront vraisemblablement réfutées. Même si nous savons que tel roman ou tel film est pure fiction, nous y croyons pendant que nous le lisons ou le regardons. Ainsi, les mythes conditionnent nos pensées et nos actions en les encadrant d'un sens à recevoir en *input* et d'un sens à donner en *output* : ce qui compte n'est pas qu'ils soient vrais, mais que nous y croyions et que nous agissions en conséquence, parfois jusqu'à l'aliénation.

Puisque nous venons de citer Paul Veyne, précisons quelle est notre position dans ce travail de revue des mythes qui, selon nous, fondent le capitalisme occidental. Paul Veyne étant historien, il postule que l'Histoire est un « roman vrai »[31] et non une science. Pourquoi ? Parce que l'historien ne dispose que de documents fragmentaires pour reconstruire les faits historiques ; il doit par conséquent procéder à une interprétation. C'est la raison pour laquelle l'Histoire est incessamment corrigée et réorientée par les historiens. De fait, dans la droite ligne de Raymond Aron et contredisant l'objectivité weberienne, Paul Veyne estime que l'on ne peut entrer dans la mentalité des hommes du passé qu'en recourant à l'imaginaire ; c'est en ce sens que l'histoire est un *roman* et non une science. Mais c'est un roman *vrai*, car l'historien n'en est pas moins soucieux de vérité. Pour restituer totalement le vécu des hommes d'hier (comme d'aujourd'hui), Paul Veyne préconise de recourir à la tradition herméneutique qui impose d'aller à la vérité dans l'ordre pratique humain « avec toute son âme » (Platon), avec toutes les puissances du cœur et de la volonté. Sans cet état d'esprit, il est impossible de comprendre le projet humain dans sa signification essentielle et de le connaître « en vérité ». Paul Ricœur complète l'approche de Paul Veyne en précisant qu'il existe plusieurs façons de lire un texte historique ou littéraire, du fait qu'ils sont chargés de signification. Et dès qu'il y a signification, il y a une potentialité de plusieurs significations qui ne s'excluent pas.

C'est moins de connaissance scientifique que de connaissance pratique dont il s'agit, d'une connaissance préoccupée de comprendre les raisons d'agir et les moyens proportionnés à de telles raisons. Il s'agit donc d'éthique : la fin justifie-t-elle toujours les moyens ? La fonction des mythes paraît jouer ce rôle de justification, justification de rationalités et de comportements adoptés en référence à une idéologie[32] dominante, qui peut laisser prétendre à ceux qui l'invoquent qu'elle est la seule idéologie possible. Aussi notre intention de description herméneutique des mythes du capitalisme post-taylorien néolibéral est-elle double : du point de vue épistémologique, il s'agit d'entrer « en vérité » dans la mentalité des

31. Paul Veyne, *Comment on écrit l'histoire : essai d'épistémologie*, Paris, Éditions du Seuil, 1971, coll. L'Univers historique.

32. L'« idéologie » est définie de façon courante comme un système, plus ou moins cohérent d'idées, d'opinions ou de dogmes, qu'un groupe social ou un parti présente comme une exigence de la raison, mais dont le ressort effectif se trouve dans le besoin de justifier des actions destinées à satisfaire des aspirations intéressées et qui est surtout exploité pour la propagande (cf. Paul Foulquié, *Dictionnaire de la langue philosophique*, PUF).

hommes qui ont œuvré et qui œuvrent au sein des organisations pour comprendre leur vécu au travail, pour comprendre les regards, les discours qu'ils portent en rétroaction sur ce vécu, particulièrement au travers de la mise en représentation des compétences. Du point de vue ontologique, il s'agit de déconstruire ces mythes pour en appréhender la rationalité, afin de comprendre comment l'action est légitimée au sein des organisations, mais aussi, au-delà, comment se justifie l'action sur son environnement et sur le monde. Notre ambition n'est pas de fournir une liste exhaustive de ces mythes. Notre intention est uniquement d'attirer l'attention du lecteur sur leur puissance démiurgique concernant les comportements humains, y compris sur les siens propres. Pour ce faire, nous n'en « déconstruirons » qu'un seul et nous nous contenterons d'en lister quelques autres, en laissant le soin au lecteur de procéder à leur propre déconstruction, dans la droite ligne du premier exemple.

2.3.1 *Le mythe de la création de valeur, avatar de la maximisation du profit*

A. Au commencement était l'*homo œconomicus*...

Du point de vue économique, et dans l'optique capitaliste, l'entreprise est une organisation à but lucratif, constituée ou non en société, qui sert le marché dans l'espoir de dégager un profit pour son ou ses propriétaire(s) (les actionnaires, l'entrepreneur). Le profit est souvent présenté par les anticapitalistes de tout poil comme *l'alpha* et *l'oméga* de l'entreprenariat et les entrepreneurs, leur bête noire, comme n'ayant qu'une seule finalité : maximiser le profit à n'importe quel prix ! La maximisation du profit repose sur l'hypothèse du fameux modèle néoclassique de *l'homo œconomicus*. Celui-ci postule que les agents sont économiquement déterminés. Parce qu'ils sont rationnels, les agents économiques (individus, entreprises et éventuellement d'autres acteurs) cherchent à atteindre le meilleur qu'ils puissent obtenir pour eux-mêmes. La *rationalité* des agents économiques se caractérise par le fait qu'ils cherchent à optimiser leur comportement. Ainsi, les individus (consommateurs) cherchent à répartir de façon optimale leurs revenus (ou leur patrimoine) pour se procurer les biens dont ils ont besoin, de façon à maximiser l'utilité que ces biens leur apportent. Quant aux entreprises, leur (seul) objectif est de maximiser leur profit, sous contrainte de techniques de production et de coûts (matières premières, salaires, coût des capitaux...) en fonction de la demande existante. Selon l'économiste Pierre Picard[33], « [le] principe de rationalité suppose donc que chaque agent économique ait des objectifs bien déterminés que la démarche microéconomique prend comme point de départ. Elle ne s'interroge pas sur ce qui a déterminé ces objectifs, mais elle analyse comment les individus ou les organisations agissent pour les atteindre le mieux possible. » Résumons notre mythe : *l'homo œconomicus* est un acteur (un être humain ou une entité abstraite) rationnel, qui cherche à optimiser son comportement, afin de maximiser son propre profit.

B. Le travailleur économiquement déterminé par son salaire

Par un subtil glissement est née la croyance que le travailleur serait tout aussi économiquement déterminé que l'entreprise. Au travail, son mobile principal serait son désir d'argent, il

33. Source : Wikipedia (*http://wikipedia.org*).

aspirerait à jouir d'un certain confort en dépensant un minimum d'efforts. C'est sur la base de cette croyance que Frederick Taylor a bâti son OST, constatant que les travailleurs avaient une tendance à la « flânerie » et ne donnaient pas le meilleur d'eux-mêmes pour être naturellement productifs... Il a par conséquent adopté le principe de Babbage (évoqué cidessus) en le nivelant par le bas. Il s'agit de minimiser les différences des individus pour standardiser la production. Citons Frederick Herzberg : « Si un homme possède dix talents, un autre neuf, et d'autres huit, sept, six et ainsi de suite, jusqu'à un, la méthode la plus efficace consiste à structurer et à limiter la besogne de façon à utiliser le seul talent possédé en commun. On élimine les différences individuelles et réduit au maximum les risques d'erreur, mais en revanche on gaspille au maximum les talents humains. On veut ignorer les dix, neuf, huit, etc. talents que les gens possèdent et ce, afin de ne pas se tromper. » Ainsi, l'OST applique le précepte selon lequel le travailleur doit être utilisé avec le maximum de rendement et le minimum d'effort, sa rémunération étant basée sur cette dernière valeur. L'OST ne sollicite qu'un minimum de compétences parmi toutes celles que possède le travailleur, ce qui revient à le priver de l'exercice des autres. Voilà donc le travailleur mutilé de ses compétences de « niveau supérieur », de la combinaison de ses multiples compétences, toutes choses qui lui permettent de créer de la valeur – et nous serions tentés de dire « une valeur absolue » –, tant pour lui-même que pour l'organisation qui l'emploie.

C. Une brèche dans le mythe de la rationalité de l'*homo œconomicus* : l'expérience d'Hawthorne

La célèbre expérience d'Hawthorne, conduite par le sociologue Elton Mayo de 1927 à 1932 à la demande de la Western Electric Company[34], a remis en cause les soubassements du mythe de l'*homo œconomicus*. En effet, cette expérience a révélé que le travailleur pouvait se comporter en obéissant à une autre rationalité que celle de la maximisation de son profit. Les enquêteurs ont en effet constaté que les ouvriers de production – payés au mérite – freinaient leur rendement et perdaient la rémunération afférente. Ils ont découvert qu'ils étaient enclins à renoncer volontairement à plus d'argent afin de se faire accepter par leurs collègues de travail. Cette découverte a ouvert une brèche dans le mythe de la maximisation du profit, brèche bien vite comblée par la rationalisation suivante. Comment comprendre que les ouvriers n'étaient pas mus, comme leurs chefs, par la rationalité de la maximisation du profit ? Si les ouvriers étaient mus par des besoins irrationnels, tels que le besoin d'appartenance, c'est parce que, par nature, l'ouvrier est un être « *passionnel* ». Un être passionnel est par essence jouet de ses passions, tel ce besoin d'appartenance qui lui fait perdre de vue la rationalité de la maximisation du profit. En ce sens, aux yeux des adeptes de l'OST, il est, par sa nature d'ouvrier, « inférieur » au chef qui, lui, est rationnel. Ainsi, la boucle de l'OST est bouclée : les travaux assignés aux ouvriers sont limités parce qu'on juge ces derniers incapables de se comporter en « adultes » rationnels, à l'instar de leurs managers et de leurs dirigeants.

D. La maximisation du profit remise en cause par les théoriciens en économie et en gestion

Fort heureusement, l'expérience d'Hawthorne n'en est pas restée là, du moins dans les murs des universités et des laboratoires de recherche. La brèche qu'elle avait créée ne

34. Jacques Rojot, *Théories des organisations*, Paris, Éd. ESKA, 2003.

s'est pas complètement refermée du côté des théoriciens. Ceux-ci furent en effet interpellés par la coexistence de divers types de rationalités au sein des organisations. À la suite de travaux majeurs conduits à partir des années 1950, notamment par l'école évolutionniste (avec comme chef de file Schumpeter), on a découvert que l'entreprise ne pouvait plus être appréhendée dans la vision simpliste de l'approche néoclassique. Les entreprises rassemblent de multiples acteurs, les *stakeholders*, ou parties prenantes et doivent considérer leurs caractéristiques et leurs motivations respectives avec plus de précision : salariés, fournisseurs, dirigeants, propriétaires, etc. Au cours des cinquante années qui suivirent, différents auteurs attribuèrent successivement à l'entreprise d'autres missions, en plus de la recherche du profit[35]. Ainsi, la maximisation du profit ne peut pas raisonnablement être la seule hypothèse à retenir pour analyser le comportement des firmes et des agents, sauf à vouloir donner une vision simpliste et obsolète des entreprises. Il est évident, que dans le monde complexe dans lequel elles évoluent, les objectifs qu'elles poursuivent ne peuvent être réduits à un seul objectif quel qu'il soit, tant les buts des *stakeholders* sont divers. Bien que théories et travaux récents conduisent de plus en plus à abandonner une à une toutes les hypothèses du modèle néoclassique (maximisation du profit, firme-point, firme automate, etc…), le mythe de la maximisation du profit à la vie dure. Après cette incursion dans le monde des théoriciens, revenons au monde des praticiens d'entreprise.

E. Les Trente Glorieuses, le mythe de la maximisation du profit mis à mal

Au cours de son histoire, l'humanité a dû abandonner nombre de ses croyances et fictions[36] parce que la science a prouvé que certaines d'entre elles n'étaient plus justifiées. Il a failli en être ainsi du mythe de la maximisation du profit qui, à la fin des années 1960 et au début des années 1970, fut mis à mal. L'époque n'était plus au travail à tout prix, mais de plus en plus aux loisirs. Les blessures de la Seconde Guerre ayant été pansées, les individus commençaient à douter sérieusement du mythe de l'*homo œconomicus*, car ils trouvaient en dehors de leur travail d'autres façons de se réaliser et surtout d'autres rationalités. Progressivement, les salariés ont cherché à trouver dans leur travail autre chose qu'un salaire. Ces idées ont été entendues par les managers et même par certains dirigeants qui, pour le dire trivialement, ont « lâché la bride » à leurs salariés. C'est le moment où l'on voit apparaître le management participatif, où on se préoccupe de la satisfaction des salariés, où on tente d'améliorer les conditions de travail.

---

35. Citons les principales contributions : Berle et Means : maximisation des intérêts de l'équipe dirigeante (1933) ; William Baumol : maximisation des ventes de la firme, puis du taux de croissance de celle-ci (1959) ; Marris : maximisation du taux de croissance annuel, par le chiffre d'affaires, le nombre d'employés, la capitalisation boursière, etc. (1964) ; et enfin Herbert A. Simon (1959), puis Armen Alchian et Ruben Kessel : « la firme poursuit des objectifs pécuniaires (profit, trésorerie, chiffre d'affaires, etc.) et non pécuniaires (prestige des dirigeants, carrière des salariés, etc…) et effectue pour cela des arbitrages visant à « satisfaire » tout ou partie de ces intérêts » (1962).

36. Citons pêle-mêle : la création du monde en sept jours, le géocentrisme, la transmutation du plomb en or, les petits hommes verts, le Père Noël… Certains groupes d'individus ont toutefois du mal à renoncer à certaines croyances et ce, par principe – pour la première, les créationnistes – ou par nécessité – pour la dernière, les enfants vers l'âge de cinq ans…

F. Fin des Trente Glorieuses : ultime avatar du mythe de la maximisation du profit : la création de valeur pour l'actionnaire

Nous avons vu au cours du chapitre 2, en dressant l'historique critique des organisations, comment cette situation a implosé au début des années 1980 avec la montée de la mondialisation [37], et la diffusion rapide de la technologie. La nécessité d'améliorer la compétitivité a mis en péril les entreprises qui « avaient trop lâché la bride ». À partir des années 1980, l'entreprise prend conscience que, pour survivre, elle doit mobiliser tous les talents du travailleur, toutes ses compétences, et pas seulement son plus petit commun dénominateur. Il s'agit de mobiliser toutes les compétences susceptibles de rendre l'entreprise plus compétitive, et non pas de rendre le travailleur plus « employable ». Cette mobilisation n'a concerné que les compétences. Il n'était pas question de solliciter le travailleur autrement que pour sa force de travail. Le salarié est toujours appréhendé selon une vision qui le « mutile », même si, dorénavant, il n'est plus vu sous l'angle du plus petit commun dénominateur de la compétence minimale et commune. La mobilisation de ses compétences est encore et toujours suscitée pour le bénéfice de l'entreprise. Dans le contexte d'OPA et de restructurations, la maximisation du profit est en effet de nouveau perçue par beaucoup comme la seule ET unique finalité des entreprises ; elle est par extension considérée comme le moteur essentiel du comportement des salariés en entreprise, d'autant que la menace du chômage pointe. Sans travail, le travailleur perd son confort matériel ; cela réactualise l'idée que l'individu serait essentiellement motivé par l'argent et la poursuite de ses intérêts. Dans cette vision, la valeur que crée l'entreprise pour le travailleur est uniquement monétaire, elle se réduit à l'argent. L'argent serait la mesure de la valeur, la société étant réductible à l'économie, l'économie à l'argent. Avec la financiarisation de l'économie dans les années 1990, la notion de profit a subi une mutation radicale : l'objectif affiché n'est plus de maximiser le profit, mais de créer de la valeur pour l'actionnaire, afin d'éviter qu'il désinvestisse le capital de l'entreprise.

G. Substitution de la création de valeur centrée sur l'actionnaire à la maximisation du profit ?

La gestion de la valeur tend à s'imposer à la fois comme un indicateur standard des performances des entreprises et comme une mesure rendant compte de la pertinence des décisions stratégiques. La création de valeur a envahi la scène médiatique et apparaît désormais comme un objectif central de la communication financière des grandes entreprises. Popularisés par les cabinets de consultants, les concepts de valeur économique créée (VEC, ou EVA en anglais) ou de valeur ajoutée de marché (VAM, ou MVA en anglais) recueillent les faveurs des grands groupes ; ils tendent même à se généraliser comme élément essentiel de la culture managériale de nombreuses organisations. Nous reviendrons sur leur analyse en deuxième partie. La diffusion des mécanismes de gouvernance d'entreprise généralise ainsi la création de valeur actionnariale comme outil de management des groupes. Comme le précisent Christian Hoarau et Robert Teller [38], « la spécificité de ces modèles tient principalement au fait qu'ils intègrent le coût du capital, ce que ne

37. La mondialisation est l'interdépendance croissante des économies nationales dans un marché mondial caractérisé par des flux de capitaux, de biens et services et de savoir-faire entre les pays.

38. Christian Hoarau et Robbert Teller, *Création de valeur et management*, Paris, Vuibert, 2001, coll. Entreprendre.

font pas les mesures traditionnelles de la performance, et généralisent la comparaison systématique des performances internes avec la valeur boursière de l'entreprise, qui sert en l'espèce de *benchmark* externe. À la différence de certains indicateurs traditionnels des performances (résultat net, résultat par action), les indicateurs de création de valeur seraient plus fortement corrélés avec les performances boursières. Au sein des organisations, la question du *reporting* de la valeur devient alors une question centrale. »

Le concept de création de valeur par l'entreprise se fonde sur l'obtention d'une rentabilité des capitaux investis dans les activités qui se révèle supérieure au coût des ressources mobilisées pour les financer. Le surplus dégagé constitue une rente économique qualifiée d'« actionnariale », si son montant est uniquement distribué aux actionnaires. Les modèles de création de valeur des entreprises sont une transposition de la théorie financière des choix d'investissements. En un peu moins de deux décennies, la création de valeur est devenue un argument central des discours managériaux. Aux États-Unis, 65 % des grandes entreprises déclarent retenir comme objectif premier la création de valeur pour l'actionnaire. Christian Hoarau et Robert Teller distinguent trois catégories d'entreprises dans les rapports qu'elles entretiennent avec ce concept :

- la première catégorie comprend les entreprises qui parlent de la création de valeur actionnariale, mais ne l'adoptent pas concrètement ;
- la deuxième catégorie comprend les entreprises qui l'ont adoptée de façon partielle ; celles-ci utilisent des indicateurs de création de valeur en matière de communication financière externe, mais ne modifient pas leur mode de pilotage interne ;
- la troisième catégorie comprend les entreprises engagées dans un management fondé sur la création de valeur actionnariale et qui en font un mode de pilotage organisationnel.

Jusqu'à présent, en France, la plupart des entreprises n'ont utilisé cette notion que de façon marginale. Sous la pression des marchés financiers, de nombreux groupes ont désormais décidé de placer la création de valeur au cœur de leurs décisions, de leur *reporting* et des bonus des responsables opérationnels.

Le concept de création de valeur n'est pas nouveau dans le monde de la finance ; ce qui est nouveau, c'est que cet instrument de gestion financière se trouve aujourd'hui au cœur de la gestion des entreprises et des hommes. Comment expliquer sa réapparition ? Plusieurs raisons semblent expliquer ce phénomène : la transformation radicale de l'environnement économique des entreprises, la mondialisation et la financiarisation de l'économie, la montée en puissance des fonds de pension et des investisseurs institutionnels.

- *La transformation radicale de l'environnement économique des entreprises* Comme nous l'avons vu dans le chapitre précédent, cette transformation débute aux États-Unis à l'orée des années 1980, lors du vaste mouvement d'OPA et de restructurations. Les dirigeants ont été incités à faire beaucoup plus attention à la maximisation de la richesse des actionnaires – pour qu'ils ne « désinvestissent » pas leur société –, quitte à relativiser les indicateurs de maximisation des performances purement comptables. Ce mouvement a ainsi fait réapparaître le rôle des actionnaires dans la stratégie de bon nombre d'entreprises.

- *La mondialisation et la financiarisation*
  - la mondialisation touche les grandes entreprises en phase d'internationalisation ; elle se caractérise par la dématérialisation de l'activité économique soumise aux échanges de capitaux et d'informations. Une sorte de « méta-marché » s'établit, dans lequel produits et services s'échangent en dehors du cadre des marchés locaux ; les réseaux d'accords financiers constituent une forme supérieure de compétition ;
  - la financiarisation, caractérisée par le développement de l'ingénierie financière et de pratiques comptables novatrices – quoique parfois extrêmes (cf. Enron) – pousse les entreprises à chercher à atteindre une taille critique pour éviter d'être « OPAble », notamment par croissance externe majoritaire (prise de participation, fusion-acquisition…), et ce, au détriment du développement endogène de l'organisation.
- *La montée en puissance des fonds de pension et des investisseurs institutionnels* La montée en puissance des actionnaires dans les mécanismes de management des entreprises s'est renforcée avec le poids croissant des fonds de pension et des investisseurs institutionnels, largement médiatisé. Pour les grands institutionnels, la capacité d'une entreprise à créer de la valeur est devenue le critère essentiel d'appréciation, alors qu'auparavant ils s'attachaient principalement au niveau du résultat ou des dividendes. Pour ces investisseurs, une entreprise doit permettre à ses actionnaires d'obtenir un rendement supérieur à ce qu'ils pourraient espérer grâce à un placement sûr, moyennant l'acceptation d'un certain risque. La mesure de la VEC et sa communication au marché ont pour but d'objectiver aux yeux des investisseurs cette notion de risque. Profitant de l'insuffisance de l'épargne française investie à long terme et de l'absence de fonds de pension nationaux, les capitaux étrangers sont entrés massivement dans les groupes français. Les investisseurs étrangers représentent aujourd'hui près de la moitié de la capitalisation boursière de la place de Paris ; les entreprises françaises se voient ainsi soumises à la contrainte de la *shareholder value*, la création de valeur centrée sur l'actionnaire.

H. La création de valeur centrée sur l'actionnaire, nouvelle idéologie dominante

La création de valeur pour l'actionnaire est aujourd'hui devenue une idéologie[39] qui alimente la vision du monde de bon nombre d'acteurs économiques, qu'ils soient humains ou organisationnels, bousculant par là même la vision du monde d'acteurs sociaux et sociétaux. La création de valeur est au cœur des *reporting* et des esprits, il est sur toutes les lèvres. Christian Hoarau et Robert Teller[40] synthétisent son mot d'ordre implicite : « Agir dans le sens des intérêts des actionnaires, c'est agir dans le sens de l'intérêt général. » Ce succès récent, outre qu'il bat à froid les avancées théoriques de l'approche du courant évolution-

39. « On retrouve dans l'idéologie de la création de valeur l'utilitarisme incorporé à l'économie qui a permis de considérer comme allant de soi que tout ce qui est bénéfique pour l'individu l'est pour la société et, que, par analogie, tout ce qui engendre un profit sert aussi la société ». In Christian Hoarau et Robert Teller, *Création de valeur et management, op. cit.*.

40. Christian Hoarau et Robert Teller, *Création de valeur et management, op. cit.*

niste, ne manque pas de susciter des interrogations fondamentales quant aux objectifs de l'entreprise et à la gouvernance sociétale. Cette montée en puissance des actionnaires dans la gouvernance d'entreprise leur réserve une plus grande place dans les mécanismes de décision et dans les logiques de contrôle. Ce constat laisse entendre que leur vision du monde risque de s'imposer à tous. Cette évolution repose la question des objectifs fondamentaux de l'entreprise : l'entreprise doit-elle prioritairement agir en prenant en compte l'intérêt des actionnaires et des investisseurs boursiers ? Quel doit être le poids des actionnaires par rapport à celui des autres parties prenantes (« *stakeholders* ») ? La gouvernance d'entreprise doit-elle également prendre en compte l'intérêt général (protection de l'environnement, maintien des tissus économiques locaux, développement durable...) ?

2.3.2 *Le mythe techno-rationaliste*

Par « mythe techno-rationaliste », nous désignons l'ensemble de croyances selon lesquelles on peut prévoir, planifier les activités (et donc les comportements humains sous-jacents à ces activités) et les résultats attendus, grâce à un cadre technique approprié. « Technique » est ici entendu au sens large : il peut s'agir d'une machine comme d'une procédure. Pavé[41] résume le mythe techno-rationaliste par l'expression « *triple épiphanie* », triple épiphanie que l'avènement des systèmes d'informations puis des ERP[42] a semblé annoncer : modernité, rationalité et coopération :

- *modernité* : « le SI va changer nos vieilles habitudes ; on fera mieux ce qu'on faisait mal avec des moyens artisanaux » ;
- *rationalité* : « avec le SI, notre organisation du travail sera plus rationnelle et plus transparente, nous ferons moins d'erreurs et quand il y en aura, nous les verrons et nous pourrons les corriger » ;
- *coopération* : « grâce au SI, nous allons travailler plus efficacement ensemble ».

Depuis Laplace[43], le monde serait déterminé par des relations de cause à effet ; tout peut se planifier à l'avance. Les mêmes causes engendrant les mêmes effets, il doit être possible de prendre les décisions en évitant les erreurs. La plupart des réalisations techniques et des systèmes d'information reposent encore sur ce principe de causalité linéaire, pourtant réfuté par Einstein depuis sa théorie de la relativité. Comme l'affirme Philippe Bernoux[44], c'est sur cette croyance, qui prévaut dans les « sciences dures », que sont construits les progiciels ERP qui prétendent planifier les ressources de l'entreprise. Ainsi, les ERP sont porteurs de trois mythes :

---

41. Francis Pavé, *L'Illusion informaticienne*, *op. cit.*

42. ERP : Entreprise Resource Planning, soit progiciel de gestion intégré.

43. Pierre-Simon Laplace, mathématicien, astronome et physicien français, a contribué à affirmer le déterminisme, doctrine qui postule que chaque événement est déterminé par un principe de causalité scientifique permettant de relier chaque effet à une cause. L'état présent de l'univers est l'effet de son état antérieur et la cause de ce qui va suivre. « Une intelligence qui, à un instant donné, connaîtrait toutes les forces dont la nature est animée, la position respective des êtres qui la composent, si d'ailleurs elle était assez vaste pour soumettre ces données à l'analyse, elle embrasserait dans la même formule les mouvements des plus grands corps de l'univers, et ceux du plus léger atome. Rien ne serait incertain pour elle, et l'avenir comme le passé seraient présents à ses yeux. » Dans cette perspective, l'auteur adopte une position déterministe, soit une position philosophique et scientifique capable d'inférer de ce qui est, ce qui sera (source : *Wikipedia, http://fr.wikipedia.org*).

44. Conférence à l'IAE de Paris le 15 décembre 2004.

- le mythe *panoptique* : on peut voir tout ce qui se passe dans l'organisation, à tout moment, à tous les niveaux ;
- le mythe *des processus* : on voit toute l'entreprise en mouvement par l'entremise de ses processus ;
- le mythe *de l'universalité* : l'ERP peut s'adapter partout, dans toutes les entreprises ou tous les services puisqu'il est paramétrable

Avant de s'engager dans l'action, les salariés ont besoin de comprendre l'univers de rationalité dans lequel ils sont pour pouvoir coopérer et travailler. Il leur est nécessaire de connaître les différentes rationalités en présence, particulièrement celle d'un ERP au sein d'une organisation. Un changement tel que la mise en place d'un ERP peut être accepté si les acteurs lui donnent un sens, s'il apporte un plus et s'il est nécessaire. Il faut par conséquent :

- convaincre les salariés de la nécessité du changement par le « plus » apporté ;
- dire aux salariés « où ils vont », donner un sens au changement par rapport à leurs intérêts et sans doute construire avec eux, ce qui se révèle difficile, voire impossible avec un ERP, du fait de la complexité de son paramétrage.

Il convient, de fait, de respecter la vision que portent les salariés sur les objets techniques, une vision qui est le plus souvent partielle (et donc partiale). Comme l'indique Bruno Latour[45], les objets techniques sont des objets « non humains remplis d'humain ». Un objet de type ERP est rempli de mythes ; chacun s'y projette selon son individualité et sa propension à « croire », à adopter ces mythes. Il est nécessaire d'harmoniser l'objet technique par rapport aux mythes dont il est porteur et de préparer la façon dont les salariés vont l'appréhender. Des salariés qui s'occupent d'un même objet ont un regard, une logique différente : une « rationalité limitée »[46] peut en effet les empêcher de percevoir l'intérêt général. Les individus, quels qu'ils soient (collaborateurs, managers, dirigeants), ne fonctionnent pas seulement sous la dictée de leur intérêt personnel, mais aussi sous celle d'une rationalité limitée, car l'être humain n'a qu'une vision partielle des choses.

Prenons pour exemple ce que nous avons pointé du doigt dans l'historique de la gestion des compétences : lorsque la gestion des compétences a remplacé la gestion par les qualifications, quelle valeur les gens attachaient-ils à l'un ou à l'autre des objets ? On constate que, dans certaines situations, les salariés peu qualifiés se sont accrochés à la notion de qualification, les cadres à celle de compétence. Sur quoi les salariés se battent-ils dans le passage de l'un à l'autre, sur quoi vont-ils négocier ? Peut-être que ce qu'il faut négocier, c'est la façon de définir la notion de compétence, ce que l'on entend par là au sein de l'organisation, ce qu'apporte la gestion des compétences. Celle-ci peut être acceptée si les règles sont expliquées, mises en place et approuvées par les différents groupes sociaux et par les acteurs en présence. D'où la nécessité d'envisager des séances de travail, voire de négociation, pour expliciter ces règles.

---

45. Bruno Latour, *Aramis ou l'amour des techniques*, Paris, La Découverte, 1992.

46. Le concept de rationalité limitée porte sur l'étude du comportement d'un acteur face à un choix. Il suppose que ce comportement est rationnel, mais que la rationalité de ce comportement est limitée en termes de capacité cognitive et d'information disponible. Dès lors, l'acteur va généralement s'arrêter au premier choix qu'il jugera satisfaisant (source : *Wikipedia, http://fr.wikipedia.org*).

Prenons l'exemple de la mise en place d'un nouveau logiciel de gestion : là aussi chacun des acteurs aura sa vision de ce que l'outil peut apporter et des craintes, souvent inexprimées. C'est en testant sur des utilisateurs l'utilisation de l'outil et en regardant avec eux comment l'outil interfère sur leur travail que l'on pourra tuer les illusions et les peurs, et trouver des solutions « gagnant-gagnant », tant pour l'efficacité de l'organisation que pour celle des individus (qui auront développé leurs compétences en surmontant leurs peurs). Il en a été ainsi pour le chantier « RH Demain » de *reengineering* de la fonction RH du groupe France Télécom-Orange : son directeur de projet a dû remettre le travail trois fois sur le métier avant de parvenir à un consensus. Mais, dans cet exemple, le résultat a finalement été deux fois plus efficace que ce qu'avait imaginé seul le directeur de projet...

Pour conclure sur ce mythe technico-rationaliste, précisons que, malgré les croyances de ceux qui les mettent en place, les systèmes technologiques et informatiques ne permettent ni de contrôler ni de changer les rapports ou le système relationnel entre les salariés de l'organisation.

Le mythe du « *one best way* » taylorien est l'une des manifestations du mythe technico-rationaliste : il n'y a qu'une et une seule façon d'organiser le travail, d'abord par prescription, ensuite par exécution. Le mythe de la standardisation et de la qualité totale par les *process* en est son dernier avatar : les *process* ayant tout prévu, l'aléa ne peut survenir ; il suffit donc de suivre le *process* pour que la qualité soit au rendez-vous, sans que les initiatives personnelles ne viennent perturber les standards de production. Il n'est pas question que la créativité et l'autonomie viennent à l'encontre du *process* et du contrôle, elles doivent au contraire contribuer à leur respect et les renforcer.

2.3.3 *Le mythe égotique de l'excellence*

« Tout le monde peut devenir célèbre », proclamait Andy Warhol, égérie new-yorkaise du pop-art des années 1960 à 1980. Conjonction de l'hypertrophie de l'ego de ceux qui se croient sortis de la cuisse de Jupiter et de la médiatisation outrancière de certains managers façon « *Star Ac'* », les « paillettes » ont désormais atteint les organisations. La « starification » touche certains dirigeants et cadres supérieurs, vedettes du CAC 40, dont on écoute les bons mots et certitudes toutes faites au JT[47]. Prêcher la bonne parole au JT ne leur permet toutefois pas d'éviter que leur entreprise ne sombre dans les affres et les abysses des effondrements boursiers (cf. le syndrome Messier en France au début des années 2000 et les récents effondrements d'organismes financiers américains pour certains plus que centenaires...). Le culte de l'ego, combiné au mythe de l'excellence, pousse les individus à se conformer à certaines injonctions, comme : « tu seras président, mon fils »[48] ou « sois le mouton à cinq pattes que le tout-Paris va aduler ». Ces injonctions illustrent le modèle de la pensée unique en cours dans certaines écoles de management qui valorisent l'individualisme et contribuent au délitement des collectifs de travail. C'est dès ce niveau de l'enseignement et dans ce type d'écoles que le changement d'attitude devrait pourtant prendre racine pour combattre les illusions du management et de la gestion des organisations.

---

47. JT : journal télévisé.

48. Nous faisons référence à l'ouvrage de Jean-Michel Gaillard, *Tu seras président, mon fils*, Paris, Ramsay, 1987, qui se donne pour objet d'effectuer une analyse critique des grandes écoles et des élites.

Sous-partie B

Pourquoi en est-on arrivé là ? Analyse et pronostic

SOMMAIRE

Pour comprendre pourquoi on en est arrivé dans les organisations à succomber aux charmes de la grande illusion de la gestion de compétences, il faut, après avoir autopsié la notion de « compétence », s'attaquer à celle de « gestion ».

Le débat que nous ouvrons maintenant concerne la « vision du monde » que propose la gestion, en général, car elle fonde les réflexions et les actions qui en découlent, en matière de gestion des compétences.

Nous allons montrer dans la présente sous-partie que l'illusion qui affecte la plupart des démarches compétence peut avoir comme origine trois types de causes :

- des causes conceptuelles aux paradigmes dépassés, impropres pour penser la gestion des compétences ;
- des causes praxéologiques qui mettent en scène de bien mauvaises pratiques de gestion des compétences ;
- enfin, des causes anthropologiques, qui mettent en lumière les raisons de la démobilisation des hommes dans les organisations.

CHAPITRE 4

Causes conceptuelles et théoriques

Commençons par poser une question très simple : *qu'est-ce que la gestion* ? La réponse dépasse de beaucoup, par son étendue et par sa complexité, le modeste savoir des auteurs, mais nous osons toutefois espérer que tout gestionnaire se l'est posée à un moment de sa vie professionnelle... Car se poser la question de la gestion, c'est s'interroger sur la manière dont le gestionnaire va structurer son action sur l'environnement, pour le transformer. C'est d'ailleurs ce qui le caractérise, et ce qui le distingue, comme l'homme en général, des autres êtres vivants. Évoquer l'environnement et l'action du gestionnaire entraîne une autre série de questions : de quel environnement parlons-nous, de l'environnement matériel ou social, ou les deux ? Ces deux environnements sont-ils interdépendants ou sont-ils en interaction ? Quelle est la nature de cette interaction ? Y a-t-il seulement un « *one best way* » pour organiser l'action sur l'environnement ? Plusieurs rationalités peuvent-elles coexister ?

1. Des paradigmes dépassés et déplacés pour penser la gestion et l'instrument

Une des caractéristiques du gestionnaire est qu'il est en mesure d'agir sur l'environnement avec des outils, car ces derniers lui donnent la faculté de démultiplier la dynamique de son action. Nous allons voir que les outils du gestionnaire ont des propriétés intrinsèques aboutissant à des effets implicites ; à ce titre, nous parlerons d'instruments, ou d'instrumentation de gestion, plutôt que d'outils.

1.1 Penser l'instrument pour penser la gestion : entre approche praxéologique et approche cognitive

La gestion est définie comme l'ensemble des « *techniques d'administration des organisations* »[1]. Si la pratique gestionnaire est structurée par un ensemble de

1. *Lexique de gestion*, Paris, Dalloz, 1996.

techniques, les techniques ne peuvent exister indépendamment des instruments de gestion : bien que cantonnés au rôle de « moyens », ceux-ci bénéficient ainsi d'une place centrale en gestion, sans que les gestionnaires en aient toujours conscience, parce qu'ils sont constamment préoccupés d'atteindre des « fins » dont ils ont la responsabilité. Ainsi, bien que traitant de « technique » (terme qui peut avoir une connotation péjorative dans certains contextes), l'instrumentation de gestion ne se résume pas à de « l'intendance », comme l'indique Patrick Gilbert[2].

Le terme dans son sens originel, la *teknè*, désigne en effet « la méthode, la manière de faire efficacement, pour atteindre un objectif déterminé ». L'instrument de gestion est ainsi un opérateur fonctionnel. Il facilite les actions que le gestionnaire conduit à travers lui afin d'atteindre certains buts de gestion ; c'est ce qui en justifie naturellement l'existence. Aujourd'hui, la technique s'est développée dans tous les domaines de l'activité humaine, professionnelle et domestique. On peut désormais la considérer comme un *fait* social et organisationnel : tout le monde est en mesure de se faire une idée de la technique et de ses effets, sans pour autant en être un expert.

La gestion pourrait-elle exister sans instruments ? La comptabilité, le marketing, la gestion des ressources humaines existent à travers les « outils » qui la mettent en œuvre. Cependant, l'instrumentation de gestion n'est pas neutre, tant sur le fond que sur la forme, vis-à-vis de l'information qu'il contribue à recueillir. C'est ce que nous allons comprendre grâce à la réflexion sur les effets des instruments, conduite depuis quelques années par les gestionnaires et les chercheurs en gestion.

Cette réflexion se justifie par l'exigence des gestionnaires de poser des actes de gestion *efficaces* (atteignant le but escompté) et *efficients* (atteignant ce but au moindre coût). S'il paraît évident qu'à son préalable, toute action de gestion doit être pensée, il l'est beaucoup moins dans les faits en ce qui concerne l'instrumentation de gestion. Il est pourtant incontournable de *penser l'instrument* si l'on veut bien penser la gestion. Comme l'indique Patrick Gilbert, « l'absence d'une vision claire de la nature de l'outil et des effets que son usage entraîne condamne à s'en remettre à la volonté d'autrui », autrui étant en particulier les concepteurs ou commanditaires qui ont pensé l'instrument de gestion. Les faits montrent qu'en l'absence de cette réflexion, les gestionnaires posent des actes de gestion qui ne sont pas aussi efficaces et efficients que ce qu'ils auraient voulu.

L'instrument n'est mobilisé que pour intervenir sur une portion réduite de l'environnement. Par nécessité fonctionnelle, il n'existe que des instruments spécialisés et donc, partiels. De plus, l'instrument traduit les informations (représentations mentales personnelles) en données. En les figeant, il réduit la complexité du réel. Les données emmagasinées sont arrangées ensuite selon la façon dont l'instrument a été façonné. Les données ainsi formalisées et enregistrées reproduisent une autre représentation du réel. Un tableau de bord en contrôle de gestion, par exemple, n'est pas une simple description désordonnée de chiffres sans rapport entre eux ; l'information dont il est porteur représente une combinaison d'éléments d'organisation permettant le suivi de faits de gestion, la détection de problèmes éventuels et la préparation des décisions de gestion.

2. Patrick Gilbert, *L'Instrumentation de gestion, science humaine ?, op. cit.*.

1.2 Penser la gestion : pour une autre rationalité d'action

Dans le monde des organisations, un acte de gestion est dit « rationnel » lorsqu'il est objectivement bien adapté au but poursuivi par le sujet. Le choix d'un instrument de gestion, décision de gestion en soi, est bien souvent conduit sur la foi en ce principe. Un instrument de gestion est « rationnellement » choisi par les gestionnaires en fonction de son adéquation avec l'objet de gestion qu'il est censé traiter. Le terme « rationalité » est dans ce cas entendu dans son acception praxéologique la plus simple : adaptation des moyens aux fins. Cette simplicité apparente cache toutefois un débat complexe qu'il nous paraît important d'évoquer pour comprendre le sens de notre propos : il est difficile de penser correctement l'instrument de gestion si la gestion elle-même est pensée sur des principes lacunaires ou insuffisamment étayés. S'il ressort que l'instrumentation de gestion n'est pas toujours pensée, la gestion elle-même est souvent pensée à partir d'une rationalité étroite ou univoque : l'acception praxéologique des actes de gestion prend le pas sur l'acception cognitive. Aussi nous attarderons-nous quelque peu sur ce que l'on entend par l'acception praxéologique de la rationalité en gestion, avant d'aborder l'acception cognitive de cette rationalité et de son impact sur la réflexion concernant l'instrument de gestion.

1.2.1 *Les limites d'une approche trop praxéologique de la rationalité en gestion*

Les économistes du courant néoclassique ont défini le comportement rationnel selon le concept de maximisation. L'*homo œconomicus* choisit parmi toutes les possibilités qui se présentent à lui celle qui lui paraît la plus profitable, parce qu'elle maximise ses gains et minimise ses coûts. L'acteur jugé irrationnel est celui qui poursuit des fins contradictoires ou dont les choix apparaissent incohérents par rapport à la finalité poursuivie.

Depuis Taylor et son organisation scientifique du travail (OST), les dirigeants et managers d'organisations capitalistes ont cherché à rendre rationnelles les actions de gestion de leur entreprise. Rappelons que pour garantir la meilleure productivité, Taylor postule qu'il y a séparation entre la conception et l'exécution : toute action doit être pensée avant d'être mise en œuvre, puis expliquée aux « exécutants ». De l'organisation doivent être chassés les gestes non rationnels, c'est-à-dire ni efficaces ni efficients, ainsi que toute forme ou toute manifestation « d'irrationnel ». Nous verrons plus bas que ce postulat ne va pas de soi : l'individu « penseur » (le concepteur) et l'individu « pensé » (l'exécutant ou l'utilisateur) entretiennent du fait de cette relation de dominance des rapports de force qui entraînent une autre forme d'inefficacité tout en obérant l'efficience de l'organisation.

Même dans son acception praxéologique la plus simple (adaptation des moyens aux fins), l'acte de gestion rationnel pose problème, dès qu'il s'agit de devoir le penser. Quels moyens choisir pour parvenir à la fin identifiée ? Même si ces moyens peuvent être totalement ordonnés par rapport à un critère (critère de coût, de productivité, etc.), est-on sûr que l'action rationnelle sera celle qui utilisera le meilleur moyen par rapport à ce critère ? Le plus souvent, ces conditions (ordre total par rapport à un critère unique d'un ensemble fini de moyens) ne sont pas réunies. Lorsqu'elles le sont objectivement, elles peuvent ne pas l'être dans la conscience du gestionnaire qui, par exemple, peut ne pas avoir connaissance de l'existence de tel ou tel moyen. On parle alors de rationalité limitée. Développé par Simon dans sa théorie de la décision [3], le concept de rationalité limitée montre que l'individu construit un modèle simplifié de la réalité, une définition de la situation à son échelle et avec ses moyens, issus de son expérience passée.

Dans certaines situations, les relations entre les moyens disponibles pour atteindre une fin sont objectivement incertaines ; la forme de la rationalité (minimiser les coûts éventuels, maximiser les gains éventuels) découle de la structure de la situation d'incertitude et non d'une réflexion du gestionnaire. Mais il existe de nombreux cas intermédiaires où la structure de la situation d'incertitude n'impose ni le premier ni le second critère. Dans ce cas, le critère implicitement adopté par un gestionnaire dépendra essentiellement de sa psychologie et de ses ressources, c'est-à-dire de variables étrangères à la structure de la situation d'incertitude. La structure de la situation d'incertitude n'impose pas de façon évidente un critère de rationalité par rapport aux autres.

Le comportement du gestionnaire dépendra en premier lieu des ressources de l'organisation et, dans une certaine mesure, de variables psychologiques liées au gestionnaire lui-même. Ainsi, la structure de la situation d'incertitude et les caractéristiques sociales du gestionnaire décideur (ses ressources) sont des variables à la fois en interaction et différentes du point de vue paradigmatique.

Dans certaines situations d'incertitude, un critère de rationalité s'impose par rapport à d'autres, quelles que soient la psychologie particulière et les ressources des décideurs. Dans ce cas, le modèle de *l'homo œconomicus* (qui suppose des individus interchangeables dotés d'une rationalité identique) est pertinent. Dans d'autres situations d'incertitude, aucun critère de rationalité ne s'impose par rapport aux autres. Quand la rationalité dépend des caractéristiques sociales de l'acteur, éventuellement des valeurs auxquelles il croit, le modèle de *l'homo sociologicus* est pertinent (cf. l'action de Mère Theresa dont la rationalité d'action est conforme à ses valeurs).

Le propos ci-dessus s'est cantonné au cas de décisions solitaires, dans des conditions d'incertitude. Les décisions en situation d'interaction posent d'autres problématiques. Lorsque les préférences des acteurs sont parfaitement compatibles entre elles, la définition de la notion de rationalité ne pose pas de problème particulier : les acteurs sont rationnels s'ils font les choix permettant d'aboutir à la situation considérée comme optimale pour tous les points de vue. Il existe aussi des cas où les acteurs sont voués au compromis : même si un acteur préfère A et B, il peut se savoir clairement contraint de se contenter de B. En contrepartie, son partenaire peut être dans une situation telle qu'il accepte de se contenter de B' et de renoncer à A' qu'il préfère. La notion de rationalité s'applique sans difficulté au premier acteur (coopération) comme au second (compromis). Mais il existe aussi des situations d'interaction dont la structure est telle que, même si l'acteur est conscient et informé des paramètres de cette structure, il lui est difficile de déterminer que la « solution rationnelle » consiste à choisir le comportement conduisant au résultat le plus favorable de son point de vue [4].

---

3. Jacques Rojot, *Théories des organisations*, *op. cit.*
4. Cf. la théorie des jeux, *in* Boudon et Bourricaud, *op. cit.*

D'autres situations, plus ambiguës, peuvent laisser croire aux gestionnaires qu'ils prendront des décisions considérées comme mauvaises. C'est typiquement le cas que peuvent rencontrer les évaluateurs en situation de mobilité interne au sein d'une entreprise. Soit la situation suivante [5] : un évaluateur a le choix entre pourvoir immédiatement un poste en choisissant parmi les salariés qui ont postulé, c'est-à-dire dans un ensemble de candidats médiocres, ou laisser le poste vacant, en attendant d'identifier un candidat ayant un meilleur profil. Dans la seconde possibilité, les normes attachées à son rôle d'évaluateur lui indiquent que le choix rationnel consiste à différer le recrutement. Mais, d'un autre côté, il sait que si le poste reste vacant, il risque de se mettre à dos les candidats internes qui lui ont été recommandés et les managers pressés de pourvoir le poste. En choisissant le laxisme (recruter un candidat médiocre), il évite les inconvénients qu'il aura à gérer personnellement à court terme. À long terme, si tout le monde fait comme lui, il en résultera d'évidents inconvénients pour l'entreprise. Mais les inconvénients seront plutôt collectifs qu'individuels. De plus, ils ne seront pas immédiatement perceptibles, mais potentiellement attribuables à d'autres causes, extérieures à son périmètre de responsabilité. Il y a par conséquent une forte probabilité pour qu'il ne soit jamais personnellement mis en cause pour ce choix.

Ces analyses montrent que la rationalité en gestion est souvent difficile à cerner. Dans certaines situations, on peut trancher sans hésitation : l'action A est rationnelle, l'action B irrationnelle. Mais dans de nombreuses situations, il est difficile pour le gestionnaire de déterminer le choix susceptible d'aboutir aux conséquences les plus conformes à ses préférences et à celles de son organisation. Il sera tenaillé par des éléments d'incertitude objective (indécision quant à la minimisation des pertes et la maximisation du gain) et par sa propre psychologie (valeurs, idéaux et croyances).

La contribution de Simon remet sérieusement en cause l'idée, courante dans le monde « rationnel » des organisations (et défendue par les théories économiques traditionnelles néoclassiques), prétendant qu'il y a d'un côté le monde qui constitue l'environnement de l'entreprise, et de l'autre un décideur qui s'y inscrit. Les deux interagissent de façon complexe et variée : telle est la théorie défendue par le courant interactionniste. Cet ouvrage n'ayant pas pour vocation de développer une présentation des différentes écoles de pensée qui constituent ce courant théorique, nous renvoyons le lecteur vers cette littérature, et particulièrement vers l'excellente synthèse effectuée par Jacques Rojot [6].

Enfin, pour conclure ce propos sur la vision praxéologique de la rationalité, rappelons que depuis l'introduction par Weber du concept de « *Wertrationell* » (rationnel par rapport aux valeurs), les sociologues ont élargi cette vision en envisageant l'action adaptée à des valeurs et non à des fins. Ainsi, l'action de Mère Térésa est *Wertrationell* et non soumise à une quelconque maximisation de richesses. Cet aspect est particulièrement à retenir quand nous aborderons l'analyse de la valeur travail des salariés français en seconde partie de cet ouvrage.

La théorie des jeux, la théorie sociologique et la théorie de la décision aboutissent toutes à la même conclusion épistémologique : *il ne peut exister de définition générale de la notion de rationalité et encore moins une définition qui surpasse les autres.* Les gestionnaires,

5. Cet exemple est fondé sur des faits réels vécus par les auteurs.
6. Jacques Rojot, *Théories des organisations*, *op. cit.*

persuadés de détenir une définition de la rationalité qui transcende les autres, sont par conséquent victimes de leurs propres croyances !...

La notion de rationalité en gestion est donc relative, car dépendante de la structure des situations, de la position et des caractéristiques des acteurs. Selon la situation en présence, il paraîtra plus « rationnel » au gestionnaire de chercher à minimiser les pertes éventuelles que de maximiser les gains éventuels, alors que, dans telle autre, il sera plus rationnel de chercher à maximiser les gains. L'action prudente du gestionnaire aboutira à des conséquences parfois heureuses, parfois, malheureuses, voire irréversibles. En tout état de cause, le gestionnaire confronté à l'absence de critères objectifs de décision est obligé de s'en remettre à « autre chose », de l'ordre du subjectif, pour prendre sa décision de gestion. C'est cette « autre chose » que nous nous proposons d'étudier maintenant.

1.2.2 *Apports de l'approche cognitive de la rationalité en gestion*

La rationalité en gestion, si elle peut être approchée sous son acception praxéologique, peut l'être également sous son acception cognitive. Si le qualificatif « rationnel » s'applique au sein des organisations à des actions, il peut également s'appliquer à des énoncés explicatifs. Un énoncé est rationnel s'il est congruent avec le savoir (au sens scientifique ou technique du terme) dont on dispose sur le sujet. Si on pousse le raisonnement jusqu'aux confins de la psychologie sociale, on peut affirmer qu'un énoncé apparaît rationnel à un certain nombre d'individus s'il est congruent avec le savoir du « sens commun » qui les rassemble. Le terme « savoir du sens commun » est utilisé par Serge Moscovici[7] pour désigner la connaissance du monde rapidement mobilisable par les individus pour agir de façon « rationnelle » par rapport au contexte social. Ce savoir est une sorte de « prêt-à-penser » social qui évite de rentrer dans la complexité du monde et de renégocier à chaque interaction les compromis sociaux sur le sens des choses de la vie. Ce savoir soude les individus à un groupe social et leur « signifie » (au sens saussurien du couple « signifiant/signifié ») leur appartenance à ce groupe. Pour « mériter » cette appartenance, il est nécessaire d'adhérer à des théories communes, à une même « idéologie ». « Idéologie » est ici entendue comme une structure de pensée organisée autour de croyances et de valeurs spécifiques qui forment les postulats de départ de l'action supposée « rationnelle » pour tel groupe social. Cette approche nous amène à nous pencher sur la « rationalité » des croyances et sur leur différenciation par type d'acteurs selon leur appartenance sociale.

1.2.3 *Coexistence des rationalités praxéologique et cognitive : remise en cause du paradigme de rationalité « supérieure »*

Comme le soulignent Boudon et Bourricaut, il arrive parfois qu'un observateur externe (non impliqué dans l'interaction) interprète le comportement de l'observé comme irrationnel. Cela résulte bien souvent de ce qu'il projette indûment les données caractérisant sa propre situation sur celle de l'observé, sans avoir pris soin de connaître les données relatives à la situation de l'observé. Il aura alors tendance à interpréter le comportement de ce dernier (par exemple le rejet d'un instrument de gestion) comme résultant d'une

7. Serge Moscovici, *Psychologie sociale*, Paris, PUF, 1984.

incompréhensible et irrationnelle « résistance au changement », là où il s'agit d'un comportement rationnel par rapport à la situation de l'observé lui-même. Nous touchons du doigt la problématique qui affecte nos concepteurs et prescripteurs de logiciels ou solutions informatiques en prise avec les phénomènes de rejet des utilisateurs, telle que l'a décrite Pavé [8] et à laquelle nous reviendrons plus bas.

Les décisions de gestion sont-elles, dans les organisations, sous l'emprise de telles croyances ? Sont-elles rationnelles ou irrationnelles ? Les croyances sont-elles porteuses de leur propre rationalité ? Les connaissances engendrées par les croyances (le savoir du sens commun) sont-elles d'essence fondamentalement différente de la connaissance dite « scientifique » ? Les instruments de gestion créés à l'extérieur d'organisation qui les accueillent sont-ils porteurs de croyances (et donc de rationalité) pouvant être différentes de celles des membres de cette organisation ?

Boudon et Bourricaud rappellent les trois types de réponse que la sociologie propose en réponse à ces questions. C'est la troisième réponse qui nous paraît apporter l'herméneutique la plus appropriée à notre réflexion. Nous exposerons néanmoins aussi les deux autres, car, bien que plus limitées dans leur compréhension des phénomènes de croyances, elles contribuent à apporter une compréhension dans les dialectiques de conflits représentationnels que nous étudions.

Selon le premier type de réponse, les croyances sont interprétées par les individus comme ayant une valeur cognitive du fait d'une erreur de perspective : les croyances n'auraient pas une fonction cognitive, mais expressive, dans le sens où elles seraient l'expression du sentiment d'appartenance des individus à leur groupe. Cette forme de croyance et sa manifestation se retrouvent dans le discours et le comportement de certains utilisateurs d'instruments de gestion. Nous avons été confrontés en tant que praticiens à des utilisateurs qui faisaient front « contre » l'instrument de gestion en expliquant qu'« il ne fonctionnait pas ». Tout, pourtant, tend à montrer qu'il était objectivement opérationnel : l'analyse technique et l'analyse fonctionnelle montraient que tout était conforme, relativement aux attendus cadrés par le cahier des charges fonctionnelles et le « SLA » [9] *ad hoc* entre le client et le fournisseur. Quand on cherche à approfondir les formes de ce ressenti au travers d'enquêtes qualitatives, on s'aperçoit que certains acteurs placés à des rôles clés dans l'architecture organisationnelle du système d'information (celui par exemple d'administrateur fonctionnel de l'application, en lien avec tous les utilisateurs et ayant des droits d'accréditation fonctionnelle et d'utilisation supérieurs à tous les autres utilisateurs) jouent un rôle de leader d'opinion en surdéterminant « ce qu'il faut penser » de l'application. Cette surdétermination est imposée aux autres utilisateurs, qui adhèrent d'autant plus aisément au discours de l'administrateur que ce dernier est perçu comme l'expert « ès application ». Son savoir supposé leur évite d'avoir à rentrer eux-mêmes dans le détail des fonctionnalités du logiciel qui leur paraît toujours trop complexe : en cas de doute, il leur suffit de s'adresser à « l'expert » qui a toujours la

8. Francis Pavé, *L'Illusion informaticienne*, *op. cit.*

9. SLA, *Services Level Agreement*, soit Accords sur la qualité de service : contrat définissant les engagements d'un prestataire quant à la qualité de sa prestation et les pénalités engagées en cas de manquement. Cette qualité doit être mesurée selon des critères objectifs acceptés par les deux parties. Exemple pour un hébergeur : temps de rétablissement du service en cas d'incident de type déni de service.

« bonne » réponse. Plutôt que de remettre en cause leur confiance en l'administrateur (qui fait après tout partie « du même camp » qu'eux, c'est-à-dire leur organisation) et leur manque de connaissance concernant les fonctionnalités de l'application, ils remettent en cause l'instrument de gestion et montrent par là qu'ils appartiennent à un même groupe, ceux qui « pestent » contre l'application.

Selon le deuxième type d'interprétation, les croyances seraient des énoncés dotés d'une valeur cognitive pour le sujet observé, mais dépourvus d'une telle valeur pour l'observateur appartenant à une culture imprégnée par l'esprit scientifique et doté d'une mentalité « logique ». C'est ainsi le sujet observé qui serait dans l'illusion. Continuons notre herméneutique à partir de l'exemple présenté dans la sous-partie précédente : face à un tel front uni contre l'application, ses promoteurs (et plus particulièrement les concepteurs du logiciel, mais aussi la maîtrise d'ouvrage interne de l'entreprise « domiciliée » au sein de la direction des systèmes d'information) ont très souvent cette réaction spontanée : « Décidément, ces utilisateurs ne comprennent rien à rien, ils feraient mieux de lire le manuel de l'utilisateur ! » Pavé a analysé des exemples similaires dans le cas des entreprises qu'il a observées. De là naissent les impressions d'irrationalité que disent constater cette catégorie d'acteurs vis-à-vis du comportement des utilisateurs.

Selon le troisième type d'interprétation, les croyances sont des énoncés rationnels eu égard à l'état des connaissances dans le contexte où ils sont observés et qui ne paraissent irrationnels à l'observateur que parce que celui-ci dispose d'un outillage mental plus complet et plus complexe. En ce sens, les conceptions météorologiques mythiques rencontrées dans les sociétés archaïques ne seraient ni plus ni moins irrationnelles que la théorie du déterminisme de Laplace [10]. Selon cette troisième conception, les mythes, les croyances ou les théories métaphysiques sont « rationnels » dans un contexte donné. L'impression d'irrationalité que peut ressentir l'observateur est simplement l'effet d'une « *illusion sociocentrique* » [11]. C'est donc ici, du côté de l'observateur, que se trouve l'illusion. Pour finir notre herméneutique, disons simplement qu'il existe autant de visions que d'impressions d'irrationalité possibles, dès lors que coexistent diverses catégories d'observateurs, déterminées par le sociocentrisme du groupe social auquel ceux-ci appartiennent.

Le point de vue avancé par la théorie sociologique de l'action paraît pertinent pour faire avancer notre réflexion. Les croyances doivent être appréhendées comme des constructions en relation avec des systèmes d'interaction. Ainsi, lorsqu'un individu adhère à une croyance et refuse d'en adopter une autre, c'est que la première lui paraît exprimer de manière plus convenable et plus utile la signification de la situation de gestion qui est la sienne. Il est possible que, s'il s'agit d'un observateur *impliqué* (par exemple un concepteur ou un prescripteur d'instruments de gestion des compétences), il ait alors tendance à considérer les croyances de l'observé (les utilisateurs des mêmes instruments de gestion des compétences) comme irrationnelles (c'est-à-dire comme contraires aux intérêts de l'observé tels que l'observateur les perçoit), parce qu'il n'est pas

---

10. Le déterminisme est une théorie aujourd'hui réfutée selon laquelle chaque événement est déterminé par un principe de causalité permettant de relier chaque effet à une cause, cf. note 43 page 101.

11. Piaget, cité *in* Bourdon et Bourricaut, *Dictionnaire critique de la sociologie*, *op. cit.*

concerné [12] par elles. Dès lors qu'un minimum de distanciation a été mis en œuvre, l'adhésion de l'observé (l'utilisateur d'instrument de gestion) à une croyance s'explique, parce qu'il y voit une interprétation satisfaisante de la situation dans laquelle il se trouve, conforme à ses croyances ou à ses valeurs, et un guide efficace pour son action de gestion. Dès lors que sa croyance structure son action de gestion et contribue à maximiser son gain, l'observé renforcera sa croyance et la mobilisation de cette croyance dans les situations qui lui sembleront similaires. Il passe ainsi d'une logique praxéologique à une logique cognitive, en un va-et-vient continuel.

Une croyance représente ainsi toujours des interprétations développées, ou selon le cas acceptées, par les acteurs sociaux, en fonction de leur situation, telle qu'ils la perçoivent et l'interprètent. Ces interprétations leur fournissent des guides efficaces pour l'action. En ce sens, on peut dire qu'elles sont « rationnelles », même si elles peuvent paraître « irrationnelles » aux yeux de l'observateur extérieur. Par conséquent, les croyances doivent être conçues comme des réponses adaptées, c'est-à-dire fondamentalement rationnelles, à des situations de structure variable. Elles fournissent des points d'appui à partir desquels les fins et les moyens de l'action sont rendus légitimes aux yeux de l'acteur.

Aussi ce paragraphe se conclut-il par la synthèse suivante. Les acteurs en prise avec les instruments de gestion de compétences développent des rationalités de gestion qui, si elles peuvent concourir aux fins de gestion à atteindre (la formalisation de l'évaluation des compétences), peuvent totalement diverger quant aux moyens à mettre en œuvre (la formalisation de l'instrumentation de gestion permettant l'évaluation des compétences), parce que n'appartenant pas à la même catégorie d'acteurs. De par leur appartenance à tel ou tel groupe (les concepteurs *versus* les utilisateurs), les acteurs seront déterminés par leur croyance et ne pourront pas envisager spontanément comme « rationnelle » la rationalité d'action proposée par les autres acteurs pour atteindre LE but de gestion, pourtant jugé commun.

1.3 Statut et fonctions des croyances et des idéologies dans les organisations

Afin d'étayer la compréhension des stratégies d'action mises en œuvre par les acteurs au sein des organisations, il nous faut examiner, grâce aux contributions de la sociologie, le statut et les fonctions des croyances. Ces croyances se muent en idéologies dès lors qu'elles constituent des théories explicatives invérifiables du réel, du fait qu'elles ne recourent jamais aux paradigmes de la science pour étayer leur véridicité.

1.3.1 *Les croyances*

Un pan de la tradition sociologique relative à l'étude des croyances retient particulièrement notre attention pour la compréhension du phénomène que nous tentons d'étudier. Rappelons qu'il s'agit du rôle et de la fonction des croyances dans la détermination :

12. Impliqué, concerné, quelle différence ? La parabole de la poule et du cochon permet de bien comprendre la dialectique en jeu. La poule et le cochon concourent à fabriquer le *breakfast* anglais, le « *bacon and eggs* » : la poule est concernée, mais le cochon, lui, est impliqué…

- des *fins* de l'action individuelle et de l'action sociale au sein des organisations ;
- des *moyens* les plus appropriés à la réalisation des fins, particulièrement pour le sujet qui nous occupe : l'évaluation des compétences ; il s'agit de comprendre les relations entre les systèmes d'action dans et hors l'organisation et les croyances, le rôle des intérêts dans la détermination des croyances, afin de déterminer la portée utilitariste de la théorie des croyances.

Comme l'ont abondamment noté des auteurs aussi différents que Durkheim, Weber et Pareto, les croyances jouent un rôle fondamental dans la vie sociale (et par conséquent au sein des organisations). Elles peuvent, nous l'avons vu, fixer les buts de l'action individuelle et collective et peuvent orienter la recherche des moyens. Quand les objectifs que poursuit un acteur social sont complexes, le choix des moyens n'est généralement pas le fait d'une sélection rationnelle dans un univers de possibles. Il résulte plutôt de la valorisation positive d'un certain type de moyens, de la croyance que tel type de moyens est préférable à d'autres. Si je poursuis un objectif simple (par exemple, adresser mon CV en interne à tel gestionnaire RH), il ne me sera pas difficile de déterminer le moyen le plus adapté à l'objectif poursuivi (par exemple l'e-mail plutôt que l'application de gestion de la mobilité...). Si je poursuis un objectif complexe, comme évaluer puis gérer les compétences des salariés dans toute l'organisation, les moyens que j'utiliserai seront eux-mêmes déterminés par des croyances (en particulier, le choix d'un instrument de gestion sera en phase avec ma propre représentation des compétences au travail).

Les mêmes distinctions peuvent être faites à propos de l'action collective. Une entreprise poursuit en général simultanément des objectifs qui sont plus ou moins complexes. Plus les objectifs sont complexes, moins il y a de chances que le modèle rationnel de sélection des moyens puisse être convenablement appliqué. Les moyens seront eux-mêmes sélectionnés en fonction des croyances qui, dans ce cas, auront une fonction d'économie de pensée dans les cas où l'action presse et où le décideur ou le gestionnaire n'ont ni le temps ni parfois les moyens de peser et d'examiner les conséquences des différents choix possibles. La décision a des chances de reposer sur des croyances ou des stéréotypes.

Selon les circonstances, la solution au problème d'organisation de la gestion de l'information au sein des entreprises sera souvent conçue par les dirigeants comme un problème *d'ingénierie informatique* (par exemple : « la mise en œuvre d'un système d'information rend l'organisation et ses acteurs transparents et permet ainsi de gérer et contrôler toute l'information disponible dans l'entreprise »). Cette « solution » est énoncée en termes plus ou moins globaux (optimisation des processus, amélioration des performances, optimisation des investissements, réduction des coûts).

Les remarques de Philippe Bernoux [13] sur les trois mythes dont sont porteurs les ERP (Enterprise Ressource Planning) fournissent une bonne illustration de cette proposition. Selon lui, les ERP sont porteurs du mythe « *panoptique* » (tout voir dans l'entreprise), du mythe du « *processus en mouvement* » (superviser chaque opération en cours) et du mythe « *d'universalité* » (adaptation à tout contexte d'entreprise). Entre le but et les moyens choisis s'interpose un paradigme dont le dirigeant réformateur croit qu'il définit la catégorie de moyens à l'intérieur de laquelle la solution au problème posé a les

13. Conférence à l'IAE de Paris, le 15 décembre 2004, cf. première sous-partie.

meilleures chances de se trouver. Bien entendu, la manière dont le problème est posé, c'est-à-dire l'objectif tel qu'il est poursuivi, dépend aussi de croyances portant sur les fins de l'action collective (« il vaut mieux contrôler le travail des opérateurs avec des systèmes informatiques objectifs et rigoureux, que de les laisser livrés à eux-mêmes, ou pire, de compter sur leurs managers de proximité pour relayer la stratégie de l'entreprise, et faire remonter les bons indicateurs de suivi de la production » [14]).

L'orientation vers les progiciels de gestion de type ERP est donc inévitablement, pour partie au moins, le produit de croyances [15]. Les dirigeants, aidés en cela par les consultants en organisation, auront tendance à se démontrer à eux-mêmes le bien-fondé de leur choix à l'aide de dérivations [16] mettant en jeu les ressources pseudo-déductives de la rhétorique. Par exemple : « la sous-traitance des développements informatiques engendre des applications spécifiques jamais finalisées et en maintenance permanente. Les budgets correspondants sont continuellement en dérapage. L'ERP est LA solution mettant fin à ces problèmes, parce c'est un progiciel sur étagère, facile à internaliser. Grâce à l'ERP, nous allons ainsi recouvrer la maîtrise de notre informatique et pouvoir nous concentrer sur la gestion. » De manière générale, cet exemple montre, dans tout processus d'action individuelle ou collective, l'interdépendance étroite entre jugements de valeur (par exemple « réinternaliser notre système d'information est un impératif stratégique ») et croyances (« il est dangereux de laisser à des prestataires externes la mainmise sur notre système d'information »).

À partir du moment où les objectifs individuels et collectifs sont complexes, leur poursuite implique donc l'adhésion à des *croyances*. Il ne peut en aucune manière exister des experts capables d'indiquer, en toute neutralité, les meilleures méthodes de gestion d'une organisation.

Ces croyances ne sont naturellement pas sans relation avec la réalité. Il n'était pas *a priori* déraisonnable de penser que l'externalisation d'une partie des systèmes d'information pouvait entraîner des effets de réactions en chaîne et conduire l'entreprise au désastre [17]. Si ce paradigme s'est imposé, c'est aussi parce que les directeurs des systèmes d'information occupent une place importante dans les comités de direction des entreprises. Leur prestige et leur influence sont la conséquence de raisons complexes qui ne sont pas seulement le fruit d'un effet de mode (la course à l'informatisation). L'informatisation des organisations a joué un rôle important dans le développement de la productivité des entreprises (comme d'autres phénomènes tels la mondialisation et la financiarisation des

---

14. *Sic*, selon un DRH dont nous tairons ici le nom… Celui-ci a même ajouté : « Beaucoup de managers de proximité sont hélas incompétents en matière de relations humaines »…

15. L'acronyme « ERP » décodé n'est-il pas en lui-même un condensé de croyances ? « Enterprise Ressource Planning », traduit imparfaitement en français par « progiciel de gestion intégrée », laisse de côté l'idée de « prévision » sous-jacente au mot anglais « *planning* ». Or, comme l'indiquait dès 1998 Benghozi, directeur de recherche au CNRS, dans un article du JDNet (2004), « les ERP s'appuient sur l'idée de prévision, alors que le monde économique est de plus en plus imprévisible ».

16. Cf. Pareto, in Boudon et Bourricaut, *Dictionnaire critique de la sociologie, op. cit.*

17. Nous avons été témoins, en tant que praticiens, d'un cas de ce type : un opérateur de téléphonie mobile avait sous-traité la mise en œuvre et l'exploitation de l'entrepôt de données de sa base-clients. Lorsque l'opérateur a voulu réinternaliser l'infrastructure applicative et les données, le prestataire a refusé d'obtempérer, car cela n'était pas prévu dans le contrat, et,en menaçant même de détruire la base, il a mis en péril toute la connaissance marketing des clients accumulées pendant près de dix années…

échanges), mais à chaque fois, l'informatique a été présentée comme un moyen mis au service d'un chef de projet. C'est ce dernier qui signe le cahier des charges spécifiant les fonctionnalités à implanter. Ainsi, l'informatique et le DSI sont rarement impliqués dans des conflits sociaux ouverts comme peuvent l'être régulièrement le directeur de la production ou le DRH, lesquels assument seuls la responsabilité du changement.

Cet exemple montre également que les croyances sont, de manière complexe, affectées par les systèmes d'action et d'interaction dans lesquels se situent les acteurs sociaux. L'influence des informaticiens et la prime de pouvoir que leur assure l'absence de conflits sociaux permettent d'imposer la croyance que la solution du développement organisationnel et de la coopération des acteurs sont de nature technique et passe par exemple par le recours à l'ERP. Mais il serait inopportun de tirer de cet exemple l'idée que les croyances reflètent mécaniquement les intérêts des groupes dominants, comme le veut la théorie marxiste des idéologies. Le déploiement des ERP n'a pas engendré la transparence de l'organisation et la coopération des acteurs escomptés : les faits montrent que les ERP ont des effets économiques et sociaux complexes qui tendent à priver progressivement les informaticiens de leur influence.

Pour analyser un phénomène de croyance, il est donc indispensable de le replacer dans le contexte du système d'interaction *singulier* dans lequel il apparaît, plutôt que de chercher à établir des relations générales entre systèmes d'action et croyances. Une croyance n'a de chances de s'affirmer que si elle présente un sens pour l'acteur situé dans une situation donnée. Ce sens peut se ramener aux intérêts de l'acteur seulement dans certains cas et dans certaines limites. Les croyances doivent généralement être analysées à partir de leur fonction d'adaptation et de leur *sens* pour le sujet plutôt que de leur *utilité*. Elles se constituent à la rencontre d'une histoire personnelle, de projets personnels et de la situation de l'acteur. À ce titre, comme le remarquent très justement Boudon et Bourricaud, « on est choisi par ses croyances plutôt qu'on ne les choisit ».

Si les croyances doivent être considérées comme des réponses à des situations d'interaction, il ne faut pas sous-estimer leur inertie. Au niveau individuel, chacun a mesuré la difficulté qu'il peut avoir à abandonner une croyance, même lorsque des doutes sérieux sont émis quant à sa validité. Cela résulte de ce que les croyances sont souvent prises dans des systèmes qui constituent des guides généraux d'évaluation et d'action. D'où les difficultés et les résistances quant à leur remise en cause. Ce qui est vrai au niveau individuel l'est aussi au niveau collectif. Une des raisons essentielles de l'inertie des croyances réside dans le fait qu'une croyance n'a tendance à se dissiper que lorsqu'elle est remplacée par une autre.

Bien que les croyances doivent être comprises et analysées comme des réponses à des situations d'interaction, il serait erroné de les traiter dans tous les cas comme des variables dépendantes. Les croyances peuvent jouer le rôle de variables indépendantes, c'est-à-dire apparaître comme des causes plutôt que comme des effets, non seulement dans le développement individuel, mais dans le changement social lui-même.

Dans le cas général, les croyances sont plutôt, comme le voulait Durkheim, des guides d'évaluation et d'action « sélectionnés » ou, selon les cas, construits par les acteurs sociaux en fonction de leur personnalité, de leur situation et de leur environnement. Le paradigme durkheimien a non seulement l'avantage de s'appliquer, mieux que d'autres, à la réalité observable, il présente en outre l'avantage d'éliminer les visions simplistes de la relation entre croyances et réalité sociale, en particulier celle qui veut voir dans les croyances une manifestation irrationnelle (cf. paragraphe sur la rationalité en gestion, page 109).

1.3.2 *Les idéologies*

On parle d'idéologie dans les systèmes sociaux, dès lors qu'on observe que les acteurs sociaux tiennent pour vraies des croyances qu'ils s'obstinent à « démontrer » par le biais de propositions ou justifications *normatives* – par essence indémontrables – et *positives* qui peuvent être soit non démontrables, soit non démontrées, soit fausses. Ces *croyances*, qui varient naturellement d'un système social à l'autre, et d'un groupe d'agents sociaux à l'autre à l'intérieur d'un même système social, constituent un phénomène qu'on observe dans toute société. On les appelle souvent *valeurs* lorsqu'elles sont de caractère normatif. Lorsque les valeurs ou les croyances sont intégrées et reliées entre elles en un système cohérent, on parle de *vision du monde*. On parle de *religion* si le système inclut les notions de sacré ou de transcendance. On parlera *d'idéologie* si un système de croyances, d'une part, ne fait pas appel aux notions de sacré et de transcendance et, d'autre part, traite particulièrement de l'organisation sociale et politique des sociétés ou de leur devenir. Les idéologies ne sont à ce titre qu'un cas particulier de croyances, qu'il est difficile de distinguer des autres du phénomène général des croyances. Bien que relevant des mêmes principes, la distinction entre les idéologies et les croyances est plutôt de degré que de nature. Plus exactement, les idéologies sont une espèce du genre constitué par les croyances. Nous verrons en seconde partie comment la psychologie sociale modélise ces différents types de croyances de manière à en permettre l'analyse empirique et opérationnelle.

La théorie sociologique de l'action a amplement démontré que les objectifs que se donne l'acteur et les moyens auxquels il fait confiance dépendent, dans des proportions variables selon les cas, des *croyances*. Downs (cité par Boudon et Bourricaud), qui tentait d'appliquer aux phénomènes politiques le modèle de *l'homo œconomicus,* a démontré que l'électeur délibérément rationnel ne pouvait échapper aux croyances et aux idéologies.

Ingrédient normal de l'action, la croyance tend à se présenter et à être vécue non comme un phénomène subjectif, mais comme une vérité objective. L'acteur qui souhaite se persuader du bien-fondé de ses croyances a tendance à prendre pour argent comptant toute « théorie » (toute « dérivation » dans le langage de Pareto) en cherchant à en « démontrer » la validité. Il y a donc toutes les chances que le gestionnaire ou le consultant soit tenté d'asseoir son action et son autorité sur des « dérivations » ou des « théories » qui légitiment les voies « scientifiques » de son intervention.

1.4 La contribution de la sociologie des organisations

Parce qu'il génère de la transparence, le traitement automatique de l'information par des systèmes informatisés est très souvent pensé comme un progrès pour l'organisation et son management. Cette prétention est contestée par les sociologues des organisations. D'une part, la transparence n'est pas perçue comme un progrès pour tous les acteurs et, d'autre part, un système d'information, même s'il est intrinsèquement transparent en ce qui concerne les données enregistrées et leur traitement, ne rend pas transparents les agissements des utilisateurs. Pour Friedberg (cité par Patrick Gilbert [18]), l'informatique ne peut éliminer totalement l'opacité, elle ne fait que déplacer l'ombre. Les groupes humains ont besoin d'une certaine opacité ou, dit autrement, d'une marge de manœuvre pour négocier leur coopération. Pour la sociologie des organisations, les jeux des acteurs diminuent, voire annulent l'effet rationalisant des systèmes d'information, du fait que les acteurs préservent ou reconstituent leurs zones d'incertitude au sein de l'organisation. Les résultats produits par les systèmes d'information et par les instruments sont ainsi biaisés. Les instruments de gestion sont utilisés à des fins stratégiques individuelles : stratégies de changement des utilisateurs d'instrument, stratégies de contournement. Par exemple, un manager et son collaborateur direct vont s'allier pour faire d'un support d'appréciation le « bon à payer » justifiant, face à la DRH, l'augmentation individuelle sur laquelle les deux acteurs s'étaient déjà accordés.

Pavé a montré que l'informatique n'était pas déterminante pour gouverner les systèmes sociaux. De plus, par la contrainte du langage binaire (0 : le courant ne passe pas ; 1 : le courant passe), elle induit un mode de pensée particulier, que Pavé nomme « *l'hyperfonctionnalisme* » en référence à un courant artistique qui postule qu'il faut peindre la réalité reproduite d'après photographie. Sa logique intrinsèque impose une vision de la réalité rationalisée reposant sur une rationalité étrangère à la rationalité sociale. En informatique, une proposition ne peut être simultanément vraie ou fausse, alors que pour les groupes sociaux, une même proposition peut être tantôt vraie, tantôt fausse, ne serait-ce que diachroniquement et parfois même synchroniquement. De plus, la mise en place de systèmes d'information nécessite de mettre à plat les processus au travers de la rédaction de cahiers des charges. Ces cahiers des charges laissent à penser qu'ils vont « dévoiler » les modes de fonctionnement, les habitudes, les routines, voire les arrangements des acteurs.

En rationalisant les circuits d'information sur la base rationnelle des systèmes d'information, les managers pensent qu'ils vont « mettre la main » sur l'activité des hommes de l'organisation. Or les acteurs n'auront de cesse de réintroduire de l'indétermination dans les modèles qu'on veut leur imposer. Les zones d'incertitude entretenues par les acteurs sont les marges de liberté que l'informatisation, au nom d'un idéal de transparence, s'efforce de réduire.

Inscrits dans l'approche politique, tout en révélant les représentations dont l'instrument est porteur pour les différents types d'acteur de l'organisation, ces travaux constituent une transition vers l'approche cognitive que nous allons maintenant exposer.

2. Se représenter la compétence pour penser l'instrument

Comment les individus se représentent-ils la notion de compétence, comment celle-ci les met-elle mentalement en condition d'action, quels sont ses mécanismes d'influence sur les groupes sociaux ? Le cadre théorique de la « représentation sociale » contribue à

18. Patrick Gilbert, *L'Instrumentation de gestion, science humaine ?*, *op. cit.*

approfondir la recherche en gestion concernant la notion même de compétence au travail et son évaluation. Comme nous le verrons au cours de notre développement, cette contribution nous paraît optimale pour comprendre les stratégies de rationalités cognitives à l'œuvre dans les opinions et les croyances que se forgent les utilisateurs d'instruments de gestion des compétences. La contribution théorique de la représentation sociale nous aidera à mieux comprendre comment l'instrument est pensé et surtout « agi » par la pensée sociale.

Nous conclurons cette première partie en évoquant la contribution de Patrick Gilbert sur les fonctions implicites des instruments et leur rôle dans le corps social de l'organisation.

2.1 Apports de la théorie des représentations sociales

La notion de représentation sociale est pratiquement devenue, en sciences sociales, une notion commune. De fait, la confusion se fait avec d'autres notions : opinions, attitudes, stéréotypes ou croyances. Il convient de tenter de dissiper cette confusion en resituant la notion de représentation sociale par rapport à celle de croyance déjà présentée.

Toute société construit sa représentation de manière spécifique, en vue de s'approprier la réalité qu'elle éprouve, pour l'affronter, la dominer ou s'en accommoder : en un mot elle se la « représente ». Parce que l'action sur la réalité peut être collective (particulièrement au sein des organisations), toute société différencie les groupes d'individus en leur assignant des rôles, des statuts, des professions, etc. Ainsi, les groupes sociaux sont complémentaires les uns des autres, mais ne se confondent pas.

Serge Moscovici, le « père fondateur » de la psychologie sociale, a bouleversé l'approche paradigmatique des relations humaines. À une psychologie centrée sur l'individu, une psychologie à deux termes, limitée au face à face du sujet et de l'objet, Moscovici [19] a proposé de substituer une psychologie à trois termes, « Ego-Alter-Objet », dans laquelle « Ego » et « Alter » désignent des individus ou des groupes et « Objet » l'environnement physique ou social, symbolique ou réel. Cette psychologie à trois termes montre ainsi la part du social dans les relations : même dans les situations les plus intimes, Ego n'est jamais totalement seul face à un objet supposé neutre ; le social est dans le regard, comme dans l'objet vers lequel ce regard est dirigé.

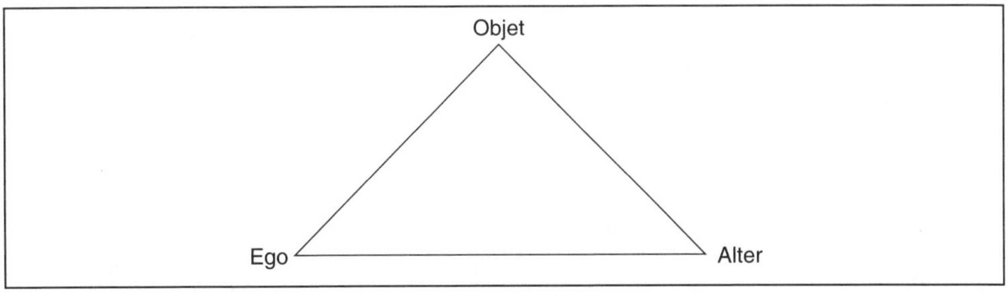

FIGURE 3 • Modèle à trois termes de la psychologie sociale selon Moscovici

19. Serge Moscovici, *Psychologie sociale*, *op. cit.*

Les tenants de la psychologie sociale ont fondé leur réflexion sur ce modèle et ont contribué à l'améliorer avec le concept de « représentation sociale » qui est au centre de leurs recherches, car au carrefour du *cognitif* (la perception de l'objet par le sujet) et du *social* (les influences réciproques d'Alter et du sujet).

La réflexion concernant la notion de représentation n'est pas récente, elle s'enracine dans la pensée philosophique la plus ancienne, particulièrement celle des philosophes grecs relative à l'essence des objets, à leur réalité. Plus récemment, le courant de pensée phénoménologique a posé les fondements de certains principes de la psychologie sociale dans son approche des représentations sociales. Nous reviendrons sur ces principes. Nous retenons deux idées essentielles qui étayent épistémologiquement notre démarche de recherche : les objets manifestent leur existence au travers de la subjectivité humaine ; cette existence ne trouve sa valeur ontologique qu'à travers l'échange des subjectivités interindividuelles.

Dans la droite ligne des travaux de Hegel, Husserl constate l'impossibilité d'appréhender la réalité directement dans sa totalité. Il propose le concept « d'intersubjectivité » : chaque individu dispose d'une connaissance partielle des objets *via* leur « manifestation » qui, multiple et variée, agit comme un prisme sur leur essence. Par l'échange réciproque de leur connaissance subjective, les individus peuvent parvenir à une appréhension « partagée » des objets. Husserl élabore une « technique », la variation eidétique, qui permet, grâce à l'intersubjectivité, de s'approcher de l'essence des objets [20].

Toutefois, le concept formalisé de représentation sociale n'apparaît véritablement qu'à partir des années 1960. Pour Moscovici, « il n'y a pas de coupure entre l'univers extérieur et l'univers intérieur de l'individu, le sujet et l'objet ne sont pas foncièrement distincts ». Selon la théorie de cet auteur, l'individu reçoit de son entourage social un certain nombre d'informations sur le monde sous forme d'opinion, de croyances, de valeurs… qu'il interprète en permanence par des représentations. Ces représentations sociales structurent sa connaissance du monde en lui indiquant comment il doit le « penser ». Cette approche, propre à la psychologie sociale, complète celle de la psychologie cognitive qui étudie l'individu sous l'angle des processus mentaux.

Jodelet [21] définit la représentation sociale comme une forme de connaissance courante, dite « de sens commun », ayant les caractéristiques suivantes :

- elle est socialement élaborée et partagée, car elle se forme à partir de nos expériences, mais aussi en fonction des informations, des savoirs et des modèles de pensée que nous recevons et transmettons par la tradition, l'éducation et la communication sociale ;
- elle a une visée pratique d'organisation, de maîtrise de l'environnement (matériel, social, idéel) et d'orientation des conduites et des communications ;
- elle concourt à l'établissement d'une vision de la réalité commune à un ensemble social (groupe, classe, etc.) ou culturel.

---

20. Source : article « Phénoménologie » in *Encyclopédie Universalis*.
21. Denise Jodelet (dir.), *Les Représentations sociales*, Paris, PUF, 1989.

Selon ces caractéristiques, la représentation sociale est fondée sur des processus d'influence sociale. La représentation n'est donc pas un simple reflet de la réalité. Elle est une organisation signifiante qui fonctionne comme un système d'interprétation de la réalité. Comme le souligne également Moliner[22], la représentation n'est pas seulement la reproduction de certains aspects du réel, mais plutôt *la reconstitution du réel selon les attentes et les intérêts propres de l'individu*. Destinées à organiser les conduites et à orienter les communications, les représentations sociales sont alors *nécessairement liées à l'action*.

Toutefois, les représentations, si elles sont cognitives, ne seraient pas toutes « sociales ». Certains chercheurs en psychologie sociale (Jean-Claude Abric et les structuralistes en particulier, cf. Claude Flament et Michel-Louis Rouquette) considèrent que les théories des représentations sociales s'appliquent uniquement aux objets qui respectent un certain nombre de conditions. Moscovici propose trois conditions d'émergence d'une représentation sociale :

- la dispersion de l'information concernant l'objet de représentation ;
- la position spécifique du groupe social vis-à-vis de l'objet de représentation ;
- la nécessité pour les individus de développer des conduites et des discours cohérents à propos d'un objet qu'ils connaissent mal.

Moliner ajoute une condition supplémentaire : il considère notamment que l'enjeu du sujet vis-à-vis de l'objet est une condition nécessaire au processus de représentation.

Ainsi, si la notion de compétence au travail est fondée sur des valeurs socioculturelles, des croyances, voire des mythes, si elle est véhiculée par différents « médiateurs » (humains ou non : médias, leaders d'opinion, instruments au contenu cognitif), si elle fait l'objet d'enjeux dans et hors l'entreprise, la compétence au travail peut être considérée comme un concept socialement élaboré et partagé et mériter la qualification de représentation sociale. À ce titre, elle serait une explication structurante des phénomènes de distorsion constatés dans les instruments de gestion d'évaluation des compétences. Cette assertion sous-entend que nous devrons nous assurer de l'existence de cette représentation sociale par une validation empirique appropriée.

La représentation de la compétence au travail d'un individu se forgerait et serait donc inscrite dans un univers socioculturel donné :

- *société* (représentation collective concernant le travail : discours des médias et des leaders d'opinion au travers de la littérature de vulgarisation au sujet de la compétence au travail, contexte structurel et conjoncturel) ;
- *éducation* (famille : représentation sociale de ses parents par rapport à leur origine socioculturelle et leur propre expérience du/au travail) ;
- *formation* (institution : Éducation nationale, environnement académique, mais aussi structures et réseaux d'aide : ANPE, APEC, etc.) ;
- *vie professionnelle* (cursus et expériences professionnels, vie en entreprise, etc.).

22. *In* Géraldine Michel, « L'évolution des marques : approche par la théorie du noyau central », *Recherche et applications en marketing*, 1999.

Dans ce cadre, la représentation sociale de la compétence représenterait un enjeu identitaire différent en fonction des groupes d'individus. Nous pouvons alors supposer que la représentation sociale de la compétence n'est pas totalement structurée de la même manière dans l'esprit, d'une part, des promoteurs d'instrumentation de gestion et des gestionnaires des compétences (qui n'utilisent pas directement l'instrument) et, d'autre part, des évaluateurs et des évalués (qui utilisent l'instrument). Elle ne repose pas tout à fait sur les mêmes valeurs ou croyances (même s'il en existe de communes) et n'engendre pas les mêmes attitudes ou comportements en fonction du groupe d'individus d'appartenance. Pour qu'il y ait représentation sociale de la compétence, il faut qu'il y ait :

- connaissance de l'objet de gestion en prise avec l'instrument de gestion ;
- des attitudes qui débouchent sur des actes, des décisions ; ces attitudes débouchent ou s'accompagnent d'opinions ;
- des croyances liées à des valeurs.

Il existerait, entre les sous-groupes sociaux, des différences de structuration de la représentation sociale de la compétence : nous nous appuyons sur la théorie du « noyau central », développée par Jean-Claude Abric[23], qui postule qu'il existe un fonds représentationnel commun d'éléments partagés par la majorité des individus, mais que des « schèmes périphériques » viennent « perturber » le partage représentationnel des éléments du noyau central. Nous nous sommes donné comme objectif de valider empiriquement tous ces éléments ; nous présenterons donc dans le chapitre qui suit les résultats auxquels nous sommes parvenus.

L'instrumentation de gestion, parce qu'elle s'appuie de plus en plus sur les systèmes d'information, a tendance à se dématérialiser ; il est nécessaire de se la représenter cognitivement. Parce qu'elle s'appuie sur des enjeux politiques, comme l'expliquent les sociologues des organisations, l'utilisateur n'en a pas la même représentation que le décideur ou le concepteur. L'instrumentation de gestion elle-même manipule ou aide à manipuler des concepts communs, des représentations partagées, au-delà des données et des informations traitées. Toutefois, l'individu, quel qu'il soit, est sous l'influence des valeurs et des croyances de son groupe d'appartenance. Ainsi, en fonction de son groupe social d'appartenance, l'individu se réfère à une représentation sociale structurée différemment d'un groupe à un autre.

Avec cet éclairage théorique et afin de tenter de comprendre et de cerner ces phénomènes, nous sommes amenés à nous poser diverses questions.

- Existe-t-il une représentation sociale de la compétence qui « conditionne » la pensée et le comportement des individus en interaction, lorsqu'ils sont, dans les organisations, dans une situation d'évaluation conforme à la démarche GPEC ?
- Est-ce que tout ou partie de la représentation sociale de la compétence est uniforme, homogène dans l'esprit des individus, selon qu'on est évalué et/ou évaluateur ? Et comment évolue-t-elle selon d'autres typologies de sous-populations (par exemple : évaluateur RH *versus* évaluateur opérationnel ; salarié *versus* candidat) ?
- Dans le cas de l'utilisation d'un instrument informatique, quelle est l'importance du concepteur quant à sa propre représentation de la notion de compétence et de sa mise en application fonctionnelle ?

---

23. Jean-Claude Abric (dir.), *Méthodes d'étude des représentations sociales*, Ramonville-St-Agne, ERES, 2003.

- Lorsqu'un évaluateur utilise un instrument porteur d'une idéologie, cela influence-t-il, modifie-t-il sa perception, son sentiment vis-à-vis de l'instrument, par-delà l'interaction sociale et celle de l'organisation (cf. les phénomènes implicites) ?
- La représentation sociale de la compétence joue-t-elle un rôle ? Exerce-t-elle une influence sur les phénomènes implicites générés par les instruments d'évaluation ou de gestion des compétences ? Le concept de représentation sociale est-il un élément de compréhension valable de ces phénomènes ?

2.2 Les processus de gestion instrumentés : une interaction à quatre termes

Nous allons maintenant exposer la théorie développée par Patrick Gilbert. Sa démarche, son état d'esprit implique de dépasser la vision rationaliste qui considère l'instrument comme neutre et d'application universelle. Il s'agit d'appréhender l'instrument comme étant au cœur du processus de gestion et en interaction avec des contextes sociaux particuliers. Il est également nécessaire de reconsidérer le regard porté sur les statuts et les rôles des acteurs qui gravitent autour de lui en fonction des apports théoriques déjà évoqués ci-dessus.

Les processus de gestion avec instrument doivent être considérés comme des ensembles constitués par la réunion d'un sujet utilisateur de l'instrument, engagé dans une action de transformation d'un objet de gestion, le mettant aux prises avec d'autres sujets. Patrick Gilbert fait référence ici au modèle en triade « Ego-Alter-Objet » de Moscovici, qui schématise la lecture des faits et des événements à laquelle se livre la psychologie sociale (cf. plus haut le paragraphe relatif aux représentations sociales). Rappelons l'apport principal de cette approche : avoir contrebalancé la dimension psychologique par la dimension sociale dans les relations humaines.

Patrick Gilbert ajoute un quatrième terme à cette triade sur la base de la théorie de l'« interobjectivité » développée par Callon et Latour[24]. L'instrument est vu comme un « interactant non humain », en prise avec d'autres « interactants », qui sont pour la plupart humains. Ces auteurs décrivent les situations de gestion comme « *un ensemble d'activités humaines et non humaines, individuelles et collectives, définies par leurs rôles, leur identité, leur programme* ».

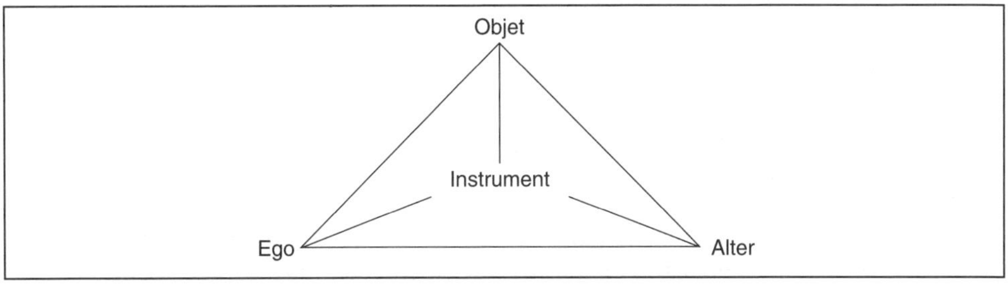

FIGURE 4 • Modèle d'interaction instrumentale de Gilbert

24. Cité par Gilbert : Patrick Gilbert, *Fonctions explicites et implicites des instruments de gestion des ressources humaines*, *op. cit.*

S'il est le quatrième terme, s'ajoutant à la triade « Ego-Sujet-Objet », l'instrument jouit selon Patrick Gilbert, d'un statut particulier : impliqué dans une situation d'interaction sociale, l'instrument joue un rôle de médiateur (ce qui ne semble pas le placer sur le même pied d'égalité que les autres éléments de la triade). Gilbert utilise la métaphore systémique en précisant que les quatre éléments réunis forment un système : quand l'un d'entre eux est modifié, la modification se répercute sur les trois autres.

L'instrument est ainsi au centre d'interactions multiples, parfois antérieures à son existence. L'analyse de ces interactions permet de comprendre pourquoi l'instrument fonctionne ou dysfonctionne. C'est pourquoi un instrument de gestion ne peut être jugé bon ou mauvais : son efficacité dépend tout à la fois de l'objet de gestion, qui justifie son usage dans les démarches GPEC (peser des postes, renseigner un référentiel de compétences, orienter des salariés, recruter des candidats externes…), que de l'utilisateur, qui dispose de ressources propres (aptitude, personnalité, connaissances, savoir-faire…) et d'un rôle donné par l'organisation (statut, moyens, légitimité et position dans la structure), ainsi que les autres sujets (disposant également de ressources et d'un rôle, mais déclinés différemment). De fait, l'instrument n'agit pas seul : il est également « agi » par l'environnement matériel et social dans lequel il est placé. Cette perspective interactionniste, qui place l'homme au cœur des activités instrumentées, permet de reconsidérer la perspective technocentriste qui enlève à l'homme tout statut (hormis celui d'utilisateur).

Les médiations instrumentales peuvent servir de base à une approche pluraliste des fonctions et des effets des instruments de gestion. Du fait de son statut de médiateur, l'instrument est porteur de trois types de médiation possibles :

- la « médiation pragmatique », permettant une action directe de transformation de l'objet ;
- la « médiation épistémique », favorisant une meilleure connaissance de l'objet ;
- la « médiation sociale », contribuant à la régulation des rapports entre acteurs sociaux.

À ces trois médiations correspondent des fonctions (et des effets) instrumentales distinctes. Patrick Gilbert considère qu'il y a manifestation d'une fonction implicite dès lors que trois conditions sont réunies :

- après la mise en œuvre de l'instrument, des effets autres qu'opérationnels (atteindre un but explicite de gestion) sont enregistrés ;
- ces effets n'ont pas été annoncés, par les utilisateurs de l'instrument, comme des résultats attendus ;
- ils sont pourtant valorisés par ces utilisateurs au même titre que des effets opérationnels.

Les fonctions de l'instrumentation sont au nombre de quatre ; la première est explicite, les trois autres implicites. L'instrumentation agit comme :

1. transformateur du contexte, par sa fonction d'opérateur ;
2. révélateur de l'organisation, par sa fonction d'analyseur ;
3. régulateur des jeux de pouvoir, par sa fonction de régulateur ;
4. moniteur d'apprentissages et de connaissances, par sa fonction de moniteur.

1. L'instrument comme transformateur du contexte (fonction d'opérateur)

   La fonction d'opérateur envisage l'instrument comme permettant une action directe sur le réel. L'instrument est le moyen de prolonger l'action du sujet sur l'objet. Cette fonction d'opérateur s'inscrit dans le rapport d'un sujet à un objet. Le premier engage une action sur le second par le jeu d'une médiation pragmatique. L'effet obtenu est une transformation, réussie ou non, de l'objet. Cette fonction, explicite, est en phase avec l'approche rationaliste, la plus intuitivement familière au praticien. Notons que, dans la ligne de l'approche praxéologique présentée plus haut, si l'instrument ne remplit pas sa fonction de transformation, la cause avancée sera une inadéquation du moyen avec la fin de gestion pressentie. C'est alors le gestionnaire qui sera remis en cause dans son analyse pour déterminer les moyens optimaux. Un observateur extérieur pourra juger qu'il ne disposait pas de la meilleure rationalité pour prendre sa décision, alors que l'échec peut être attribuable à l'une des trois autres fonctions qui suivent.

2. L'instrument comme révélateur de l'organisation (fonction d'analyseur)

   La fonction d'analyseur s'exerce de l'objet vers le sujet. Dans ce cas, l'usage de l'instrument n'entraîne pas une transformation immédiate de l'objet et de son contexte organisationnel. L'instrument provoque un feed-back, il révèle ce contexte au sujet, mettant en évidence les petits dysfonctionnements organisationnels comme les grandes incohérences. Les écarts entre les représentations incorporées dans l'instrument et celles inscrites dans les fonctionnements habituels de l'organisation engendrent des réactions chez les différents acteurs concernés par ces écarts. Une même instrumentation aura par conséquent des effets très différents selon l'organisation dans laquelle elle est déployée. Si le contexte ne lui est pas adéquat ou pas favorable, elle est remise en cause.

3. L'instrument comme régulateur des jeux de pouvoir (fonction de régulateur)

   La fonction de régulateur intervient dans le rapport d'un sujet à d'autres sujets non impliqués ou concernés par l'objet visé, mais sur lesquels le sujet concentre l'essentiel de son attention. La médiation instrumentale est ici une médiation sociale. Du fait qu'elle nécessite le respect d'un ensemble de règles, l'instrumentation implique une (re)distribution des rôles qui va reconfigurer les rapports sociaux préétablis au sein de l'organisation ; l'effet engendré est une régulation des relations et des rapports de pouvoir entre acteurs.

4. L'instrument comme moniteur d'apprentissages (fonction de moniteur)

   La fonction de moniteur s'exerce dans un rapport de l'objet vers le sujet. Elle traduit le fait que l'instrument sert de guide à l'utilisateur, en lui livrant des connaissances, et même des conseils, intégrés dans l'outil par son concepteur. L'effet obtenu est l'acquisition de connaissances, notamment sur la nature supposée de l'objet. En s'appropriant l'instrument, l'utilisateur fait connaissance avec celui-ci, il acquiert d'autres savoirs relatifs à son usage, à ses présupposés théoriques et techniques. Il peut aller jusqu'à rechercher des informations complémentaires pour maîtriser son usage. Parfois, l'instrument peut être un moyen de professionnalisation, un moniteur pour de nouveaux apprentissages : c'est le cas des utilisateurs qui passent d'une instrumentation de gestion ou d'évaluation des compétences « papier/crayon » à une instrumentation informatisée.

La dynamique des processus de gestion instrumentés

Les fonctions instrumentales ne s'exercent pas indépendamment les unes des autres, mais dans des rapports d'interdépendance. Gilbert représente leur articulation par une série de cycles comportant cinq phases.

Phase 1 : manifestation de la fonction de moniteur

L'appropriation d'un instrument entraîne des apports de connaissance indirects et réclame les comportements nécessaires à sa mise en œuvre. En particulier, lorsque l'utilisateur est aussi l'acquéreur de l'instrument, la possession de l'instrument peut susciter la recherche d'informations venant conforter le choix réalisé, ou encore l'apprentissage des savoir-faire permettant de mettre l'instrument « en marche » (lectures, formations, etc.).

Phase 2 : déclenchement de la fonction d'analyseur

L'utilisation effective de l'instrument révèle les écarts entre les représentations « cristallisées » dans l'instrument et celles inscrites dans les fonctionnements usuels de l'organisation. Il peut en résulter des effets politiques et structurels, ainsi que des effets cognitifs, du fait de l'acquisition de connaissances sur le contexte que la fonction d'analyseur provoque en retour.

Phase 3 : manifestation de la fonction de régulateur « amorcée » par la fonction d'analyseur

Parce qu'il a dissipé des zones d'ombre, l'instrument a réduit la marge de liberté de certains acteurs ; ces derniers réagissent contre cette remise en cause du *statu quo* ou, au contraire, profitent du déséquilibre ainsi créé. Les effets politiques s'alimentent de ces perceptions et engendrent à leur tour des effets structurels et cognitifs.

Phase 4 : ces interrelations aboutissent, ou non, à l'activation de la fonction d'opérateur qui produira des effets opérationnels

Cette fonction d'opérateur ne s'exerce pas directement, mais par le biais des autres fonctions. Le meilleur instrument risque fort de ne produire aucun effet si les fonctions précédentes ne se sont pas manifestées favorablement. C'est là qu'intervient le pilotage des fonctions instrumentales. En effet, sans processus de gestion piloté, les fonctions d'analyseur et de régulateur s'exercent de manière incontrôlée. Elles peuvent susciter un rejet de l'instrumentation et un blocage du processus de changement.

Phase 5 : bouclage sur la fonction de moniteur

Le résultat obtenu à l'issue de la phase précédente déclenchera à son tour la fonction de moniteur pour un nouveau cycle ou l'arrêt du processus.

En pratique, l'observation montre qu'une fois lancé, le cycle décrit peut difficilement être interrompu. Les « machines gestionnaires » ont une certaine inertie. Dans le cas d'insuccès, le bon sens voudrait qu'après d'infructueuses tentatives, on arrête le processus de gestion instrumenté. Mais on est en présence d'un « effet d'escalade ». L'action se poursuit, à cause de l'écart qui se creuse entre l'attente des gains espérés et l'alourdissement des ressources dépensées. Plus le temps passe, plus il apparaît particulièrement coûteux et déchirant de renoncer à l'investissement réalisé…

2.3 Les instruments de gestion, diffuseurs de croyances

2.3.1 *Décrypter les croyances des concepteurs dans une instrumentation : le « déconstructeur »*

Nous nous appuyons ici sur le modèle du « déconstructeur » de Patrick Gilbert[25]. Patrick Gilbert postule que, tout instrument de gestion étant un construit socio-cognitif, il est possible, par une opération de « déconstruction » de sa structure, de rendre visibles les croyances, les valeurs, les visions du monde qui ont été incorporées dans l'instrument lors de sa construction. À ce titre, nous pensons qu'il est possible également d'y découvrir les « empreintes » des représentations sociales qui découlent de ces croyances ou de ces valeurs.

Une instrumentation de gestion se structure en quatre niveaux : le niveau opérant, le niveau procédural, le niveau conceptuel et le niveau argumentatif (voir le schéma qui suit).

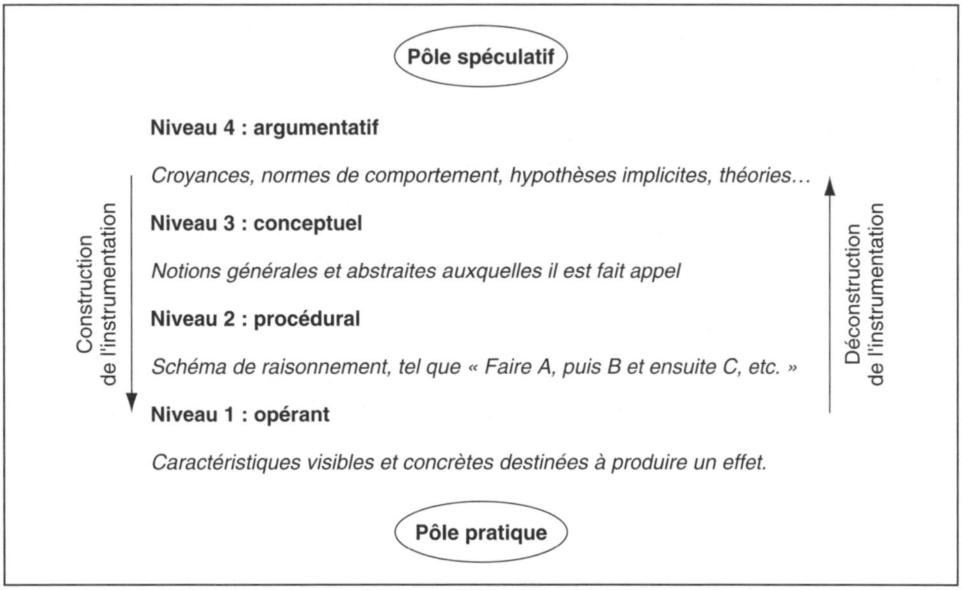

FIGURE 5 • Construction et déconstruction d'un instrument de gestion

L'intérêt de cette opération de déconstruction réside dans le fait qu'elle permet de « réemprunter » le chemin antérieurement parcouru par le concepteur pour « construire » l'instrument. Par la remontée du pôle pratique, le plus proche du « terrain de gestion » des utilisateurs, au pôle spéculatif, le plus éloigné de ce terrain, mais le plus proche des croyances de son concepteur, il est ainsi possible de découvrir les fondements cognitifs

25. Patrick Gilbert, *L'Instrumentation de gestion, science humaine ?*, *op. cit.*

de l'instrument. Ce cheminement offre une vision permettant de comprendre pourquoi et comment les fondements cognitifs de l'instrument peuvent être amenés à heurter les croyances des utilisateurs.

La déconstruction d'un instrument de gestion invite à poser quatre questions.

- Pour le niveau opérant : quels sont les supports et les caractéristiques concrètes de l'instrument ?
- Pour le niveau procédural : que prescrit-il ?
- Pour le niveau conceptuel : quelles notions cet instrument mobilise-t-il ?
- Pour le niveau argumentatif : sur quoi reposent ces prescriptions, sont-elles légitimes ?

1. *Le niveau opérant*

   C'est le niveau le plus immédiat, le plus visible pour le gestionnaire ou l'observateur. L'instrument apparaît comme l'ensemble des moyens concrets qui vont être mis en œuvre pour réaliser les actes de gestion. Il se compose essentiellement de supports formalisés et hiérarchisés par et pour l'organisation : tableaux de bord aux indicateurs prédéfinis, logiciels paramétrés ou « customisés » selon un cahier des charges fonctionnelles rédigé à l'avance…

2. *Le niveau procédural*

   L'instrument propose une façon d'agir selon une procédure prescrite (plus ou moins explicitement) à l'avance. Le niveau procédural correspond au « mode d'emploi » (souvent non matérialisé par un support quelconque) à suivre pour faire fonctionner l'instrument. Les prescriptions concernent les connaissances procédurales qu'il faut détenir pour utiliser correctement l'instrument.

3. *Le niveau conceptuel*

   Un instrument de gestion s'appuie le plus souvent sur un ensemble de notions et de connaissances empruntées à la langue ordinaire ou à des disciplines connexes à la gestion, voire sur des concepts élaborés spécifiquement pour un champ d'application bien délimité (par exemple les « emplois types » des démarches GPEC.)

4. *Le niveau argumentatif*

   Ce niveau met à jour des postulats sous-jacents, des hypothèses implicites ou explicites qui justifient les prescriptions précédemment formulées. Il peut s'agir de théories scientifiques, mais aussi de tout autre chose ; pour Patrick Gilbert, il s'agit des croyances, des schémas interprétatifs ou de normes de comportement :

   - de croyances, voire d'idéologies normatives ou positives qui ne « peuvent » être remises en cause ;
   - de schémas interprétatifs, de mécanismes de raisonnement appliqués par habitude ou par la force d'inertie de la routine à une catégorie de phénomènes connus ;
   - de normes de comportements, de règles imposant un cadre à l'action par l'intermédiaire d'incitations diverses.

2.3.2 *Les croyances des utilisateurs : des règles de fonctionnement techniques aux règles de comportement social*

L'instrument a un impact sur la distribution de *rôles professionnels* en contribuant à reconfigurer ceux-ci : par sa seule mise en place, son fonctionnement détermine un ou plusieurs rôles d'utilisateur, quand ceux-ci ne sont pas suggérés par le prescripteur de l'outil, comme « la clef de la réussite ». Avec ces rôles, les utilisateurs conduisent des actions de gestion dans l'organisation qui ont un impact sur le périmètre d'action des autres acteurs. Dès lors, l'instrument structure le rapport social entre les tenants de ces rôles et ces autres acteurs.

Enfin, l'instrument structure les conduites en favorisant des *automatismes de comportements*[26], des décisions machinales. Parce qu'il focalise l'attention de l'utilisateur sur des données prédéfinies en nombre réduit, l'instrument génère des automatismes de comportements. Tout comme la routine, l'instrumentation libère l'esprit d'un grand nombre de tâches élémentaires, permettant à l'individu de penser à d'autres tâches, moins élémentaires. Mais, dans des contextes complexes, les automatismes de comportements présentent le risque d'appauvrir la capacité de décision et le raisonnement.

Les instruments sont des moyens concrets d'actions. Par les règles de fonctionnement dont ils sont porteurs et par leur confrontation avec le corps social dans lequel ils s'insèrent, ils engendrent dans l'organisation une forme de contingence dont parfois on ne peut plus se passer : par exemple, dans telle entreprise, on persiste à compter les heures de présence alors que cette unité de mesure ne rend plus compte de la performance du salarié devenu nomade. L'instrument peut survivre à l'organisation qui en a justifié l'avènement parce qu'il est devenu un « actant » (certes non humain) à part entière, porteur de croyances partagées (avec les actants humains). Parce que les instruments sont aussi les médiateurs de croyances, de connaissances tirées de l'expérience et, quelquefois, de théories scientifiques, ils contribuent à diffuser et à renforcer les représentations sociales, particulièrement celle de « compétence », *via* les instrumentations de gestion des compétences. Ainsi, ils influent sur les décisions de gestion en leur donnant parfois un caractère « idéologique » ; ils révèlent en cela les rapports de domination au sein du corps social de l'organisation. Par leur fonction de médiateur, ils diffuseront les croyances de ceux qui ont le pouvoir d'imposer leur « vision du monde de gestion » à ceux qui n'ont que le pouvoir de s'y confronter, avec toutes les variations possibles de conflits sociaux qui peuvent en résulter, du mental au comportemental…

26. Patrick Gilbert, *L'Instrumentation de gestion, science humaine ?*, *op. cit.*

CHAPITRE 5

Causes praxéologiques : démarches compétence, de bien mauvaises pratiques de gestion

Nous venons de voir que les croyances des gestionnaires pouvaient influencer ceux-ci dans la cristallisation de leur rationalité et de leur vision du monde, lesquelles vont déterminer les fondements théoriques des démarches et systèmes de gestion des compétences. Nous allons maintenant constater combien ces croyances peuvent rendre hasardeuses les pratiques de gestion du fait de conflits idéologiques entre acteurs, liés à la teneur de leurs représentations sociales. Savoir que diverses croyances – donc diverses rationalités, voire visions du monde – coexistent chez divers types d'acteurs permet de mieux comprendre les conflits idéologiques qui contribuent à certains échecs en matière de gestion des compétences. Par extension, ce constat nous permet de mieux comprendre les écarts constatés entre « travail prescrit » (par les décideurs) et « travail vécu » (par les travailleurs) au sein de l'organisation. Nous pouvons en effet mesurer à quel point la variable psychique joue un rôle à tous les niveaux d'acteurs au sein de l'organisation : au niveau des fondements théoriques, pour penser le travail tel qu'il sera prescrit (le travailleur *pensé* de l'extérieur, révélé par l'organisation du travail) et au niveau des pratiques, pour penser le travail tel qu'il est vécu (le travailleur *penseur* de l'intérieur, révélé par les représentations sociales). Cette variable psychique nous paraît déterminante pour comprendre les coûts des désordres du travail et ceux de l'excellence que nous avons envisagés dans la précédente sous-partie (sous-partie A, chapitre 3, 3.1). Nous terminerons cette sous-partie en cherchant à comprendre le « désenchantement du monde du travail » à l'aide de cette variable psychique, en la mettant en relation avec les mutations sociétales qui influent tant sur le travailleur que sur le monde des organisations.

1. Cadrer l'évaluation des compétences en entreprise : situations de gestion, acteurs et instrumentation de gestion

L'instrumentation de gestion des compétences a pour finalité explicite de mieux cadrer les situations d'évaluation et de pilotage des compétences. Nous allons voir qu'elle est également porteuse de finalités plus implicites visant à cadrer les acteurs eux-mêmes dans leur interaction.

1.1 Situations de gestion : l'évaluation des compétences individuelles dans le cadre d'opérations de recrutement externe et de mobilité interne

Les évaluations en situation de recrutement externe ou de mobilité interne concernent l'individu au travail alors qu'il recherche un emploi (un poste ou une mission à pourvoir) au sein d'une organisation. Elles ont pour objectif de déterminer l'adéquation du « profil » d'un individu à une situation de travail donnée, plus ou moins « fractionnée » en tâches, activités, missions, postes, métiers... Les bilans d'évaluation permettent, entre autres, à l'organisation et à ses représentants de « s'assurer » que l'individu évalué « est compétent » (vision essentialiste) ou « dispose des compétences nécessaires » (vision comportementaliste) pour les emplois qu'il a occupés ou qu'il va occuper.

Les profils d'emploi sont plus ou moins formalisés à l'avance, en amont du processus d'évaluation. Au minimum, il s'agit de déterminer plus ou moins intuitivement, à partir des tâches et des activités de l'emploi exercées à un niveau de performance supposé « correct », les qualités attendues (compétences, motivation, personnalité...) pour le candidat « idéal ». Cette formalisation peut se concrétiser sous la forme de référentiels « emplois » et « compétences », établis avec notamment des méthodes et des outils de pesée de poste, sous la forme classique « papier-crayon ». Cette formalisation peut également se matérialiser au travers d'une instrumentation de gestion informatisée : du référentiel de compétences jusqu'à la gestion des étapes et du processus de recrutement et de mobilité (gestion du *workflow*) en passant pas la base de données de candidatures (CVthèque interne ou externe).

1.2 Évaluation des compétences : acteurs et éléments de l'interaction

Les situations d'évaluation des compétences à des fins de recrutement ou de mobilité sont des situations d'interaction psychosociale à part entière. Cela sous-entend qu'il existe un « cadre » qui légitime l'interaction des protagonistes, leurs rôles et donc leurs comportements. On ne vient pas en entretien d'évaluation sans raison, pour y parler de la pluie et du beau temps : l'échange entre acteurs est cadré par une finalité et des moyens qui se répartissent en éléments matériels et immatériels. Le cadre matériel concerne essentiellement les éléments liés à l'organisation, au sens propre comme au figuré : la culture d'entreprise et les usages en matière de recrutement et de mobilité, mais aussi les moyens mis à disposition (budgets, instrument d'évaluation, locaux, etc.). Le cadre immatériel concerne les éléments cognitifs dont disposent les acteurs pour savoir ce dont on parle et comment il faut se comporter : les expressions « *entretien de recrutement ou de mobilité* », « *évaluation* » ou « *compétences* » revêtent une signification particulière dans l'interaction en cours pour les acteurs en présence. Pour bien comprendre les enjeux de cette interaction, nous allons passer rapidement en revue ses principaux éléments constitutifs.

Ces situations mettent en présence deux types d'acteurs : les acteurs *impliqués* (directement en prise avec la situation d'évaluation) et les acteurs *concernés* (indirectement en lien avec cette situation d'évaluation [1]).

1.2.1 *Les acteurs « impliqués »*

Ce sont les personnes en prise directe avec la situation d'évaluation qui met en présence au moins un « *évaluateur* » et un « *évalué* ». Ces deux personnes sont le plus souvent en contact lors d'un entretien duel (deux personnes en face à face) ; il peut y avoir plusieurs évaluateurs aux qualités et aux fonctions différentes, simultanément ou successivement face à un ou plusieurs candidats (cas des entretiens de groupe).

A. L'ÉVALUATEUR

Il représente l'organisation qui l'investit dans la mission d'évaluation des personnes à évaluer tout en lui donnant la plupart du temps la légitimité et les moyens de le faire ; il peut être un professionnel de l'évaluation (spécialiste RH, psychologue, formateur, gestionnaire de carrière...) ou un opérationnel (manager direct ou indirect de l'évalué).

Le rôle de l'évaluateur consiste, au travers d'un interview plus ou moins structuré ou préparé, à :

- prendre en compte les besoins attendus pour l'emploi (le profil de l'emploi), particulièrement ceux liés aux compétences attendues (que nous appellerons « compétences requises ») ;
- rechercher des informations concernant l'évalué (profil du candidat), particulièrement celles liées aux compétences qu'il détient (que nous appellerons « compétences acquises »), afin de s'assurer que ce profil correspondra à celui de l'emploi.

Il existe de nombreuses techniques d'investigation pour évaluer les compétences, issues de travaux théoriques ou expérimentaux au degré de scientificité divers. Notre propos ne consistant pas à traiter de l'évaluation des compétences, nous ne les passerons pas en revue.

B. L'ÉVALUÉ

Dans le cas de la situation de mobilité interne, l'évalué est salarié de l'organisation qui l'a embauché, ce qui n'est pas le cas en situation de recrutement externe. L'évalué interrogé

1. Rappelons à ce propos la parabole du cochon et de la poule et de leur rôle respectif dans le « *bacon and eggs* » : la poule est concernée, mais le cochon, lui, est impliqué...

par l'évaluateur s'exprime sur ses connaissances, son activité, sa performance (savoir et savoir-faire), ses qualités individuelles (personnalité et aptitudes), mais aussi sur ses moteurs d'action, ses souhaits de professionnalisation et ses perspectives d'évolution professionnelle (motivation). Il est porteur à ce titre, plus ou moins consciemment, d'un projet professionnel et d'un portefeuille de compétences, fruit de sa formation et de son expérience passée.

Au-delà du contenu de ses compétences, ce qui nous intéresse ici, c'est ce que l'évalué « entend » (dans le sens de comprendre) derrière le terme de « compétences » quand l'évaluateur lui pose la question : « *Pourriez-vous me parler de vos compétences ?* » Va-t-il y avoir un écart avec ce qu'entendent l'évaluateur et l'évalué ?

1.2.2 *Les acteurs « concernés »*

Il s'agit des personnes indirectement en lien avec cette situation d'évaluation, parce qu'ils ont agi en amont ou en aval de cette situation (les concepteurs de l'instrument, qui l'ont pensé et créé ; les prescripteurs de l'instrument, qui l'ont préconisé et commercialisé ; les décideurs qui ont choisi de s'équiper de cet instrument).

- *Les concepteurs* : il s'agit des créateurs de programmes et des éditeurs chargés d'assurer la promotion des instruments de gestion des compétences.
- *Les prescripteurs* : il s'agit des distributeurs et des consultants chargés de la diffusion et de la commercialisation des instruments ; ils ont la charge de relayer la promotion en amont de l'instrument après définition des besoins et en aval par des actions de formation et de support auprès des utilisateurs.
- *Les décideurs* : ce sont tous les gestionnaires qui disposent d'un pouvoir de décision au sein de l'organisation et qui, par l'entremise des prescripteurs, le plus souvent, sont amenés à prendre une décision d'acquisition de tels instruments.

1.3 Instrumentation de gestion : cadrer la situation d'évaluation... et les acteurs ?

Les situations d'évaluation sont, dans certains cas, souvent répétées ; il apparaît nécessaire de standardiser l'information recueillie pour assurer une validité optimale des évaluations [2] et pouvoir comparer les candidats. Il peut également sembler pertinent aux gestionnaires de mettre en place une instrumentation de gestion. Cet instrument de gestion, plus ou moins structuré, va permettre de formaliser, de « cadrer » l'interaction (au sens propre comme au sens figuré où Bruno Latour l'entend dans « *interaction cadrée par les objets,* [ces objets étant appelés] *actants non humains* ») entre l'évaluateur et l'évalué, en permettant de structurer l'échange d'informations et la récolte de données.

L'instrument de gestion a pour finalité principale de cadrer :

2. Lorsqu'on se penche sur les statistiques de validité des méthodes d'évaluation (cf. Claude Levy-Leboyer, *La Gestion des compétences*, Paris, Éd. d'Organisations, 2002), on est surpris de constater que l'entretien figure en queue pour ses vertus prédictives, bien qu'il soit la méthode la plus utilisée : si l'on en croit Claude Levy-Leboyer, l'entretien n'est pas une méthode suffisamment valide pour évaluer les individus (même si elle concède qu'un entretien structuré donne de meilleurs résultats...).

- la forme de l'entretien (*timing*, organisation du temps, modalités de l'échange…) ;
- le fonds de l'entretien (recherche du type d'information par rapport au profil concerné) ;
- la recherche de l'information (validité de l'information obtenue) ;
- les effets indésirables liés à l'évaluation humaine (effet de halo, désirabilité sociale…) ;
- la restitution de l'information (pertinence de l'information, transmission et stockage pour traitement éventuel) ;
- le résultat à obtenir et obtenu en matière d'évaluation.

L'instrumentation de gestion cadrant la situation d'évaluation peut être très simple (une grille de recueil d'information sur une simple feuille de papier) comme très complexe (référentiels « métiers et compétences », fiche et pesée de poste, profils, grille de rémunération, batterie de tests psychotechniques, logiciels de gestion du *workflow* des données…).

Outre l'aspect explicite des données que sont censés s'échanger l'évaluateur et l'évalué dans la situation pour laquelle l'organisation les a fait se réunir, un certain nombre de données implicites vont être échangées au cours de l'entretien. Ces données implicites n'ont pour la plupart du temps pas été pensées comme telles au préalable par le concepteur ou le prescripteur :

- *recueil explicite de données* : échanges concrets et communication concernant le contenu objectif des compétences requises et acquises pendant toute la durée de l'évaluation, contrôlé avec une plus ou moins grande efficacité par l'instrumentation de gestion ;
- *recueil implicite de données* : échanges symboliques et cognitifs liés à la façon dont les acteurs se représentent la situation d'évaluation, l'instrumentation de gestion et la compétence au travail. Les acteurs de l'évaluation se situent ici à un autre niveau de communication, une sorte de « métalangage » complémentaire à la communication consciente : parce que ces situations d'évaluation mettent deux individus en interaction, elles engendrent un résultat en termes de « données » (d'information, d'attitudes, d'opinions, de représentations, de comportement…) qui sera supérieur quantitativement et qualitativement aux données présentes ou disponibles avant l'entretien (approche interactionniste).

Ainsi, il apparaît que les actions et l'interaction de « l'évaluateur/l'évalué penseur » peuvent être en décalage avec celles de « l'évaluateur/l'évalué pensé », malgré le cadrage que semble proposer l'instrumentation de gestion : les protagonistes de l'entretien adoptent vis-à-vis de l'instrumentation de gestion des opinions, des attitudes, voire des comportements opposés à ceux attendus dans la situation d'évaluation parce qu'ils ne se sentent pas « en phase » avec lui, même s'ils en ont été demandeurs et s'ils coopèrent à sa mise en œuvre.

Pour comprendre ce décalage de « représentation » entre acteurs, il convient donc de s'interroger sur la façon dont sont pensées les situations de gestion, par l'étude de leur représentation sociale « compétence ». On disposera ainsi d'éléments plus tangibles sur la façon dont s'est construite dans l'esprit des concepteurs la représentation de ce que doit être une « bonne » situation d'évaluation. Le point qui suit présente la démarche permettant de révéler le contenu et la dynamique qui organisent la représentation sociale « compétences » des différents protagonistes concernés et/ou impliqués par les situations de gestion des compétences.

1.4 Compréhension des dysfonctionnements des démarches compétence : comment les conflits représentationnels entre acteurs perturbent le fonctionnement des instrumentations

1.4.1 *Hypothèse*

L'hypothèse que nous avons défendue et qui a été corroborée par un protocole d'expérimentation *ad hoc* [3] est la suivante. La notion de « compétence » existe en tant que représentation sociale ; elle se structure en un certain nombre d'éléments (centraux et périphériques, selon la théorie du noyau central proposée par Abric), différenciés par type de population ; la structure d'organisation des éléments sera différente selon les populations en présence : promoteurs (concepteurs et prescripteurs) *versus* utilisateurs (évaluateurs et évalués) des instrumentations de gestion des compétences.

Par ailleurs, les concepteurs d'instruments de gestion des compétences laissent leur « empreinte » représentationnelle dans leur « créature » (à laquelle les prescripteurs adhèrent puisque la structure de leur représentation sociale de la compétence est organisée sur un mode similaire). Cette empreinte révèle les croyances de leur groupe d'appartenance en matière de rationalité praxéologique et cognitive de gestion des compétences. Elle se manifeste dans l'instrument de gestion des compétences, conçu (ou prescrit) en cohérence avec l'organisation structurelle de « leur » représentation sociale de la compétence.

L'instrument de gestion « transmet » cette structure aux utilisateurs en les « exposant » au rayonnement de la représentation sociale de la compétence des concepteurs. Les utilisateurs soumis à ce rayonnement peuvent réagir par une attitude de rejet si la structure de leur représentation sociale de la compétence est organisée différemment. De là naît le conflit « idéologique », « représentationnel », entre les concepteurs et les utilisateurs. Ce conflit est l'une des fonctions implicites à polarité négative des instruments de gestion de compétences, car, tôt ou tard, l'instrument de gestion sera rejeté, voire abandonné, sauf si un travail de convergence sur la représentation de chaque groupe social est entrepris à un moment donné.

1.4.2 *Résultats*

Les résultats obtenus ont permis de corroborer l'hypothèse ci-dessus. Nous sommes ici en présence d'une piste de compréhension des phénomènes de conflits « représentationnels » entre concepteurs et utilisateurs. Nos résultats laissent apparaître ainsi que les concepteurs ne « pensent » pas la compétence de la même manière que les évaluateurs,

3. Travail de recherche effectué en 2005 au sein du GREGOR à l'IAE de Paris : Pierre-Éric Sutter, « *Instruments de gestion des compétences & conflits d'acteurs (concepteurs vs utilisateurs) : rôle de la représentation sociale "Compétences"* ».

qu'ils soient RH ou managers, ou que par les évalués, qu'ils soient salariés en situation de mobilité ou demandeurs d'emploi.

Ainsi, cette « pensée » se fait « idéologie » dès lors qu'il s'agit de concevoir les outils d'évaluation, parce que les représentations sociales révèlent les fondements de l'architecture des croyances de leurs concepteurs et prescripteurs en matière de gestion des compétences.

A. L'INSTRUMENT DE GESTION DES COMPÉTENCES, « INTERACTANT NON HUMAIN » AU CŒUR DES ORGANISATIONS

L'instrument de gestion des compétences est voulu par certains acteurs des organisations, les décideurs, mais pas toujours par d'autres, les utilisateurs. En tant qu'« actant non humain » muet mais chargé de pensées, il s'intercale silencieusement entre l'objet de gestion, le gestionnaire et les groupes sociaux pour reconfigurer insidieusement les relations de pouvoir au cœur des organisations.

B. L'INSTRUMENT INFORMATISÉ DE GESTION DES COMPÉTENCES, UNE RÉDUCTION DE LA RÉALITÉ

Parce que la réalité de gestion des compétences est le plus souvent complexe, parce qu'il est impossible d'appréhender toute la réalité, les instruments de gestion viennent aider les gestionnaires dans leur quête de rationalisation de ce domaine. Les concepteurs qui créent ces instruments, bien qu'experts de leur domaine, ne peuvent eux non plus appréhender toute la réalité de leur sphère d'expertise, du fait de leur rationalité limitée. Pour arriver à leur fin, ils s'appuient sur des croyances, particulièrement sur celles qui constituent les idéologies de gestion des compétences, élaborées depuis environ quarante ans. Contrairement à ce qu'affirment les concepteurs, l'informatisation de leurs instruments ne les fait gagner en rien en rationalité : même si les instruments sont validés socialement en amont (par les pairs des concepteurs), il n'en demeure pas moins qu'ils devront être validés en aval par les utilisateurs, ce qui bien sûr ne va jamais de soi.

C. L'INSTRUMENTATION DE GESTION, AU CŒUR DES CONFLITS « REPRÉSENTATIONNELS »

Nous pouvons tirer de cette étude une première conclusion. La neutralité des instruments est une illusion des croyances rationalistes ; *les instruments de gestion des compétences sont pétris de l'idéologie de leurs concepteurs. Il en résulte des conflits avec les croyances des utilisateurs.* La représentation sociale est une des parties émergées de l'iceberg des croyances ; parce qu'elle est repérable et appréhendable par les paradigmes de la psychologie sociale, elle devient un objet d'étude des sciences de gestion permettant de mieux appréhender les phénomènes implicites des instruments de gestion. Mieux, l'étude des représentations sociales en amont de tout projet de mise en œuvre d'instruments de gestion devrait favoriser la validation de ces derniers par les groupes sociaux pour lesquels ils sont destinés et ainsi améliorer les prédictions de réussite quant à leur déploiement.

L'illusion d'une perfection praxéologique telle qu'engendrée par les croyances technico-rationalistes pollue les démarches GPEC, tout comme les instrumentations de gestion des compétences. Nous allons voir à présent comment ces croyances déterminent les formes d'organisation du travail et comment elles amènent les gestionnaires, même pétris des meilleures intentions, à s'enfermer – et à enfermer les salariés – dans l'illusion d'un monde organisationnel sans faille : le mieux est hélas l'ennemi du bien…

2. Les désordres du travail

2.1 La dégradation des conditions de travail : un phénomène collectif

Dans son ouvrage[4], Philippe Askenazy indique qu'il est systématiquement démontré au travers de nombreuses études que la dégradation (ou l'amélioration) des conditions de travail est toujours un phénomène collectif au sein et à cause de l'organisation ; elle ne concerne que très rarement des individus isolés. Sans nier certaines dimensions individuelles, le *design* de l'organisation du travail qui conditionne l'acquisition de compétences, déterminé par l'employeur, est un facteur majeur du malaise ou du bien-être collectif des travailleurs, d'amélioration ou de détérioration de leur santé. Avant d'inciter les salariés à être les artisans de leurs compétences, commençons par leur offrir la « durabilité de celles-ci » ! Une étude[5] met ainsi en évidence que le « juste-à-temps » et la rotation de postes sont fortement corrélés à un risque accru (entre 20 et 60 %) de « *cumulative trauma disorders* ». Ces corrélations sont moins nettes, voire inexistantes, pour les autres pratiques (démarche de qualité, travail en équipe). Plusieurs autres enquêtes montrent que les organisations qui incluent normes de qualité, rotation de postes et flexibilité du temps de travail (horaire ou jours) engendrent un surcroît des accidents de travail de 15 à 30 %. Les indicateurs de charge mentale sont également plus dégradés lorsque le salarié doit respecter des normes de qualité ou pratiquer la polyvalence. Avatar du « juste-à-temps », la flexibilité du temps de travail se traduit par une plus grande pression temporelle (le travail dans l'urgence), mais aussi par des tensions supplémentaires : tensions avec les collègues et la hiérarchie, manque de temps pour effectuer son travail ou, pire, exposition à des ordres contradictoires ! À la fin des années 1990, aux États-Unis comme en France, certaines composantes du productivisme moderne s'accompagnent statistiquement d'une intensification du travail ou d'une dégradation de la santé et/ou de la sécurité. Les résultats statistiques suggèrent que le seul coupable serait le productivisme moderne, véritable néo-stakhanovisme.

2.2 La désorganisation des organisations innovantes

Mais une autre interprétation peut être avancée aujourd'hui. Les salariés font part de la désorganisation des organisations du productivisme moderne supposées innovantes : ordres contradictoires, tension dans l'entreprise, etc. Ces éléments sont étrangement incompatibles avec les objectifs d'optimisation et de fluidité affichés par les promoteurs de ces organisations. La dégradation des conditions de travail peut alors être considérée non comme un élément incoercible de productivisme moderne, mais comme le résultat

4. Philippe Askenazy, *Les Désordres du travail*, *op. cit.*
5. *Survey of Employers Providing Training*, SEPT 1993.

de l'absence de prise en compte du facteur humain dans les entreprises trop peu sensibilisées à ces questions et plus obnubilées par les ratios financiers que par les ratios opérationnels. Paradoxalement, l'a priori selon lequel les nouvelles pratiques seraient favorables aux salariés a pu amener certains employeurs à ne plus se préoccuper des conditions de travail.

La RTT[6] s'est avérée un instrument utile pour approfondir l'innovation organisationnelle avec le développement de la polyvalence, en assouplissant le droit du travail. Mais les études révèlent une intensification des rythmes d'autant plus forte que les entreprises n'ont procédé qu'à peu d'embauches pour accompagner la RTT. Au lieu de permettre une amélioration des conditions de travail, l'application des lois Aubry se serait traduite par la dégradation de la situation des travailleurs plus fragiles. Selon une enquête établie auprès de 1 600 salariés, suite à la RTT, la plupart des indicateurs d'intensité du travail se sont détériorés. La RTT se traduit par un surcroît de stress pour plus de 30 % des travailleurs ; la tension entre collègues augmente, même si les salariés se sentent plus autonomes.

Est-il possible de réformer les conditions de travail sans renoncer au productivisme ? Une entreprise qui accepte une vraie réflexion et des investissements significatifs sur la qualité du travail peut en théorie réduire significativement les contraintes physiques et mentales ainsi que les risques que subit le salarié, sans remettre en cause les objectifs globaux de l'organisation de la production. L'impact financier, s'il est un coût au départ à court terme (formation, reconfiguration des postes, etc.), n'affecte généralement pas la productivité, au contraire, celle-ci semblerait s'améliorer sur le long terme. Dans un environnement plus sûr et moins astreignant, la motivation et l'engagement des salariés progressent, l'absentéisme régresse et les entreprises ne subissent plus les coûts des accidents et des maladies du travail.

2.3 Productivisme moderne : l'exemple américain

Les premières tentatives pour améliorer les conditions de travail sans renoncer au productivisme sont venues des États-Unis. Les employeurs américains ont cherché à réduire les risques au travail principalement parce qu'ils ont eux-mêmes subi des contraintes ou qu'ils y ont été incités. Devant l'augmentation dramatique des malades et des accidentés, et les coûts devenus exorbitants des accidents et des maladies du travail (170 milliards de dollars en 1992, soit 3 % de la richesse nationale), le système américain a réagi par une convergence de réflexion de différents canaux (syndicats, force du marché, États). Les syndicats ont su utiliser Internet pour appuyer leurs revendications sur l'amélioration des conditions de travail, en publiant les rapports d'enquêtes détaillés des inspecteurs du travail. Ils ont constitué des réseaux de salariés, dépassant le simple périmètre de leur employeur. L'usage des NTIC a permis l'émergence d'une conscience collective sur la dégradation des conditions de travail, particulièrement par l'apparition de *blogs* de salariés dénonçant des conditions de travail désastreuses, ce qui risquait de ternir l'image des organisations incriminées, et a obligé les dirigeants à réagir. Un salarié ou une équipe

---

6. RTT : réduction du temps de travail dû au changement de la durée légale du travail (passage de 39 heures à 35 heures de travail hebdomadaire) en 1998 (lois Aubry) en France.

isolée peut avoir le sentiment que la forte charge mentale et les contraintes physiques au travail demeurent un problème individuel et contextuel. Mais la constatation d'une dégradation similaire dans de nombreux établissements d'une même société fait comprendre aux salariés que leur propre vécu correspond à une logique productive globale de l'entreprise. Dans un contexte de plein-emploi et de généralisation du média Internet, c'est donc l'action conjuguée d'une pression syndicale et surtout du marché, des assureurs, des contraintes financières, de la prise de conscience des salariés et de la liberté d'information des agents économiques qui a abouti à un changement de perspective en matière de conditions de travail au sein des entreprises américaines. Parallèlement, les États-Unis ont connu une période de croissance exceptionnelle, en particulier de croissance de productivité au travail. Le résultat est spectaculaire et se marque par une baisse d'un tiers des accidents et des maladies du travail, notamment des TMS. Au total, ce serait plus d'1 % de PIB que l'économie américaine aurait ainsi « récupéré ».

L'exemple américain prouve que le discours selon lequel on ne peut rien faire face à des contraintes économiques subies par les entreprises est faux. Au contraire, il est possible, sans remettre en cause la dynamique productiviste, d'améliorer le sort des salariés. C'est même l'inverse qui serait économiquement aberrant. Les organisations innovantes de travail ne sont pas par nature néfastes aux salariés si l'employeur prend en compte la dimension « conditions de travail ». C'est la désorganisation des organisations qui serait bien à la base de leur dangerosité. Il est urgent de revoir l'organisation du travail et le *design* des postes.

2.4 Les désordres de l'organisation du travail du productivisme, une spécificité française ?

En France, le désintérêt de l'État pour les conditions de travail, l'absence de publicité des rapports d'inspection ou encore le manque d'efficacité apparent de la branche AT-MP suggèrent que le système institutionnel ne peut générer une réaction automatique face à la montée de la pénibilité des risques au travail. Même chose pour les syndicats et les politiques. De leur côté, les employeurs sont généralement peu sensibilisés aux conditions de travail. Ils procèdent souvent par déni des difficultés. Les calculs coûts-avantages, qui révèlent souvent à l'employeur les bénéfices qu'il pourrait retirer d'un effort de prévention, ne font pas partie de la culture managériale française. Il reste plus facile de répercuter sur la collectivité le fardeau financier que de s'attaquer au problème. Les entreprises françaises qui ont engagé un projet ergonomique restent des exceptions. D'ailleurs, quand elles ont engrangé des résultats, voient-elles leur taux d'accidents du travail revu significativement à la baisse ? La notation sociale pourrait faire réagir les employeurs, mais ce concept reste balbutiant. Du côté des salariés, on n'assiste pas, comme aux États-Unis, à une prise de conscience collective des mécanismes propres à l'entreprise qui les emploie. Internet pourrait être un média pertinent, mais le taux d'équipement informatique des salariés français demeure encore inférieur à celui des salariés américains. Le salarié français restant individualiste, il a tendance à se méfier des mécanismes de défense collective.

Force est de constater qu'en France, les processus de socialisation du malaise du travail sont en panne : ils passent essentiellement par la presse qui ne véhicule que des représentations approximatives. On pourrait attendre du MEDEF qu'il poursuive l'évaluation coût/avantage en matière de pénibilité au travail, par exemple en militant pour l'introduction du document unique des risques dans l'entreprise imposé par la réglementation européenne, afin qu'il sensibilise ses adhérents à plus « d'éthique » de « responsabilité » ou de « développement durable ». Cette évolution pourrait avoir lieu à chaque changement organisationnel. Cela supposerait le développement de spécialistes en « facteur humain ». Notons que le CJD[7] a lancé un groupe de réflexion-action sur le « bien-être au travail », qui devrait voir le jour mi-2009, visant à améliorer les conditions de travail et à diminuer les facteurs de stress organisationnels. L'exemple viendra-t-il des PME ?

L'amélioration des conditions de travail ne se fera pas sans une triple prise de conscience. Premièrement, la pénibilité du travail s'accroît en France depuis plus de dix ans à la fois subjectivement (à travers les déclarations des salariés) et objectivement (à travers des indicateurs statistiques comme ceux qui mesurent les TMS) ; rappelons-le, les Français figurent parmi les travailleurs les plus productifs au monde, devant les Américains, mais il serait déplacé d'en être fier au vu de la croissance des pathologies du travail. Deuxièmement, au-delà d'évolutions sociales indiscutables, ce constat s'explique par un problème collectif de « qualité » du travail. Les formes modernes du productivisme induisent en particulier une intensification du travail. Cette dernière se traduit, du fait de l'absence de prise en compte du « facteur humain » lors des changements organisationnels, par une dégradation des conditions de travail, de la santé et de la sécurité des travailleurs. Troisièmement, il n'y a pas de fatalisme. Il faut rompre avec la logique de déresponsabilisation des acteurs qui domine aujourd'hui. Un autre équilibre économique peut être atteint. Pour des performances globales similaires et par une réflexion et des investissements dans leurs organisations, les entreprises peuvent, en théorie, réduire significativement la pénibilité et particulièrement les risques d'accidents et de maladie du travail.

Plusieurs conclusions s'imposent :

- les conditions de travail sont un problème économique et même macroéconomique, compte tenu du coût actuel des accidents et des maladies du travail, de l'impact sur la santé et la sécurité au travail des travailleurs appelés à partir de plus en plus tard à la retraite ;
- la dégradation des conditions de travail est directement liée à la diffusion du nouveau productivisme dans les entreprises ;
- cet aspect est le résultat d'une prise en compte insuffisante par les employeurs de la santé et de la sécurité au travail. Contrairement à une idée reçue, ils disposent pourtant généralement de marges de manœuvre pour améliorer le sort de leurs salariés.

7. CJD : Centre des jeunes dirigeants. Le CJD est une association française de jeunes dirigeants de PME promouvant une performance globale pour leur entreprise : la performance n'est pas purement économique, elle est également sociale, sociétale et durable.

Deux équilibres sont donc envisageables :

- une politique de prévention assurant de bonnes conditions de travail, dont la mise en œuvre engendrerait certes des coûts pour les organisations, mais des coûts planifiables ;
- une absence de prévention, des conditions de travail dégradées qui induisent des gaspillages humains et financiers : absentéisme, démotivation, désengagement, maladies et accidents du travail dont la charge est supportée par la collectivité et par conséquent également par les organisations, sans que l'on puisse en mesurer le volume et l'évolution.

C'est le premier équilibre qui est, sur le plan social, globalement optimal. Pourtant, la majorité des entreprises restent enfermées dans le second. Aux États-Unis, la mécanique libérale a néanmoins réussi à inciter les entreprises américaines à changer d'équilibre sans obérer leur performance financière. La question du travail en France doit revenir au centre du débat social pour déterminer les moyens d'action les plus pertinents, et ce, afin de rénover les conditions de travail : mobilisation des salariés, pressions collectives, liberté de diffusion des informations ou encore réforme de la Sécurité sociale. Cette réforme devra-t-elle aller jusqu'à faire payer aux entreprises le coût réel de la dangerosité sur l'environnement sociétale inhérente à leurs « externalités [8] sociales », selon le principe du « pollueur-payeur » [9] ?

Nous clôturerons ce chapitre en disant combien le discours sur la compétence peut avoir du « mal à passer », voire devenir inexistant quand les conditions de travail se dégradent. Il y a pourtant plus de 50 ans, l'École des relations humaines a montré que la productivité se dégradait lorsque les facteurs de motivation étaient supplantés par les facteurs de frustration (c'est ce que nous allons voir au chapitre suivant). Serions-nous aujourd'hui face à un tel phénomène ?

---

8. Nous faisons référence au concept d'externalité défini en économie comme l'effet que peut engendrer une transaction sur une tierce partie non impliquée dans cette transaction. Quand elle génère un bénéfice externe, une externalité est positive ; elle est négative quand elle génère un coût externe. Transposée dans notre contexte, une externalité négative sociale est la résultante d'une organisation du travail et de méthodes de management d'une entreprise engendrant chez les salariés des pathologies prises en charge par la collectivité, alors que, selon le principe du pollueur-payeur, leur coût devrait être directement pris en charge par l'entreprise qui généré cette externalité.

9. Principe découlant de l'éthique de responsabilité, qui consiste à faire prendre en compte par chaque acteur économique les externalités négatives de son activité. Son principe a été développé par l'économiste libéral britannique Arthur Cecil Pigou au début des années 1920. En France, le principe du pollueur-payeur est devenu, avec la loi dite « Barnier », l'un des quatre grands principes généraux du droit de l'environnement français, avec le principe de prévention, le principe de précaution, ainsi que le principe de participation (cf. Code de l'environnement, art. L. 110-1).

CHAPITRE 6

Démobilisation des compétences : causes anthropologiques

Qu'entendons-nous par causes « anthropologiques » ? Nous avons choisi de recourir au terme « anthropologique » pour décrire le phénomène humain tel qu'il se révèle au sein d'une organisation. L'anthropologie cherche à définir l'humanité en faisant une synthèse des différentes sciences humaines et des sciences de la nature ; elle est la branche des sciences humaines et sociales qui étudie les êtres humains sous tous leurs aspects, à la fois physiques (anatomiques, physiologiques, pathologiques, évolutifs) et culturels (sociaux, psychologiques, géographiques, etc.). Bien évidemment, dans cet ouvrage consacré à la gestion des compétences, notre propos ne sera pas aussi large, faute de place. Toutefois comme nous l'avons précisé dans l'avant-propos, il cherche à dépasser la simple compréhension de la dimension praxéologique (atteinte des fins par des moyens appropriés) du champ de la gestion. La compréhension des causes de l'échec des démarches compétences se doit d'englober cette dimension praxéologique du champ gestionnaire, mais aussi d'éclairer cette dimension par d'autres paradigmes et d'autres méthodes d'investigation. L'Homme est un tout que l'on ne peut ni ne doit mutiler de ces différentes facettes de réalité. Nous l'avons dit en introduction, le phénomène humain dans les organisations est complexe à cerner et à décrypter, surtout si on l'aborde sous l'angle d'une causalité linéaire et techniciste. Une organisation est une microsociété, avec ses propres spécificités : culture, histoire, règles de fonctionnement social… Les organisations s'inscrivent elles-mêmes dans une société donnée qui véhicule des valeurs qui la transcendent. Les individus sont en partie déterminés par leur organisation, mais aussi par leur société. La « valeur travail » est ainsi déterminée différemment selon que l'on adopte le point de vue de l'organisation ou celui de la société. Ces déterminations peuvent être en synchronisation ou en conflit. Le recours à un maillage superposant les paradigmes et les méthodes d'investigation de la psychologie, de la sociologie et de la philosophie permet d'aborder sous plusieurs facettes la problématique de la gestion des compétences et d'en comprendre les causes dans une démarche de causalité plus circulaire. Nous avons choisi de scinder l'analyse de ces causes en trois approches conjointes : l'examen des ressorts intrinsèques de l'individu au travail (causes psychologiques), celui de la façon dont l'être humain trouve et donne du sens à son travail (causes philosophiques) et celui des déterminants qui conditionnent le travail des individus (causes sociétales).

1. L'individu au travail : causes psychologiques

Comment les êtres humains se mettent-ils en mouvement dans le cadre du travail ? Comment les individus acceptent-ils de mobiliser leurs compétences tant individuelles que collectives ? Quels sont les ressorts et les mobiles qui déterminent leur bon vouloir ? Existe-t-il des leviers pour inciter les individus au travail ? Ces leviers sont-ils différenciés selon que l'on s'adresse à un individu ou à un collectif de travail ? Y a-t-il des freins à lever ? Autant de questions auxquelles nous allons tâcher de répondre pour comprendre comment se mobilisent les compétences au travail.

1.1 La motivation au travail : des besoins à satisfaire et des sources de mécontentement à lever

Si nous reprenons le fil historique là où nous l'avons laissé, dans la première sous-partie, dans notre étude du mythe de l'*homo œconomicus*, nous observons que la psychologie et la sociologie appliquées au monde du travail prennent leur envol alors que les principaux excès du taylorisme (surdivision du travail, vision simpliste de l'homme au travail, scientisme) commencent à être non seulement reconnus par les théoriciens, mais surtout dénoncés par les travailleurs. Forts de l'idée que l'organisation est le résultat de déterminismes individuels et collectifs, les premiers théoriciens de l'École dite « des relations humaines » (ERH) attribuent les résistances au taylorisme au *facteur humain*. L'enjeu consiste donc à le rationaliser à son tour, après avoir rationalisé la structure de travail que représente l'entreprise.

1.1.1 *Besoins et motivations, aux fondements du courant de l'École des relations humaines (ERH)*

Les expériences Hawthorne à la Western Electric Company, évoquées dans la sous-partie précédente, fondent l'ERH. Elles ont d'abord mis en lumière le fait que, lorsque l'on s'occupe de groupes, ceux-ci se sentent valorisés et la productivité individuelle de ses membres augmente. Toutefois, cet effet est peu durable, car, avec le temps, les productions individuelles ont tendance à se niveler vers le plus faible rendement du groupe, comme nous l'avons vu précédemment. L'autre élément mis en exergue est l'existence d'une vie de groupe, articulée autour des tensions et du moral général ; cette vie de groupe constitue un élément primordial de la vie au travail. L'ERH a développé un courant théorique, celui des *besoins* et des *motivations* ; il représente un ensemble de paradigmes psychologiques et sociologiques concernant l'influence des besoins sur l'homme, la nature et le rôle de la motivation au travail, et le rapport entre les deux notions. Les théoriciens célèbres de ces paradigmes sont Abraham Maslow, Douglas McGregor, ou encore Frederick Herzberg. Nous allons explorer les grandes lignes de leurs théories pour en retenir les principaux apports.

1.1.2 *La pyramide de Maslow : une hiérarchie des besoins qui déterminent la motivation*

Abraham Maslow a proposé une hiérarchisation des besoins déterminant la motivation humaine. C'est ainsi qu'il a défini sa fameuse pyramide des besoins, dite « pyramide de Maslow » [1], besoins qui engendrent des motivations, à leur tour hiérarchisées. Les besoins organiques sont à la base de la pyramide ; suivent ensuite la sécurité, l'amour et l'appartenance, l'estime et enfin, au sommet de la hiérarchie, la réalisation de soi. Certains besoins, comme l'estime, ont à la fois une dimension individuelle (estime de soi) et sociale (prestige). Maslow a construit cette hiérarchie à partir d'observations. Cette approche privilégie l'individu, car, selon Maslow, pour qu'un groupe progresse sur la pyramide des besoins, chacun des membres de ce groupe doit avoir satisfait à tous les niveaux inférieurs visés par le groupe. La théorie des besoins de Maslow exprime cependant en termes sociaux les fonctions psychologiques individuelles, mais comme les besoins sont hiérarchisés sur un modèle *a priori*, elle ne peut qu'entrer en distorsion avec la réalité.

1.1.3 *La théorie X, révélatrice de l'idéologie des dirigeants et des managers qui détermine le style d'autorité*

Douglas McGregor cherche à mettre en avant l'importance des préjugés implicites des dirigeants et de la hiérarchie sur la nature humaine et sur les comportements individuels, préjugés qui déterminent le style d'autorité. Il expose son approche en distinguant une « théorie X » : l'individu moyen est contre l'idée de travailler ; il doit être contrôlé et menacé de sanctions ; il préfère être dirigé et fuit les responsabilités. McGregor estime que seuls ces principes sont acceptés par les directions et par le management sans qu'ils en soient conscients. Toutefois, il n'explique ni les raisons de cette idéologie ni la cause de son importance.

1.1.4 *Satisfaction et mécontentement du salarié au travail : deux dimensions indépendantes, mais complémentaires de la motivation*

Dans sa « théorie des deux facteurs », Frederick Herzberg pose que la satisfaction au travail et le mécontentement au travail agissent de manière indépendante. Ainsi, le contraire de la satisfaction n'est pas l'insatisfaction, mais l'absence de satisfaction ; le contraire du mécontentement est l'absence de mécontentement [2]. Il est donc possible pour les travailleurs d'être à la fois satisfaits et mécontents dans leur travail. Les facteurs de motivation sont reliés à la réalisation de soi au travail (responsabilités, réalisations), alors que les facteurs d'insatisfaction sont reliés à l'environnement du travail (sécurité d'emploi, salaire, avantages sociaux).

1. L'article où Maslow expose sa théorie de la motivation, *A Theory of Human Motivation*, est paru en 1943. Cette hiérarchie n'avait pas été formalisée à l'origine par son créateur sous la forme d'une pyramide, mais cette représentation s'est imposée dans le domaine de la psychologie du travail, par commodité.
2. Herzberg, Mausner et Snyderman, *The motivation to work*, New York, Wiley, 1959.

Herzberg tente de repérer et de préciser les éléments facteurs de satisfaction et de mécontentement au travail. Il appuie sa démonstration et ses expériences sur deux mythes religieux qu'il estime fondateurs en psychologie du travail : Adam et Abraham. Adam symbolise l'homme qui doit échapper aux maux causés par son milieu de vie, tandis qu'Abraham représente celui qui aspire au développement par ses accomplissements. Il en déduit deux besoins contradictoires et complémentaires de l'être humain : échapper à la douleur et grandir psychologiquement. Ces deux besoins cohabitent et donnent naissance à divers facteurs de satisfaction et de mécontentement. Herzberg explique cette complémentarité par la théorie des deux facteurs : les facteurs « d'ambiance » et les facteurs des « mobiles valorisants ».

- Les facteurs « *d'ambiance* » – ou d'hygiène – (bruit, chaleur, salaire, statut, relations humaines…) qui alimentent le mécontentement sont directement liés à l'environnement organisationnel et aux conditions de travail. Ces dernières doivent atteindre un niveau minimal, sans quoi le travail s'en ressent ; toutefois, la productivité n'est pas influencée à la hausse si on élève particulièrement les conditions de travail au-delà de ce niveau de base. Ces conditions doivent être néanmoins remplies pour ne pas générer du mécontentement.
- Les facteurs des « *mobiles valorisants* », correspondant à la satisfaction qui génère la motivation (évolution de carrière, responsabilités, autonomie…), renvoient aux besoins supérieurs de Maslow (réalisation de soi). Ils sont constitutifs du contenu du travail et permettent l'épanouissement de l'individu. Dès lors que les facteurs d'hygiène sont satisfaits, les facteurs de satisfaction peuvent générer de la motivation.

Herzberg propose cinq facteurs de satisfaction : l'accomplissement, la reconnaissance de l'accomplissement, le travail lui-même, la responsabilité et la progression sociale. Il propose onze facteurs de mécontentement parmi lesquels la politique de l'administration, le supérieur hiérarchique, la rémunération, les relations avec les collègues, les conditions de travail. Herzberg prône l'enrichissement des tâches pour augmenter l'intérêt au travail et l'autonomie. Tout comme Maslow, il considère que la réalisation de soi est l'objectif le plus important pour le travailleur ; il considère ainsi *a priori* que le travail est le vecteur d'une vie réussie.

Le courant des théories des besoins et des motivations prend plusieurs formes, comme nous venons de le voir, pour les plus retentissantes. Il introduit comme principal « moteur » au travail la motivation des travailleurs. Ce courant cherche à faire passer auprès des dirigeants l'idée que les excès de la division du travail doivent être régulés ; pour ce faire, il convient de s'appuyer sur les caractéristiques intrinsèques de l'homme au travail en agissant sur les leviers de la motivation humaine. Toutefois, ces diverses théories présentent un caractère ambigu. Comme elles se sont essentiellement manifestées dans les cercles de direction, elles ont parfois contribué à renforcer le pouvoir taylorien : par exemple, l'aménagement des conditions de travail peut être réalisé par un agent extérieur au groupe des travailleurs, agent mandaté par la direction en place. Ces actions ne privilégient donc pas prioritairement la « réalisation de soi au travail », mais la « productivité au travail ». Il faudra attendre les cercles de qualité, à la fin des années 1970, pour voir des travailleurs associés à l'aménagement des conditions de travail. Par ailleurs, du fait que la satisfaction liée au non-mécontentement n'entraîne pas nécessairement une hausse de la productivité, elle n'est pas jugée par les équipes dirigeantes comme allant dans le sens d'une motivation individuelle favorable à l'organisation. Par leurs carences, les théories des besoins et des motivations vont préparer l'émergence de l'importante analyse stratégique, développée par Michel Crozier.

1.2 Image de soi, estime de soi : le grand écart

Les concepts d'image de soi et d'estime de soi vont renouveler les débats théoriques relatifs à la motivation. Ils vont les élargir et les enrichir, en en précisant certains mécanismes. Ces concepts révèlent comment l'identité professionnelle de l'individu se construit, en fonction des situations professionnelles qu'il rencontre. Le travailleur va se sentir « apte » ou non à affronter ses situations, selon le récit autobiographique qu'il s'est construit et sa faculté à intégrer de nouvelles informations apportées par les nouvelles expériences et/ou par les évaluations faites par d'autres. L'image de soi et l'estime de soi sont constamment en construction, elles sont influencées par l'environnement et par autrui, qui sont des activateurs d'aspects positifs ou négatifs qui viennent les alimenter ainsi que les structurer. Une estime de soi élevée entraîne la satisfaction et le bien-être psychologique ainsi qu'un sentiment général de compétence qui fait anticiper les succès à venir ; une faible estime de soi entraîne une insatisfaction générale et un manque de confiance en soi qui peut être démotivant. Ainsi, l'image de soi et l'estime de soi sont deux concepts pertinents pour permettre de mieux comprendre le mécanisme de construction de la compétence du point de vue de l'individu.

1.2.1 *Définitions*

L'image de soi est un portrait factuel de soi tel que l'on se perçoit, tandis que l'estime de soi est un jugement de valeur général par comparaison avec un soi idéal.

Comment l'individu perçoit-il et construit-il son image de soi et son estime de soi ? En puisant de l'information sur lui. Il existe quatre sources principales d'information sur soi :

- la perception directe des résultats de son comportement ;
- l'apprentissage médiatisé par l'observation des résultats du comportement des autres ;
- l'influence sociale qui, soit par la communication verbale, soit par les attentes implicites des autres, lui donne une idée de la manière dont ceux-ci se représentent ses compétences ;
- les informations « proprioceptives » [3] tirées des réactions physiologiques [4].

L'information en provenance de ces quatre sources est le résultat d'un processus cognitif qui consiste à sélectionner l'information, à la pondérer et à l'intégrer dans le schéma personnel de compétences.

3. Proprioceptive : en physiologie, la proprioception désigne l'ensemble des récepteurs, voies et centres nerveux impliqués dans la perception, consciente ou non, de la position relative des parties du corps les unes par rapport aux autres (source : *Wikipedia, http://wikipedia.org*).

4. Bandura, 1987, *in* Claude Levy-Leboyer, *La Gestion des compétences*, Paris, Éd. d'Organisations, 2002.

- Concernant l'image de soi : la collecte d'informations sur soi-même, organisée en un système cognitif structuré, est élaborée au fil des expériences d'échec et de succès d'une part et des jugements d'autrui d'autre part. Elle donne ainsi une représentation de ses compétences par l'individu lui-même.
- Concernant l'estime de soi : il s'agit d'une hiérarchisation de valeur des informations sur soi en fonction des situations rencontrées, qui donne lieu à un jugement global par l'individu lui-même de son image de soi. Elle débouche ainsi sur une élaboration d'objectifs spécifiques, en fonction de la représentation de ses compétences, dans le développement des motivations individuelles : désir d'acquérir de nouvelles compétences ou pas, accroissement de la confiance en soi ou pas.

L'évaluation de ses propres capacités dépend souvent du jugement exprimé par les autres. L'influence des opinions des autres est fonction de la confiance qu'on a dans celui qui formule ces opinions. On croit plus facilement les évaluations qui viennent de personnes elles-mêmes compétentes et expérimentées. Le feed-back qu'elles nous renvoient réévalue l'image de soi. Plus ces feed-back sont présentés de manière encourageante, plus ils incitent à une réévaluation de l'image de soi. Mais lorsque l'individu reçoit des informations qui contredisent ce qu'il pense de lui, il se sent menacé dans son identité et dans son estime de soi.

L'estime de soi joue un rôle modérateur ou d'amplificateur dans les situations de stress que créent les conditions défavorables du marché de l'emploi. Les « survivants » de campagnes de licenciements éprouvent ainsi un sentiment d'insécurité et simultanément de culpabilité. Leur comportement au travail est marqué par leur anxiété ; ils se demandent pourquoi ils n'ont pas été comme d'autres victimes des réductions d'effectif. Ils peuvent alors réagir de deux manières possibles :

- une anxiété modérée leur donne du zèle et stimule leur performance individuelle, en partie pour les préserver d'une éventuelle prochaine vague de licenciements ;
- tandis qu'une anxiété forte se traduit par le désengagement et une diminution de la performance (selon le principe du « *à quoi bon* ? »), particulièrement si l'anxiété s'accompagne de colère parce que les survivants estiment que les licenciements de leurs ex-collègues n'étaient pas nécessaires ou justes, ce qui peut déboucher sur des conflits, voire du sabotage et même sur des séquestrations de dirigeants.

Le niveau d'anxiété des survivants est déterminé par trois types de variables situationnelles qui dépendent de l'estime de soi : variable liée à la nature du travail, variable liée à l'aide apportée par l'organisation, variable liée à la probabilité de retrouver un emploi. Concernant la nature du travail, si leurs tâches et leur poste ne relèvent pas du domaine d'activités de ceux qui ont été licenciés, les survivants se sentent moins menacés. Mais l'anxiété sera d'autant plus forte que la culture de l'entreprise qui licencie est aux antipodes de telles pratiques de licenciement. Le décalage perçu entre, d'une part, la culture, les discours et, d'autre part, les « actes » de l'organisation aggrave les effets sur ceux qui ont une faible estime de soi, parce qu'ils se sentent plus fragiles dans une situation marquée par l'insécurité de l'emploi.

L'image de soi détermine tant la motivation individuelle que l'engagement collectif, donc la performance individuelle (§ 1.2.2) et par truchement la performance sociale (§ 1.2.3).

1.2.2 *La motivation, ressort de la performance individuelle, déterminée par l'image de soi*

La performance individuelle est conditionnée par trois catégories de facteurs (au sens où nous l'entendons (cf., ci-dessous figure 6, p. 159, le modèle tridimensionnel de la compétence d'après Le Boterf) :

- le savoir-agir : mobilisation de savoirs et de savoir-faire ;
- le pouvoir-agir : les aptitudes et la personnalité ;
- le vouloir-agir : la motivation, soit l'effort que le salarié est prêt à consentir pour effectuer les tâches de son poste.

Ces trois facteurs sont intimement liés ; sans motivation, les meilleurs savoir-faire et aptitudes resteront inopérants.

L'image de soi joue un rôle capital dans la mobilisation de la motivation, particulièrement dans l'élaboration et la définition des objectifs individuels, dans l'effort consacré au travail ainsi que dans la persévérance dans cet effort. L'image de soi permet de définir les intentions et les orientations de l'action en fixant la persévérance dans l'effort. En effet, l'être humain n'est disposé à faire des efforts que s'il a la conviction qu'ils seront suivis d'effets ; cette conviction est ancrée dans l'image de soi. Si un salarié estime ne pas avoir les qualités suffisantes pour parvenir au terme d'un projet, il ne « se » motivera pas pour l'entreprendre. Les motivations individuelles sont ainsi déterminées par l'opinion que chacun se fait de ce que seront les résultats de ses efforts. Si le salarié estime pouvoir réaliser le projet parce que le réaliser possède une valeur à ses yeux, il adoptera les objectifs du projet, considérés comme réalistes du point de vue de son image de soi. Alors, les objectifs à la fois jouent un rôle motivationnel et permettent également de développer l'image de soi.

Toutefois, les objectifs ne seront source de motivation qu'à trois conditions : ils doivent être *précis*, car s'ils sont flous, ils ne pourront pas être comparés à de précédentes expériences ; ils doivent être *acceptés* sinon ils ne pourront pas être comparés avec la réalité des performances ; l'activité en lien avec ces objectifs doit pouvoir faire l'objet *d'évaluations répétées* par le biais de retour d'informations permettant de comparer objectifs et réalisation. Quand les objectifs préalablement fixés sont atteints, l'individu en tire une satisfaction qui confirme ou élève l'image de ses compétences, ce qui fortifie l'image de soi et donc relance l'effort. Plus les objectifs sont difficiles à atteindre, plus la satisfaction est importante quand le succès vient couronner les efforts consentis pour les atteindre et plus la motivation est grande à relever de nouveaux objectifs encore plus ambitieux. Ce mécanisme explique pourquoi les salariés sont prêts à accepter de leur management des objectifs difficiles si les conditions que nous avons évoquées plus haut (objectifs précis, acceptés et faisant l'objet d'évaluations répétées) sont réunies. Une hiérarchie sachant fixer des objectifs exigeants mais justes contribue au développement de l'estime de soi des collaborateurs, dans la mesure où ces derniers interpréteront cette exigence comme un signe de confiance prouvant que leur manager les estime capables d'atteindre ces objectifs et dignes d'exercer les responsabilités qui leur sont confiées. Le succès conforte la confiance en soi et accroît l'ambition, parce qu'il amène à réévaluer les compétences et à élargir le champ des possibles. Le succès doit être perçu comme étant dû aux capacités de l'individu et pas à des facteurs extérieurs. Toutefois, la vie professionnelle est parfois émaillée d'échecs qui peuvent venir ternir l'image de soi. Ces échecs seront d'autant plus rapidement dépassés que l'image de soi disposera de capacités de rebondissement construites sur des expériences positives antérieures de succès.

Seule l'image de soi, et non l'estime de soi, est source de motivation, donc de comportement incitant à la performance individuelle. La motivation est relative : l'individu doit avoir la conviction de pouvoir être efficace, c'est-à-dire la certitude de posséder les compétences spécifiques nécessaires à la situation de travail à entreprendre ; or cette certitude est produite par l'image de soi, non par l'estime de soi.

1.2.3 *L'engagement collectif, ressort de la performance sociale, déterminée par l'image de soi*

L'image de soi sert de régulateur lorsque nous participons à des interactions sociales, mais aussi de cadre de références pour évaluer les expériences sociales de chacun. L'image de soi détermine les relations interpersonnelles de trois manières :

- en influençant le jugement individuel sur les autres ;
- en guidant l'individu dans le choix de ses interactions sociales et des stratégies à adopter dans ces interactions ;
- en orientant les réactions en fonction des informations données par autrui sur soi.

Dans une situation sociale, les individus reçoivent deux types de feed-back : les réactions d'autrui et les leurs propres. La structure de l'image de soi influence la manière dont les informations sur soi sont intégrées, mais aussi la manière dont les individus jugent les autres. Pour juger les autres, l'individu s'appuie sur des dimensions importantes pour lui ; il utilise son image de soi comme point de référence, ce qui lui permet de se forger une opinion d'autrui à partir de l'opinion qu'il se fait de lui-même. L'individu va donc rechercher des interlocuteurs, des collaborateurs ou des partenaires avec lesquels établir des interactions en phase avec son image de soi. Il en est de même pour les situations sociales : l'individu a tendance à privilégier les situations conformes à son image de soi. Ainsi, plus l'image de soi est riche, flexible et plurielle, plus l'efficacité du travail en groupe sera forte. Ce type d'image de soi est un atout pour le travail collectif ou en équipe. Il conditionne ainsi fortement la performance sociale en favorisant les interactions entre individus.

1.2.4 *Les excès de la performance sur l'image de soi et l'estime de soi*

Lorsque le management privilégie en permanence l'excellence dans la performance, il projette les salariés dans une course frénétique qui tend à désarticuler leur identité professionnelle. Nous avons vu, dans les paragraphes précédents, que des objectifs atteignables renforcent l'image de soi, jusqu'à un certain point. Dès lors que les objectifs dépassent les ambitions que l'individu pense pouvoir réaliser, l'anxiété commence à poindre. Dès que l'anxiété se renforce, elle affecte l'estime de soi et donc la performance. La performance diminuant, l'anxiété s'accroît ; le salarié se trouve alors pris dans un cercle vicieux qui affecte son image de soi.

Les salariés sont les premiers porteurs de cette prise de conscience. Parfois celle-ci n'est pas prise en compte par la hiérarchie directe, conséquence d'une négligence de plus en plus marquée de responsables d'entreprise peu formés ou peu enclins à écouter les avertissements qui leurs sont lancés par leurs collaborateurs. Dans la forme la plus hystérique du management, peu de managers font le lien entre souffrance au travail et organisation du travail [5]. Face aux injonctions des actionnaires, cette absence de prise en compte du réel les conduit parfois à accepter l'impossible pour leurs troupes, ce qui rend la situation encore plus insupportable pour les salariés. C'est peut-être pour ces raisons que les salariés les plus fragiles recourent à des solutions extrêmes pour sortir de cet enfer (on a enregistré environ 400 suicides au travail en France en 2007).

Il devient de plus en plus difficile pour les salariés de se conformer aux nouvelles formes d'organisation du travail dont le but fondamental est centré prioritairement sur la recherche du profit pour les actionnaires. Une sérieuse perte de confiance dans le management risque de s'installer à long terme et, par-delà, dans des organisations qui, pour certaines, semblent de plus en plus entraîner les salariés dans l'impasse. Il est urgent de réinventer de nouvelles formes d'organisation du travail et de management, car les salariés sont de plus en plus fréquemment à bout de souffle.

1.3 Conflits intrapsychiques dans l'esprit du travailleur : le modèle des instances socio-organisationnelles

Nous proposons, par le biais de notre modèle des instances socio-organisationnelles, une typologie interprétative des messages intériorisés par les salariés relatifs à la gestion des compétences.

Ces messages sont émis par les différents représentants des parties prenantes au sein de l'organisation : la direction, le management, les représentants du personnels, les collègues, les clients, les fournisseurs. Ces messages adoptent différentes formes : de l'injonction hiérarchique à la remontée d'information passive (par exemple des questionnaires de satisfaction client), en passant par les messages de la communication interne. Leurs contenus sont analysés ci-dessous. Ces messages viennent alimenter l'image de soi quand ils sont en relation directe avec les objectifs, les compétences et les résultats des salariés. Parfois, ils sont contradictoires ; parfois, ils influencent l'estime de soi quand ils sont dotés d'une charge affective qui alimente l'anxiété des salariés.

Nous l'avons dit dans la sous-partie précédente, ce modèle, qui s'inspire du modèle des trois instances de la théorie psychanalytique freudienne, est une analogie non fondée scientifiquement, bien qu'elle soit issue d'un vécu empirique. C'est par souci pédagogique que nous proposons au lecteur une telle grille de lecture des messages relatifs à la gestion des compétences, grille structurée à partir d'un modèle dont les trois éléments et les relations qu'ils entretiennent pour réguler le psychisme sont connus et largement vulgarisés : le ça, le moi et le surmoi (nous allons néanmoins rappeler ce que la psychanalyse entend par ces trois instances). Le recours au « nous » (1re personne du pluriel) indique que le paradigme dominant est ici collectif et non individuel, contrairement au paradigme psychanalytique.

---

5. Nicole Aubert, Vincent de Gaulejac, *Le Coût de l'excellence*, *op. cit.*

Les instances socio-organisationnelles

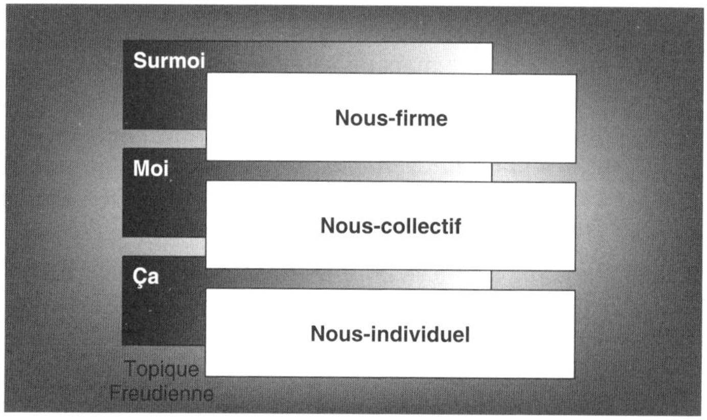

1.3.1 *Les trois instances de la théorie psychanalytique : bref rappel théorique*

Pour formaliser les différents concepts de sa théorie psychanalytique, Freud a élaboré deux topiques comme schéma explicatif de l'esprit humain. Le terme « topique » – qui signifie « *lieu* » en grec – évoque la notion de spatialité entre différentes aires psychiques en présence, aires qui se côtoient et qui peuvent entrer en conflit.

1.3.2 *Première topique freudienne*

Dans la formalisation de la première topique (de 1896 à 1900), Freud précise que les conflits intrapsychiques naissent entre différents systèmes : le conscient, le préconscient et l'inconscient. Ainsi, l'inconscient, siège des pulsions, est le siège de l'énergie libidinale, qui ne s'emmagasine pas, mais s'écoule librement, particulièrement dans les premiers mois de la vie. C'est ce que Freud appelle le « processus primaire ». Le processus secondaire concerne le préconscient et le conscient dont le rôle consiste à capter l'énergie libidinale pour l'investir dans des objets, permettant aux désirs de s'accumuler et d'orienter les pulsions vers des buts *ad hoc*.

1.3.3 *Deuxième topique freudienne*

Élaborée à partir de 1920, la seconde topique est une tentative plus précise de cartographie de la psyché humaine. Elle complète ainsi la première topique en diversifiant et en précisant les concepts.

- Le *ça* est le siège des pulsions, le réservoir d'énergie libidinale de l'individu. Le Ça ne connaît ni normes (interdits ou exigences) ni réalité (temps ou espace) et n'est régi que par le seul principe de plaisir, satisfaction immédiate et inconditionnelle de besoins biologiques. Il est totalement inconscient. Il se heurte violemment au surmoi qui lui interdit la satisfaction des pulsions en refoulant celles-ci. Cette lutte intérieure génère des conflits dont les résultats, devenus conscients, s'extériorisent *via* le moi, en contact avec le monde extérieur.

- Le *moi*, siège de la conscience, cherche à faire se représenter la personne comme unie dans sa globalité ; le moi coordonne les mécanismes de défense inconscients, ce qui permet de passer du principe de plaisir au principe de réalité. Il « héberge » la raison et le narcissisme.
- Le *surmoi*, siège des normes imposées et des interdits (par l'extérieur, la société, la déontologie...), est la structure morale (« ce qui est bien ou mal ») et judiciaire (récompense *versus* punition) du psychisme ; c'est en quelque sorte un arbitre entre le ça et le moi : il représente la barrière de critique auto-imposée du ça en étant intériorisé en partie dans le moi. Bien que retournant les pulsions contre le sujet parfois de façon agressive, il est le garant des interdits sociaux « introjectés » par l'individu, ce qui lui permet de vivre en société.

Après ce bref rappel des instances freudiennes, voyons comment s'applique analogiquement le modèle des instances socio-organisationnelles. Commençons par le « nous-firme ».

1.3.4 *Le « nous-firme » : l'identité morale de l'entreprise*

Le « nous-firme », identité morale de l'entreprise, s'apparente au surmoi. C'est l'entité immatérielle composée, d'une part, de la firme et, d'autre part, de son organisation formelle. La firme s'entend ici en tant qu'institution juridico-capitalistique matérialisant sa présence sur son marché de référence par une stratégie orientant son action et par une « signature » identitaire plus ou moins forte, conférée par sa « marque » (*brand*), qui en font sa spécificité. Cette instance détermine ce qui est bon et mauvais pour elle (sa justification morale) et instaure un système d'incitation (récompense/punition) au travers de la formalisation de son organisation. L'organisation formelle concerne par exemple la façon dont la production est mise en œuvre : répartition des activités et des rôles bâtie selon un modèle (cf. l'OST taylorienne et les typologies mintzbergiennes) matérialisé par un organigramme qui détermine les processus d'action et les réseaux hiérarchiques tout en garantissant une circulation de l'information la plus à même de rendre les acteurs au fait de leur mission et de leurs activités. Elle concerne également les systèmes *a priori* de régulation des rapports humains (processus et procédures, méthodes de management) et d'incitation au travail (système de rémunération).

Les enjeux du « nous-firme » concernent sa pérennité financière et sa compétitivité : pour cette entité, il s'agit, d'une part, en tant que firme, de gérer les rapports au marché et aux actionnaires pour se différencier de la concurrence, tout en générant de la valeur (*free cash flow*), d'autre part, en tant qu'organisation, d'optimiser la production avec efficacité (marge brute) et la productivité avec efficience (marge nette), au moindre coût. De fait, cette instance peut être amenée à s'opposer violemment au « nous-individuel » en lui imposant son modèle moral et incitatif (ce qui est bien pour le « nous-firme » n'est pas forcément bien pour le « nous-individuel » qui doit se soumettre... ou se démettre) et orienter son énergie dans le sens où le « nous-firme » le préconise.

Ainsi, le « nous-firme » va « faire parler » les compétences de la façon suivante :

- *Compétences institutionnelles* : se doter de la structure juridico-capitalistique la plus à même de gérer les rapports entre actionnaires et dirigeants [6], adopter la stratégie industrielle la plus en phase avec les attentes des clients, renforcer la marque de telle manière qu'à elle seule elle constitue un effet de levier en termes de « business » (capital confiance, qualité… exerçant une influence positive en termes de choix sur les clients).
- *Compétences métiers* : développer un « *core business* » reconnu et différenciateur (couple marché/produit), exercer une veille technologique permettant d'être à la pointe en termes de R&D et d'innovation.
- *Compétences organisationnelles* : choisir le mode d'organisation de la production et de contrôle de la production qui garantisse la meilleure efficacité et la meilleure efficience au sein de l'entreprise, en phase avec la structure juridico-capitalistique et le couple marché/produit (modèle taylorien ? post-taylorien ? « adhocratie » [7] ?…)

1.3.5 *Le « nous-collectif » : l'identité sociale de l'entreprise*

Le « nous-collectif », identité sociale de l'entreprise, s'apparente au moi. C'est la microsociété que forme le « corps social », le « travailler-ensemble » créé par les relations, les interactions de l'ensemble de ses salariés, des dirigeants aux membres du personnel les moins qualifiés. Comme dans toute société (dans le sens « sociétal » du terme), le « nous-collectif » doit être appréhendé sous l'angle de ses valeurs, de sa culture, de ses symboles, de son histoire, de la mémoire de faits marquants, de l'organisation informelle de ses sous-groupes sociaux, de ses relations et interactions, de ses jeux d'acteurs, de sa façon de gérer les conflits, de sa façon de mettre en scène l'ajustement mutuel (compenser les insuffisances de l'organisation formelle), de son « style » de management (participatif, laisser-faire…) et du « *slack* organisationnel » [8] qui va avec (« jeu » dans les rouages de l'organisation, marge de manœuvre laissée à la discrétion des managers pour qu'ils incitent les individus à coopérer pour atteindre les objectifs de l'organisation).

L'enjeu principal du « nous-collectif » consiste à « faire avec ». Il s'agit de faire avec le « nous-firme » et le « nous-individuel », afin de rendre cohérente, stable et pérenne la microsociété (re)constituée au sein de chaque entreprise. C'est l'instance de réconciliation de plusieurs rationalités en présence : par exemple celle de la maximisation du profit (instillée par le « nous-firme ») ou celle du besoin d'appartenance à un groupe social, à un collectif de travail (celle revendiquée par le « nous-individuel »). Le « nous-individuel » – c'est-à-dire chaque salarié – y contribue en échange de bénéfices que seul le « nous-

---

6. Cf. la théorie de l'Agence et la théorie des Coûts de transactions.

7. Cf. Henry Mintzberg, *Structure et dynamique des organisations*, *op. cit.*

8. Théorie du « *slack* management » ou *slack* organisationnel : dans la théorie comportementale de la firme, Cyert et March mettent en lumière le concept de « *slack* », soit « surplus » organisationnel. Ce surplus désigne « le fait qu'il y a souvent un excès de ressources disponibles par rapport aux besoins des acteurs ». Ce surplus « a un effet positif pour l'entreprise dans la mesure où cette réserve peut permettre de faire face à d'éventuelles difficultés imprévues ou bien, au contraire, de saisir des opportunités qui peuvent se présenter dans l'environnement ».

collectif » peut lui donner : le lien social découlant du besoin d'appartenance[9], la lutte contre l'ennui par le travail, la reconnaissance d'autrui au travers du travail « bien fait ». Le « nous-collectif », instance de régulation entre le « nous-firme » et le « nous-individuel », produit des rationalisations du type « c'est la souffrance qui génère le travail et non le contraire »[10] pour atténuer et accepter les messages parfois violents du « nous-firme » à l'encontre du « nous-individuel ».

Le « nous-collectif » produit une activité collaborative qui débouche sur une production de connaissance particulière : la *compétence collective*. Cette compétence collective permet que le tout soit supérieur à la somme des parties engendrant une « montée en compétence » du corps social par routines d'échanges. Elle transcende les individus : à organisation formelle et compétences individuelles équivalentes entre deux entreprises concurrentes sur un même marché, la compétence collective de l'une peut lui permettre d'être plus compétitive que l'autre, toutes choses égales par ailleurs.

1.3.6 *Le « nous-individuel » : l'identité « psychologique » de l'entreprise*

Le « nous-individuel » est constitué des individualités prises séparément, mais travaillant côte à côte dans la même organisation. Cette instance s'apparente au ça freudien. Ces individualités ont acquis et acquièrent à l'extérieur de l'entreprise dans laquelle elles travaillent des connaissances, des compétences par rapport à des situations de travail données ; elles en acquièrent également dans leur entreprise dans le cadre de leur travail. Elles sont porteuses d'un capital individuel de créativité, de personnalité, de motivation qu'elles peuvent mobiliser dans leur travail et ajouter au capital de compétences collectives, si les conditions organisationnelles le permettent.

Il existe deux enjeux principaux pour le « nous-individuel ». Le premier enjeu, officialisé par le lien de subordination que constitue le contrat de travail, consiste à mettre son capital individuel à la disposition du « nous-firme ». Cela implique que les individus mettent à disposition certaines de leurs « compétences acquises » pour un poste dont le profil de poste exige un certain nombre de « compétences requises » ; cela signifie également qu'ils se soumettent à l'apprentissage de nouvelles compétences en échange de l'accroissement de leur « employabilité » (alimentation du portefeuille personnel de compétences augmentant leurs chances de transposer ces compétences dans d'autres univers d'entreprises). Le second enjeu pour le « nous-individuel », cette fois plus officieux, consiste à mettre à disposition son capital individuel en échange de l'appartenance au « nous-collectif » (sous réserve que le « nous-firme » ne perturbe pas cet échange) et de la « protection » et de la sécurité que cela apporte. L'individu s'insère ainsi dans le réseau des compétences collectives que lui prodigue le « nous-collectif » en

---

9. On se sent plus fort à plusieurs que seul ; les éthologues ont démontré que chez les primates « sociaux », l'animal exclu de son groupe d'appartenance – parce qu'il n'a par exemple pas respecté la hiérarchie du mâle dominant – n'a aucune chance de survivre seul dans la jungle. Cf. les Travaux de Bruno Latour.

10. Cette formule de Christophe Desjours (in *Souffrance en France*, *op. cit.*) rejoint ce que sous-tend la pyramide d'Abraham Maslow : les besoins primaires (se nourrir, se vêtir, se chauffer…) siégeant dans le « nous-individuel » seraient à l'origine de la tension qui crée l'activité de réduction de cette tension (siégeant dans le « nous-collectif »), par le travail en collectif.

fournissant son capital de compétences individuelles : non seulement les compétences requises par le « nous-firme », mais également, si le « nous-collectif » le requiert, d'autres compétences connexes (celles acquises par l'individu précédemment et en dehors de l'actuel poste dans l'organisation), en dehors du périmètre des compétences requises par le « nous-firme ».

Les discours du « nous-individuel » sur la compétence de l'individu se situe au carrefour de trois aires conceptuelles et pratiques (d'après Le Boterf [11]) : le « savoir-agir », le « pouvoir-agir » et le « vouloir-agir ».

- *Le « savoir-agir »*. Cette aire regroupe tous les aspects liés au savoir et au savoir-faire : pour agir en entreprise, l'individu doit savoir mobiliser et combiner des connaissances ou des savoirs individuels (acquis en formation ou sur le tas) et collectifs (accessibles dans des réseaux de savoirs normalisés au sein de l'entreprise ou en dehors de l'entreprise, auprès de groupes ou de communautés de professionnels d'un métier donné).
- *Le « pouvoir-agir »*. Pour comprendre son travail et s'adapter aux situations professionnelles qu'il rencontre, l'individu doit faire preuve de « qualités » personnelles, liées à deux grandes dimensions : sa personnalité d'une part et ses aptitudes intellectuelles d'autre part. La personnalité est constituée du tempérament de fond, inné, et du système de défense pulsionnel, acquis, fruit de l'histoire personnelle de l'individu. La notion d'aptitude correspond aux facultés intellectuelles. La combinaison de ces deux dimensions est résumée par l'expression « avoir l'intelligence des situations ». Le « pouvoir-agir » s'exerce de façon optimale dès lors qu'une légitimité suffisante est donnée par l'organisation à l'individu pour prendre des risques.
- *Le « vouloir-agir »*. Pour optimiser sa performance productive, l'individu doit être motivé de manière à mobiliser ses compétences. La motivation individuelle dépend à la fois du « ressort » interne de l'individu (facteurs endogènes : « image de soi » et « estime de soi », cf. ci-dessus) et du contexte incitatif de l'organisation (facteurs exogènes : éléments structurels liés au secteur d'activité de l'entreprise, choix de l'organisation du travail, style de management, conditions de travail, etc.). La motivation est un phénomène complexe longuement étudié par les psychologues ; cet ouvrage n'a pas vocation à développer cet aspect de la dimension humaine, faute de place. Toutefois, nous retenons, pour étayer notre analyse, deux concepts que nous avons présentés précédemment : « l'image de soi » et son corollaire, « l'estime de soi » [12], dont la dynamique est l'une des clés des ressorts de la motivation [13]. Enfin, pour vouloir agir, l'individu ne doit pas être mécontenté par des conditions matérielles organisationnelles défavorables

---

11. Guy Le Boterf, *Construire les compétences individuelles et collectives*, Paris, Éd. d'Organisation, 2003.
12. Rappelons que l'image de soi est le portrait factuel de soi et de ses compétences telles que chacun se les représente ; l'estime de soi est un jugement de valeur général de l'image de soi par comparaison avec un soi idéal interne, en grande partie modelé par autrui et par les expériences, qui va déterminer l'individu à se sentir « en confiance » ou non avec lui-même.
13. Puisque nous avons parlé de « motivation », précisons à nouveau ici que ce concept ne doit pas être confondu avec d'autres, comme l'implication, l'engagement ou encore la satisfaction. Il serait ainsi impropre de parler de « motivation collective » ou d'« engagement individuel » dans le sens où ces termes ont été définis scientifiquement. Nous renvoyons le lecteur aux commentaires de la note 3 de l'introduction pour de plus amples détails.

qui viennent perturber la motivation, voire l'obérer. Nous verrons en seconde partie que ces éléments qui incombent à l'organisation contribuent à favoriser ou à défavoriser l'engagement collectif des individus, pris dans leur dimension de corps social, vis-à-vis de l'organisation.

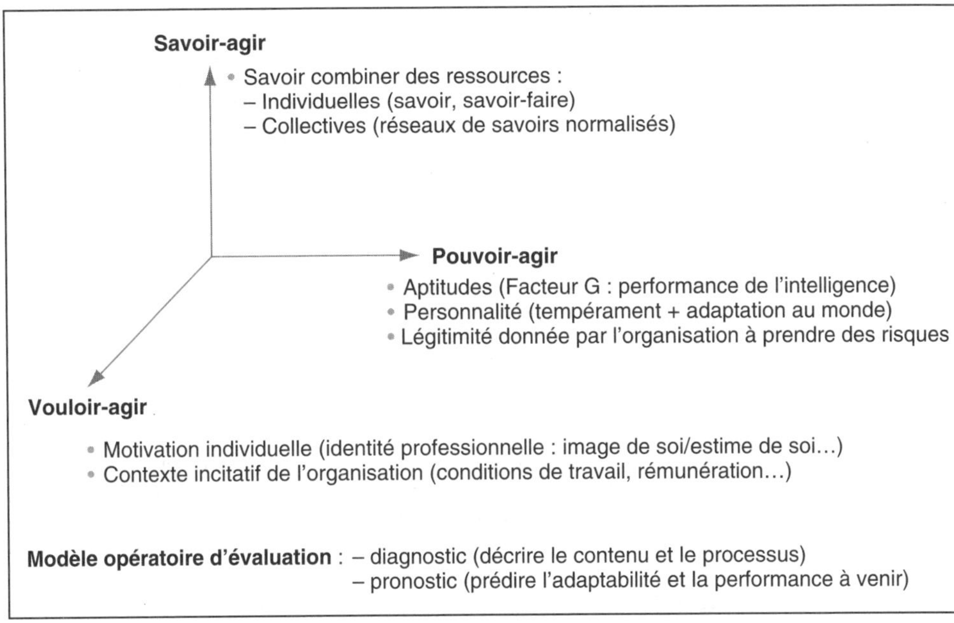

FIGURE 6 • Les trois aires conceptuelles caractérisant le « nous-individuel »

1.3.7 *Dynamique des trois instances socio-organisationnelles*

Afin d'illustrer d'une façon ludique ces trois instances et la dynamique qu'elles entretiennent entre elles, nous présentons une série de trois schémas qui, pour paraphraser Napoléon, « valent mieux que mille mots ». Ces trois schémas regroupent les trois instances socio-organisationnelles dans leur dynamique. La grande flèche représente le « nous-firme » ; les flèches à l'intérieur de cette grande flèche représentent le « nous-collectif » et les petites flèches qu'elles contiennent représentent le « nous-individuel ». Elles sont tour à tour mises en évidence par un trait en gras lorsque l'instance qu'elles représentent est analysée.

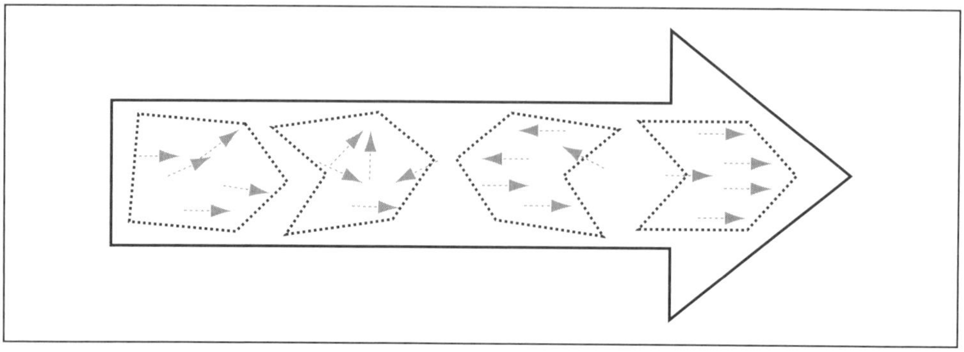

Le « nous-firme » est symbolisé par la grande flèche noire ci-dessus qui englobe l'ensemble des flèches.

Cette instance détermine le sens (dans sa double signification de finalité et de direction) donné au travail au sein de l'organisation. Elle est principalement mise en scène par la direction générale et de façon complémentaire par le management.

Le « nous-firme » compile tous les messages émanant de la stratégie et de la gouvernance organisationnelle. Ces messages s'appuient sur un certain nombre d'éléments immatériels comme la notoriété de la marque, la réputation et l'image de l'entreprise sur son marché. Le « nous firme » détermine l'engagement des collectifs de travail et en partie l'implication des individus au sein de l'organisation.

Ainsi, les sentiments de fierté d'appartenance comme les discours relatifs à la position de l'entreprise sur son marché révèlent le « nous-firme » dans le discours des salariés (ex. « Le dernier produit en vogue du domaine de la téléphonie multimédia a fait un tabac auprès du grand public ; c'est l'entreprise dans laquelle je travaille – qui d'ailleurs est leader sur son marché – qui l'a lancé ; en plus, c'est grâce au département dans lequel je travaille que nous avons pu asseoir notre position dominante. »)

FIGURE 7 • Le « nous-firme », déterminant du « sens du travail »

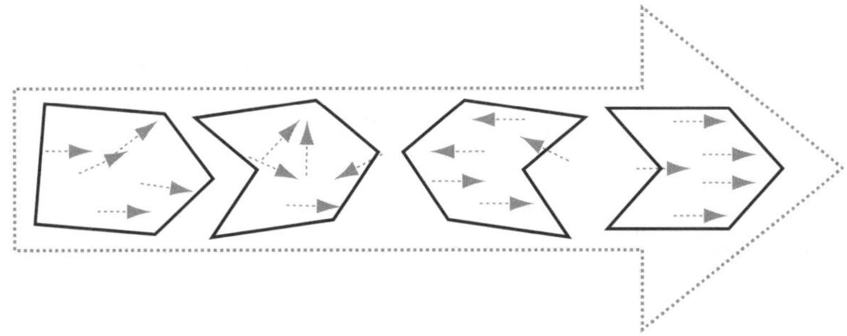

Le « nous-collectif » est symbolisé par les quatre flèches noires ci-dessus. Chacune des quatre flèches représente les sous-groupes en présence au sein du corps social. La dynamique de leur engagement organisationnel correspond à la façon dont pointe la flèche selon qu'elle s'oriente ou non dans le même sens que la flèche principale du « nous-firme ». Les différentes directions de chacune de ces quatre flèches déterminent les messages différenciés des sous-groupes en présence du « nous-collectif ». Ces sous-groupes sont des collectifs de travail qui travaillent entre eux soit en coopération soit en friction, voire en opposition (nature du « travailler-ensemble ») ; ils vont contribuer à déterminer l'implication individuelle au sein de l'organisation.

Dans l'exemple ci-dessus, trois des sous-groupes en présence sont en phase avec le sens du travail indiqué par le « nous-firme », tandis que le quatrième (le second en partant de la droite) est en conflit avec lui. Ceci indique que le « nous-collectif » ne parvient pas à « réguler » les « pulsions » des éléments du « nous-individuel » du troisième sous-groupe, clairement en opposition, pour les recadrer dans le sens du travail préconisé par le « nous-firme ». Il est à craindre que ce dernier use de sa fonction punitive pour recadrer ces éléments du « nous-individuel ».

Les sentiments ou messages du « nous-collectif » sont relatifs à la cohérence et la qualité du « travailler-ensemble », comme dans l'exemple qui suit :« Ici, à la production, les ouvriers font bloc autour de leurs chefs d'équipe qui suivent à la lettre les ordres du directeur de production. L'ambiance est particulièrement bonne, les gars se retrouvent souvent entre eux le week-end. Par contre, les ingénieurs R&D sont complètement murés dans leur tour d'ivoire ; ils participent rarement aux pots mensuels qu'organise le directeur de production dans l'atelier. D'ailleurs, le *turn-over* chez eux est élevé, ils n'ont aucun mal à retrouver un job ailleurs ; il y a tout le temps des têtes nouvelles et on ne connaît même pas leur prénom tellement ça tourne. »

FIGURE 8 • Le « nous-collectif », révélateur du « travailler-ensemble »

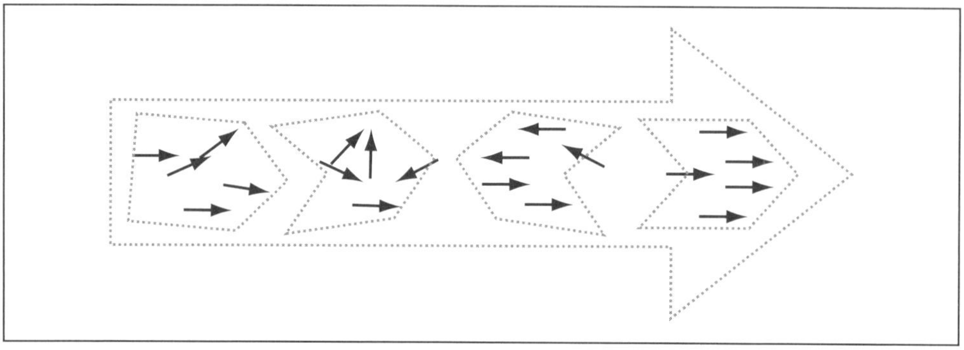

Le « nous-individuel » est symbolisé par l'ensemble des petites flèches noires à l'intérieur des quatre flèches du « nous-collectif ». Celles-ci représentent la dynamique de la dimension individuelle de l'organisation et révèlent qui « travaille dans ou contre le sens » déterminé par le « nous-firme ». Cette dynamique s'appuie sur la motivation des individus (vis-à-vis de la nature et du contenu de leur travail) et sur leur satisfaction au travail (vis-à-vis des conditions matérielles fournies par l'organisation).

Dans l'exemple ci-dessus, le « nous-individuel » est relativement en phase avec le « nous-collectif » et le « nous-firme ». Toutefois, dans deux des collectifs de travail, on constate deux types de dynamique : dans le deuxième collectif en partant de la gauche la dynamique paraît sans cohérence particulière, chaque élément donnant l'impression de « travailler dans un sens » qui lui est propre. Dans le troisième collectif de travail en partant de la gauche, la dynamique de la quasi-totalité des éléments du « nous-individuel » est non seulement clairement en phase avec l'orientation du collectif de travail du « nous-collectif », mais aussi en opposition avec celle du « nous-firme ». Il est à craindre que la productivité de ce collectif ne soit en nette diminution comparée à celle des autres, et que très rapidement un conflit ouvert n'apparaisse et/ou que le *turn-over* de ce collectif n'explose.

Les sentiments ou les messages du « nous-individuel » peuvent s'exprimer de la façon suivante : « Ici je suis vraiment motivé par mon job qui est vraiment très intéressant ; j'apprends beaucoup de nouvelles choses sur les machines dernier cri que l'entreprise vient d'acquérir, ce qui me permet d'accroître ma valeur technique sur le marché. Par contre, l'organisation du travail est tellement dramatique qu'aucun de nous, dans notre département, ne se sent incité à mobiliser ses compétences dans le sens de ce qu'il faudrait faire pour optimiser la production. C'est un vrai gâchis. D'ailleurs, la moitié des jeunes recrues s'en vont la plupart du temps au bout d'un an de présence. »

FIGURE 9 • Le « nous-individuel », dynamique du « travail dans ou contre le sens »

1.3.8 *La mobilisation des compétences : une dynamique différenciée selon la typologie d'incitation de chaque instance socio-organisationnelle*

Les différents exemples ci-dessus montrent bien que, n'étant pas monolithiques, les compétences ne peuvent être mobilisées avec les mêmes messages selon que l'on « s'adresse » au « nous-firme », au « nous-collectif » ou au « nous-individuel ». De fait, et c'est là toute la difficulté de la communication, un message peut simultanément être en phase avec l'une des instances, mais également entrer en conflit avec une autre. Les échecs de gestion et de mobilisation des compétences peuvent de fait mieux se comprendre si l'on intègre les différentes dimensions de ce qui mobilise ou démobilise les individus, dans la complexité de leurs multiples dimensions : individuelle, collective, rationnelle, irrationnelle, consciente, inconsciente.

Le schéma ci-dessous indique en synthèse la typologie d'incitation correspondant à chaque instance socio-organisationnelle. Les leviers d'incitation du « nous-individuel » correspondent au niveau de l'organisation ; ceux du « nous-collectif » au niveau des collectifs de travail du corps social ; ceux du « nous-individuel » au niveau des individus du « nous-individuel ». En s'appuyant sur des concepts éprouvés scientifiquement, ce schéma permet de mieux cerner les leviers qui mobilisent tant l'individu que les groupes sociaux au travail au sein des organisations. Pour dépasser l'aspect trivial de notre modèle des trois instances socio-organisationnelles et étayer plus scientifiquement nos propos et le schéma ci-dessous, nous nous appuyons sur de nombreux travaux scientifiques à la fois anciens (ceux relatifs à l'étude des concepts de motivation et de satisfaction au travail) et récents (ceux relatifs aux concepts d'engagement et à l'implication au travail). Nous allons nous attarder plus particulièrement sur ces derniers, ayant déjà présenté sous le point 1.2 de ce chapitre ceux relatifs à la motivation.

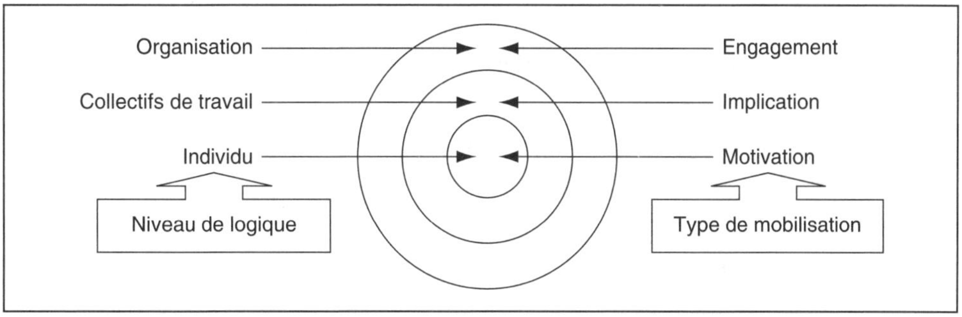

FIGURE 10 • Typologie d'incitation des différents niveaux de mobilisation des compétences

Les propos qui suivent ont fait l'objet de travaux de recherche empiriques validés dont les résultats ont été présentés dans le détail [14]. Ce qui suit concerne les précisions théoriques apportées par les chercheurs en science de gestion, en psychologie sociale et en psychologie.

L'implication personnelle est connue pour être une variable favorisant la compréhension de la pensée sociale et des conduites des individus (phénomènes représentationnels particulièrement étudiés par le champ de la psychologie sociale). On peut s'attendre à ce que cette notion joue aussi un rôle important dans le contexte du travail des individus au sein des organisations. L'implication organisationnelle a été définie très largement comme étant « un état d'esprit, une relation du salarié à l'organisation qui recouvre une orientation à la fois proactive et positive » [15], ou de manière générale, comme un attachement de l'individu à son entreprise. Néanmoins, comme cette définition le laisse voir, le concept d'implication organisationnelle reste polysémique et relativement flou du fait qu'il est parfois assimilé à l'engagement organisationnel, qui caractériserait plutôt l'état de la relation du salarié à l'entreprise. Comme le soulignent Charles-Pauvers et Commeiras [16], l'engagement ne constitue pas une « variable psychologique interne [et] ne peut pas être assimilé à l'implication ». Ainsi, l'engagement serait une variable issue de caractéristiques externes au sujet [17] et l'implication une variable interne au sujet. Allan et Meyer [18] confirment cette approche des choses : l'engagement organisationnel rend compte de la motivation des salariés à agir indépendamment des raisons personnelles qui pourraient les y mener (attitudes, avantages). Au contraire, l'implication organisationnelle serait constituée des caractéristiques internes au sujet (identification et attachement à son travail et à son entreprise). Pour conclure ce paragraphe, nous pouvons préciser en synthèse que :

- l'engagement organisationnel est dépendant des efforts mis en œuvre par l'organisation pour mobiliser les salariés et leurs compétences au travail dans le sens où celle-là l'attend ; l'engagement organisationnel est donc exogène à l'individu au travail, il est suscité par l'organisation ;
- l'implication se révèle dans la cohésion des collectifs de travail et dans leur faculté à canaliser les forces de travail individuelles ; l'implication est endogène aux individus, elle est à la fois individuelle et collective ;
- la motivation est dépendante des buts et objectifs individuels et de la dynamique entre l'image de soi et l'estime de soi ; la motivation est endogène et exclusivement individuelle.

---

14. Stéphanie Baggio, Pierre-Éric Sutter, « La relation homme/travail revisitée : liens entre implication personnelle, représentation sociale du travail et climat social de l'entreprise », soumis, 2008.

15. Karim Herrbach, Olivier Mignonac et Bruno Sire, « Identification ou implication organisationnelle ? Enjeux théoriques et de mesure pour la recherche en GRH », Congrès AGRH 2004.

16. Brigitte Charles-Pauvers et Nathalie Commeiras, « L'implication : un concept », in J.-P. Neveu, M. Thevenet (éd.), *L'Implication au travail*, Paris, Vuibert, 2002.

17. Robert-Vincent Joule, et Jean-Léon Beauvois, *La Soumission librement consentie*, Paris, PUF, 1998.

18. Natalie J. Allen et John P. Meyer, Affective, « Continuance, and Normative Commitment to the Organization : An Examination of Construct Validity », *Journal of Vocational Behavior*, 1994.

2. L'individu au travail : causes philosophiques

2.1 Le travail pensé par les philosophes

De la Bible aux Lumières, le labeur a longtemps été considéré comme une corvée, voire une malédiction. Or toutes les sociétés modernes l'ont mis au centre de leurs préoccupations, en suggérant que le travail pouvait être autre chose qu'un châtiment ou une pénitence. Pour prendre la mesure de cette évolution, il suffit de constater comment notre travail nous définit : ainsi lorsque nous rencontrons quelqu'un pour la première fois, la première question que nous posons n'est pas « *d'où venez-vous, qui êtes-vous ?* », comme l'usage le prévaut dans les sociétés traditionnelles, mais « *que faites-vous dans la vie ?* ». Ceci forge une conviction partagée par le plus grand nombre : le travail contribue à notre bonheur. Comment comprendre cette évolution ? Un bref aperçu des principaux courants de pensée philosophiques permet d'entrevoir des réponses partielles – voire partiales – à cette question : comment le travail a-t-il été pensé jusqu'à nos jours, tant par les philosophes opposés au travail que par ceux qui lui étaient favorables ?

2.1.1 *Les philosophes opposés au travail*

- *Aristote* (384-322 av. J.-C.) valorise la vie contemplative qui réclame du loisir et permet d'élever l'esprit à la hauteur de l'immatériel et du désintéressé. Il fait l'apologie de la vie politique qui n'est pas du travail, mais un lieu de réalisation de soi. Le travail est réservé à l'esclave, cette « machine animée, dépourvue de la faculté de délibérer ». La nécessité vitale à laquelle répond le travail n'est pas digne de notre humanité : nous vaudrions mieux que lui.
- *Paul Lafargue* (1842-1911), socialiste et gendre de Marx, a été très actif dans la création de la première Internationale. Il fonde avec Jules Guesde le Parti ouvrier français. Il est connu également pour revendiquer le « droit à la paresse » (titre de l'un de ses ouvrages, écrit en 1880). Selon lui, une « étrange folie possède les classes ouvrières. [...] Cette folie est l'amour du travail [...] poussé jusqu'à l'épuisement des forces vitales de l'individu et de sa progéniture. » Adepte d'une réduction massive du temps de travail (il préconise trois heures de travail maximum par jour), il voit dans le socialisme un synonyme de droit au loisir.
- *Friedrich Nietzsche* (1844-1900) ne critique pas tant le travail que l'idéologie bourgeoise qui le magnifie et l'idéologie socialiste qui l'exalte. Il comprend cette glorification comme un moyen de détruire ce qu'il y a d'individuel et de créatif en chacun. Le travail entrave l'indépendance et la liberté des désirs. L'idéal est un travail orienté vers le plaisir. Artistes et contemplatifs n'ont peur ni de travailler plus, si cela les motive, ni de paresser, si cela les inspire.
- *Hannah Arendt* (1906-1975) distingue trois domaines d'activité : le travail, qui préserve la vie ; l'œuvre, qui peuple le monde d'objets humains ; l'action qui crée un espace public pour la morale et la politique. Il faut cantonner le travail dans sa dimension vitale et physique pour sauvegarder les espaces de l'œuvre de l'homme, et surtout de l'action humaine, et ne pas réduire l'homme au travailleur. D'autant que l'automatisation « vide les usines » et crée « une société de travailleurs sans

travail ». Incapable de créer des œuvres ou d'agir avec les autres, l'homme risque d'en être réduit à un simple consommateur.

2.1.2 *Les philosophes favorables au travail*

- *John Locke* (1632-1704) pense que le travail donne un rôle essentiel dans l'élaboration de la vie sociale et politique. En tant qu'il est produit par son propre corps, il est la propriété de celui qui le génère ; il en est de même pour le produit du travail. Cette pensée est l'un des piliers de l'État moderne. Locke est à l'origine du courant de pensée relatif à la propriété privée.
- *Denis Diderot* (1713-1784), en réhabilitant les arts mécaniques (techniques et manuels) qu'il place au même rang que les arts libéraux (intellectuels), accorde au travail – manuel ou intellectuel – une dimension positive à ce qui était considéré comme une punition divine.
- *Georg Wilhelm Friedrich Hegel* (1770-1831) a écrit, dans *La Phénoménologie de l'esprit* : « *Le travail forme* », au sens où l'homme transforme la nature à son image. Il peut ainsi se reconnaître dans son œuvre et atteindre la conscience de soi. Dans la dialectique du Maître et de l'Esclave, l'esclave qui travaille pendant que le maître consomme devient plus puissant et plus humain que son maître. Le travail a une nature dialectique, en ce qu'il unit du négatif et du positif. Il fait souffrir, mais nous élève au-dessus de notre animalité. Si nous travaillons par obligation ou pour l'argent, nous pouvons, en même temps, nous réaliser et être heureux. Chacun travaille pour assouvir ses propres besoins et ceux d'autrui.
- *Karl Marx* (1818-1883) considère que, si le travail permet à l'homme de réaliser sa nature, il peut lui être dérobé. Dans le monde capitaliste, le travailleur survit en vendant sa force à un patron en échange d'un salaire. Et le fruit de son travail lui échappe : c'est l'aliénation. Selon Marx, « les douze heures de travail n'ont pas de sens pour l'ouvrier en ce qu'il les passe à tisser, à filer, à tourner, mais en ce qu'il gagne de quoi aller à table, au bistrot, au lit » (in *Travail salarié et capital*, 1849). Le plus important dans la vie d'un homme est ainsi perverti. Pour sortir de cette situation, il faut rendre le travail au travailleur en faisant cesser le système d'exploitation capitaliste, grâce à une réappropriation, par les ouvriers, des outils de production et du fruit de leur travail.

2.1.3 *Un tournant radical dans la conception du travail : la philosophie des Lumières*

C'est seulement à la fin du XVIIIe siècle que le travail change de catégorie (par le biais de penseurs tels que Benjamin Franklin, Denis Diderot ou Jean-Jacques Rousseau) : il n'est plus seulement un moyen de gagner de l'argent, mais aussi une façon de « devenir soi-même ».

Thomas Jefferson, troisième président des États-Unis (de 1801 à 1809) et rédacteur d'une partie de la Déclaration d'indépendance, explique que l'œuvre dont il est le plus fier est d'avoir créé des États-Unis méritocratiques, où une « nouvelle aristocratie de la vertu et du talent » a remplacé les vieilles aristocraties aux privilèges indus. Les discours des confessions protestantes américaines de son époque suggèrent que Dieu demande à ses fidèles de réussir dans la vie, sur un plan tant spirituel que temporel ; la réussite terrestre est la preuve que l'on mérite une bonne place dans l'au-delà. Les tâches avilissantes paraissaient, certes regrettables, mais aussi méritées, au même titre que les activités les plus gratifiantes.

Dès le début du XIXe siècle, Hegel est le premier à exprimer l'ambivalence du travail : en recourant à la dialectique, il articule les approches tant négatives que positives pour contribuer à faire avancer la compréhension du travail. Selon lui, le travail est certes fatigant, rebutant, il n'est qu'un moyen de survie. Néanmoins, c'est grâce à lui que l'être humain prend conscience de ses forces et de ses limites, qu'il modèle le monde à son image – ce qui lui permet de donner forme non seulement à son image de soi, mais aussi, serions-nous tentés d'ajouter, à ses compétences.

Karl Marx, sensible à l'approche de la dialectique hégélienne du Maître et de l'Esclave, a cherché à approfondir cette pensée. Selon lui, le travail moderne et les travailleurs peuvent être aliénés ; durant la révolution industrielle, de nouveaux « maîtres » ont organisé le « vol » d'une partie du travail des ouvriers. Si cette aliénation est vécue comme un drame violent, c'est parce que le travail permet au travailleur d'exprimer son essence humaine. L'Homme, en transformant la nature, subordonne sa volonté à un but conscient qu'il a d'abord imaginé pour lui-même et non pour un autre. Le travail est, selon Marx, trop précieux pour en faire une cause d'aliénation et de souffrance. Au contraire, il doit permettre à l'être humain de se libérer, de se réaliser, s'il le faut en renversant ces nouveaux maîtres qui ont aliéné les travailleurs. En s'appuyant sur la dialectique hégélienne, Marx est ainsi le premier à cerner un degré de conflit irréductible entre employeurs et employés.

2.2 Comment les travailleurs pensent-ils leur travail ?

Le travail a cette particularité qu'il transforme l'environnement, crée des objets, met les hommes en contact, déploie tout un monde spécifiquement humain ; les philosophes sont quasi unanimes sur ce point. De fait, le travail offrait jadis à l'Homme la possibilité de se réaliser dans son environnement et dans le monde. De nos jours, le travail occupe une position beaucoup plus ambiguë : l'être humain se plaint de son travail, mais il est bien heureux d'en avoir un ; quand il n'en a pas, il en recherche un, parfois désespérément. Quand il en a un, il en souffre, parfois jusqu'à la dépression, voire le suicide. Le travail est apprécié de plus en plus non plus pour ce qu'il est lui-même (tâches, réalisation matérielle, œuvre collective), mais pour autre chose (argent, prestige, pouvoir, remède à l'ennui).

Depuis la fin des Trente Glorieuses, nous assistons à de nombreuses métamorphoses du travail. D'une part, le chômage de masse et de longue durée ainsi que la précarité le rendent rare et précieux ; de l'autre, l'éclatement des parcours, la diversité des tâches au sein d'un même métier, la polyvalence, la porosité croissante entre les sphères professionnelles et personnelles ont contribué à faire disparaître les points de repères traditionnels : comment désormais cerner son travail, comment définir le travail ? La classe politique française contribue à rendre ambigu le sens à donner au travail. À gauche, il faudrait en réduire le temps au profit d'une vie plus amplement consacrée aux loisirs ; à droite, il faudrait l'augmenter, l'intensifier pour gagner plus, quitte à dégrader les conditions de travail. Et l'ambiguïté est accrue lorsque le travailleur constate le paradoxe que portent certaines décisions politiques censées améliorer sa condition et qui ont pour résultat au contraire de la dégrader. Le cas des 35 heures, que nous avons abordé plus haut, en est la triste illustration : comme le disait Lénine, « les faits sont têtus » ; les meilleures idées s'y heurtent jusqu'à en faire trébucher les idéologies les mieux intentionnées, parce qu'elles n'envisagent l'Homme au travail que partiellement et de façon réductrice. L'enfer du stress est pavé des bonnes intentions des thuriféraires des RTT qui n'ont pas su avoir une approche globale et non réductrice de l'organisation du travail, comme nous l'avons vu plus haut.

Deux impératifs, en apparence contradictoires, coexistent désormais dans les esprits de nos contemporains quand il s'agit de penser le travail :

- un impératif *économique*, qui impose comme principale finalité d'une entreprise la réalisation du profit ;
- un impératif *humain* qui nourrit tant les besoins « primaires » des travailleurs (besoin de se nourrir, de se vêtir, de mettre en sécurité), que leurs besoins « secondaires » (besoin de respect, de stabilité, de considération et même de divertissement).

Ces deux impératifs peuvent coexister durablement sans friction apparente, quand tout se passe bien. Mais ce qui peut devenir une préoccupation, voire une angoisse lancinante pour les travailleurs, c'est la conscience qu'en situation de choix entre ces deux impératifs, c'est toujours l'impératif économique qui l'emporte : ainsi le veut la logique même du système capitaliste. Les salariés ne peuvent définitivement chasser de leur pensée la certitude angoissante que leur statut de subordonné n'est jamais garanti, qu'ils demeurent dépendants de leurs résultats, mais aussi de leurs organisations. Ils ne sont donc qu'un moyen au service du profit et jamais des fins en soi.

2.3 La souffrance est-elle désormais le sens du travail ?

Outre la prise sur l'environnement et sur le monde, le travail apporte une certaine dose de souffrance. Le sentiment d'incohérence a, de nos jours, remplacé la compréhension des activités humaines, celle qui donnait à chacun un sens au travail quotidien. Le travailleur manque d'une réflexion globale sur les réalités du travail qui échapperait aux émotions extrêmes, à l'exaltation comme à la lamentation. Le travail est certes ambivalent parce qu'il engendre simultanément du plaisir et de la souffrance. Mais les choses ne sont pas aussi binaires qu'il y paraît : on semble enclin à accepter plus facilement la souffrance du travail, que celle du non-travail. Pourtant, on pourrait croire que le non-travail évite la souffrance du travail, et donc qu'il génère du plaisir, ou tout du moins, qu'il en évite la souffrance. Force est de constater que cette croyance est fausse ; nous avons pu nous rendre compte qu'une grande majorité des salariés ont une « valeur travail » positive, alors même que le climat social est médiocre au sein d'entreprises différenciées, tant par leurs activités, que par leur configuration socio-organisationnelle[19]. Comme nous allons le voir en seconde partie, la valeur travail est perçue positivement par les salariés

19. Stéphanie Baggio et Pierre-Éric Sutter, *La relation homme/travail revisitée : liens entre implication personnelle, représentation sociale du travail et climat social de l'entreprise*, *op. cit.*

français, ce qui ne préjuge pas, paradoxalement en apparence, de leur désengagement ou de leur stress : il ne faut pas confondre implication et engagement. Ce n'est donc pas en soi le travail qui est rejeté, mais la façon dont il est mis en scène par les organisations.

Le sociologue Michel Lallement[20] renforce ce constat en décryptant le processus « d'étiquetage social » du chômage. Le chômage est toujours associé à un état négatif ; c'est l'absence de statut social, la fin de l'autonomie et de la reconnaissance que fournit le travail. Chômeur, on devient exclu alors que travailleur, on est « inclus » ; travailler, c'est donc exister socialement. La situation de chômeur rétrécit l'espace de la sociabilité. Pour ceux qui vivent le chômage contre leur gré, le temps du non-travail condamne souvent au confinement domestique, au repli sur soi. La construction d'une identité et d'une image de soi positives est associée au fait de travailler. Alors que nombre d'entre nous sont privés d'emploi malgré eux, assisterions-nous à la « société de travailleurs sans travail » que décrivait Hannah Arendt ?

Chose troublante, il existe entre « le travail » et les autres éléments une différence que l'économie traditionnelle n'a pas les moyens de se représenter ou de prendre en considération, mais qui n'est pas moins inéluctablement présente dans le monde : le fait que le travail procure de la souffrance et du plaisir. Quelle « science dure » peut mesurer la souffrance ou le plaisir ? Quand les chaînes de production coûtent trop cher, on peut les arrêter sans qu'elles ne s'en plaignent : les machines n'ont pas d'état d'âme. En revanche, la main-d'œuvre réagit avec émotion quand on la cantonne au rôle de variable d'ajustement. C'est ce qui explique le fait que, lors des restructurations, certains salariés peuvent être tentés de choisir le suicide plutôt qu'un licenciement.

2.3.1 *Faut-il travailler pour vivre ou vivre pour travailler ?*

Pour synthétiser l'ambivalence du travail et tenter de comprendre ses contradictions philosophiques, nous posons trois hypothèses dans une démarche dialogique. Dans la droite ligne d'Hegel, ces trois hypothèses pointent des contradictions en apparente opposition ; c'est leur synthèse qui permet, par la pensée dialogique, de les dépasser et de créer du sens, pour comprendre certaines des causes du mal-être des individus au travail et – pourquoi pas ? – travailler vers un mieux-être au travail, à défaut d'un bien-être…

La première hypothèse pose que *le travail est une aliénation librement consentie* ; cette aliénation, inhérente à la structure (dans le sens anthropologique du terme) qui ordonne les relations entre agents sociaux, doit être conscientisée pour permettre au travailleur de mieux la vivre comme une liberté, et non comme une contrainte, une aliénation ; par le sacrifice de certaines libertés de second ordre (comme la liberté d'aller et venir comme bon lui semble), cette aliénation consentie permet d'accéder à une plus grande liberté et donc à une réalisation personnelle (comme celle de travailler plus que de coutume en prenant sur son temps personnel pour terminer un projet particulièrement stimulant en termes d'apprentissage et de reconnaissance).

La seconde hypothèse suppose que le travail est simultanément « *une possession qui nous dépossède et une dépossession qui nous possède* ». Nous possédons un travail par

20. Michel Lallement, *Travail : une sociologie contemporaine*, Paris, Gallimard, 2007, coll. Folio, série Essais.

lequel nous définissons et construisons notre singularité intérieure, mais, par le même temps, ce travail nous dépossède de nous-mêmes, parce que, extérieur à nous-mêmes, il nous oblige à travailler pour un Autre qui s'impose à notre singularité en la contraignant (l'organisation avec laquelle nous avons un lien de subordination, représentée par notre supérieur hiérarchique), Autre qui nous impose sa vision du travail et tend à nous déposséder de nous-mêmes et de ce travail qui nous constitue.

La troisième hypothèse pose que c'est par *la souffrance que le travail nous inflige que nous trouvons une partie de notre bien-être*, voire de notre bonheur, parce qu'il nous permet de dépasser les contraintes de notre condition humaine. Tout le paradoxe réside dans le fait qu'on peut accroître la souffrance qu'engendre le travail quand on cherche à trop augmenter son bien-être ou qu'il devient une fin en soi.

2.3.2 *Hypothèse 1 : le travail, une aliénation librement consentie*

Nous l'avons vu plus haut, certains philosophes se sont positionnés pour ou contre le travail. La dialectique à l'égard du travail détermine l'individu soit en l'aliénant soit en le rendant libre. Hegel fournit toutefois une échappatoire à cette dialectique contradictoire. Il postule que l'essence de l'Homme est la liberté, car il est l'être qui détermine sa propre réalité. En ce sens, l'Homme dépasse la nature (qui est en lui et à côté de lui) parce qu'il est capable de connaître ce qu'il est virtuellement, « en soi », c'est-à-dire sous une forme non encore révélée, développée. C'est la pensée qui lui fait découvrir le sens fondamental de son activité, qui lui révèle que celle-ci est libératrice. L'homme qui se pense comme être libre qui « invente un monde libre » tient dans cette définition : « la matière de son agir ». Ce qu'il pense, c'est aussi ce qu'il doit vouloir. La liberté ne saurait se réduire à l'intériorité, se cantonner dans l'utopie, la pensée rêveuse. La pensée authentique, dont la liberté authentique, est également volonté. Et la volonté n'est libre que lorsqu'elle pose elle-même ses propres objectifs, lorsque ceux-ci ne lui sont pas dictés par quelque chose d'extérieur.

Toutefois, ce rôle du « quelque chose d'extérieur » est désormais dévolu à l'organisation ; dès lors que l'Homme se place dans un lien de subordination vis-à-vis d'une organisation, il devient « travailleur » pour cette organisation, structurée par des rapports de groupes sociaux différenciés selon le statut attribué à chacun. L'Homme devenu travailleur va trouver sur sa route une force qui se heurte à sa volonté, donc à sa liberté d'agir. Mais il s'y retrouve par le fait que cette organisation fournit « la matière de son agir » : le travail lui-même, une finalité d'action, des moyens matériels, du lien social, un salaire… Ce qui fait que le travailleur accepte les injonctions de l'organisation ; il abandonne ainsi une partie de sa liberté d'action pour se donner les moyens de sa liberté d'agir.

Le piège est qu'à cause de la standardisation et du contrôle sous-tendus par l'OST, le travailleur n'a plus guère la possibilité d'exprimer sa singularité (cf. les travaux de Merleau-Ponty). L'organisation a grignoté peu à peu les espaces de liberté individuelle : l'ouvrier est contraint d'imiter le geste standardisé, extérieur à lui-même, alors que l'artisan peut faire de son geste un monde pour soi, à sa manière, qui traduit son intériorité, sa « poétique » du travail, son œuvre. Comme l'indique Hannah Arendt, il faut cantonner le travail dans sa dimension vitale et physique pour qu'il n'envahisse pas le reste de la réalité humaine. Sauvegarder les espaces de l'œuvre et de l'action de l'Homme, c'est ne pas réduire celui-ci au travailleur. S'il n'est plus capable de créer des œuvres ou d'agir avec les autres, le travailleur se voit réduit à son statut de consommateur. Au final, il se retrouve ainsi non seulement aliéné par son travail, mais aussi par son statut de travailleur-consommateur.

2.3.3 *Hypothèse 2 : le travail, une possession qui dépossède le travailleur, une dépossession qui le possède*

Comme nous venons de le voir ci-dessus, le malaise ou le mal-être au travail vient du fait que l'on est de plus en plus extérieur à son travail, que le travailleur a de moins en moins prise sur le sens de ce travail. Comme l'explique le philosophe Guillaume Le Blanc[21], travailler dans une organisation taylorienne, c'est en général être placé chez les autres, hors de soi, tout simplement parce qu'on n'a pas conçu le « prescrit » du travail que l'on subit, ni le projet d'entreprise, encore moins la finalité et le contenu du poste qu'on occupe, qui peuvent être en contradiction avec ses valeurs ou croyances. La dématérialisation grandissante du travail (*via* l'informatique et les télécoms) neutralise l'Autre. En le « virtualisant », elle donne l'illusion d'être « à son écoute » et de toucher un grand nombre de personnes : c'est le cas du travail en « centre d'appels » (cf. encadré ci-dessous). Le travail, dans ce contexte, atteint son paradoxe le plus criant : « l'écoute » des autres (les clients), cadrée par un logiciel et par des procédures, est obtenue à la condition que l'écoute de soi puisse être annulée. En effet, la singularité, l'improvisation n'y ont pas leur place, il faut optimiser les contacts avec les clients, aller au plus court, au plus efficace. Une telle aliénation provient de l'impossibilité de se rapporter à soi (mais au script du logiciel, conçu par d'autres que soi et extérieur à la situation singulière) dans le fait même de se soucier des autres. Cette impossibilité d'inventer des gestes pour soi dans le travail, à cause notamment de la surveillance du script et du contrôle du superviseur, se prolonge aussi par la difficulté d'un usage de soi hors du travail (quand les journées font 12 ou 14 heures d'affilée ou que le travail continue dans sa tête après le travail…).

P.R., technicien d'accueil client dans un centre d'appel pour un opérateur télécoms

« (…) L'ordinateur suit à la trace tout ce que je fais… C'est un métier assez fatigant. (…) On est comme dans un box, (…) attaché à l'ordinateur. On suit un script avec des phrases types. Notre autonomie est très faible. Il y a une déshumanisation, et les clients se rendent compte qu'on ne parle pas toujours naturellement… On n'a même pas besoin de penser… Du fait d'être surveillé en permanence, on se sent isolé, on a peu de relations avec nos collègues. Quand on sort, on est vidé comme si le client aspirait notre moral… Aujourd'hui, beaucoup de gens acceptent ce genre de travail parce qu'ils n'ont rien d'autre. On ne peut pas faire ça quarante ans dans sa vie, même s'il faut bien travailler pour vivre. »

Le travail est une affaire de rythme subi, de quadrillage disciplinaire de l'espace et du temps. Le travail devient un carcan de figures imposées quand l'OST est poussée à son paroxysme. La répétition de gestes standardisés provoque fatigue, sentiment de dépossession d'un travail vidé de toute initiative. Comment travailler pour vivre sans vivre un

---

21. Interview in *Philosophie Magasine*, dossier : *Je travaille donc je suis ?*, février 2008.

minimum dans son travail ? Dès lors qu'on n'arrive plus à conférer le moindre sens à son métier, « gagner sa vie peut être une occasion de la perdre », précise Guillaume Le Blanc.

Travailler, c'est réaliser des règles prescrites, mais cela devrait permettre aussi d'être en mesure de détourner celles-ci : travailler sur (ou contre) le travail, c'est toujours du travail. Il en est de l'intérêt de l'individu comme de l'organisation. C'est à cette condition qu'une vie au travail peut devenir une vie décente. C'est aussi à cette condition que l'organisation peut créer de la valeur lorsqu'elle sait laisser sortir ses salariés du processus quand celui-ci devient absurde ou antiéconomique. Le cas (véridique) ci-dessous illustre le paradoxe dans lequel les travailleurs se trouvent parfois plongés : lorsqu'un problème d'un client n'a pas été prévu par le script, faut-il quand même respecter le *process* (sans pour autant résoudre le problème du client et risquer de le perdre) ou faut-il sortir du *process* pour tenter de résoudre le problème alors qu'il n'a pas été prévu par le script ?

Suivre le *process* ou ne pas le suivre ?
Cas raconté par un cadre dirigeant d'un opérateur télécoms

Lors de son intégration à sa nouvelle affectation, ce cadre est amené à faire ce qu'on appelle de la « double écoute » sur un plateau de service clients Internet. Ces plateaux sont des plateformes en *open space* où des myriades de téléopérateurs répondent par téléphone toute la journée aux clients en mal de connexion Internet. Un « script » défile devant leurs yeux sur un écran, leur indiquant quelle réponse produire en fonction de la demande du client. Le *process* de ce travail a été poussé à l'extrême par des ingénieurs experts (qui, pour la plupart, n'ont jamais parlé à un client de leur vie *via* un téléphone...) *via* un « logigramme » prévoyant toutes les questions possibles des clients et les réponses à apporter aux questions des clients.

Notre cadre en intégration assiste pendant deux journées à la façon dont les téléopérateurs traitent les demandes des clients. À l'issue des deux journées, il remarque que deux types de téléopérateurs coexistent :

- *ceux qui suivent le* process *à la lettre* : ils respectent le script qui défile devant leurs yeux et le temps moyen imparti pour chaque client ; ils ne résolvent toutefois pas toutes les demandes du client ;
- *ceux qui ne suivent pas toujours le* process *à la lettre* : ils ne respectent pas toujours le script et dépassent la moyenne de temps impartie pour chaque client, mais ils tentent de résoudre à tout prix la demande du client.

La conclusion du cadre à l'issue de son intégration est assez décapante :

- ceux qui suivent le *process* à la lettre résolvent moins de problèmes que les autres et les clients qu'ils traitent sont moins satisfaits ; en revanche, ils sont bien notés par leur hiérarchie, car ils respectent le *process* et l'indicateur de temps moyen par client, immédiatement repérable par leur hiérarchie ;
- ceux qui ne suivent pas toujours le *process* résolvent quasiment tous les problèmes des clients et leurs clients sont plus satisfaits ; en revanche, ils sont moins bien notés par leur hiérarchie du fait qu'ils ne respectent ni le *process* ni l'indicateur de temps moyen par client. Comment font-ils pour résoudre les problématiques des clients hors *process* ? Ce sont des « vieux de la vieille » qui ont 20 à 25 ans de maison, qui disposent d'une vraie « culture télécoms ». Ils ont constitué au fil des ans un véritable réseau interne qu'ils sont capables de solliciter en cas de besoin. Dès lors qu'une demande du client n'est pas prévue dans le script, ils « by-passent » le *process* et sollicitent leur réseau interne pour trouver une

solution et résoudre le problème du client, ce qui évidemment prend un peu plus de temps que de lui répondre « qu'il n'y a pas à ce stade de l'échange de solution immédiatement repérable », comme le font les téléopérateurs de la première catégorie, qui ajoutent : « un expert de deuxième niveau va vous rappeler d'ici une semaine quand il aura analysé votre problème » (c'est ce qui est écrit dans le script !).

Cet exemple – absolument réel – illustre bien que ce sont les hommes qui peuvent rendre les *process* intelligents (nous serions tentés d'ajouter : « et non l'inverse »). La vraie question est de savoir si un téléopérateur peut « sortir du script » pour suggérer des modifications de celui-là même afin d'encore mieux résoudre les problèmes des clients… Cela corrobore ce que de nombreux travaux de recherche ont démontré : c'est plus la coopération collective et spontanée des collectifs de travail que les procédures figées qui permettent de résoudre les aléas de production, tous ces petits problèmes qui viennent perturber la vie des salariés parce qu'ils n'ont pas été prévus dans le *process* et qu'ils sont bien obligés de résoudre, sous peine d'engendrer une panne ou un déni de service et de bloquer la production…

2.3.4 *Hypothèse 3 : la souffrance du travail, clé de notre bien-être*

Le travail porte en lui la souffrance ; comme l'indique son étymologie, *tripalium* est, en latin, le nom d'un instrument de torture. Le travail est ce qui permet de circonscrire la souffrance de l'être face à la vacuité que lui laisse la liberté qui détermine sa propre réalité. Le travail sur la « matière » de la nature qui l'environne est concret, tangible ; cette confrontation peut être rude, car la matière nécessite un effort pour se laisser appréhender. Le travail, par l'effort qu'il requiert, permet de diminuer l'inconfort et d'obtenir le réconfort qu'en attend l'individu de par ses besoins primaires et secondaires. Mais les récentes métamorphoses du monde de l'économie financiarisée ont changé la donne en bouleversant le lien traditionnel entre effort et réconfort. Le travail résout de moins en moins la souffrance, bien au contraire, il en produit en surcroît ; l'être se retrouve de nouveau face à son angoisse existentielle.

Le psychiatre Christophe Dejours pense que la souffrance est inévitable parce qu'inhérente au travail, pour une raison simple : entre le prescrit que l'on est censé assumer et la réalité, il y a forcément un écart, un décalage. C'est ce dysfonctionnement et l'adaptation nécessaire qui provoquent la souffrance. Le fait que le réel résiste à la maîtrise fait souffrir, d'autant plus que, la plupart du temps, le réel se révèle sur le mode de l'échec. C'est ainsi que, malgré l'intelligence mise en œuvre pour respecter malgré tout le prescrit et peut-être même à cause de ces efforts, une dépression peut arriver. Celle-ci peut, par exemple, être déclenchée par un sentiment d'injustice quand la bonne volonté et l'investissement consentis ne sont pas reconnus, sentiment qui peut être exacerbé par une grande solitude et par l'absence de solidarité face aux difficultés. L'immense solitude dans laquelle vivent les individus au travail aujourd'hui a d'ailleurs plus d'incidences sur la santé mentale que le harcèlement, qui a toujours existé. Ce délitement du collectif au travail déteint sur toute la société.

L'Homme a cru résoudre tous ses problèmes humains par l'acquisition d'éléments matériels (au détriment d'éléments immatériels) et ce, notamment grâce au salaire que lui procure son travail. Là est l'une des clés de la compréhension non seulement de la souffrance acceptée pour « acheter le bien-être », mais aussi de l'aliénation consentie : le travail permet, par le salaire qu'il procure, de donner cette illusion de liberté et de pouvoir, celle du consumérisme triomphant qui permet de satisfaire toutes les pulsions primaires. Le bien-être occidental moderne, cantonné dans la quête incessante des biens matériels, révèle ses propres insuffisances à donner un autre sens à la vie que celui de consommer, consommer, consommer *ad nauseum*. Alors qu'il est censé assurer le bien-être, le travail contribue peu à peu au mal-être : un travail qui ne génère qu'un salaire (du matériel) sans procurer autre chose (d'immatériel) que de l'argent (comme la reconnaissance, la considération, un lien social…) devient vite ennuyeux, inintéressant, voire délétère, particulièrement lorsque le travailleur est dépossédé du sens et du fruit de son travail.

On peut voir le travail comme un simple « gagne-pain », comme un « objet » inerte et inanimé qui permet d'acheter le bien-être comme on achète une voiture ; on se le représente alors de façon réductrice. On peut également voir le travail sous un angle plus phénoménologique, dans tout ce qu'il apporte de « vivre-ensemble » (convivialité, échange d'idées, de sentiments…) et d'intersubjectivité qui alimentent l'individu en éléments immatériels tels que la créativité qui ressort de l'interaction individuelle au sein de l'organisation.

3. Individus au travail : causes sociétales

3.1 Perte de repères et perte de sens

Depuis deux siècles, divers aléas et événements historiques sont venus bouleverser l'environnement sociétal occidental.

- Des révolutions successives et de diverses natures ont émaillé la vie des citoyens, donnant l'impression d'une accélération du temps :
  - des révolutions philosophiques et culturelles : du Siècle des lumières jusqu'à l'émergence du modèle démocratique ;
  - des révolutions politiques : la Révolution française, la révolution d'Octobre en Russie, la fin du colonialisme, Mai 68 ;
  - des révolutions industrielles : fin de la société agraire, technicisation des rapports de production, croissance – les Trente Glorieuses, les chocs pétroliers marquant la fin des Trente Glorieuses – et pannes de croissance soudaines ;
  - des révolutions post-industrielles : mondialisation des échanges économiques, financiarisation des économies, émergence des nouvelles technologies et de l'ère de l'information.
- La sécularisation devient la norme : on assiste à partir de la fin du XIXe siècle à la laïcisation des États, et ce, presque partout en Occident ; cette sécularisation sonne le glas des superstructures religieuses et du dogmatisme.
- Des idéologies apparaissent puis disparaissent avec des cycles d'apparition et de disparition extrêmement courts au regard de l'Histoire : le nazisme émerge en Allemagne en 1933 lorsque Hitler est porté au pouvoir par les urnes ; il disparaît dans les ruines de Berlin le 8 mai 1945 lors de la capitulation du IIIe Reich et du suicide de

son Führer. Le socialisme apparaît officiellement en Russie en 1917 lors de la création de l'URSS et disparaît en soubresauts successifs quelque 70 ans plus tard.

- Le scientisme accompagne la naissance des sciences modernes puis s'estompe progressivement, donnant cependant à la science un statut d'impartialité (bien qu'elle soit parfois entachée d'une absence d'éthique notoire) participant au progrès technique, même si elle contribue dans certains cas à provoquer des désastres écologiques ou environnementaux…

Ces deux derniers siècles ont vu également se mettre en œuvre une redistribution des valeurs dans le cadre du mouvement démocratique. Le citoyen est mis au centre des préoccupations des États et des organisations politiques de proximité ; on assiste à une reconnaissance dans son intégrité de l'individu citoyen qui acquiert ainsi :

- la liberté de penser et d'agir pour lui-même ;
- des droits égaux à ceux de ses concitoyens ;
- une vision idéalisée du monde et de l'existence : l'individu ne « subit » plus la vision univoque d'une idéologie religieuse ou politique dominante, il peut se déterminer par lui-même.

Toutefois, ces bouleversements se sont accompagnés de « crispations » : chômage, fracture sociale, violences urbaines, surmédication, fanatisme religieux… Le citoyen assiste tour à tour à la fin de certaines de ses certitudes socioéconomiques, religieuses, idéologiques. Il a perdu les points de repère qui structuraient et rythmaient sa vie d'antan : la cloche du village qui égrenait les temps forts de la journée ; une vie professionnelle tracée à l'avance ; une cartographie morale simple permettant d'identifier les « gentils et les méchants », sur les plans tant politique que religieux…

Ces crispations viennent perturber la détermination individuelle. Elles remettent en cause le « long fleuve tranquille » du progrès continu et du confort de la vie moderne. Les individus voient apparaître des incohérences, des dissonances entre ces nouvelles valeurs et la difficulté à les vivre en accord avec le « nouveau monde » et ses acteurs qui bafouent parfois ces valeurs alors que, dans le même temps, ils les prônent dans leur discours. Ces dissonances viennent alimenter la tentation du relativisme et de « l'à-quoi-bonnisme » (« si tout se vaut, alors rien ne se vaut… mais qu'est-ce que c'était mieux au temps des Trente Glorieuses ! »). L'individu est tiraillé entre l'angoisse du passé et celle du futur : angoisse causée par la nostalgie d'un passé révolu, d'un âge d'or vécu et raconté par les parents ou par les grands-parents et angoisse causée par la crainte d'un futur obscur et incertain, voire menaçant. Le citoyen consommateur peut se sentir attiré par un excès d'individualisme ou, pire, par un repli sur son cocon « métro-boulot-dodo »… Quel sens donner à sa vie, au monde qui l'entoure ? L'engagement religieux, idéologique ou politique n'est plus valorisé et apparaît comme de moins en moins attrayant.

Le travail devient central puisque, finalement, il donne tout : le statut social, le pouvoir de consommer, donc la possibilité d'exister. On peut comprendre que, dans pareil contexte, l'individu à qui le travail donne tout soit tenté de se donner tout entier au travail…

La relation de travail est de moins en moins fondée sur un échange « donnant-donnant » entre les parties prenantes, mais de plus en plus sur une modalité « perdant-gagnant », voire « perdant-perdant », si l'on en croit la double décennie de licenciement que les salariés ont vécu dans les entreprises. La rentabilité maximale, justifiée par la financiarisation et la mondialisation de l'économie, exige que l'actionnaire soit toujours gagnant. Qu'en sera-t-il des salariés ?

Les échecs des démarches « compétences » révèlent ainsi que la problématique sous-jacente est celle de la vision de l'Homme au travail véhiculée par l'organisation, et non une éventuelle « crise de la valeur travail » imputable aux salariés, comme nous allons maintenant le montrer en seconde partie.

Partie 2

Gestion des compétences : sens du travail, travail sur le sens

SOMMAIRE

L'état des lieux dressé en première partie a permis de mieux comprendre les raisons des illusions relatives à la gestion des compétences. La seconde partie propose de poursuivre le propos sous l'angle du sens : le sens à insuffler tant dans les démarches compétence que dans l'organisation grâce à la démarche compétence. Cela suppose de devoir travailler sur le sens qu'on souhaite donner à la démarche compétence. À quoi et qui sert-elle : l'organisation, les salariés, les clients, les actionnaires ? Ainsi, le sens insufflé par la démarche compétence (re)donnera plus de sens au travail des salariés au sein de l'organisation.

Sous-partie A

Sens du travail : comment les compétences humaines peuvent contribuer à la création de valeur des organisations

SOMMAIRE

Voilà déjà plusieurs années que praticiens et chercheurs s'interrogent sur le lien qui peut exister entre les ressources humaines et la création de valeur. Le sujet est d'autant plus important que la période actuelle est marquée par la suprématie de la finance. L'idéal du chercheur en ressources humaines serait de construire un modèle théorique susceptible d'être validé par la pratique. Cet idéal se concrétisera-t-il un jour ?

Nous proposons de mener, dans les lignes qui suivent, une réflexion qui tentera de relier des notions et des résultats aujourd'hui encore très dispersés, et souvent contestés. L'objectif, en ordonnant ces éléments, est de s'interroger quant à la possibilité de rapprocher l'univers des financiers et celui des directeurs des Ressources humaines, de manière à infléchir les pratiques RH.

Dans cette optique, il nous a semblé judicieux de partir de la notion d'avantage concurrentiel et de regarder son impact sur le marché ainsi que les conséquences financières qu'elle peut entraîner pour les différentes parties prenantes, et tout particulièrement pour les actionnaires (chapitre 1). Dans un deuxième temps, nous regarderons comment le corps social peut contribuer à l'amélioration de cet avantage concurrentiel et donc créer de la valeur (chapitre 2). Enfin, nous nous pencherons sur les conditions nécessaires à ce que cette contribution des ressources humaines soit, sinon pérenne, au moins soutenue dans le temps (chapitre 3). En conclusion, nous essayerons d'en tirer quelques pistes de réflexion pour encourager les directeurs des Ressources humaines à mieux prendre en compte cette création de valeur et infléchir leur action et leur communication vers le monde financier. Plus encore, la prise en compte de la capacité du corps social à créer de la valeur doit fonder toute démarche « emploi et compétences », car la cible n'est plus l'emploi, mais l'avantage concurrentiel, ni la compétence « démembrée », mutilée, mais la faculté à créer de l'interaction entre les parties prenantes qui crée de la valeur sociale, donc de la performance pour l'organisation.

CHAPITRE 7

Conséquences financières de l'avantage concurrentiel

1. De l'avantage compétitif à l'avantage concurrentiel

Une entreprise est une structure économique et sociale, comprenant plusieurs individus travaillant de manière organisée, afin de fournir des biens ou des services à des clients, dans un environnement concurrentiel (appelé « le marché ») ou non concurrentiel (activité protégée, monopole…).

Une entreprise se résume ainsi à une finalité (l'idée), des ressources (matérielles, techniques, humaines, financières), une stratégie et une organisation (composée en structure et en processus : « l'entreprise est l'organisation qui réunit les éléments de la production et qui les dispose de façon à l'accomplir »[1]).

1.1 La finalité des organisations

Les finalités d'une entreprise peuvent différer de l'une à l'autre ainsi qu'au sein d'une même entreprise, selon les points de vue des différentes parties prenantes (par exemple, selon que l'on est actionnaire, dirigeant, collaborateur ou représentant d'un syndicat). Parmi les différentes finalités généralement rencontrées, on trouve :

- *servir le marché*, en produisant et distribuant des biens et des services correspondant à une demande ;
- *faire du profit*, c'est-à-dire extraire des bénéfices financiers en « récoltant plus d'argent que d'argent investi », pour attirer les investisseurs (institutionnels et petits actionnaires) ou pour redistribuer du bénéfice aux adhérents (par exemple dans les coopératives agricoles). C'est là la justification économique des entreprises, aucune d'elles ne pouvant survivre sans en faire l'un de ses objectifs, à moins de s'être fixé une mission

1. Source : *Wikipedia, http://fr.wikipedia.org.*

sociale ou d'être protégée et en dehors du champ de la concurrence (c'est le cas, par exemple, de certains services publics), ce qui, d'un point de vue purement économique, peut les conduire à consommer plus de ressources qu'elles n'offrent de valeur aux clients utilisateurs ;

- *réinvestir dans le développement de ses activités* (ou de celles d'une autre entreprise, dans le cas d'un « groupe ») et pour cela produire, entre autres, un excédent de trésorerie ;
- *atteindre un but technique* : la réalisation d'un ouvrage (bâtiment, pont, route...), la fabrication d'un produit manufacturé, la conception et la réalisation d'un service donnant satisfaction à un client. Ce but technique peut être extrêmement varié et lui-même un moyen au service d'une autre finalité (possession de groupes de presse, de ressources stratégiques ou d'entreprises porteuses d'images) ;
- *remplir une mission sociale* sans chercher forcément à générer du profit, par exemple dans le cas des entreprises d'insertion qui cherchent à rendre leurs salariés aptes à occuper un travail « normal ».

1.2 L'avantage compétitif

À moins d'être protégée et en dehors du champ de la concurrence, l'entreprise ne pourra atteindre cette finalité que si elle dispose d'un *avantage compétitif*, c'est-à-dire d'un élément qui va inciter le client à choisir ses produits ou ses services plutôt que ceux d'un concurrent.

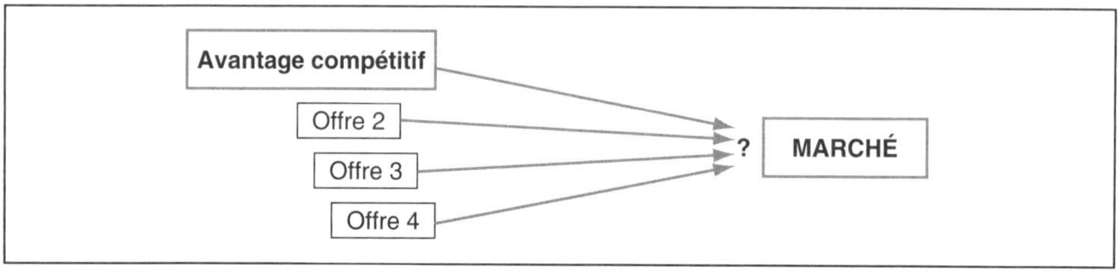

On parle d'avantage compétitif durable lorsque son possesseur sait le conserver durablement. Bien évidemment, c'est ce vers quoi tendent la plupart des organisations. Mais la loi de la concurrence incite les concurrents à imiter ces produits ou ces services, ou d'établir un nouvel avantage compétitif qui rendrait caducs les premiers, en profitant notamment des ruptures technologiques. Nous y reviendrons quand nous analyserons les ressources et les compétences.

Concrètement, qu'est-ce qui crée cet avantage ?

Classiquement, l'avantage compétitif résulte d'une compétence distinctive qui est maîtrisée par l'organisation (certains auteurs parlent de « cœur de compétence »). Pour être vraiment efficace, l'avantage doit être unique, difficile à imiter, nettement supérieur et adaptable à diverses situations.

Voyons ce que peut recouvrir cette notion. Ce peut être :

- une *marque* connue et inspirant confiance ;
- un *brevet* donnant l'exclusivité sur l'utilisation d'une technique particulière ;

- un *savoir-faire* particulier bien maîtrisé dans l'entreprise ;
- *l'image* de l'organisation, ses références (permettant par exemple lors des recutements d'attirer les candidats les plus talentueux) ;
- un *service* reconnu comme étant de qualité (réactivité, personnalisation…)
- l'accès privilégié à un *réseau de distribution* particulièrement efficace ou proche des clients ciblés ;
- etc.

1.3 L'avantage concurrentiel

Dans le cadre de l'élaboration de sa stratégie, et ce, pour optimiser le présent et préparer l'avenir, une entreprise doit chercher à exploiter au mieux ses avantages compétitifs et les développer durablement, afin d'en obtenir une différenciation distinctive par rapport à ses concurrents.

Dans le meilleur des cas, l'avantage compétitif va jusqu'à conférer à celui ou à celle qui le détient, une position dominante sur un marché. On parle alors d'un avantage concurrentiel**.** Ce leadership lui procure alors une forte rentabilité, selon le principe du « *the winner takes it all* » (le gagnant « rafle » toute la mise). Cet avantage concurrentiel qui crée une sorte de rente de situation a déjà fait couler beaucoup d'encre. De nombreux consultants proposent même des formules miracles permettant à la « pompe à cash » de fonctionner « automatiquement » par l'entremise de l'avantage concurrentiel !…

Cet avantage ne devient concurrentiel que s'il est perçu positivement par les clients et les consommateurs. Le marketing, la publicité, les messages commerciaux devront être porteurs d'éléments différenciateurs qui créeront une préférence dans les décisions d'achat des clients consommateurs.

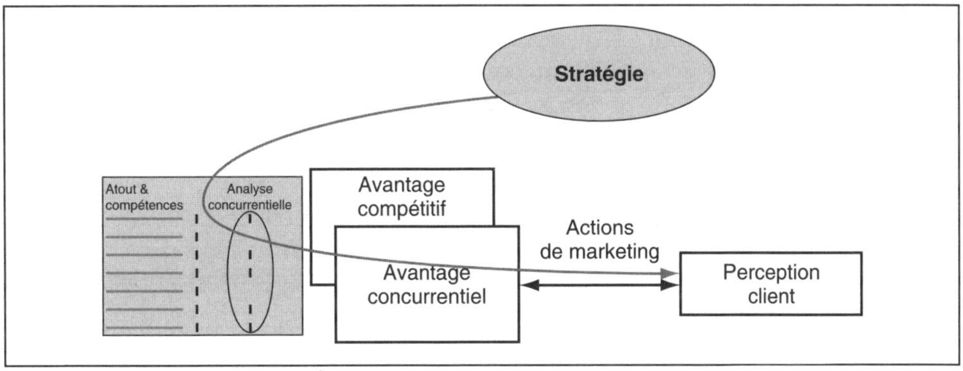

L'élément différenciateur peut être, entre autres, une particularité du produit, une façon nouvelle de l'utiliser, un service original apporté aux clients en utilisant différemment les réseaux de distribution, une politique particulière de promotion ou, tout simplement, une politique de prix avantageuse. Le plus souvent, c'est un mélange de ces éléments qui va, par sa logique, sa cohésion et sa pertinence, alimenter le discours marketing et « faire mouche » dans les perceptions des clients. Nous attirons l'attention du lecteur sur le fait que l'entreprise pourra acquérir cette position unique et enviable grâce à des particularités réelles, ou virtuelles, mais que c'est bien la perception par les clients consommateurs de ces particularités qui lui donnera une prépondérance sur les autres entreprises. Dans ce cas-là, c'est une sorte de « barrière psychologique » que l'entreprise déploie entre les clients consommateurs et les offres des concurrents.

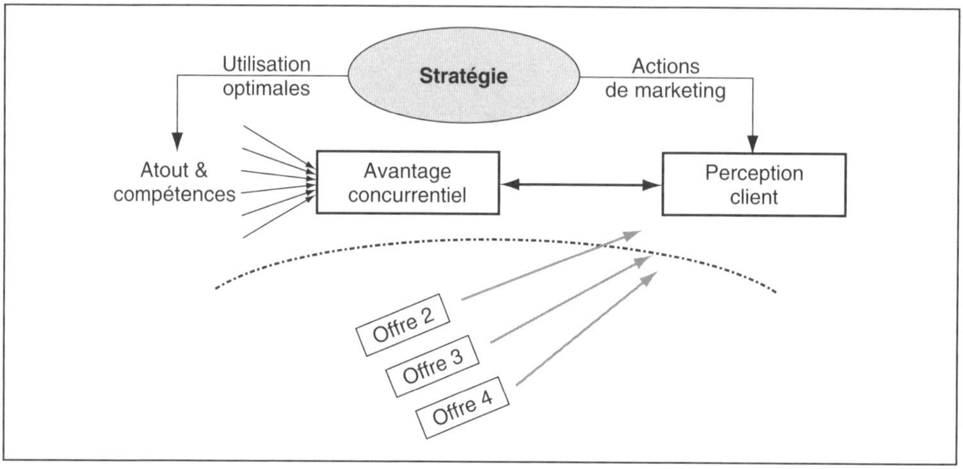

Si l'on se réfère à l'ouvrage de Michael Porter[2], on comprend, grâce au concept de « chaîne de valeur », comment examiner les activités d'une entreprise pour diagnostiquer un avantage concurrentiel. Porter identifie parfaitement l'influence du champ concurrentiel sur la composition de la chaîne de valeur et montre comment celle-ci peut être utilisée pour concevoir l'organisation de l'entreprise. L'approche de Michael Porter est doublement pertinente, parce que le choix de la différenciation se fonde sur une approche stratégique, et ensuite parce que la sélection des atouts et des compétences dans la chaîne de valeur est faite en fonction de l'effet différenciateur qu'ils peuvent apporter. Cet auteur décrit comment une firme peut acquérir un avantage durable, que celui-ci soit suscité par une stratégie par les coûts ou par la différenciation.

Dans une offre orientée « service », l'avantage concurrentiel est conditionné en permanence par la qualité de la chaîne de valeur. Au sein de l'entreprise Grand Optical[3], par exemple, le client voit en même temps les montures, l'opticien et la chaîne de montage qui l'équipera en une heure. Si la chaîne de montage était défaillante ou déconnectée de l'offre, l'effet de différenciation disparaîtrait. On mesure bien, dans cet exemple, la dimension psychologique, pour le client final, de l'avantage concurrentiel.

Dans une offre orientée « produit », au contraire, l'avantage concurrentiel repose sur le produit lui-même. C'est sa conception et son marketing, et non sa réalisation, qui sont porteurs de l'avantage concurrentiel. On peut donc installer la production en Chine et vendre le produit en Europe sans que cela nuise à la performance concurrentielle de l'offre puisqu'on se focalise sur le seul produit.

---

2. Michael. E. Porter, *L'Avantage concurrentiel*, Paris, Inter Editions, 1986.

3. Comme le fait remarquer André Leynaud, dans une tribune du Journal du Net du 25 juin 2003 (La chaîne de valeur support de l'avantage concurrentiel, http://www.journaldunet.com/solutions/0306/030625_tribune.shtml)

Les entreprises qui changent de mode de différenciation, passant en général du produit au service, doivent donc réfléchir simultanément à l'offre nouvelle, mais aussi à la chaîne de valeur qui portera leur avantage concurrentiel. C'est un moment délicat pour les dirigeants qui doivent changer non seulement leur offre, mais aussi toute la culture de l'organisation, et cela ne va pas forcément de soi. Les actionnaires le savent bien, et c'est la raison pour laquelle l'annonce d'une inflexion de la stratégie, même si, elle paraît objectivement rationnelle et fondée, va les inquiéter. Ils évalueront alors la qualité des mesures d'accompagnement.

2. De l'avantage concurrentiel à la création de valeur pour l'actionnaire

Il ne suffit pas d'évoquer un possible avantage concurrentiel pour garantir une création de valeur satisfaisante pour l'actionnaire. Cette création de valeur suppose en effet qu'il y ait un excédent du rendement des capitaux investis sur le coût du capital.

2.1 Pourquoi les actionnaires investissent-ils ?

Nous observons que les actionnaires développent un activisme croissant dans la gouvernance des organisations, exigeant des rentabilités suffisantes, lissées, parfois croissantes. Pour y faire face, les entreprises cherchent à optimiser continuellement la valeur de leurs titres, ce qui les conduit souvent à privilégier le court terme plutôt que le moyen et le long terme. Est-ce une fatalité ? Pour répondre à cette question, penchons-nous sur les motifs qui incitent les actionnaires à investir. Nous nous référons à une enquête d'Ernst & Young, réalisée en 2005, sur les priorités des investisseurs dans leurs décisions d'investissement.

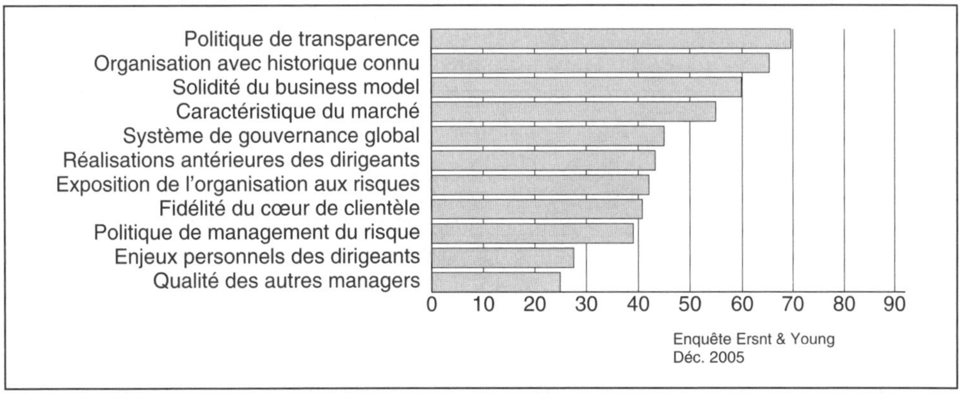

FIGURE 11 • Priorités des investisseurs dans leurs décisions d'investissement

L'étude montre, en premier lieu, que l'attente des investisseurs en matière de rendement des capitaux investis est appréciée selon une double approche : celle des perspectives à venir (marché porteur, fidélité des clients, solidité du *business model*, qualité de la gouvernance) et celle de l'appréciation du risque. Les onze critères majeurs cités par l'enquête Ernst & Young concernent directement ou indirectement l'appréciation du risque. Il semble intéressant de souligner l'importance que les investisseurs attachent au choix des dirigeants (leurs réalisations antérieures, leurs enjeux personnels), puisqu'ils sont les « dépositaires de la confiance » des actionnaires. Ils sont donc supposés, à ce titre, réduire le risque grâce à leur charisme et à leur personnalité (leur capacité à rassurer et à instaurer un climat de confiance).

	Perspective	Risque	Fondement
Politique de transparence		X	
Organisation avec historique connu		X	X
Solidité du business model	X	X	X
Caractéristique du marché	X	X	X
Système de gouvernance global	X	X	X
Réalisations antérieures des dirigeants	X	X	
Exposition de l'organisation aux risques	X	X	
Fidélité du cœur de clientèle	X	X	X
Politique de management du risque		X	
Enjeux personnels des dirigeants	X	X	
Qualité des autres managers	X	X	

FIGURE 12 • Les onze critères d'appréciation du risque

La même enquête jette un éclairage supplémentaire sur la notion du risque perçu par les investisseurs : 22 % le refusent, tandis que 60 % l'acceptent, s'il est mesuré. Enfin, 20 % vont même jusqu'à le rechercher, afin d'en retirer une rentabilité accrue.

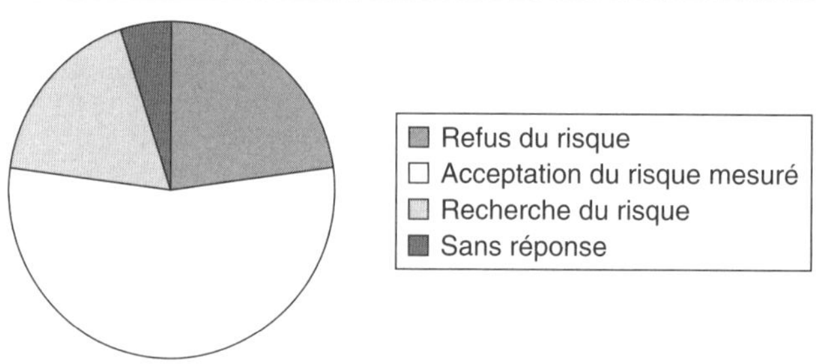

FIGURE 13 • Rapport aux risques des investisseurs

C'est au vu de ces attentes que nous pourrons mieux apprécier les qualités d'un indicateur que les actionnaires jugeront pertinent.

2.2 Quel indicateur des performances ?

L'objectif est de définir une méthode d'évaluation qui permette d'apprécier la valeur créée pour les actionnaires et qui incite fortement les responsables à agir dans le meilleur intérêt de ces derniers. La plupart des entreprises ont répondu à ce dernier impératif en alignant tout ou partie de la rémunération des cadres dirigeants et supérieurs sur des indicateurs de performances financières prenant en compte la création de valeur pour les actionnaires. Le problème est donc de savoir quel indicateur retenir. Un bon indicateur doit traduire l'impact des décisions prises par la direction. Idéalement, un outil de mesure des performances financières, vu par l'actionnaire, doit permettre d'évaluer la qualité des performances de l'entreprise, tout en appréciant sa rentabilité opérationnelle sur une certaine période par rapport à l'importance des capitaux investis, pour obtenir de tels résultats.

A priori, l'indicateur le plus direct des performances financières d'une entreprise devrait être le cours de ses actions. En conséquence, le meilleur indicateur de performance serait celui qui évoluerait en fonction des actions et des décisions de la direction générale. Toutefois, le cours boursier (et le rendement des titres) traduit les anticipations du marché quant à l'impact des évolutions futures. À ce niveau, il n'est pas prouvé que les décisions des directions générales aient un quelconque effet direct sur le cours des actions et sur les actionnaires et qu'inversement des sentiments diffus peuvent l'emporter sur des appréciations rationnelles. Il va sans dire que celles prises par des responsables à un niveau hiérarchique inférieur sont encore moins susceptibles d'influer sur le cours de l'action. Le cours de l'action ne peut donc pas être un indicateur pertinent d'évaluation des performances.

Dans la pratique, la plupart des entreprises ont recours à des indicateurs comptables et financiers tels que le chiffre d'affaires total, le résultat total, voire le taux de rentabilité des actifs. Ces indicateurs permettent d'arbitrer leurs propres investissements, qui peuvent créer de la valeur pour l'entreprise, sans pour autant en créer pour l'actionnaire. L'utilisation de ces indicateurs pour évaluer les performances peut par conséquent amener les dirigeants à suivre une politique d'investissement contraire aux souhaits des actionnaires. Certes, il peut exister de nombreux points de désaccord entre les actionnaires et les dirigeants, mais, dans la pratique, le principal reproche adressé à ces derniers est de ne pas utiliser au mieux les actifs de l'entreprise. Très souvent, les actionnaires estiment que les fonds propres de l'entreprise sont surdimensionnés par rapport au niveau optimal du flux des investissements. Dans bien des cas, cette situation est due à des systèmes de rémunération des capitaux inadaptés, ayant pour effet d'obliger les dirigeants à concentrer tous leurs efforts sur l'optimisation des bénéfices et des parts de marché.

2.3 La VAN (valeur actualisée nette) ou taux de rentabilité des actifs ?

Si l'objectif d'une entreprise consiste à optimiser la valeur des actifs revenant *in fine* aux actionnaires, elle ne devrait pas avoir trop de difficulté à l'atteindre. Il suffira d'investir exclusivement dans de nouveaux projets susceptibles de créer de la valeur et de ne poursuivre que les projets capables de créer de la valeur de façon durable. Pour les aider à choisir des investissements, les dirigeants peuvent faire appel à la règle de la valeur actualisée nette (VAN).

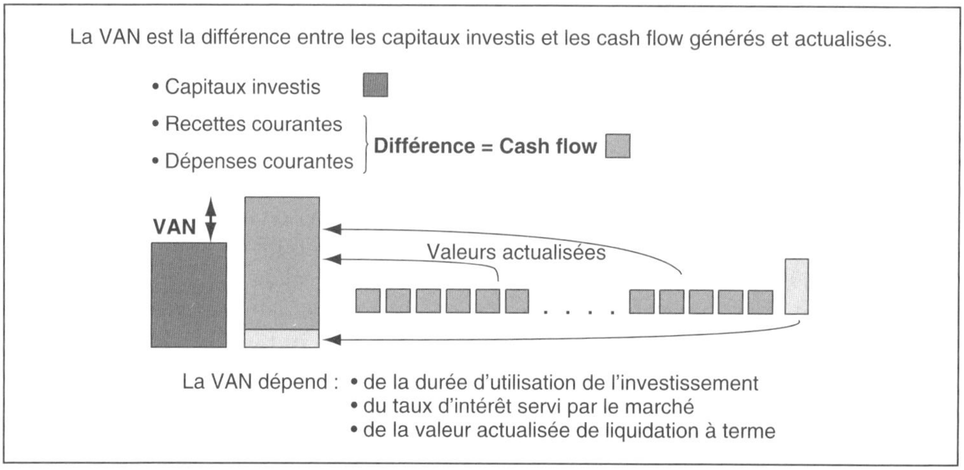

FIGURE 14 • La VAN : un élément indispensable aux calculs d'investissement

L'entreprise qui investit dans des projets dont la VAN est positive peut être sûre de créer de la valeur. Toutefois, une telle règle, si elle s'avère simple, se révèle souvent simpliste, car créer de la valeur peut être contradictoire dans les faits avec le développement d'un marché.

La question fondamentale est donc de savoir pourquoi les entreprises continuent à ne pas choisir les « bons » projets alors qu'ils disposent d'un outil fiable, la VAN, pour les aider dans leur prise de décisions. Une réponse nous est apportée dans la constatation que font les analystes financiers « du non-alignement des systèmes de rémunération avec les méthodes d'affectation des capitaux ». Les analystes écrivent que « la VAN peut difficilement être utilisée comme indicateur pour déterminer des rémunérations basées sur les performances. En effet, elle constitue un indicateur global basé sur les flux de trésorerie futurs et non pas sur les performances historiques. » On peut en conclure que la VAN est un indicateur facilitant la décision, mais pas un indicateur d'appréciation de la performance passée, et qu'à ce titre, elle ne satisfait ni les dirigeants ni les actionnaires. Regardons donc les autres indicateurs disponibles.

2.4 Le cash-flow ?

Nous avons signalé plus haut que beaucoup d'entreprises cherchent à aligner la rémunération des cadres supérieurs sur des indicateurs de performances financières. Pour déterminer ces rémunérations variables, il est nécessaire d'avoir recours à des indicateurs qui peuvent être calculés périodiquement, au fur et à mesure de la réalisation des performances, pour « maintenir la pression ». Il est certain que la mesure du résultat et du cash-flow sont des indicateurs existants, donc faciles à utiliser pour déterminer les rémunérations variables. Malheureusement, l'utilisation de tels indicateurs a pour effet de détourner les dirigeants des décisions correspondant à l'intérêt des actionnaires. Effectivement, dans une vision uniquement centrée sur l'intérêt financier des uns et des autres, un dirigeant peut prendre des décisions d'investissement (ou de désinvestissement) non conformes au meilleur intérêt des actionnaires, parce que, d'une part, il n'a pas à « supporter le coût » des capitaux investis et que, d'autre part, il ne perçoit aucune « rémunération » en contrepartie de la valeur créée pour les actionnaires. Le cash-flow, malgré sa simplicité d'utilisation, n'est donc pas l'indicateur idéal souhaité par les investisseurs.

2.5 La VEC (valeur économique créée) ?

Popularisée au milieu des années 1990, l'*Economic Value Added* (EVA) ou valeur ajoutée économique (VEC), se veut être « un critère opérationnel de mesure de la création de valeur. Elle se calcule en multipliant le montant de l'actif économique par la différence entre rentabilité économique après impôt et coût moyen pondéré du capital. La VEC permet à la fois d'évaluer les performances des entreprises et de sensibiliser leurs dirigeants au coût du capital investi. Elle constitue un outil de gestion financière décentralisé, car « elle permet à tous les niveaux de l'entreprise de mesurer la performance d'une unité en lui appliquant un taux de rentabilité exigé individuel »[4]. Ce concept (ou un concept similaire, tel que celui du « bénéfice économique » mis au point par McKinsey) a été adopté par de très nombreuses entreprises qui espèrent ainsi réitérer le succès des autres adeptes de la VEC, comme Coca-Cola aux États-Unis.

3. L'engouement pour la solution VEC

À l'opposé des autres indicateurs de performances, la VEC apprécie la valeur créée pour les actionnaires tout en traduisant l'impact des décisions des dirigeants. Sa définition explique l'engouement qu'elle recueille.

3.1 Formule et définition de la VEC

Commençons par analyser la formule de la VEC.

VEC = RCAI –(Kw X situation nette)

- **RCAI** = résultat courant après impôts.
- **Kw** = coût moyen pondéré du capital investi

Cette formule se comprend mieux à la lecture de l'explication qu'en donne le cabinet Stern Stewart (les initiateurs de la VEC) : « lorsque la rémunération des dirigeants dépend de la VEC, la propension de ces derniers à consommer du capital est freinée par le fait qu'ils devront en supporter le « coût », puisque leur rémunération variable sera minorée d'un coefficient correspondant au coût moyen pondéré du capital net consommé »[5].

Au niveau de l'entreprise, la valeur de la VEC est assez proche de la MVA « *Market Value Added* » (c'est-à-dire la valeur ajoutée de marché). Cette dernière étant définie comme la différence entre la valeur de marché de l'entreprise et sa situation nette. Mais la

4. Stern Stewart and Co, initiateurs mondiaux de la VEC.
5. James R. Hitchner, *Financial Valuation : Applications and models*, New York, Wiley Finance, 2006.

VEC est beaucoup plus lissée et surtout susceptible d'être décentralisée sur une division ou un centre de profit, ce que ne peut pas faire la MVA. De même, au niveau d'un projet, la valeur actuelle de la VEC future est égale à la VAN déterminée selon les méthodes habituelles, fondées sur le cash-flow excédentaire futur. Mais puisque la VEC et l'analyse du cash-flow excédentaire aboutissent à la même estimation de VAN, pourquoi la VEC est-elle un meilleur indicateur de performances pour les systèmes de rémunération que la VAN ? Parce que « la VEC permet de mesurer les flux tandis que la VAN fournit une appréciation de la valeur des titres de l'entreprise. Or, pour les rémunérations déterminées sur une base périodique, il est nécessaire de mesurer le flux des performances puisque ces dernières se traduisent par un flux de rémunération. En outre, parmi les indicateurs des flux disponibles, la VEC est la seule à tenir compte de façon explicite du coût du capital et du montant des capitaux investis. De ce point de vue, la VEC est plus pertinente que le cash-flow, autre outil de mesure des flux »[6].

L'originalité de la VEC réside dans le fait qu'elle permet de rapprocher les deux critères « flux » et « valeur » des titres. En effet, elle repose sur l'hypothèse que les investisseurs auraient pu retirer leurs fonds et les placer ailleurs. Ainsi, pour évaluer les performances de l'entreprise, il est nécessaire de déduire du résultat opérationnel le « coût » représenté par le taux de rendement que les investisseurs auraient pu obtenir en plaçant leurs capitaux ailleurs. Dans cet esprit, selon le concept de la VEC, le résultat courant avant impôts (RCAI) est ensuite minoré d'un montant correspondant au coût du capital, en considérant par là même que la valeur économique des actifs existants est du capital mis à la disposition de l'entreprise par les investisseurs (actionnaires, porteurs d'obligations, banques…).

La valeur totale d'une entreprise peut être définie comme la somme de deux composantes de base. La composante la plus élémentaire correspond aux actifs physiques de l'entreprise. Si l'on retient comme hypothèse que les actifs physiques sont valorisés à leur valeur économique, cette composante de l'actif total peut être considérée comme étant égale à la composante de la VEC correspondant au capital investi. Outre la valeur des actifs physiques, il est nécessaire de tenir compte de la *valeur actuelle du potentiel de croissance de l'entreprise*. La valeur de cette dernière composante, qui est de nature plus immatérielle, peut être importante selon l'entreprise.

3.2 Les limites du concept de la VEC

L'évaluation du capital mis à la disposition de l'entreprise constitue la principale difficulté (pourtant nécessaire) au calcul de la VEC. Comment ce calcul est-il réalisé ?

Le bilan constitue la principale source d'informations concernant la valeur des actifs existants de l'entreprise. Toutefois, en raison de la surabondance de distorsions comptables, le total de l'actif tel qu'il figure au bilan ne correspond ni à la valeur de réalisation des actifs ni à leur valeur de remplacement. Le bilan est donc d'un intérêt assez limité lorsqu'il s'agit d'évaluer la situation nette du capital mis à disposition. Ainsi, le cabinet Stern Stewart – créateur de la méthodologie EVA (ou VEC, en français) – prend systématiquement le soin de corriger les chiffres figurant au bilan avant d'estimer la

6. James R. Hitchner, *Financial Valuation*, *op. cit.*

valeur des actifs existants de l'entreprise, en « procédant à plus de 250 ajustements dans le cadre du calcul de la VEC ». Dans la pratique, cependant, la plupart des entreprises estiment que 15 ajustements, au maximum, sont réellement nécessaires. Parmi ceux-ci, citons la compensation des dettes d'exploitation et des actifs circulants, l'imputation des écarts d'acquisition bruts sur les réserves, la neutralisation des provisions pour restructuration, l'imputation au compte de résultat des frais de recherche et de développement (et éventuellement des frais de publicité) et la neutralisation des provisions pour dépréciation des stocks calculée selon la méthode « LI-FO » (*last in, first out* : dernier entré, premier sorti). Ces ajustements sont considérés comme assimilables aux fonds propres. En outre, l'endettement net est augmenté de la valeur capitalisée des loyers versés au titre de contrats de location simple. Le but de ces ajustements est d'obtenir un bilan qui traduise plus fidèlement la valeur économique des actifs que le simple bilan comptable.

Cette « cuisine comptable », domaine d'experts, ne diminue en rien l'intérêt de la VEC. Ce concept est souvent présenté, à tort, comme un nouvel indicateur d'évaluation, mais les entreprises ne doivent pas l'utiliser comme tel. Au contraire, la VEC doit être considérée exclusivement comme un outil de mesure des performances qui permet de neutraliser les distorsions observées dans les comptabilités de la plupart des entreprises. La principale faiblesse de la VEC – que la méthode partage avec la plupart des autres indicateurs de performances financières – concerne l'absence de prise en compte des évolutions futures.

3.3 Le coût moyen du capital investi (selon la méthode de la VEC)

Il se calcule selon la formule suivante :

Kw = (Re–C) X capitaux investis

Où :

- **Re** = rentabilité des capitaux investis, ou rendement des actifs (ROCE, selon la terminologie anglo-saxonne), après impôt ;
- **C** = coût du capital, c'est-à-dire le coût moyen des financements engagés (fonds propres et dettes). Ce coût dépend à la fois du prix de l'argent, c'est-à-dire des taux d'intérêt de marché Cm, mais aussi du degré de risque perçu par les actionnaires Cr. Plus le risque est jugé fort, plus la prime Cr exigée par les actionnaires est élevée, élevant ainsi le coût du capital et par conséquent le niveau requis de rendement des actifs ;
- **capitaux investis** = ensemble des capitaux nécessaires à l'activité (immobilisations + besoins en fonds de roulement).

C = Cm + Cr

Prenons un exemple : un actionnaire a investi dans une entreprise dont la rentabilité après impôt est de 12 %. Le marché financier apporte une rémunération de 5 %. Si le risque perçu par l'actionnaire est nul (Cr = 0), l'actionnaire verra son capital rémunéré à hauteur de 7 %, niveau qu'il jugera ou non suffisant en fonction de critères que nous ne développerons pas ici.

En revanche, si cet actionnaire estime que l'activité de l'entreprise présente un risque pour son revenu, ou, pire, pour l'intégrité de son capital, il va exiger une rémunération de ce risque par exemple de Cr = 6 %, lui laissant une rémunération nette de son capital de 1 %, ce qu'il jugera sans doute insuffisant. La suite est aisée à imaginer : il retirera son investissement !

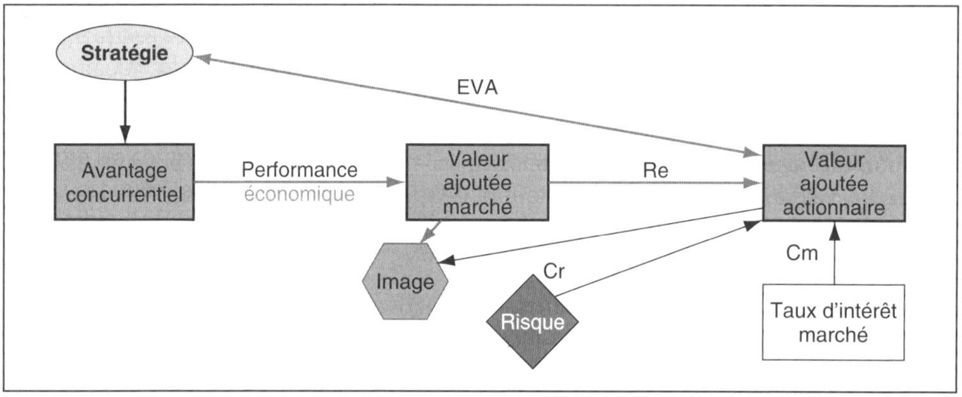

FIGURE 15 • Formule d'évaluation du risque par l'investisseur

Nous avons vu que la valeur actuelle du potentiel de croissance de l'entreprise dépend des anticipations du marché concernant l'évolution future de l'activité. Malheureusement, la VEC ne permet pas de tenir compte de l'évolution de cette composante de la valeur de l'entreprise

La VEC présente néanmoins un intérêt majeur dans le sens où elle conduit les dirigeants à œuvrer en cohérence avec les attentes des investisseurs. Elle seule permet de rémunérer les dirigeants en fonction des bénéfices générés, tout en tenant compte de l'importance du capital investi pour obtenir les résultats en question. Dans la mesure où elle a permis de sensibiliser les dirigeants au coût du capital investi dans l'activité, tel que les actionnaires peuvent le concevoir, la VEC peut être considérée comme un concept extrêmement utile dans le domaine financier.

En conclusion, la VEC permet de mieux appréhender les performances des entreprises, car les investisseurs évaluent bien autre chose que la pure performance économique. Désormais, les financiers peuvent mieux intégrer dans leurs décisions d'investissement la capacité de l'équipe dirigeante à créer de la valeur. Mais la tendance actuelle s'oriente vers une prise en compte grandissante de la capacité du corps social (en interaction avec le management) à contribuer à la création de cette valeur.

CHAPITRE 8

La contribution des RH à l'avantage concurrentiel

Dans le cadre de ce qui a été présenté au chapitre précédent, les liens entre ressources humaines et création de valeur peuvent être analysées et présentées autour de deux dimensions, immédiatement perceptibles par le marché financier, que sont la performance économique et le risque. C'est là un premier niveau d'analyse, financier, donc incomplet pour rendre compte de la réalité de l'entreprise, particulièrement dans sa dimension sociale. Il existe un second niveau d'analyse moins reconnu, mais plus porteur qui tourne autour de l'apport des Ressources Humaines à la chaîne de valeur ainsi qu'à la construction et à la défense de l'avantage concurrentiel.

1. Niveaux d'intervention RH dans la constitution de l'avantage concurrentiel

Prenons l'exemple du groupe Salomon, dont le credo interne stipule qu'il faut « changer les règles du marché pour gagner ». Nous observons que cette société de Haute-Savoie a toujours fait appel à des ressources et à des compétences distinctives pour développer continuellement son avantage concurrentiel, en élaborant des produits innovants. Pour ce faire, ses dirigeants successifs ont eu l'intelligence de constamment définir une vision mobilisatrice, adoptée par l'ensemble du personnel. Or, si les actionnaires ne sont pas directement sensibles à la mobilisation des RH, la notion d'avantage marché leur parle, puisqu'elle éclaire l'avenir, diminue le risque, donc réduit leur exigence de rémunération du risque (« Cr. »). Nous voyons là tout l'intérêt de coupler ces deux facteurs. Nous y reviendrons.

1.1 La définition des ressources et des compétences

Les ressources peuvent être définies comme des actifs tangibles ou intangibles attachés à l'entreprise. Elles peuvent être classées en cinq catégories : financières, humaines (le nombre de salariés, leur niveau de qualification…), matérielles (sites de production, machines disponibles, stock…), organisationnelles (système d'information, procédures…), technologiques (savoir-faire, brevets…). On peut ajouter à cette liste la notoriété et l'image, qui sont, on l'a vu, essentielles pour asseoir l'avantage concurrentiel. Une marque ou des informations accumulées sur les clients sont, par exemple, inestimables dans la constitution de l'avantage concurrentiel.

Dans cette optique, l'entreprise dispose d'un véritable patrimoine qui permet de la concevoir comme un portefeuille de ressources. Mais repérer ces ressources n'est pas toujours aisé, dans la mesure où les systèmes d'information traditionnels en fournissent une image fragmentée et incomplète. En réalité, seuls les actifs qui peuvent être isolés et mesurés facilement (terrains, usines, équipements…) sont pris en compte par les tableaux de gestion traditionnels. Ainsi, le bilan comptable ne s'intéresse guère aux ressources intangibles et pas du tout aux compétences des individus.

Toujours chez Salomon, l'approche fondée sur les ressources et les compétences a renouvelé la conception même de l'entreprise, en la considérant non plus à travers ses activités produits/marchés, mais principalement à travers ses ressources internes. Ainsi, la stratégie n'apparaît plus comme un exercice rationnel d'adaptation, mais au contraire comme une architecture qui guide le développement des ressources. Dans cette perspective, l'entreprise a commencé par identifier ses ressources et ses compétences clés. Cette opération réalisée, elle a évalué ces compétences dans le contexte de leur environnement concurrentiel. Enfin, elle est parvenue à impliquer le corps social dans le cadre de sa stratégie, autour de ses compétences, vecteur de performance économique. Cet exemple montre comment Salomon a su mobiliser les talents de ses collaborateurs dans une perspective commerciale. À souligner : la communication que l'entreprise a réalisée sur ce sujet vers toutes ses parties prenantes.

Il existe une hiérarchie dans les ressources et les compétences. La plupart de ceux qui pensent ou ont pensé la compétence considèrent généralement que plusieurs ressources combinées peuvent constituer une compétence. Ce processus de « combinaison de ressources » est une sorte d'apprentissage organisationnel, qui peut créer de la valeur, alors que les ressources, prises de façon isolées, constituent rarement des forces génératrices de valeur. En fait, créer une compétence nécessite un assemblage de ressources, mais implique également un apprentissage, qui va se réaliser *via* la répétition efficiente et l'expérience. Parmi ces compétences, certaines sont perçues par l'entreprise comme fondamentales (*« core competencies »*), car elles la différencient de façon stratégique. Un seul individu ne peut pas à lui seul posséder une compétence fondamentale, dans la mesure où celle-ci s'inscrit bien souvent dans un réseau de relations entre les différentes ressources possédées par l'entreprise (approche systémique). C'est en fait de la complexité de ce réseau que vont dépendre le caractère durable de l'avantage concurrentiel et, par conséquent, le niveau de la rente générée. Mais, cette complexité n'est pas sans entraîner des difficultés dans le repérage des compétences.

Ce qui précède illustre la complémentarité nécessaire de la stratégie de la firme et de la stratégie sociale [1]. Cette seconde doit soutenir, dans son domaine, la première, beaucoup plus large. Il faut souligner deux points :

1. La stratégie sociale est définie au point 1.2 qui suit.

- la stratégie sociale doit intégrer le contexte concurrentiel pour apprécier correctement les ressources disponibles en vue de la recherche de l'avantage concurrentiel ;
- les différents aspects de cette stratégie sociale, que nous allons schématiser sous la forme d'une marguerite, constituent un ensemble dont chaque élément interagit avec les autres, en une causalité rétro-circulaire et non linéaire.

Avant d'aborder le schéma en marguerite, observons la double relation, d'une part, entre la stratégie sociale et l'avantage concurrentiel et, d'autre part, entre la stratégie sociale et la valeur-marché. Ces deux facteurs sous-tendent la gouvernance du corps social.

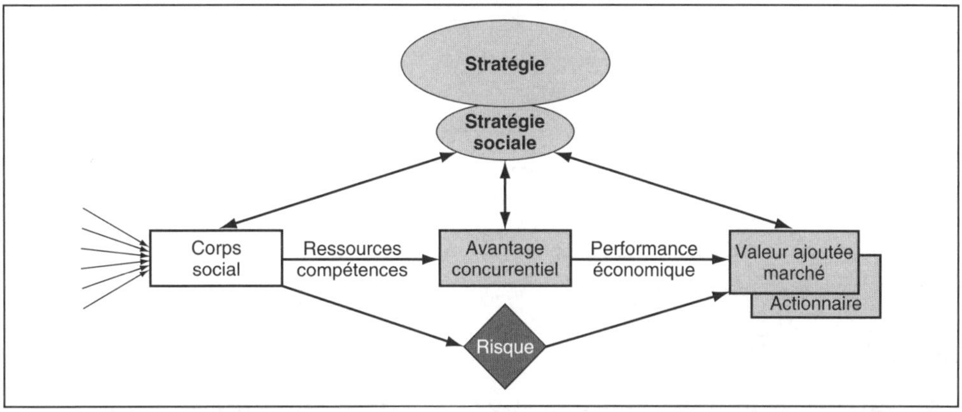

FIGURE 16 • Lien entre stratégie sociale, avantage concurrentiel et valeur-marché

Il faut remarquer qu'à cette étape de la réflexion, le corps social apparaît toujours comme un élément de risque pour l'actionnaire.

1.2 La stratégie sociale de l'organisation

La stratégie d'entreprise consiste à faire des choix dans l'allocation des ressources (financières, humaines, technologiques, etc.) qui engagent l'entreprise dans le long terme. Ceci permet à l'organisation d'atteindre ses objectifs dans les temps et ce, conformément à sa finalité.

La stratégie sociale est, pour sa part, une forme déclinée de la stratégie générale :

- elle coordonne l'action de l'ensemble des ressources humaines, prises comme une des parties prenantes, en interaction au sein de l'organisation, pour permettre d'atteindre les objectifs ;
- elle vise à maximiser la performance sociale, c'est-à-dire à promouvoir l'engagement optimal des différents acteurs en limitant le désengagement des salariés et en évitant les conflits sociaux.

Dans ce but, la stratégie sociale définit le cadre des politiques RH, dans lequel seront mises en œuvre des actions cohérentes de GRH, intervenant selon une logique séquentielle, permettant de réaliser ces objectifs. Elle se traduit ensuite, au niveau opérationnel en plans d'action, par domaine, y compris éventuellement des plans de rechange, utilisables en cas d'évènements changeant fortement la situation initiale.

La performance sociale de l'organisation

La performance sociale est la résultante des actions des différents acteurs de l'organisation qui interagissent les uns avec les autres, dans une causalité circulaire. C'est la cohérence perçue des rôles complémentaires de tous les acteurs, qui révèle l'efficacité sociale.

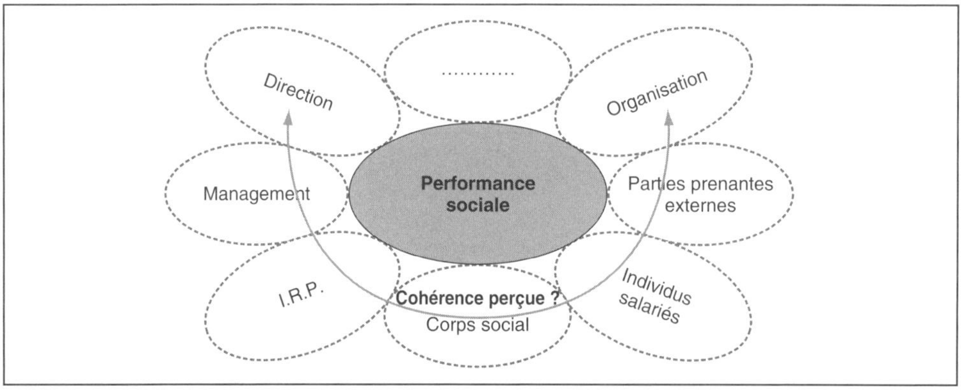

FIGURE 17 • La marguerite de la performance sociale (acteurs, parties prenantes)

1.3 Quels sont les acteurs de la performance sociale et quelle est leur contribution ?

La *direction générale* (ou DG) fixe la stratégie, la fait valider par les actionnaires, puis la déploie à l'intérieur de l'organisation. À ce titre, on peut légitimement s'interroger sur sa capacité à présenter un projet mobilisateur, en particulier sur la plus ou moins grande compréhension par le personnel, à tous les niveaux, des buts poursuivis par la direction. L'objectif à ce niveau est de mesurer le potentiel de confiance et de mobilisation dont jouit la DG et donc sa capacité à insuffler le changement.

Le *management* assure la gestion et la conduite des opérations. Il encadre des personnels dont il doit coordonner et orienter les actions. Sa mission est essentielle, car il doit, à la fois, décliner les objectifs, les expliquer, stimuler ses collaborateurs, les faire progresser, tout en respectant leurs valeurs. Il doit surtout être crédible et être un facilitateur dans les difficultés quotidiennes.

Les relations sociales concernent la qualité du dialogue qui s'instaure entre les *instances représentatives du personnel* (ou IRP), l'encadrement et la direction générale. Toujours sous ce poste, on peut mesurer la représentativité des partenaires et la confiance que le personnel accorde à ses représentants. Les personnels se « retrouvent-ils » dans les sujets débattus en CE, DP, CHSCT ?

Le *corps social* est la somme des groupes et sous-groupes de salariés qui composent l'entreprise. Leur cohésion (nouveaux entrants et anciens, cadres et non-cadres, diplômés et autodidactes…), leurs cultures, croyances, attitudes sont autant d'éléments qui influent sur leur adhésion aux finalités de l'entreprise et donc sur l'efficacité globale.

Les *individus* qui composent le corps social ont des représentations sociales du travail variées, car celles-ci sont, pour chacun d'entre eux, l'héritage de leurs vécus, de leurs formations et de leurs croyances. Leur implication dans l'entreprise dépend dans une grande part de l'adéquation entre ces représentations et les valeurs prônées par l'entreprise. C'est ainsi qu'à titre individuel, on peut être motivé par son « job » et cependant « démobilisé par rapport à son entreprise » et chercher à la quitter pour se réaliser ailleurs.

L'ensemble des *acteurs* ci-dessus interagissent avec d'autres qui interviennent de l'extérieur de l'entreprise dans le domaine des ressources humaines. Il peut s'agir de prestataires ou d'organismes nationaux. À ce niveau, il est intéressant d'observer la pertinence de la communication sociale et son impact réel sur les comportements. N'y a-t-il pas de hiatus entre la communication interne et la communication externe ? Chacun accède-t-il facilement à l'information nécessaire à l'accomplissement de sa tâche ? N'y a-t-il pas un décalage entre le « discours officiel » porté par le management, l'intranet, les plaquettes commerciales, etc, et le vécu sur le terrain ?

Les *méthodes de management* et les processus RH (qui interviennent comme des « personnes morales ») peuvent être vécus comme des contraintes supplémentaires ou des appuis dans la recherche d'une efficacité sociale optimale. L'organisation et l'ordonnancement des tâches sont-ils adéquats et compris ? Favorisent-ils l'innovation ou engendrent-ils une résistance ?

Dans chaque pétale de la marguerite il existe des indicateurs de performance adéquats.

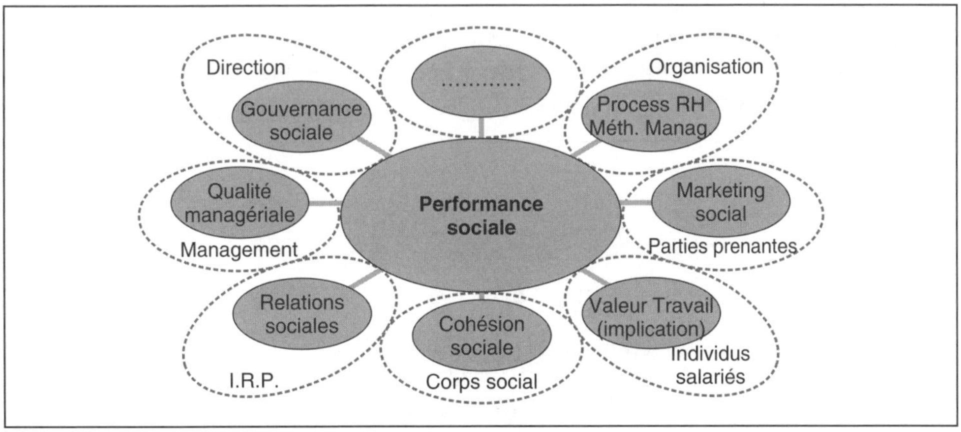

FIGURE 18 • La marguerite de la performance sociale (facteurs de performance)

L'efficacité sociale dépend de la façon dont chaque collectif de travail va percevoir la cohérence des rôles complémentaires de tous les acteurs. En d'autres termes, une absence d'action, des actions incohérentes ou une cohérence opérationnellement satisfaisante, mais mal comprise, ou pire, mal interprétée par certains acteurs, ne permettent pas d'atteindre l'efficience optimale. Comme on peut le percevoir, cet objectif est difficile à atteindre. Cependant, certaines organisations y parviennent. Illustrons par quelques exemples ces dysfonctionnements sociaux.

- Exemple 1 : les managers d'un cabinet de conseil décident de mettre en place des relevés hebdomadaires d'activité auprès des consultants et des assistants, sans toutefois les associer à cette mise en place. Cette procédure, destinée à optimiser les marges, mais mal « vendue » aux intéressés, est rapidement perçue comme du

« flicage ». Chacun s'ingénie à affecter plus de 40 heures hebdomadaires de son temps aux missions en cours. Résultat, en comptabilité analytique la plupart des contrats apparaissent comme déficitaires, alors que les résultats du cabinet sont plutôt bénéficiaires. Au final, une procédure incorrectement expliquée entraîne l'inverse de l'effet escompté : coûts supplémentaires, perte d'énergie et suspicion.

- Exemple 2 : une entreprise de transport est chahutée par la concurrence. La direction développe une nouvelle offre de services mettant l'accent sur la ponctualité des livraisons, et sur des plages horaires de livraison plus larges, ce qui permet de justifier de nouveaux tarifs. Après formalisation de ces nouveaux tarifs (plaquettes commerciales, trame des argumentaires des commerciaux, etc.), les personnels de quai, qui n'ont pas été impliqués dans la reconfiguration des plannings de livraison, refusent toute souplesse vis-à-vis des nouveaux horaires de travail sans compensation financière ; ils menacent de faire grève. L'absence de dialogue et d'explication de la situation économique ainsi que des nouvelles offres met en exergue une situation dans laquelle les personnels dénoncent un manque flagrant de considération parce qu'ils se sentent froissés de ne pas avoir été informés en amont de l'opération.

Le schéma suivant représente la façon dont le corps social doit intégrer certaines données conjoncturelles du marché pour renforcer l'avantage concurrentiel. Ceci a pour conséquence de déplacer le risque perçu par l'investisseur en focalisant son attention sur la pertinence et la réalité de l'avantage concurrentiel, qu'il pourra mieux apprécier que le risque que pourrait représenter le corps social. Encore faut-il que l'entreprise communique correctement avec ses investisseurs.

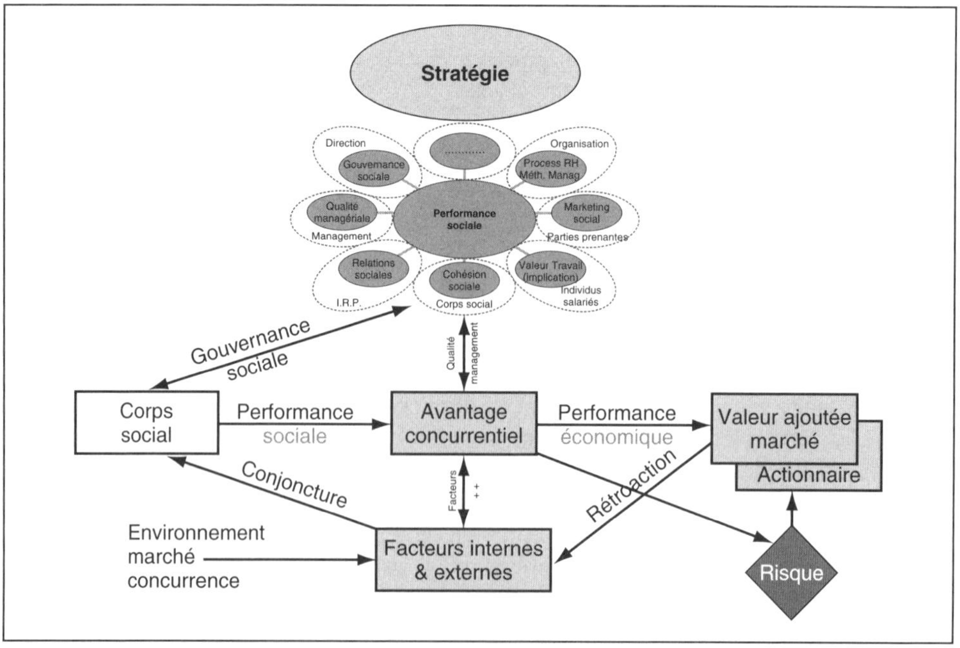

FIGURE 19 • Intégration des données conjoncturelles du marché par le corps social, renforcement de l'avantage concurrentiel

Le corps social apporte compétences et ressources aux avantages compétitifs, comme nous allons l'expliquer plus loin, en prenant en compte des facteurs internes et externes. La stratégie sociale, dans la ligne de la stratégie générale, doit orienter les forces vers les valeurs « marché et actionnaire ».

1.4 Impact des RH sur l'avantage concurrentiel

Dès lors que les ressources et les compétences ont été identifiées, il convient de les évaluer dans le contexte de l'environnement concurrentiel de l'organisation. C'est un exercice délicat, nécessitant la pleine implication des dirigeants. Nous proposons ci-après une trame permettant l'évaluation de la valeur stratégique des compétences de l'organisation en cinq étapes successives (trame qui s'inspire des travaux de Black et Boal [2]).

1. Quelle est la *pertinence* des compétences vis-à-vis de l'état du marché ? Ces compétences permettent-elles de saisir une occasion commerciale ou d'échapper à une menace ? Si oui, elles peuvent être considérées comme pertinentes. La pertinence résulte en fait d'une double constatation : la compétence est adaptée à l'environnement et elle apporte un plus tangible à la stratégie de l'organisation.
2. Quelles sont les compétences *banalisées* et quelles sont les compétences plus *rares* sur le marché que détiennent un petit nombre de personnes au sein de l'organisation ? Les compétences rares ont parfois peu de chance d'être présentes chez les concurrents. Posséder des compétences rares est donc un atout stratégique. Mais elles deviennent aussi un point de faiblesse, les concurrents pouvant être tentés de les récupérer à leur profit. Il faut donc les protéger et éviter de les perdre par le départ des salariés qui les possèdent.
3. Les compétences sont-elles facilement *imitables* ? Si c'est le cas, leur avantage concurrentiel peut être rapidement gommé. Il s'agit de déterminer la durabilité de l'avantage qu'elles procurent. Ainsi, plus les ressources sont intangibles, plus les compétences sont difficiles à codifier, moins elles sont décryptables et donc imitables. Ce qu'il s'agit d'évaluer ici, c'est le temps nécessaire à leur constitution. Certaines compétences sont longues à forger et ne peuvent pas facilement être imitées. Soit l'exemple d'un pétrolier qui emploie des géologues dans sa branche prospection. Il considère que ceux-ci ne sont vraiment efficaces qu'au bout de quinze années et que seuls 50 % y arrivent. Dans ce cas, on peut conclure que la compétence est peu imitable.
4. Ces compétences sont-elles *transférables* ? Autrement dit, sont-elles spécifiques et contrôlées par l'entreprise ? Ainsi, une ressource difficilement redéployable dans un autre contexte peut devenir un handicap en cas de changement d'orientation stratégique, mais elle apporte un plus à la stratégie. Inversement, des compétences simplement mobilisées par l'entreprise, mais non véritablement détenues, expose à un risque élevé de transférabilité vers une autre organisation.
5. Les compétences ont-elles un *substitut* ? Même lorsqu'une compétence n'est ni imitable ni transférable, un concurrent peut tenter de neutraliser cet avantage

2. Janice A. Black et Kimberly B. Boal, « Stratégic resources : configuration and path to sustainable competitive advantage », *Strategic Management Journal*, vol. 15, 1994.

concurrentiel spécifique à l'organisation en imaginant une combinaison originale de ressources (techniques, humaines, financières) lui permettant de se forger une compétence de substitution, par exemple en utilisant une avancée technologique (substitution par contournement). De nombreux exemples existent : dans beaucoup de domaines, l'électronique a supplanté l'électromécanique, Internet commence à bousculer certaines formes de commerce…

Comme on a pu s'en apercevoir dans le questionnement qui précède, la constitution de l'avantage concurrentiel repose sur les compétences détenues par les individus qui composent l'organisation, à charge pour la direction générale d'utiliser ces ressources, de les orienter, de les coordonner et de fixer des *lignes stratégiques perceptibles* par les individus pour générer de la compétence collective, elle-même porteuse de valeur ajoutée vis-à-vis du marché.

Selon Françoise Dupuich-Rabasse[3], la compétence collective est une combinatoire de savoirs différenciés, mis en situation et focalisés sur l'atteinte d'objectifs communs. Cette définition mérite que l'on s'attarde sur les différents termes utilisés. La combinatoire naît de l'interaction entre différents individus, mais peut aussi faire intervenir des réseaux de connaissances plus ou moins étendus.

Les savoirs différenciés ne peuvent naître que du rapprochement de points de vue différents de personnes issues de formations et d'expérience différentes. Toujours selon Dupuich-Rabasse, la créativité naît de la diversité. D'où la nécessité de créer des équipes de travail qui lui réservent une grande part. Ceci signifie également que le mode de management doit être incitatif (cf. plus haut). La mise en situation concerne également le management qui doit faire converger les efforts des uns et des autres vers des objectifs concrets, présentant un certain défi à la fois collectif et individuel. Le rôle du manager est de sélectionner l'équipe, de la former, de l'informer, de la coacher et, bien entendu, de prendre des décisions et d'en assumer la responsabilité.

Au niveau de l'entreprise, une fois que l'on a identifié ce que l'on sait faire mieux que les autres, ce que le marché est capable d'apprécier, tout l'art du stratège est alors de le valoriser, de le formuler en termes compréhensibles par le plus grand nombre pour mobiliser aussi largement que possible le personnel. Nous reviendrons sur cet aspect et surtout sur la façon de mesurer cette mobilisation.

Enfin, si nous avons insisté dans ce chapitre sur l'importance des ressources de l'entreprise pour lui permettre de se distinguer de ses concurrents, il convient néanmoins de ne pas faire l'impasse sur l'analyse du contexte externe. L'évaluation des ressources et des compétences internes spécifiques de l'entreprise doit s'effectuer en fonction du contexte externe. En effet, les capacités d'une organisation et sa valeur perçue par les clients évoluent en permanence. Ce qui est vrai à un moment donné peut ne plus l'être ultérieurement. En conséquence, une compétence n'est stratégique que si, d'une part, elle correspond à une attente du marché, prêt à la valoriser à un moment donné, et si, d'autre part, elle peut constituer un avantage concurrentiel durable, c'est-à-dire susceptible d'être actualisé tout en étant pérennisé. Ceci met alors en évidence la nécessité d'une

---

3. Françoise Dupuich-Rabasse (dir.), *Gestion des compétences et knowledge management*, Paris, Éd. Liaisons, 2002.

conception interactive entre l'analyse interne des ressources et le diagnostic externe visant à identifier les caractéristiques concurrentielles du secteur. Cet exercice est bien sûr piloté par la direction générale, mais l'on perçoit facilement la nécessité d'impliquer tous les individus, particulièrement ceux qui possèdent ces compétences stratégiques, afin qu'ils participent à la vigilance nécessaire pour détecter les signaux faibles et anticiper les évolutions externes. Effectivement, qui mieux que l'expert d'un domaine est susceptible de décoder les nouvelles tendances de son domaine ? Au passage, c'est son expertise future qui peut être mise en cause.

Ainsi, le corps social peut présenter un avantage concurrentiel si les conditions suivantes sont remplies :

- la stratégie sociale est en phase avec la stratégie générale de l'organisation ;
- la gouvernance sociale, composante de la gouvernance, implique le corps social dans la recherche et le développement de cet avantage afin qu'il soit pertinent au vu des différents facteurs externes et internes.

La persistance de cet avantage concurrentiel dans la durée nécessite, pour se développer, que deux autres conditions soient remplies :

- un relais efficace de la stratégie par le management, surtout aux niveaux supérieurs (logique « *top-down* ») ;
- une organisation des activités qui ne bride pas les individus (avec une souplesse structurelle), mais qui, au contraire, stimule leur créativité, leur efficacité et leur efficience tout en favorisant un *input* d'information à la stratégie de l'organisation (logique « *bottom-up* »).

1.5 La qualité managériale

On a déjà beaucoup écrit sur le management et son rôle vis-à-vis de la performance globale. Sa mission principale est de veiller à ce que les objectifs de l'organisation soient atteints. Dans le cadre de la recherche d'un avantage concurrentiel durable et d'une performance sociale optimisée, nous voudrions simplement insister sur deux points essentiels qui composent la mission du management.

- Expliquer et décliner la stratégie de l'organisation : l'activité de recherche de ressources et de compétences stratégiques susceptibles de porter l'avantage concurrentiel ne peut se faire correctement que si tous les acteurs ont une connaissance optimale de la stratégie de l'organisation. Or, c'est le rôle fondamental du management que d'expliquer la stratégie générale de l'organisation, et de la décliner jusqu'aux derniers échelons de l'organisation. Cela est d'abord une nécessité pour atteindre un minimum d'efficacité : les objectifs sont d'autant plus faciles à atteindre que chacun comprend le sens dans lequel se fait la manœuvre générale. Il est toujours surprenant de constater que, en ce qui concerne la stratégie, chefs d'équipe et contremaîtres évoluent souvent dans un univers d'information très différent de celui de leur direction. La perception des objectifs des derniers niveaux hiérarchiques est souvent limitée aux chiffres du budget. Le pourquoi et le comment se côtoient, mais ne sont pas en phase.

- Faire vivre les compétences stratégiques : il revient au management de donner vie à la notion de compétences stratégiques, puis de la faire vivre. Or cet aspect est rarement souligné dans les organisations. Si la recherche des valeurs stratégiques n'est pas liée au vécu des personnels, à leur travail quotidien, l'exercice est perçu par les intéressés comme imposé, sans conséquence réelle à leur niveau, ni sur leur façon de travailler ni sur les relations avec les clients. Or ce travail d'explication doit être fait au plus près du terrain par le management direct. Si ce n'est pas fait, les valeurs stratégiques qui alimentent l'avantage concurrentiel ne vivent que sous l'impulsion du sommet, de façon séquentielle, et toutes les évolutions du marché, de la concurrence ou de la technologie restent à l'appréciation des experts et des consultants. La probabilité que l'avantage concurrentiel soit durable devient extrêmement faible. L'entreprise se prive alors d'un important potentiel d'observation du marché : celui de son personnel.

Revenons au management : lui seul, s'il connaît les axes stratégiques de l'organisation et s'il les a intégrés, peut détecter les connaissances, les tours de main et les expertises des collaborateurs qui peuvent devenir discriminants. Les détecter et les reconnaître valorise les collaborateurs qui les détiennent. Le manager peut se tromper dans la valeur stratégique de cette compétence individuelle, mais pas dans sa détection – s'il y prête attention. Or cette même attention génère la réciprocité. Cela demande aux équipes dirigeantes d'apporter une attention soutenue à la qualité du management, particulièrement dans ce rôle de « détecteurs de talents ». Les managers sont au cœur de la complexité, à la croisée des paradoxes. Très souvent, et particulièrement en France, ils n'ont été préparés qu'à l'aspect technique de leur fonction (production, finance, commercial, communication…) et pas du tout ou peu à leur rôle d'encadrant. L'accélération des activités ces dernières années n'a, hélas, rien arrangé à ce dernier aspect du rôle des managers.

La qualité managériale peut s'apprécier et se mesurer du point de vue des collaborateurs dans une optique d'optimisation de la performance sociale. Nous décrirons finement la manière de procéder à cette mesure dans la seconde sous-partie qui suit. Partant de ce constat, nous montrerons que cette qualité managériale peut également se développer. La stratégie sociale doit certes intégrer cette dimension, en mettant en place des indicateurs, mais elle doit surtout favoriser le développement des compétences managériales, non pas dans des grandes séances de formation dont il ne reste pas grand-chose quand le quotidien reprend la main, mais en insistant sur les petites choses du quotidien, en développant des mises en situation et en fixant des objectifs comportementaux au management.

La vision actuelle du rôle des managers est le plus souvent trop partielle : le manager est considéré comme une interface, un intermédiaire, entre le stratégique (« le monde d'en haut »[4]), le monde économique (très anglo-saxon), et le monde social (« le monde d'en bas »[4]) qui a sa propre culture. On lui demande d'être un « passeur » entre le monde des « initiés » (ceux qui dirigent) et celui des « profanes » (ceux qui produisent) et ce, dans les deux sens ; il se doit d'être un catalyseur. Or il existe entre ces mondes des abîmes d'incompréhension tels que le manager ne peut les combler seul.

Pour s'en convaincre, il suffit de considérer tant les attentes de la direction, que celles du personnel vis-à-vis des managers. Elles sont visiblement contradictoires, ce qui

4. Pour paraphraser le célèbre mot de l'ex-premier ministre français Jacques Raffarin…

peut les mettre en porte-à-faux, selon que l'on regarde le point de vue de la « haute direction » ou celle du personnel. D'abord, certains hauts dirigeants semblent touchés par une forme « d'autisme » qui se traduit par des certitudes, des injonctions, des tendances au « repiquage » de ce qui a fait ses preuves (par exemple le recrutement de « clones » par « wagons »), ou du cynisme (tentatives de manipulation), toutes attitudes en contradiction avec la « vraie vie » que connaissent les managers. « En bas », on constate un fort besoin d'être écouté, de comprendre le sens de l'évolution, de participer et d'être protégé, voire sécurisé dans un monde dont l'accélération inquiète.

Un nouveau style de management ?

Il appartient à la stratégie sociale pilotée par le DRH d'imaginer de nouvelles formes d'animation. Les revues spécialisées RH fourmillent de solutions qui ont fait leurs preuves dans leur contexte. Citons pêle-mêle : organiser des réunions d'échange périodiques, favoriser les espaces de convivialité, dire bonjour, dire merci, répondre aux questions, etc. Toutes ces solutions sont bonnes dès le moment où elles repositionnent les individus dans leur intégrité. Nous aurions tendance à rajouter à cet inventaire à la Prévert la nécessité de réintroduire une dose d'humour dans les relations, ne serait-ce que pour évacuer un stress grandissant.

Il faut penser le management comme étant d'abord une forme de « coconstruction » des situations professionnelles. L'action fabrique. En effet, le manager est rarement seul : il lui faut négocier les solutions, car il évolue de plus en plus dans des univers complexes. Il lui faut par conséquent prendre en compte les positions des uns et des autres pour trouver la voie de la moindre résistance. Tout ceci s'apprend sur le terrain, encore faut-il que la hiérarchie supérieure favorise cet apprentissage. Enfin, il lui faut favoriser l'expression de la difficulté surmontée collectivement, avec et entre ses collaborateurs d'abord, puis avec ses collatéraux. Bien sûr, il y aura une amplification dans le langage de la difficulté rencontrée (« comment on se raconte qu'on est des héros ! »), mais l'important, c'est le recul que permet l'expression de groupe. Cette amplification de la difficulté permet aux individus de surmonter leurs craintes, et donc favorise l'apprentissage collectif. L'expression en groupe des difficultés rencontrées par un pair, même si le discours est déformé, apprend plus aux participants qu'un long exposé théorique… Cela peut être un excellent complément au « coaching » du supérieur hiérarchique.

Pour exprimer en d'autres termes la capacité du management à susciter la performance sociale, comme nous l'avons esquissée ci-dessus, rappelons que l'étymologie du mot « hiérarchie » renvoie, strictement, à « pouvoir du sacré ». La mission fondamentale du manager n'est-elle pas, justement, d'insuffler au quotidien du sens dans le travail de ses collaborateurs ?… Le sens au travail n'est-il pas ce qu'il y a de plus sacré aux yeux des salariés ?

Nous terminerons ce point par deux transparents emprunté aux « Ateliers du Management » d'un grand groupe. Ces transparents, rédigés en 2002, forment la synthèse d'une réflexion, menée pendant deux jours, d'une trentaine de managers sur leur fonction et les pistes de travail pour développer l'engagement de leurs équipes dans le but d'être plus efficaces, ensemble.

Synthèse des ateliers du management

- Importance du sens : trop d'outils, de processus, trop d'instruments. Mettre l'accent sur les valeurs
- Écoute des autres, de l'environnement
- Considération de l'individu
- Importance de la stimulation : mise en situation d'apprentissage périodique
- Lucidité : pas d'enfermements intellectuels dans quelques certitudes
- Création d'un climat de confiance et reconnaissance du droit à l'erreur
- Équilibre entre une certaine ambition personnelle et humilité
- Consacrer 1/3 de son temps à des animations professionnalisantes, rendant actifs les participants (ateliers, ...) et 1/3 de son temps à coacher ses collaborateurs (un idéal à atteindre ?)
- Apprendre à apprendre : faire travailler en groupe, encourager l'innovation. Créer des groupes projets, introduire la notion de complexité. Donner le sens des actions et écouter les questions.
- Veiller à ce que les personnels conservent un équilibre entre professionnel et espace personnel.
- Veiller à ce que les postes soient à valeur ajoutée, mais avec des plages de respiration.
- Développer la solidarité pour lisser les charges de travail.

Six défis pour le management

Au-delà du management de la performance :

- Défi de la Crédibilité :
  professionnalisme renouvelé dans une véritable relation gagnant/gagnant
  management des valeurs
- Défi du respect (et de la reconnaissance/considération) :
  humilité
  management des connaissances dans une perspective d'avantage concurrentiel
  entretien des relations sociales
  développement des collaborateurs-acteurs
- Défi du Changement :
  promotion et conduite de la transformation des entreprises et des organisations
- Défi de la Participation :
  appropriation par le management opérationnel du rôle stratégique (chaque niveau contribue)
- Défi du management de la complexité
  relation au temps, environnement flou, injonctions paradoxales
- Défi de la disponibilité (et du recul)

1.6 L'organisation des activités : le « job design »

Le « *job design* » est, au sein d'une organisation, l'analyse de l'architecture des activités, déclinées en postes de travail, à la croisée des processus et de l'organigramme.

Il existe différents types d'entreprise. La stratégie, le métier, la taille, la maturité, l'histoire et la culture conditionnent le fonctionnement des entreprises, et donc leur organisation. Mais, au-delà des généralités, il existe des caractéristiques communes, en particulier le fait de répartir les activités au sein de diverses fonctions spécialisées, avec pour objectif d'améliorer la prise de décision et l'efficacité. Dans presque toutes les entreprises, on trouve deux pôles d'activités opérationnelles : la production (de biens ou de services) et la distribution (ensemble des fonctions qui commercialisent les biens et les services que l'entreprise produit). Ces deux pôles sont appuyés par d'autres qui leur fournissent des moyens complémentaires (ressources humaines, services généraux) ou nécessaires à leur pilotage (finance, informatique).

Le choix et la mise en place d'une organisation résulte à la fois des buts que se fixent les dirigeants, de postulats dont sont porteurs les créateurs de l'organisation (taylorisme : recherche normative de la bonne organisation « en soi », béhaviorisme) et aussi de l'influence des facteurs environnementaux qui rendent contingents les structures de l'organisation (cf. l'école de la contingence d'Henry Mintzberg). Dès lors, les combinaisons de ces paramètres étant infinies, on comprend mieux pourquoi les mécanismes régulateurs internes d'une organisation peuvent être aussi variés que l'environnement avec lequel elle doit composer.

Deux concepts émergent : *l'ajustement*, pour expliquer le rapport de l'entreprise à son environnement (c'est-à-dire le système sociopolitique au sens large, les clients, les fournisseurs…) et *la cohérence* (entre les sous-systèmes qui s'organisent pour maintenir certaines caractéristiques de l'organisation qui permet sa régulation)[5].

Pour analyser une organisation, il faut tenir compte des facteurs de contingence, de la répartition des objectifs poursuivis et des relations de pouvoir.

- Les premières variables à prendre en compte sont les facteurs contingents, c'est-à-dire qui ne résultent pas d'une influence intentionnelle. Ce sont la taille et l'âge de l'organisation, le marché, l'environnement… sur lesquels il est difficile d'agir.
- Viennent ensuite les relations de pouvoir et l'autonomie laissée aux opérationnels ; ces éléments sont essentiels pour comprendre le fonctionnement des parties prenantes dans l'organisation (propriétaire[s], actionnaires, comité de direction, ligne hiérarchique). La connaissance de l'indicateur de performance accepté par les actionnaires est également un élément important de compréhension.
- Les objectifs sont relatifs à l'organisation elle-même ou à ses membres, et ils visent la clientèle ou les produits. La déclinaison des objectifs peut provoquer des tensions entre les acteurs, voire des oppositions !
- Enfin, la conception de la structure va assurer la plus ou moins bonne division et la coordination du travail entre opérateurs et entre les différentes unités. Il est nécessaire de regarder comment s'effectue la coordination : est-ce au moyen de mécanismes formels ou repose-t-elle sur les relations interpersonnelles ?

La conception de la structure reflète les postulats socioéconomiques de ses créateurs et des dirigeants. Très grossièrement, on peut dire que deux approches s'affrontent : celle de l'organisation définie « *top down* », très taylorienne et laissant peu de marge de manœuvre aux titulaires de postes, et celle, plus systémique, construite « *bottom-up* » dans le cadre de grandes orientations définies par la direction générale.

L'analyse de la construction des postes élémentaires est riche d'enseignement quant aux postulats socioéconomiques évoqués ci-dessus. L'expérience prouve qu'avec un peu d'imagination, on peut construire des postes avec une marge d'autonomie et une valeur ajoutée satisfaisante, tant pour l'individu que pour l'organisation. Cela se fait par ajustements successifs, comme cela a déjà été expliqué. La création de postes disposant d'une « marge de flou » engendre trois conséquences immédiates :

- ces postes sont moins pénibles ou perçus comme tels (on sait que le stress du titulaire des postes peut être atténué par une marge de manœuvre accrue dans l'action) ;

---

5. C. H. d'Arcimoles, *Gestion des compétences*, Paris, Éd. Liaisons, 2008.

- des postes moins cadrés, plus souples, évoluent en fonction de la personnalité de leurs titulaires, mais aussi des pressions de l'environnement (une sorte de loi darwinienne de l'organisation). Les changements de cap stratégiques sont alors mieux vécus, car la souplesse organisationnelle, d'une part, y prépare et, d'autre part, permet des désynchronisations provisoires dans l'évolution, ce qui préserve les individus dont les vitesses d'évolution peuvent être assez différentes ;
- l'efficacité des salariés est plus grande, car elle se construit sur le terrain et non pas dans les états-majors (qui ne sont pas toujours bien au fait des microréalités). Encore faut-il que la liberté d'action soit orientée, « tirée » par une compréhension de la stratégie d'ensemble[6] en relation avec les macroréalités.

La facilité consiste souvent (pour les organisateurs, les ergonomes, mais aussi les DRH) à imaginer ce qui est bon pour les autres sans les consulter, à codifier l'organisation idéale sans les associer, puis à la rigidifier, ce qui à pour conséquence d'y enfermer les individus et d'amplifier les réactions de rejet. Il faut lutter contre cette facilité qui est contre-productive, tant pour les individus, que pour l'organisation.

Au cœur du *job design*, il faut veiller à intégrer les jeux de pouvoir éventuels, tant informels que formels, qui structurent les relations entre postes et rendent les comportements des acteurs intelligibles. On constate alors que l'issue des jeux est relativement imprévisible, que les acteurs s'écartent souvent de manière significative du rôle qu'ils doivent jouer. Pour le comprendre, il faut faire intervenir la notion de zone d'incertitude. Selon Crozier et Friedberg[7], ces zones correspondent aux failles dans les règles, aux défaillances techniques, aux pressions économiques qui empêchent le déroulement des objectifs de l'organisation. Elles ont également une autre source : les acteurs peuvent avoir intérêt à masquer leur véritable jeu, afin de conserver une certaine capacité de négociation à titre individuel. Les comportements imprévisibles réduisent le pouvoir de celui qui édicte les règles et cherche à les faire appliquer, et donc accroissent la liberté d'action des acteurs. Qui plus est, même si le régulateur cherche à accroître le nombre de règles pour canaliser le comportement des acteurs, il peut engendrer des effets pervers tels que l'excès de zèle ; nous sommes bien en présence d'une situation de relation de pouvoir entre ceux qui conçoivent l'organisation et ceux qui exécutent. Pour peu que le système ne valorise et ne reconnaisse que le respect de la règle, les individus performants sont découragés alors que les moins performants sont récompensés parce qu'ils suivent les règles à la lettre, sans pour autant apporter de la valeur au client final[8].

Pour Crozier et Friedberg, lorsque l'on cherche à comprendre les articulations entre les jeux d'acteur et le système d'action concret, il faut utiliser conjointement le raisonnement stratégique et le raisonnement systémique. Le premier part des objectifs personnels des acteurs pour découvrir la réalité du système ; le second tente de mettre en évidence l'ordre et le désordre qui émanent du système. Ainsi peut-on rendre compte de l'intégration des conduites dans un ensemble structuré et mettre éventuellement en évidence les systèmes d'action locaux qui engendrent des dysfonctionnements globaux.

---

6. Lire à ce sujet les ouvrages sur la stratégie militaire : Sun Tsu, Napoléon, Clausewitz…
7. Michel Crozier, Ehrart Friedberg, *L'Acteur et le système*, *op. cit.*
8. Voir l'encadré sur le cas d'un centre d'appel client d'un opérateur Internet (page 171) et accessoirement relire le principe de Peter, sur cet aspect.

Il faut garder à l'esprit qu'une organisation est un système de processus fermés, pensé pour reproduire « ce qui fonctionne », selon des standards préalablement éprouvés. Il est donc normal que les organisations aient tendance à rejeter toute forme d'innovation singulière et non standardisée qui viendrait perturber ce mode de fonctionnement.

Nous précisions en introduction de cette sous-partie que l'entreprise était la conjonction d'une idée, d'une finalité, de ressources et d'une stratégie. Dans le modèle dimensionnel de Blake & Mouton [9], Lefton et Buzzotta se focalisent sur les deux dernières dimensions, qu'ils appellent « *efficacité globale* » et « *dimension humaine* », partant du principe que la rétroaction vers la stratégie se fera naturellement dès le moment où on aura réussi à combiner l'humain et l'efficacité de façon harmonieuse et homogène. Aussi recommandent-ils que l'on développe des liens, des interactions, des échanges équilibrés entre ces deux seules dimensions, qui répondent aux aspirations de chacune, dans une approche « participative » et « gagnant-gagnant ».

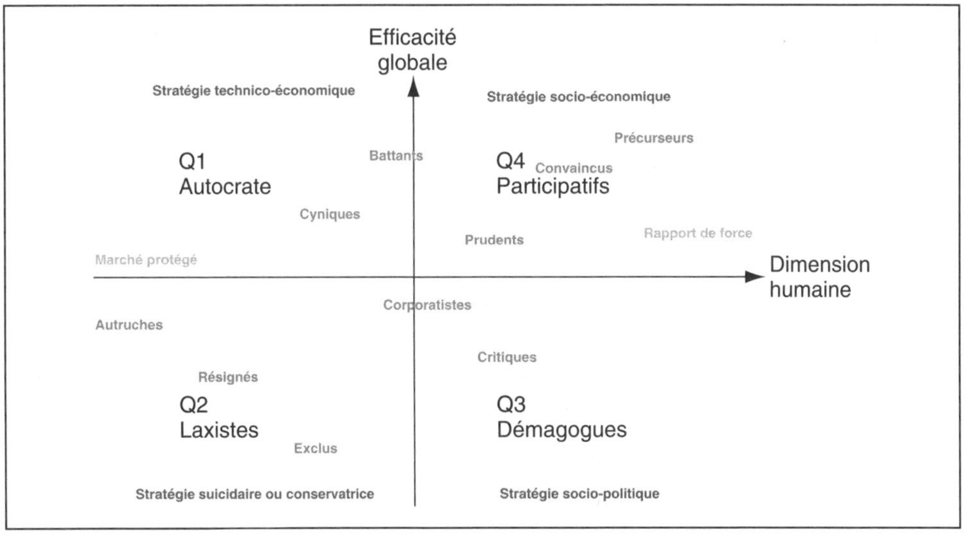

FIGURE 20 • Grille d'analyse de Lefton & Buzzota

Selon d'autres auteurs (Lawler [10]), cet échange se situe sur trois niveaux : connaissances, responsabilités, enjeux, ce qui n'est nullement contradictoire avec le modèle précédent. Il est important de s'interroger sur les relations que l'on veut créer entre les individus et l'efficacité globale selon les trois niveaux de Lawler dans la définition de l'organisation et celle des postes de travail qui la constituent. Cela semble simple, mais en réalité ces trois niveaux interrogent tous les volets de la stratégie RH. Ce sont tous les pétales de la marguerite de la performance sociale qui sont concernés. Dans l'analyse de la capacité de l'organisation à susciter de la performance sociale, il convient de l'interro-

9. Lefton et Buzzotta, *Making common sense common practice : achieving high performance by using what you already know*, Boca Raton, Fla, St Lucie Press, 1998.
10. Edward Lawler, *Talent, making people your competitive advantage*, San Francisco, Jossey-Bass, 2008.

ger, d'une part, sur le partage des connaissances, des savoirs et de l'information et, d'autre part, sur le partage des responsabilités.

- *Partage des connaissances, savoirs et information* : quelle connaissance souhaite-t-on laisser accessible au corps social, preuve de la considération du haut management (sachant qu'il existe toujours une réticence à partager le savoir, sauf si celui qui partage reçoit plus qu'il ne donne) ? Quelle information veut-on donner, quel dialogue est-on prêt à établir ? Quelle part le corps social prendra-t-il à la définition de son cadre de travail ? Quelle politique de communication interne ?
- *Partage des responsabilités* : quelles responsabilités veut-on confier au corps social ? Dans quel cadre ? Quelle autonomie veut-on lui accorder ? Mais aussi quel contrôle (a priori ? a posteriori ?) et selon quels niveaux de risques pour l'organisation ? Peut-on envisager d'évoluer d'une culture de contrôle à une culture de résultat basée sur la confiance ? La confiance doit être alimentée par l'information, la consultation, la participation. Comment développer les compétences (quelle politique de formation, quels parcours qualifiants, quelles carrières) ? À ce niveau, se poser la question de la souplesse structurelle : comment traite-t-on l'enrichissement des fonctions ? Veut-on avoir des postes à valeur ajoutée, mais avec des plages de respiration, (ce qui renvoie vers le mode d'animation de l'encadrement, cf. paragraphe précédent). L'augmentation des responsabilités se fait-elle uniquement par le jeu des promotions ? Veut-on générer du *turn-over* selon le principe de la « lessiveuse »[11] ?
- *Partage des résultats* : quels niveaux d'enjeu les résultats représentent-ils pour les salariés ? Comment souhaite-t-on les associer aux résultats, quelles sanctions financières est-on prêt à offrir en cas de réussite de l'entreprise ? Peut-on développer d'autres formes de rétribution ou de récompense financière ? Pour quelle reconnaissance ? Comment est encouragée la performance ? Peut-on développer diverses formes de solidarité, par exemple pour lisser les charges de travail ? Peut-on stimuler diverses formes de coopération collective spontanée ? Ne pas perdre de vue que la coopération remet en cause les relations de pouvoir traditionnelles (méfiance de l'encadrement, mais aussi des acteurs).
- Quelle sécurité offre-t-on ?
  - Est-on attentif à maintenir un équilibre entre vie professionnelle et espace personnel ?
  - En cas d'échec ou si les résultats ne sont pas atteints, quel droit à l'erreur offre-t-on ?
  - Comment traite-t-on ceux qui ont sincèrement essayé, mais qui n'y sont pas arrivés ?

Au final, la VRAIE QUESTION porte sur la manière dont on envisage de traiter les membres du corps social et se résume à un choix entre deux options : veut-on les canton-

11. Le principe de la lessiveuse consiste à pratiquer des promotions très rapides sur certains postes de l'entreprise pour développer une image attractive sur le marché du recrutement. Mais la pratique ne s'applique qu'à une partie de l'organisation et conduit les intéressés à quitter l'entreprise passé un certain niveau. Pratique usuelle chez les démarcheurs commerciaux, pour les forcer à atteindre leurs objectifs de vente en mobilisant tout leur réseau relationnel.

ner dans un rôle d'exécutant ou cherche-t-on à les associer à la conception de l'organisation du *job design*[12] ? Tout dépend des produits et des services offerts, certes. Dans une structure de production, les deux options sont possibles, mais c'est surtout la première qui prédomine traditionnellement si l'avantage concurrentiel est « porté par le produit »… Dans une structure de service, seule la seconde option est possible. Encore faut-il que l'entreprise cherche à s'en donner les moyens…

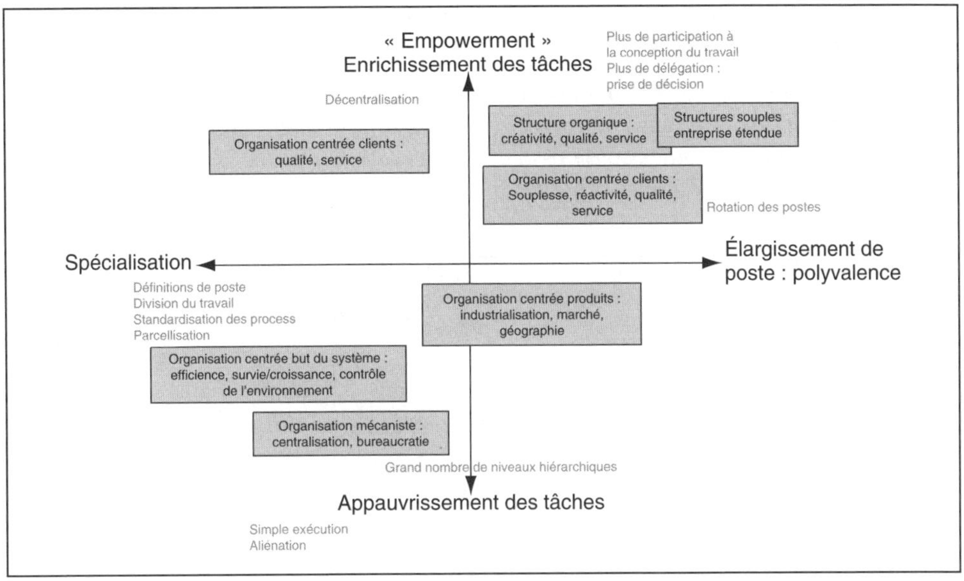

FIGURE 21 • Le « Job Design »

Tout le questionnement qui précède doit être pensé en considérant les problématiques actuelles :

- la mondialisation et l'internationalisation des firmes qui devaient les inciter à mettre en place une organisation susceptible de prendre chaque décision au niveau le plus adapté ;
- la gestion de la chaîne logistique globale (*Supply Chain Management*) demande de disposer d'une organisation stratégique et opérationnelle, capable de concilier des intérêts locaux et des intérêts globaux souvent contradictoires, et donc d'être capable d'arbitrer. Or seul le local peut trouver le bon niveau d'arbitrage ;
- la gestion de la qualité demande à l'entreprise d'adopter une organisation transversale pour satisfaire sans délai le client ; ceci a pour effet de devoir faire évoluer l'organisation aussi vite que les attentes des clients.

12. Attention toutefois de ne pas tomber dans le piège du toyotisme, comme on l'a vu en première partie.

Le *job design*, en fournissant des espaces d'autonomie aux salariés pour rapprocher l'analyse et la décision de l'action, permet de trouver des réponses à ces nouveaux enjeux. En revanche, il a un impact considérable sur l'ensemble des volets des politiques RH. Très souvent, comme il a été dit plus haut, la solution de facilité est de tayloriser et de vider les postes de leur substance. Aussi l'équipe RH aura-t-elle à lutter pour :

- simplifier les processus ;
- faire en sorte que le temps dégagé lors d'une informatisation soit investi dans une meilleure analyse des dossiers (en non par des réductions de postes) ;
- faire en sorte que les évaluations des personnels portent sur les résultats attendus et non sur des variables intermédiaires (par exemple que les téléacteurs en centre d'appels soient évalués sur la résolution des problèmes des clients et non sur le nombre de ceux-ci traités à l'heure).

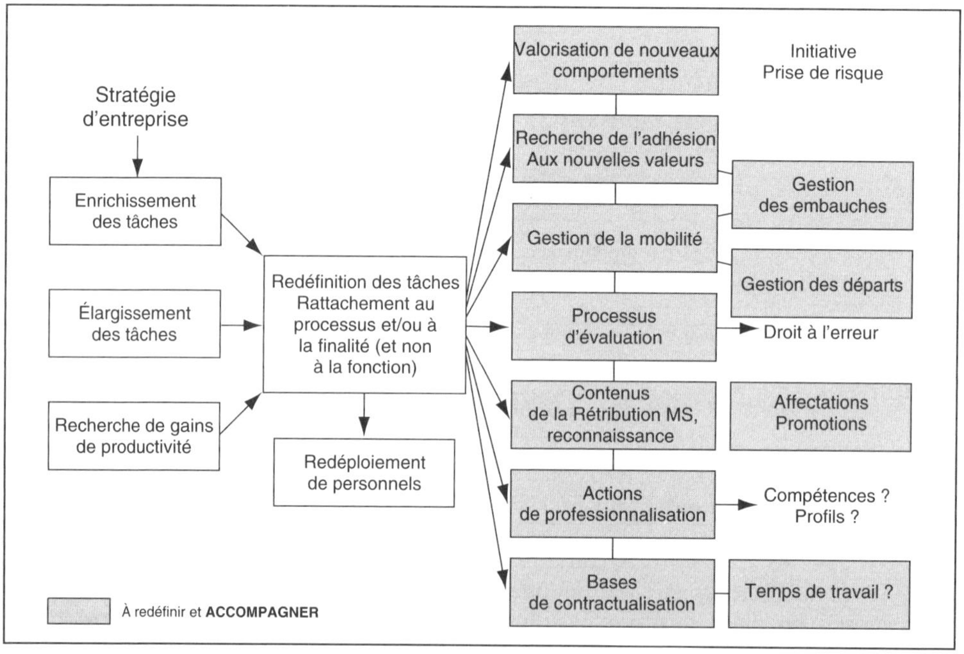

FIGURE 22 • Conséquences du « job design » sur les politiques RH

Pour aider le DRH à caler sa stratégie sociale sur celle, globale, de l'organisation, nous recommandons la lecture de l'ouvrage de Barlet & Ghoshal[13]. Ces deux auteurs éclairent la problématique RH en fonction de trois perspectives stratégiques que nous avons résumées dans le tableau suivant :

13. C. Barlet et A.Ghoshal, *Managing across borders*, Boston, Mass., Harvard Business School Press, 2002.

TABLEAU 1 • Stratégie et RH : Trois perspectives

	Compétition pour les produits/marchés	Compétition pour les ressources/ compétences	Compétition pour les talents/rêves
Objectif stratégique	Positions produits/ marchés défendables	Avantage concurrentiel durable	Renouvellement permanent
Principaux outils, perspectives	Analyse de l'industrie, de la compétition Segmentation des marchés et positionnement Planification stratégique	Compétences clés Stratégie basée sur les ressources Organisation réseau	Vision et valeurs Flexibilité et innovation Entrepreneuriat et expérimentation
Ressource stratégique clé	Capital financier	Capacité organisationnelle	Capital humain et intellectuel
Perspective sur les personnes	Personnes vues comme des facteurs de production	Personnes vues comme des ressources valorisables	Personnes vues comme des investisseurs de talents
Rôle de la GRH dans la stratégie	Mise en œuvre, support	Contributive	Centrale

1.7 Impact RH sur l'avantage concurrentiel

Le corps social peut générer un avantage concurrentiel lorsque quatre conditions sont remplies :

- la stratégie sociale est alignée sur la stratégie générale de l'organisation ;
- la gouvernance sociale implique le corps social dans la recherche et le développement de cet avantage afin qu'il soit pertinent au vu des différents facteurs externes et internes ;
- la qualité managériale apporte un relais efficace à la stratégie et vise à développer les individus ;
- le « *job design* », dans l'organisation des activités, laisse une liberté structurelle suffisante qui ne bride pas les individus et suscite leur créativité pour qu'ils trouvent des solutions et être efficaces et plus efficients.

Quand ces quatre conditions sont remplies puis correctement présentées et argumentées à l'actionnaire, elles engendrent deux conséquences importantes pour la perception qu'a l'actionnaire du fonctionnement de l'entreprise et pour ses attentes de retour concernant son capital investi :

- l'avantage concurrentiel présente de meilleures garanties de pérennité, puisqu'un nombre important de collaborateurs y contribuent et le « surveillent ». Ces collaborateurs travaillent avec la conscience de ce que cela leur apporte non seulement à eux, en tant qu'individus, mais aussi à l'organisation ;
- le risque de perte de marché, de démobilisation du personnel est moins élevé, donc l'actionnaire aura des exigences de rentabilité des capitaux investis plus faibles.

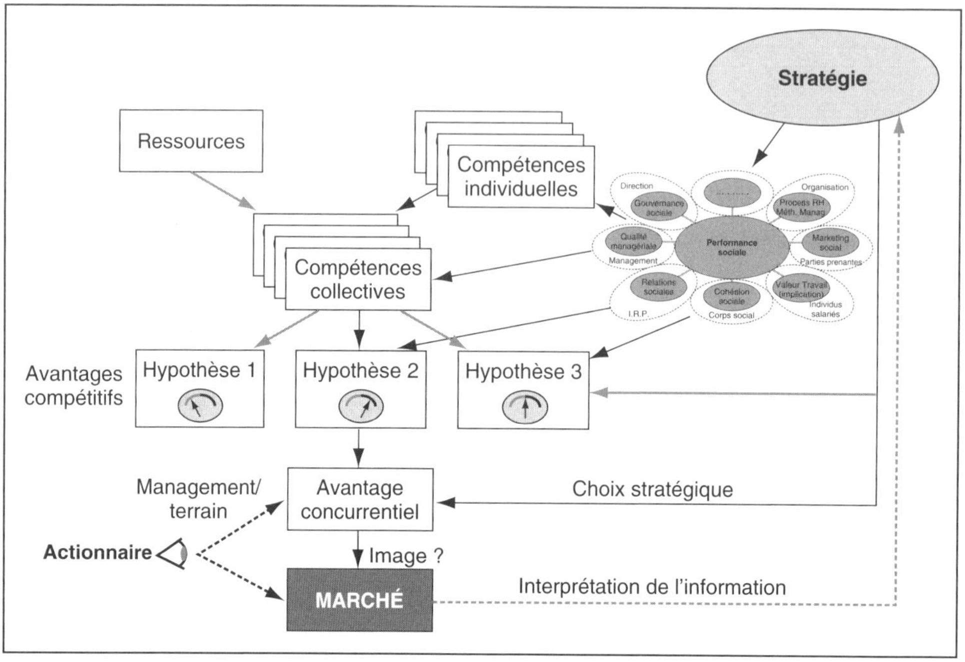

FIGURE 23 • Impact des RH sur la valeur ajoutée

Ces éléments sont extrêmement importants et permettent à certaines entreprises de « fidéliser » leur actionnariat, ce qui permet une meilleure continuité dans le déroulement de la stratégie. Encore faut-il que la direction générale communique avec pertinence, sur ces aspects, avec ses actionnaires, ce qui n'apparaît pas toujours clairement dans les rapports d'activités.

2. Impact de la RH sur la performance économique

Dans le cadre de la finalité de l'entreprise, nous avons évoqué les effets des ressources humaines sur la performance économique, en aval de l'avantage concurrentiel. Cependant, il faut souligner que l'avantage concurrentiel n'est pas le seul facteur de performance de l'entreprise. Il en existe d'autres, liés à la conjoncture et au couple produit/marché.

C'est par l'effet net entre ses contributions et ses coûts que l'avantage concurrentiel peut avoir une influence significative sur la performance économique. La contribution des ressources humaines en aval ne doit pas être simplement comprise comme un apport de points de productivité supplémentaires ; à ce niveau, elle est constituée de l'ensemble des effets positifs générés sur toute la chaîne de performance de l'entreprise. On peut discerner cette contribution dans quatre dimensions différentes : les coûts, les temps de cycles, la qualité et le service.

Il nous paraît important de souligner ici que le développement de la performance sociale peut considérablement améliorer la qualité ou le service, ce qui aura des conséquences pratiques sur le fonctionnement opérationnel de l'organisation. La performance sociale ne fait pas partie de la démarche de positionnement stratégique par laquelle on cherche à obtenir un avantage concurrentiel. Le fait d'améliorer l'accueil et l'écoute client ne crée pas une valeur nouvelle. Cela optimise l'obtention de valeurs déjà existantes. Le client en effet ne paie pas un surprix pour être bien accueilli. En revanche, c'est un avantage opérationnel qui améliore la performance globale ; par exemple, apporter plus de satisfaction au client final contribue à le fidéliser et à optimiser cycles et coûts, dans le cadre d'un choix de différentiation stratégique préalablement effectué.

Cet aspect de la création de valeur est souvent laissé de côté, les stratèges considérant que cela va de soi, les opérationnels (tout comme les fonctionnels) ne percevant pas l'étendue de l'espace de liberté qui leur est ouvert dans ce domaine. Lorsqu'on travaille en extension (vers le client final), on peut revoir le *job design* et œuvrer à la perception des atouts et des compétences qui alimenteront l'avantage concurrentiel. Le résultat de ce travail, qui peut aller assez vite dans certains contextes, a un impact sensible sur le compte de résultat.

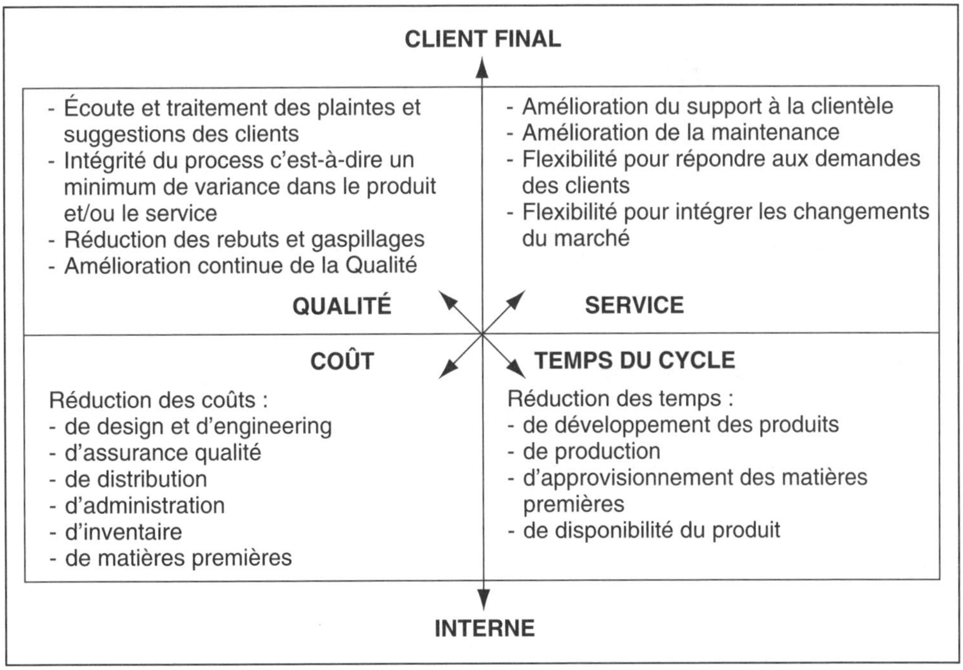

FIGURE 24 • Les composantes de la performance sociale

On pourrait énoncer des objections quant à la teneur de cette création de valeur : s'agit-il véritablement d'une contribution des ressources humaines, ou n'est-ce que l'application optimale d'un processus ? Ce qui est certain, c'est que des salariés peu impliqués ou, pire, désengagés ne vont pas chercher à contribuer à la performance sociale et vont ainsi pénaliser le résultat économique. Des salariés qui craignent de perdre leur emploi à l'occasion d'une restructuration auront tendance à opposer une résistance plus importante, à titre individuel, voire collectif.

Ainsi, si on sait bien mesurer les coûts d'un mouvement conflictuel, les indicateurs de productivité, de qualité, de satisfaction clients ou d'innovation peuvent être des repères pertinents pour comprendre les effets économiques induits par les ressources humaines. Ces méthodes sont nombreuses sur le marché. Nous n'en citerons ici que deux. L'important est que l'indicateur soit simple et « colle » à la culture de l'organisation et qu'on puisse l'utiliser dans l'animation des équipes sur le terrain.

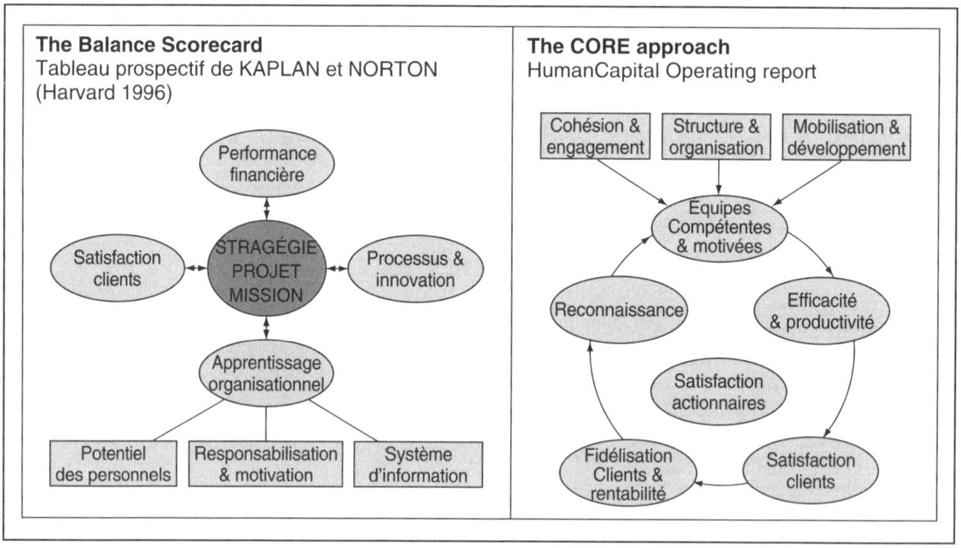

FIGURE 25 • Deux exemples d'indicateurs des performances

S'ils sont pertinents du point de vue économique, ces indicateurs des performances présentent cependant des lacunes dans la mesure en interne des facteurs RH, du fait qu'ils sont trop rationnels, trop logiques. Ils n'intègrent pas suffisamment l'irrationnel, le perceptif et le vécu relatif à la création de valeur, tels qu'ils résultent des interactions entre individus.

L'analyse des coûts que génèrent les ressources humaines est également indispensable. Les ressources humaines ne peuvent, en effet, échapper aux efforts constants d'économie développés par les entreprises. Cette analyse des coûts des ressources humaines ne doit pas se limiter aux seuls coûts explicites. Les coûts cachés (absentéisme, désengagement, défauts de qualité, démission…) relèvent également de cette démarche. Les économies visées doivent être globales et là, il ne suffit pas de constater que le taux d'absentéisme est trop élevé, par exemple, à 7,28 %. Il faut en connaître les causes, faute de quoi l'action correctrice sera illusoire.

Nous attirons ici l'attention des lecteurs sur les effets pervers des réductions excessives des coûts dits « de masse salariale ». Voilà quarante ans que les entreprises développent des politiques systématiques de réduction de coûts, avec comme corollaire le recours à des fins de carrières anticipées, des licenciements collectifs et des suppressions de postes. Ce mécanisme porte gravement atteinte à la confiance qui peut exister entre les collaborateurs et les dirigeants. Or nous avons vu que la confiance était l'une des conditions essentielles pour développer la démarche de l'avantage concurrentiel. Par ailleurs, les plans sociaux génèrent des phénomènes de désengagement important (diminution de la productivité individuelle, augmentation de l'absentéisme, stress avec son corollaire de TMS et d'impact sur la santé mentale). Il est également évident que des personnels inquiets ou stressés sont infiniment moins ouverts aux problématiques des clients. Dans ce cas, même si l'entreprise dispose d'un avantage compétitif, sa perception risque de se dégrader ou de disparaître dans la tête du client.

À titre d'exemple, nous présentons succinctement le cas d'une PME de 570 personnes, suivie sur une période totale de 14 mois. Comme nous allons le voir, ce cas met en exergue, sur la période considérée, la rupture de sa stratégie sociale et ses conséquences.

Le graphique ci-après montre comment, en situation économique difficile, l'entreprise a su mobiliser sur six mois son personnel et redresser ses résultats, avant de procéder au licenciement de 48 personnes. L'engagement du personnel a alors connu une chute constante durant les huit mois qui ont suivi. Les résultats de l'entreprise sont devenus négatifs et la confiance a disparu. Plusieurs cadres, dont le directeur commercial, ont démissionné et l'entreprise a été rachetée par l'un de ses concurrents.

TABLEAU 2 • Impact de l'engagement sur le résultat d'exploitation

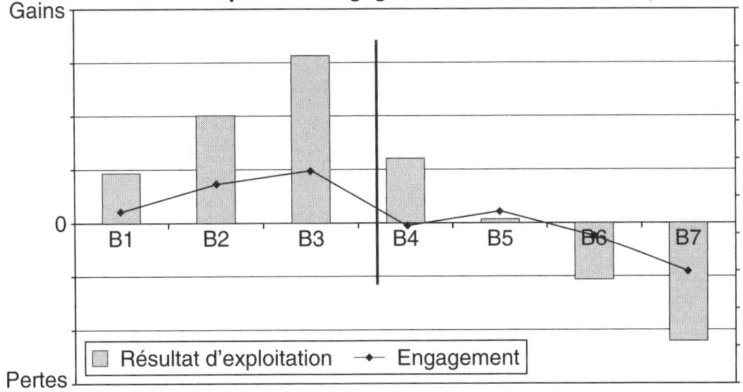

L'analyse de ce cas montre que cette entreprise, sur un marché difficile, a eu à conduire des opérations de rééquilibrage de son compte de résultat tout au long des dix dernières années, et qu'elle a pu y arriver en mobilisant son personnel. Sa démarche a toujours été la suivante :

- énoncé d'un constat de départ objectif : la situation n'est pas celle attendue ;
- ouverture de plusieurs pistes d'action : réduction des coûts et des temps de cycle, amélioration du service et de la qualité ;
- ouverture de débats en interne avec les personnels concernés (y compris les IRP) et recherche de solutions à partir de consensus a minima ; forte mobilisation de la hiérarchie à ces niveaux ;
- volonté de favoriser les stratégies en extension (conquête de clients par la qualité et le service), ce qui a permis de travailler sur la chaîne de création de valeur ; introduction du concept de relations entre fonctions : notion de « RCFI » (relations clients/fournisseurs internes) et mise en place de normes de fonctionnement, l'ensemble étant mesuré par des indicateurs au niveau du client final (externe) ;
- enfin, suivi rigoureux et rapproché, impliquant la hiérarchie.

Cette méthode a donné des résultats satisfaisants, surtout lors de situations considérées comme inquiétantes par le personnel. Le constat de départ, fondé sur une double appréciation objective, intégrait l'économique (la situation financière) et le social (la mesure des différents pétales de la marguerite de la performance sociale). En 2004, l'un des actionnaires devient majoritaire et impose, pour augmenter la profitabilité de la PME, une restructuration, en totale rupture avec le contrat social passé. Le résultat inverse sera obtenu et l'entreprise, après des difficultés financières, sera rachetée. En treize mois, l'actionnaire aura perdu 58 % de son investissement !

3. La performance sociale vue par les actionnaires

La mondialisation des marchés et plus généralement la globalisation entraînent depuis une dizaine d'années un mouvement de concentration qui touche un nombre croissant de secteurs de l'activité économique. Il est illustré par une vague d'opérations de fusions-acquisitions, sans précédent tant en nombre qu'en valeur. Ces opérations sont généralement justifiées par les dirigeants par des objectifs annoncés de création de valeur. Au cœur de cette dynamique, on assiste à un double mouvement stratégique : la recherche de la taille critique et le recentrage des activités.

Le recentrage consiste à réduire la diversité des activités poursuivies en renforçant les compétences distinctives ou les domaines d'expertise les mieux maîtrisés par l'organisation, celle-ci y concentrant ses forces et ses moyens. Les compétences de type « cœur de métier » représentent un savoir-faire collectif qui peut être d'ordre organisationnel, technologique (innovation) et/ou commercial. Ces compétences clés peuvent se déployer dans des activités existantes (au vu des résultats historiques) ou dans des activités nouvelles (et dans ce cas, cette analyse vient conforter la stratégie de la firme). Le recentrage conduit les entreprises à se focaliser sur leurs métiers de base ou sur leur cœur de métier et souvent d'externaliser les activités sortant de leur cœur de métier, en multipliant les alliances et les partenariats stratégiques. Ces opérations entraînent généralement des traumatismes sociaux, par manque de pilotage du changement. Nous y reviendrons plus bas.

La recherche de la taille critique s'explique par la volonté des entreprises de peser, d'avoir prise sur leurs marchés, dont on sait qu'ils se sont élargis à l'échelle de grands ensembles (Amérique du Nord, Extrême-Orient, Europe, etc.). La recherche de la taille critique permet également d'échapper aux raiders (OPA hostiles) et aussi de rechercher des économies d'échelle, sans avoir à « réduire la voilure ». La déréglementation de nombreux secteurs (télécommunications, transports, banques et assurances, énergie) encourage ce mouvement. Par ailleurs, le fait d'être présent sur différents marchés à cycles économiques différents (par exemple Russie et Europe) atténue les risques économiques. Pour atteindre rapidement la taille critique, deux solutions s'offrent aux dirigeants : la croissance interne et la prise de contrôle sous forme de fusions-acquisitions. La seconde est plus rapide, mais différentes analyses (effectuées *a posteriori*) montrent que seulement 20 à 40 % de fusions-acquisitions se révèlent positives.

Au-delà des techniques de mesure de la valeur des entreprises, maintenant que nous avons esquissé les opérations stratégiques des dirigeants, analysons la perception que peuvent en avoir les actionnaires. Ceux-ci se demandent quels sont les moyens mis en œuvre par la direction pour atteindre, et tenir, les objectifs de création de valeur, et si les risques encourus ne sont pas trop élevés. Les réflexions des actionnaires portent sur des thèmes essentiels, illustrés par les questions qui suivent.

- Ne détruit-on pas de la valeur lors des mouvements stratégiques majeurs, tels que les fusions ou les acquisitions, dont on sait à quel point elles peuvent avoir des effets soit bénéfiques soit néfastes sur les performances et sur les cours des actions ? Contrairement aux idées reçues, les opérations de réduction ou de rationalisation des coûts ne sont pas toujours synonymes de création de valeur, loin s'en faut.
- Le portefeuille clients est-il géré au mieux ? L'entreprise alloue-t-elle efficacement les ressources rares à la production des biens et des services et les clients le perçoivent-ils (fidélisation, implication, etc.) ?
- Comment l'organisation améliore-t-elle son offre par une meilleure maîtrise des processus permettant d'assurer un bon compromis entre la qualité promise et un coût raisonnable ?
- Comment les coûts sont-ils réduits ou rendus flexibles sans compromettre le potentiel de création de valeur future ?
- Les managers disposent-ils de toutes les informations que nécessite une gestion des hommes cohérente avec l'objectif de création de valeur et un pilotage fin de leurs activités, sachant que ces informations ne peuvent pas, à l'évidence, être uniquement financières ?

Sur ces différents points, aucun des modèles de création de valeur financière n'explique comment mettre en œuvre le pilotage dans les secteurs à forts contenus immatériels ou fondés sur l'implication et la compétence des ressources humaines. Les investisseurs savent bien que dans les entreprises développant des stratégies d'inspiration « malthusienne », on trouve de nombreux adeptes des réductions d'effectifs et des restructurations. Ces stratégies ne créent quasiment pas de valeur à long terme, sauf si elles sont accompagnées de la perspective de nouvelles voies de développement. L'ambition et la volonté de se développer sont des caractéristiques fortes des entreprises créatrices de valeur c'est donc un élément auquel les investisseurs vont être très sensibles. Pour autant, la croissance en elle-même n'améliore pas toujours la valeur boursière. Elle peut même la détériorer. Elle ne constitue un effet de levier positif sur la création de valeur que si la rentabilité des capitaux engagés pour le développement de l'entreprise est supérieure à la rentabilité minimale attendue par l'actionnaire, autrement dit, que si la croissance est un moyen pour l'entreprise de dégager une rente. L'ambition et la volonté de se développer doivent donc s'inscrire dans le temps pour alimenter cette rente. Les stratégies de développement permettant d'obtenir une telle rente sont multiples, chaque entreprise ayant « sa recette ». Cependant, il reste des caractéristiques communes, qui toutes réservent une place importante aux ressources immatérielles, au capital humain et à ses capacités d'innovation et de créativité. Mais, on le voit bien, ces éléments sont absents des indicateurs de performance habituels.

Ainsi, si la rente est générée par une stratégie originale et ambitieuse, la continuité de celle-ci passe par la qualité du social. Si l'entreprise s'est réorganisée, comment procède-t-elle pour mobiliser ses ressources humaines ? Si elle se concentre sur son cœur de métier, comment va-t-elle le développer ? Dans tous les cas, quelle image sociale a été perçue par le marché à l'occasion de ces recentrages stratégiques ? Pour percevoir les attentes des investisseurs, il suffit de s'interroger sur la façon dont se rapportent l'une à l'autre la valeur pour l'actionnaire et la valeur pour le client.

- En termes monétaires, est-ce que les profits générés par le prix, que les clients acceptent de payer pour les produits ou les services proposés, déterminent durablement les conditions de rentabilité attendues par les actionnaires ?
- En termes commerciaux, est-ce que le « capital clients » garantit à l'actionnaire un revenu solide à terme ? Or ce « capital » dépend des produits et des services proposés au marché et surtout de l'écho qu'ils auront rencontré.

À l'analyse des deux questions ci-dessus, il apparaît à l'évidence que la performance sociale peut avoir du sens pour les investisseurs financiers, car elle est au centre de la problématique. L'avantage concurrentiel intègre les déterminants de la valeur client, et donc des atouts apportés par la ressource humaine. La démonstration de leurs liens avec la performance économique et la valeur ajoutée pour l'actionnaire doit être établie, argumentée et communiquée à l'extérieur de l'entreprise, si l'on veut que les actionnaires y soient sensibles. Or les actionnaires et les investisseurs sont très prudents en ce qui concerne l'information émise par les firmes. La meilleure communication est celle qui est faite en écho par les partenaires, clients et fournisseurs, qui, elle est réputée plus crédible. La démonstration du lien entre avantage économique et performance sociale doit aussi être faite par un « retour du marché » qui est, bien évidemment, économique.

À présent, voyons donc comment s'articule la communication des organisations vis-à-vis du monde des finances. Commençons par regarder ce qui se passe du côté des actionnaires. Les dernières études publiées semblent montrer une inflexion dans leurs comportements : ils deviennent sensibles à l'image qu'ils donnent d'eux-mêmes et qui se diffuse socialement. Dans une situation économique moins florissante, les actionnaires déclarent mesurer le sérieux d'une entreprise d'après la solidité de ses choix stratégiques porteurs à terme, et moins tenir compte de ses résultats à court terme. Si ce mouvement se confirmait, le potentiel de compétences permettant d'améliorer l'avantage concurrentiel devrait être tenu pour discriminant dans les décisions d'investissement des actionnaires.

Si l'on examine les fusions-acquisitions ou les recentrages stratégiques, force est de constater que beaucoup échouent parce que les facteurs humains et culturels n'ont pas été assez pris en compte. Cela se vérifie dans toute la phase de préparation de l'opération où les dirigeants sont monopolisés par la stratégie et les gains attendus de valeur. Il est vrai qu'il est difficile de communiquer dans cette phase qui doit être gardée secrète pour bénéficier d'un effet d'annonce. Par contre, dans les phases de recentrage ou d'externalisation ou d'intégration de la société acquise, on observe que l'élément humain n'est pas assez pris en compte, alors même qu'il est généralement reconnu aujourd'hui que le capital humain, dans une économie de plus en plus informationnelle, est une des principales sources de création de richesse. Ce manque de considération pour les ressources humaines constitue un facteur de vulnérabilité des entreprises, en particulier dans les métiers de l'intelligence ou de la création. Elle peut conduire, dans le domaine des compétences stratégiques ou dans la société absorbée, au départ des salariés disposant des compétences qui justifiaient l'opération. Les exemples ne manquent pas. Cette absence de prise en compte des problèmes humains et culturels ainsi que l'absence de projet de conduite de changement constituent des facteurs de risque majeur d'échec, et donc de perte de valeur pour l'actionnaire.

Pour terminer, nous insisterons sur le fait que, même si les marchés sont influencés par des variations fortes à court terme, les appréciations finissent toujours par se caler sur des évaluations de moyen et long terme. Tout le problème est de « convaincre » les actionnaires de rester fidèles, car c'est seulement avec des actionnaires fidèles que l'on peut construire durablement une stratégie crédible. Il est cependant évident que, même si une inflexion des comportements des actionnaires a été notée du fait de la crise, l'attente d'une rente reste d'actualité. Simplement, les actionnaires vont intégrer plus d'éléments dans leurs décisions d'investissement pour rendre cette rente durable.

4. Marketing du titre et communication corporate

Les indicateurs de valeur pour l'actionnaire n'ont de fait qu'une influence très limitée sur les cours de Bourse. Ces résultats sont compréhensibles, car les décisions des investisseurs ne reposent pas uniquement sur des indicateurs financiers, mais également, comme nous venons de le voir, sur des éléments non financiers tels que la qualité de la stratégie, l'aptitude de l'entreprise à l'appliquer, la capacité d'innovation de l'organisation, la crédibilité du management, l'image perçue du corps social et la qualité de la politique RH. On peut y ajouter, depuis quelques années, des indicateurs liés à l'environnement.

La pression croissante des actionnaires, et tout particulièrement des gestionnaires de fonds (fonds de pension ou investisseurs institutionnels) qui cherchent à maximiser le retour des capitaux qu'ils ont investis, conduit les entreprises à développer un marketing du titre et à communiquer sur la valeur de leurs actifs incorporels. Ainsi, les marchés financiers ont transformé les dirigeants des entreprises en « VRP de leurs titres financiers » pour leur permettre d'y trouver plus facilement le financement de leur développement. Effectivement, la compétition entre les entreprises pour la collecte des fonds sur les marchés de capitaux est telle, que désormais la réussite d'une entreprise dépend en partie de sa capacité à influencer les anticipations tant des actionnaires que des investisseurs. C'est pourquoi nous parlons d'un véritable marketing du titre. La multiplication des indicateurs de mesure de valeur contribue à ce mouvement. Différentes enquêtes montrent que les directions financières des grands groupes consacrent deux tiers de leur temps à leurs relations avec les investisseurs, ce qui ne surprendra pas. Quant aux dirigeants (PDG et DG), ils y consacrent la moitié de leur temps.

4.1 Un marketing de la valeur élargi aux stakeholders

Nous avons vu que deux évolutions se conjuguent pour rendre la notion de valeur plus complexe à appréhender : la montée en puissance d'une économie de l'intangible et l'apparition de la loi des rendements croissants. L'approche financière ne peut plus se contenter des performances passées ou des informations comptables pour prendre ses décisions. Pouvoir prendre en compte des aspects aussi complexes que l'immatériel suppose que l'on accorde davantage d'attention aux éléments non financiers de l'entreprise. Les progrès de l'économie de l'intangible font que la valeur devient de plus en plus volatile et de moins en moins maîtrisable. Ils rendent très problématiques les méthodes d'analyse traditionnelles de la valeur. La valeur de marché de beaucoup d'entreprises est bien supérieure à leur situation nette. Une part essentielle de leur valeur n'apparaît pas dans les comptes puisqu'il s'agit de leur capital intellectuel et humain qui leur assure leurs parts de marché et qui garantit la croissance à venir, donc qui assure la rente à venir.

En d'autres termes, l'indicateur de la valeur actionnariale est devenu moins pertinent. D'une part, parce que les décisions de la firme ont des conséquences pour l'ensemble des *stakeholders* et, d'autre part, parce que cet indicateur ne permet plus de cerner tous les mécanismes de création de valeur, dont une partie est confiée à des tiers. En partant de ce constat, certains auteurs (cf. Charreaux et Desbrières[14]) proposent le concept intéressant de « valeur partenariale ». Celle-ci intègre les relations contractuelles avec les sous-traitants, les partenaires auprès desquels on a externalisé des activités qui ne participent pas au cœur de métier. Selon les auteurs, cette approche devrait être élargie aux autres partenaires : créanciers, salariés, dirigeants, clients, fournisseurs, pouvoirs publics. La valeur partenariale s'appuierait sur une mesure globale de la rente créée par la firme en relation avec les différents *stakeholders*, non plus limitée aux seuls actionnaires. Une connaissance (même très approximative) de la valeur partenariale pourrait être un indicateur très intéressant pour l'actionnaire. Malheureusement, cet indicateur n'existe pas encore, mais tout le monde perçoit bien la nécessité d'avoir une vision plus large de la valeur. Ceci a déjà une influence sur la communication *corporate* des organisations, comme nous allons le voir à partir de deux exemples succincts.

---

14. Charreaux et Desbrières, in Christian Hoarau et Robert Teller, *Création de valeur et management de l'entreprise, op. cit.*

Si l'on adhère aux théories de Charreaux et Desbrières, on conçoit que la communication de l'entreprise devrait être dirigée vers chacune de ses parties prenantes, en gardant à l'esprit que les milieux financiers seront surtout sensibles à la cohérence des messages émis, et encore plus à ceux qui seront réémis en écho par les parties prenantes elles-mêmes. Prenons le premier exemple, celui d'une PME qui bénéficie d'un contrat de sous-traitance d'un grand groupe. Bien entendu, elle initie toute une communication sur l'intérêt économique, commercial de ce contrat qu'elle a emporté « grâce à sa maîtrise technologique et à ses compétences spécifiques ». Ce message deviendra totalement crédible, d'abord si le grand groupe est en bonne santé, mais surtout si ce dernier fait état, dans sa propre communication, des opérations de sous-traitance, comme étant une partie importante de sa stratégie. Or nous constatons que, très souvent, les messages reçoivent peu d'écho en retour et ont donc peu d'impact sur le marché financier. Pire, certains messages inquiètent, car, sans plan tangible pour les appuyer, sans retour externe, ils sont perçus comme la dernière cartouche tirée par des dirigeants qui ont perdu leurs repères.

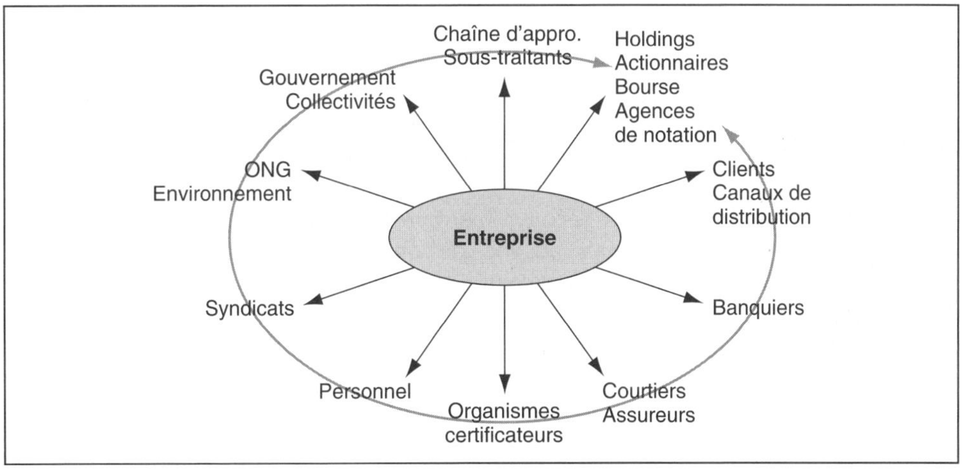

FIGURE 26 • Marketing de la valeur aux « stakeholders »

Passons maintenant au deuxième exemple. Il y a quelques années, nous avons été amenés à analyser la cohérence des actions de communication d'un grand groupe de télécommunication vers ses différentes parties prenantes. L'objectif était de coordonner la communication interne et la communication externe. Les actions de communication ont ainsi été analysées en fonction de trois facteurs : leur fréquence, leur valeur aux yeux du destinataire et leur contenu.

En rapprochant les deux premiers critères, l'analyse nous a clairement montré quatre ensembles distincts : le premier tourné vers le monde financier (dans lequel on trouve les assureurs et les sous-traitants) ; le deuxième adressé à l'univers commercial : clients et canaux de distribution ; le troisième sociétal et environnemental ; le dernier concernant le personnel, les syndicats et les instances de représentation du personnel.

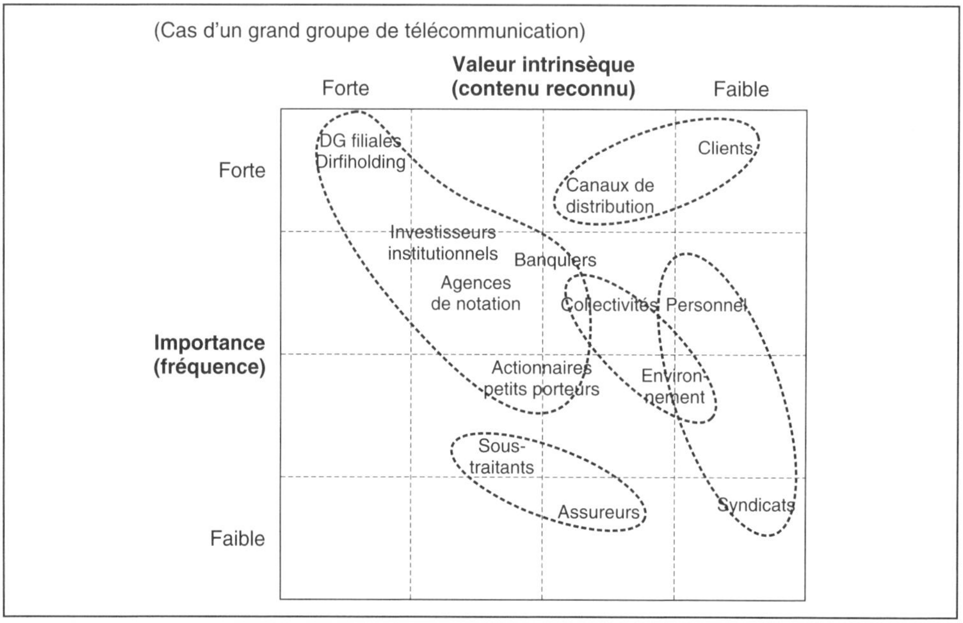

FIGURE 27 • Analyse des messages de communication vers les « stakeholders »

Il est intéressant de noter le recouvrement presque inexistant entre ces différents ensembles. Plus problématique était l'absence de congruence entre le contenu des différents messages que le troisième facteur mettait en lumière. La sous-traitance, par exemple, était présentée sous des jours différents au monde financier et en interne dans le journal d'entreprise. Les documents émis par les comités d'entreprise ou les syndicats donnaient à penser qu'ils parlaient d'une autre entreprise, d'autant plus qu'ils trouvaient dans la presse des relais complaisants. Cet exemple, limité à un seul groupe, laisse cependant à penser que ce constat n'est pas isolé et que beaucoup d'organisations ont du mal à communiquer de façon construite et cohérente vers leurs différentes parties prenantes. Cela affaiblit le contenu de l'information que reçoivent les acteurs « marché », qui savent faire des recoupements.

Prenons l'exemple d'AXA. Voici ce que nous pouvons lire dans son rapport annuel :

> *« Nous avons trois partenaires fondamentaux : nos clients, nos actionnaires, nos collaborateurs. De leur satisfaction simultanée et équilibrée dépend notre réussite. Le maintien d'un avantage compétitif durable repose sur la capacité à comprendre, plus vite que les autres, les changements affectant la chaîne de valeur, afin d'en tirer parti ; la technologie permet une segmentation de l'offre capable d'améliorer son efficacité ; la réussite passe simultanément par un élargissement de l'offre et une spécialisation dans sa conception, parce que ces deux éléments permettent d'avoir une approche du client qui correspond mieux à la satisfaction de ses besoins et à la recherche de notre profitabilité ; la marque, si elle véhicule un contenu positif, joue un rôle essentiel dans l'attraction et la fidélisation du client. C'est une promesse que nous devons tenir. Enfin, dans ce métier de protection*

financière, n'oublions pas les hommes. Leur rôle est déterminant et nous devons leur donner les qualifications nouvelles nécessaires.

Pour gagner, il nous faut donc mieux connaître nos clients, améliorer nos produits et nos services, mobiliser nos compétences de façon plus efficace et tirer un meilleur parti des ressources que constituent les technologies et le capital. Nous en sommes conscients et nous avons la volonté de le faire. »

Chez AXA, le même message est décliné tout au long des niveaux hiérarchiques, à l'intention des clients et des partenaires extérieurs. Quel que soit le point de contact avec AXA, on perçoit une volonté d'offrir des services à valeur ajoutée, grâce à un personnel innovant et à l'écoute, pour dégager du profit. On accorde du poids aux messages, que l'on soit dans l'entreprise ou, à l'extérieur, salarié, client ou actionnaire.

Du côté des entreprises, les relations entre « social » et « création de valeur » doivent montrer leur influence positive sur l'aspect risque (que nous avons défini plus haut). Si l'on se réfère à l'étude d'Ernst & Young (cf. schéma 11), parmi les facteurs liés aux ressources humaines et perçus comme sources possibles de risques, les investisseurs citent :

- les risques de conflits ;
- les risques d'éclatement de l'équipe de direction ;
- les risques financiers liés à la masse salariale (dérapages de la masse salariale, mais aussi évolution des « *top hat pensions schemes* », ou parachutes divers).

Cette conception traditionnelle du risque social est réductrice, car elle n'intègre pas les nombreuses autres pertes possibles, réelles ou cachées provoquées par une gestion sociale inadaptée. Ainsi, les incertitudes et les menaces liées à de mauvaises décisions RH peuvent à la fois toucher la qualité, la maîtrise des compétences, la valeur client ou l'innovation. L'exemple de notre PME de 570 salariés (page 215) en est une bonne illustration. Une plus grande prise de conscience de ces éléments de risque par les investisseurs les amènerait inévitablement à attacher plus d'importance aux ressources humaines et à leur gestion. La maîtrise du risque social, comme des autres risques, devrait être un sujet de communication des directions générales vers les actionnaires, en gardant à l'esprit le résultat du calcul de la VEC.

Pour juger de la valeur d'une entreprise, l'investisseur doit avant tout mesurer la capacité de cette dernière à créer des avantages compétitifs. Cela suppose une transformation assez profonde du contenu de la communication financière. Il s'agit de transmettre au marché des messages correspondant aux problématiques stratégiques de l'entreprise. Il s'agit également d'introduire dans le contrôle des performances de nouvelles mesures plus significatives de la création de valeur. La valeur est créée avant tout par des décisions stratégiques qui permettent de construire des avantages compétitifs à long terme. Cette création est le fruit de l'effort concerté de l'ensemble des partenaires. Elle sera d'autant plus durable que les contrats entre les parties prenantes respectent l'intérêt de chacun tout en rémunérant la prise de risque de l'actionnaire.

Pour nombre de dirigeants, l'application d'une discipline de la valeur (*Value Based Management*) constitue un outil destiné à convaincre le marché de leur détermination à créer de la valeur à long terme. Même si les résultats auprès des marchés financiers ne sont pas au rendez-vous, les indicateurs de création de valeur ont entraîné des modifications importantes des orientations stratégiques, du système de mesure de performance et du mode de pilotage de certaines entreprises. D'après l'expérience des auteurs, sans vouloir juger de la pertinence en interne de ces indicateurs, très peu d'efforts ont été déployés pour les expliquer, pour les « vendre » en interne, ce qui les fait rejeter par l'encadrement chargé de les promouvoir et par le personnel chargé de les mettre en œuvre.

CHAPITRE 9

Comment pérenniser l'avantage concurrentiel en mobilisant les compétences des salariés de l'organisation ?

Après ce regard porté par l'actionnaire sur la performance sociale, nous nous attardons sur les notions de « valeur produit » et de « valeur service » afin de les prendre correctement en compte dans les démarches GPEC.

1. Dialectique entre valeur d'échange, valeur d'usage et valeur de rentabilité

Le défi actuel des organisations consiste à créer de la valeur dans un contexte qui se complexifie. L'enjeu des entreprises est de faire des bénéfices et d'assurer leur pérennité. Pour relever ce défi, les organisations se doivent d'adopter des pratiques professionnelles qui découlent de leur capacité, leur « compétence » à créer de la valeur. Selon « l'idéologie » sous-jacente à ce concept de valeur, la mobilisation des RH et, par là même, la démarche GPEC qui va en découler seront différentes d'une organisation à l'autre : de la gestion des urgences (mode réactif), à l'anticipation des « *core-competencies* » les plus pertinentes et les plus utiles (mode proactif). De là découleront la mise en œuvre du processus de création de valeur de l'organisation et son résultat, la valeur des biens et/ou des services produits. Depuis une quarantaine d'années au moins, les entreprises ont compris que la « matière humaine » pouvait être un facteur de création de valeur. Les dirigeants se sont progressivement rendu compte que cette « matière humaine », valorisée, pouvait devenir l'une des richesses constitutives de l'organisation. C'est le cas des « compétences rares » que toutes les entreprises s'arrachent à prix d'or sur le marché de l'emploi (on parle alors de « capital humain »). Mais elles constituent aussi une variable d'ajustement intéressante, dans la mesure où elles permettent de baisser les coûts et donc d'augmenter la rentabilité, contrairement aux matières premières ou aux stocks qui, même s'ils ont été dépréciés, n'ont pas cet effet de levier sur le compte de résultat.

Toutefois, les RH représentent une imprévisibilité qui leur confère un statut d'irrationalité peu compatible avec les domaines comptable et financier. De plus, il est difficile, dans l'approche causale qu'adoptent ces domaines, d'établir la part contributive précise des RH dans le compte de résultat d'une entreprise. D'où le recours « enfermant » aux concepts de compétence et de GPEC qui permettent de se donner l'illusion qu'avec l'approche de la comptabilité et de la finance, il sera possible de cerner le capital humain et donc d'appréhender sa contribution à la création de valeur de l'organisation. Il semble bien que nous soyons face à une confusion des genres, du fait que la création de valeur de l'entreprise peut être regardée (et donc évaluée) selon trois types de valeur : la valeur d'échange, la valeur d'usage et la valeur de rendement.

1.1 La valeur d'échange, centrée sur le travailleur producteur

Du fait qu'elle regroupe la *valeur travail* et la *valeur utilité*, la source de la *valeur d'échange* se trouve, pour les économistes classiques, dans le coût de production. Regardons ce que représentent ces deux valeurs.

La *valeur travail* renvoie objectivement à la quantité de travail qui est :

- incorporée par les travailleurs dans la marchandise ;
- liée aux efforts de l'acheteur pour se donner les moyens d'acheter ladite marchandise.

La *valeur utilité* a été mise en exergue par le courant dit marginaliste [1] ; ce courant avance l'idée que la valeur utilité se caractérise par l'utilité, la rareté qui apparaît dans l'échange, au regard de ce que valorisent les individus, qui arbitrent entre le plaisir obtenu et la peine évitée par l'usage du bien considéré. D'où l'importance du rôle de la demande face aux (multiples) propositions de l'offre qui régulent le marché par le prix. De façon sous-jacente, on retrouve l'idéologie qui prévaut dans l'approche dite de « l'*homo œconomicus* », qui veut que la rationalité de l'homme se caractérise par la poursuite d'un maximum de satisfaction pour un minimum d'efforts. Rappelons que cette rationalité a été depuis battue en brèche puisque l'être humain peut agir pour des raisons autres que celle de sa satisfaction d'utilité. Il peut s'agir de la satisfaction issue de son groupe d'appartenance, de ses pairs ou pour d'autres raisons comme l'éthique, qui peuvent reléguer la satisfaction immédiate sur un second plan (cf. notre propos sur les valeurs « *Wertrationell* » en première partie).

1.2 La valeur d'usage, centrée sur le client consommateur

Toute la réflexion des sciences économiques tourne autour de cette question centrale : « *quelle est la source de la valeur ?* » Il s'agit de comprendre la façon dont s'effectuent les flux, les échanges sur le marché. Pour les sciences de gestion et les sciences appliquées au sein de l'organisation, la préoccupation est de répondre à la question : « *comment créer plus de valeur que les concurrents ?* » En d'autres termes, comment optimiser la production pour qu'elle coûte le moins cher possible (efficacité des moyens de production)

1. Quelques chefs de file du courant marginaliste : Pareto, Walras ou Jevons.

et rapporte le plus possible (efficience de l'organisation). De fait, les tenants de l'organisation sont beaucoup plus focalisés sur les intentions, le comportement et le ressenti du consommateur final, positionné sur le marché – et donc en dehors de l'organisation. Il peut comparer les biens et les services délivrés d'une organisation à l'autre, notamment au travers du prix bien sûr, mais surtout de la *valeur perçue*. Le regard du consommateur, extérieur à l'organisation, donne un caractère exogène à la valeur, décrite comme « le jugement porté sur les produits, sur la base des attentes et des motivations de l'utilisateur, exprimé par une grandeur qui croît lorsque, toute chose égale par ailleurs, la satisfaction du besoin de l'utilisateur augmente et/ou que la dépense afférente au produit diminue »[2]. C'est sur cette valeur perçue que se fonde la théorie de l'avantage concurrentiel que nous avons présentée au chapitre 1 de la présente sous-partie. Ainsi, le client, consommateur final, devient central dans cette approche, tant en amont du processus de création de valeur par la compréhension de ses besoins, qu'en aval comme utilisateur du produit ou service consommé.

1.3 La valeur de rendement, centrée sur l'actionnaire

Cet aspect a longuement été abordé ci-dessus, dans les chapitres 1 et 2 de la présente sous-partie. Nous n'y reviendrons pas ici. Nous allons nous focaliser sur les rapports qu'entretiennent valeur d'échange et valeur d'usage.

2. Création de valeur par la RH et les compétences : perspective historique

Quatre modèles permettent de cerner les différentes approches de création de valeur par la RH et les compétences humaines qui ont prévalu au cours de l'histoire des organisations[3].

2.1 Quatre modèles de création de valeur par la RH

- *Premier modèle : l'organisation taylorienne du travail.* Le personnel est exclusivement considéré comme un facteur de production qu'il faut optimiser par la baisse des coûts qu'il représente. La position des salariés est envisagée dans l'organisation selon la division horizontale (spécialisation) et verticale (conception/exécution, hiérarchisation) du travail. Pour réguler au mieux l'organisation et assurer son efficience, il convient de superviser les salariés par un management qui prescrit et contrôle au plus près leur travail. Par conséquent, le salarié « déficient » (qui n'apporte pas ou plus l'efficience attendue) est interchangeable : ce qui compte, c'est sa capacité de production, ses muscles. Le salarié est un bras.

2. Mohamed Bayad, Stéphane Leymarie et Christophe Schmitt, « Contribution de la GRH à la création de valeur en entreprise », in Françoise Dupuich-Rabasse (dir.), *Gestion des compétences et knowledge management*, Paris, Éd. Liaisons, 2002, chapitre 3.

3. Mohamed Bayad, Stéphane Leymarie et Christophe Schmitt, « Contribution de la GRH à la création de valeur en entreprise », *op. cit.*

- *Deuxième modèle : le courant des relations humaines.* En découvrant que les salariés sont susceptibles d'accroître leur efficience si leur motivation est stimulée, les tenants du courant des relations humaines donnent un statut à part à cette ressource particulière que représentent les salariés. Si l'organisation parvient à tenir compte des besoins des salariés, et ainsi à stimuler leur motivation, elle parviendra à différencier son efficience par rapport à celle de la concurrence. Apparaît ainsi au sein de l'organisation la nécessité de devoir concilier besoins techniques et besoins humains. Le salarié est un bras + un cœur.
- *Troisième modèle : le courant participatif.* Ce troisième modèle permet de passer d'une logique de contrôle à une logique de participation. Les salariés sont considérés comme une ressource à part entière dans l'organisation, avec ses spécificités. La notion d'efficacité vient compléter celle d'efficience. Pour qu'il se sente impliqué et pour qu'il soit par conséquent productif à son maximum, le salarié doit percevoir sa contribution tant sur le plan du fonctionnement de l'organisation, que, idéalement, sur celui de son développement. Il appartient au rôle de l'organisation et de ses représentants – les managers – d'utiliser le potentiel d'innovation, d'initiative ou d'autonomie de chaque salarié par une mobilisation, la plus large possible, de leurs ressources. L'objectif du management consiste à responsabiliser les individus pour favoriser une dynamique au sein de l'organisation qui laisse croire à chacun qu'il participe et contribue à la construction du projet de l'entreprise. La division taylorienne de l'organisation s'estompe, essentiellement sur son aspect vertical de la séparation entre conception et exécution, entre stratégique et opérationnel. Le salarié est un bras + un cœur + un cerveau.
- *Quatrième modèle : la coopération collective.* Ce modèle se donne pour objet de mieux comprendre le comportement des salariés pour susciter leur engagement. La motivation, l'implication de chaque salarié ne suffit plus à garantir son efficience et son efficacité, il faut qu'il soit engagé par et dans l'organisation, de manière à entrer en interaction avec les autres salariés en collectifs de travail afin que le fruit de cette interaction génère de la valeur en phase avec les valeurs individuelles et collectives. L'objectif de la coopération collective est de permettre une convergence, sinon une cohérence, des buts des salariés et de l'organisation. Le salarié est un tout indissociable !

2.2 Les limites du dualisme entre approche exogène de la valeur et approche endogène des RH

Dans ses différentes approches, la valeur semble toujours s'imposer de l'extérieur à l'organisation. Bien qu'elle participe au processus de création de valeur, ce qui permet de la différencier sur le marché, la valeur de ses biens ou services échappe à l'organisation, soit parce que cette valeur est la résultante du produit, soit parce le client final en a jugé ainsi. Comme on l'a vu plus haut, cette notion de valeur, *exogène*, est le plus souvent envisagée de façon disjonctive (par opposition aux intérêts des parties prenantes) : soit elle est centrée sur le producteur ; soit elle est centrée sur le consommateur ; soit elle est centrée sur l'actionnaire. Les RH, quant à elles, ne sont envisagées que dans une perspective *endogène*, tant par les économistes que par les gestionnaires ; il n'y a guère que dans l'approche classique de la valeur que valeur et GRH se rejoignent : c'est par la quantité de travail incorporée dans la fabrication du produit ou l'élaboration des services que la main-d'œuvre participe à la détermination de la valeur. Cela sous-entend que les RH ne participent qu'indirectement à la valeur. Plutôt qu'à la notion de valeur (approche *exogène*), les RH renvoient ainsi à la notion de *performance* (approche *endogène*), qui correspond au degré d'atteinte des objectifs que s'est préalablement donné l'organisation. Ainsi, bien qu'elles soient indissociables – toutefois sans qu'elles aient de lien de cause à effet avéré, on observe une dichotomie opposant la notion de valeur (approche exogène) à celle de performance (approche endogène). On peut en effet observer des organisations performantes sans pour autant que le client final sanctionne positivement le produit/le service et inversement.

2.3 Valeur exogène et performance endogène : vers une convergence... créatrice de valeur ?

Selon l'approche taylorienne de la valeur centrée sur le producteur, les salariés ne sont perçus que comme une ressource que l'on gère parmi d'autres, mais qui présente l'énorme avantage d'être une variable d'ajustement lors de difficultés liées à une conjoncture économique défavorable. Chômage technique, fin de contrats précaires et licenciements touchent alors la ressource « main-d'œuvre », sans pour autant qu'elle soit la cause de ces difficultés économiques. Tout le paradoxe entre valeur et RH se situe dans cet aspect « variable d'ajustement » qui renvoie à la violence du refus de la réciprocité telle qu'évoquée en introduction. Les salariés subissent de plein fouet la contrainte de tels ajustements, car ils n'ont que très peu de marge de manœuvre pour « négocier » une autre issue. Par ailleurs, de plus en plus d'auteurs s'interrogent sur la pertinence de telles pratiques pour la pérennité de l'entreprise sur le long terme ; en effet, on peut légitimement s'interroger sur la capacité d'anticipation (délibérément, nous ne parlerons pas de la qualité de la stratégie) des organisations qui font le choix de valoriser la valeur endogène (celle du produit) au détriment de la valeur exogène (celle qui va permettre de répondre à la satisfaction du client final par la performance sociale, celle des salariés). Qui plus est, de tels ajustements sont susceptibles d'engendrer des difficultés en interne si la main-d'œuvre la plus qualifiée (car la plus « onéreuse » en termes de salaire) a été « remerciée ». Nous verrons en deuxième partie que l'investisseur (valeur centrée sur l'actionnaire) sera très sensible à de telles alternatives dans son évaluation du risque. En d'autres termes, pour « enfoncer le clou », traiter les RH comme une variable d'ajustement condamne l'entreprise à perdre des compétences, à diminuer l'implication des survivants, à rendre la tâche de l'encadrement très difficile et enfin à réduire la confiance des investisseurs.

2.4 Connaissances et RH, un réservoir de valeur pour l'organisation ?

Deux courants théoriques convergent pour redonner ses lettres de noblesse aux RH, qu'ils jugent susceptibles de créer de la valeur pour l'organisation :

- la théorie des ressources stratégiques ;
- la théorie du capital humain.

L'approche par les ressources (*ressource base view*) justifie le potentiel de création de valeur des RH par la notion « d'avantage concurrentiel » qui dépasse celle « d'avantage compétitif » tel qu'indiqué dans le chapitre 1 de la présente sous-partie. Les RH vues comme des ressources deviennent, dans cette vision, des actifs stratégiques de l'organisation qui permettent de construire un avantage concurrentiel durable par rapport aux concurrents. Ainsi, Edith Penrose fut la première à expliquer en 1959[4] que l'entreprise subit une perte de capital lorsqu'un salarié jugé comme ayant des connaissances utiles pour le processus de production quitte l'organisation. En attribuant une valeur économique aux connaissances détenues par les salariés, à l'instar de toute ressource du capital de l'entreprise, Penrose propose un nouveau paradigme plaçant la connaissance au cœur du processus de création de valeur.

En 1982, Nelson et Winter définissent la notion de compétence comme la capacité à coordonner une séquence de comportements en vue d'atteindre des objectifs, dans un contexte donné. Ces auteurs s'inscrivent dans le courant évolutionniste qui envisage l'organisation comme un ensemble dynamique de compétences qui s'insèrent dans des routines, le tout constituant son répertoire de connaissances au fondement de la création de valeur.

3. La dialogique au service de la création de valeur

Ces deux théories sur la contribution du personnel à la création de la valeur montrent dans quelle mesure le regard sur les RH a changé dans les organisations au cours de ces quarante dernières années. La notion de compétence « encapsule » le potentiel de création de valeur dont sont porteurs les salariés et par conséquent les organisations. Le paradigme de compétence révèle la prise de conscience et la volonté des organisations d'abandonner l'approche à court terme de la vision centrée uniquement sur le producteur, et d'adopter une approche à long terme tendant à dépasser la dichotomie des visions axées « producteur » et « consommateur », pour devenir des « processeurs de connaissance ». Pour dépasser cette dichotomie, et pour synthétiser l'enjeu concernant la notion de valeur, A. Marshall[5] utilise la métaphore de la paire de ciseaux : la première lame représente la capacité à satisfaire la demande du consommateur ; la seconde lame la capacité du producteur à construire une offre à la hauteur ; ainsi, « il serait tout aussi déraisonnable de discuter sur le point de savoir si c'est la lame supérieure ou la lame inférieure d'une paire de ciseaux qui coupe un morceau de papier, que de se demander si la valeur est déterminée par l'utilité ou par le coût de production ». Comme le précisent Mohamed Bayad *et alii*[6], « ce point de départ suggère l'approche dialogique qu'il est nécessaire d'avoir par rapport à la notion de valeur. Néanmoins, ce n'est pas encore suffisant pour intégrer le rôle des salariés dans la notion de valeur. » Rappelons que l'approche dialogique permet de prendre en compte les parties d'un ensemble qui s'opposent, qui sont en apparente contradiction, mais qui, dans le même temps, s'alimentent l'une l'autre pour produire un « plus ». Ce supplément de valeur (selon le principe posant que « le tout est supérieur à la somme des parties ») vient enrichir l'ensemble, ensemble ainsi composé de ces deux parties et de leurs contradictions, qui ont créé ce supplément de

4. Edith Penrose, *The Theory of the growth of the firm*, Oxford, Oxford University Press, 1959.
5. Cité par Mohamed Bayad *et alii* « Contribution de la GRH à la création de valeur en entreprise », in Françoise Dupuich-Rabasse (dir.), *Gestion des compétences et knowledge management*, *op. cit.*, chapitre 3.
6. Françoise Dupuich-Rabasse (dir.), *Gestion des compétences et knowledge management*, *op. cit.*

valeur. Ainsi, si la valeur d'échange et la valeur d'usage semblent opposées dans leur potentiel de création de valeur pour l'organisation, si le dirigeant peut être tenté de « prendre parti » pour l'une ou pour l'autre dans sa « quête » de pérennisation de l'organisation, une posture dialogique permet de dépasser cette apparente contradiction, afin de créer de la valeur supplémentaire pour l'organisation. Plutôt que d'envisager la valeur d'échange et la valeur d'usage comme des variables dont l'opposition débouche sur la « victoire » de l'une sur l'autre, il est plus « rentable » de les « harmoniser » dans un jeu de va-et-vient dont l'issue est l'enrichissement de l'une ET de l'autre. Concrètement, cette double victoire peut se jouer au quotidien sur le terrain des compétences, non seulement au niveau du dirigeant, mais aussi et surtout, de celui de chaque salarié. En reprenant le principe « hologrammique » d'Edgar Morin[7] qui, rappelons-le, peut se résumer par le postulat « la partie est dans le tout comme le tout est dans la partie », la démarche dialogique et la victoire des deux valeurs doivent se décliner à tous les niveaux et à tous les échelons de l'organisation, du point de vue tant individuel que collectif. Comment ?

- Par la mise en représentation des contradictions des valeurs d'échange et des valeurs d'usage dans les rapports quotidiens et les interactions entre acteurs au sein de l'organisation ;
- par la dynamique de la contractualisation « gagnant-gagnant » entre les acteurs au sein de l'organisation en matière de mobilisation des compétences, comme nous allons le voir dans la dernière sous-partie.

Mise en synthèse dialogique des contradictions des valeurs d'échange et d'usage au quotidien

Les salariés doivent être informés de l'existence de la valeur d'échange et de la valeur d'usage qui régissent la création de valeur à tous les niveaux de l'organisation. Une communication adéquate peut aisément formaliser ces valeurs et contribuer, avec le relais actif de la hiérarchie, à sensibiliser les salariés aux enjeux qui les fondent. Les salariés doivent comprendre comment ils contribuent et peuvent contribuer tant à la valeur centrée sur le producteur qu'à celle centrée sur le consommateur. Ils doivent intégrer les potentialités et les dangers que représentent ces deux types de valeur pour toutes les parties prenantes, tant pour le client final, que pour l'organisation ou pour les salariés, que ce soit au niveau individuel ou au niveau collectif. Cette mise en représentation doit être suivie de discussions tant formelles – animée par le management – qu'informelles – autour de la machine à café.

Cette mise en représentation doit ainsi s'intégrer et s'ancrer dans l'esprit des collectifs de travail et dans celui des individus. Il importe que chacun ait conscience que tous peuvent avoir prise sur ces valeurs d'échange et d'usage dans leur quotidien de travail, en arbitrant pour l'une ou l'autre, quand les situations le nécessitent, par des microdécisions appropriées. Tous doivent apprendre à connaître les positions des différentes parties prenantes en présence, impliquées dans les situations de travail qui nécessiteront un arbitrage. Les microdécisions dont il est question ici, permettent d'apprendre à arbitrer pour l'une ou l'autre des types de valeur pour les intérêts supérieurs de l'ensemble des parties

7. Edgar Morin, *Introduction à la pensée complexe*, *op. cit.*

prenantes (clients, organisation, salariés, voire actionnaire) plutôt que de prendre position pour l'une *ou* l'autre dans une logique de confrontation, selon la posture idéologique de sa partie prenante d'appartenance. Ces microdécisions se manifestent, par exemple, lors de la prise en compte des aléas de production, sous la forme d'un arbitrage entre création de valeur centrée sur le producteur et/ou création de valeur centrée sur le consommateur, selon l'enjeu de la situation et de l'action corrective. Ces microdécisions doivent faire l'objet d'un feed-back avec l'équipe et le manager de proximité pour enrichir l'expérience et consolider la connaissance acquise après ces microdécisions, qu'elles soient optimales ou non.

L'intérêt de centrer le débat sur les microdécisions repose sur le fait qu'en cas de décisions inadéquates au niveau du salarié, les conséquences à court terme pour l'organisation sont faibles. En plus, ce sont souvent les microdécisions inadaptées qui permettent d'apprendre. L'erreur est formatrice, dit l'adage. Mieux vaut une mauvaise microdécision – qui peut souvent être rapidement corrigée – qu'une longue suite d'absences de décisions qui amènent à se « débarrasser » d'un volant de salariés pour accroître la valeur centrée sur le producteur. Cela engendre du « non-sens » pour les survivants, comme nous l'avons vu, et par conséquent, cela augmente le risque lié à la performance sociale. Un autre avantage des microdécisions et du feed-back effectué au sein de l'équipe est qu'il donne du sens aux actions des individus, au niveau de la maille élémentaire de l'organisation, tout en leur donnant la possibilité de participer réellement au développement de l'organisation.

Sous-partie B

Travail sur le sens : pour une nouvelle approche des compétences et pour une autre vision de l'homme au travail

SOMMAIRE

Comme l'indique admirablement Weber, le progrès humain consiste en un va-et-vient permanent de la subjectivité vers l'objectivité et de l'objectivité vers la subjectivité [1]. Le manager qui cherche à mettre en œuvre un GPEC doit prendre conscience que l'on met toujours quelque chose de soi dans le semblant d'objectivité vers lequel on cherche à tendre. Dans le domaine de l'humain ou du social, il s'agit plus de comprendre que d'expliquer les phénomènes, comme le font les sciences de la nature. Il convient de faire le deuil d'une vision exclusivement « positiviste » d'un monde ordonné, organisé, construit à l'avance, indépendant des individus et de leur collectivité. Il ne s'agit pas non plus de tomber dans l'écueil inverse et de verser dans un psychologisme [2] à tout crin.

Plutôt que de chercher à éviter l'excès d'objectivité et l'excès de subjectivité, il convient de mettre de la subjectivité dans l'objectivité et de l'objectivité dans la subjectivité. Dans une démarche GPEC, il s'agit de trouver le juste milieu entre ces deux postures extrêmes, et de les réconcilier pour garantir, un tant soit peu, le bon déroulement, sinon le succès de sa démarche.

Ainsi, la prise de recul épistémologique est une condition *sine qua non* de la réussite d'une démarche compétences : ce sera l'objet du premier chapitre qui suit. Ensuite, il convient également de remettre en cause les visions réductrices relatives à l'Homme au travail et à la création de valeur par ses compétences, qui justifient la mise en place d'une démarche GPEC : ce sera l'objet du deuxième chapitre, qui clôturera la seconde partie de cet ouvrage.

Pour sortir de l'illusion de la gestion des compétences, il faut remettre en cause l'idéal d'objectivité qu'une démarche GPEC peut sous-entendre en matière de gestion des ressources humaines. Il ne faut pour autant pas s'engager dans un subjectivisme excessif consistant à centrer la démarche sur une position psychologique exclusive, sous prétexte que les compétences sont un phénomène humain psychique. Il s'agit, ni de prétendre à « scientificiser » la démarche GPEC par excès d'objectivité, ni de la « subjectiviser » en tombant dans un psychologisme idéologique. Avant de se lancer dans la *praxis* d'une telle démarche, il est utile de s'interroger sur ses fondements épistémologiques, ce que propose de faire ce premier chapitre.

1. Plus précisément de l'irrationnel vers le rationnel, et de l'irrationnel vers le rationnel, in Max Weber, *Sociologie de la Musique*, Paris, Métailié, 1998, coll. Leçons de choses.

2. Le « psychologisme » désigne la tendance à tout interpréter au travers des théories de la psychologie humaine et d'en faire le centre immuable de la compréhension du monde (source : *http://fr.wikipedia.org*).

CHAPITRE 10

Fondements épistémologiques des démarches compétence

Pourquoi se poser la question de l'épistémologie des systèmes de GPEC ? Prétendre gérer des compétences pose le problème de la nature du fait humain et social que l'on cherche à appréhender. Contrairement aux sciences de la nature et aux champs de connaissance qui en découlent (champs et applications techniques au sens large), l'objet à appréhender ne répond pas à des lois physiques ou biologiques immuables. Il ne peut être appréhendé directement. Puisque ce phénomène est éminemment subjectif, comment appréhender la compétence, voire la mesurer avec un tant soit peu d'objectivité ?

1. La compétence, un phénomène mental et social mesurable selon le principe d'incertitude

En premier lieu, l'objet « compétence » n'est pas directement observable, car il est d'abord un phénomène mental. Comme le précise Von Hayek, les objets de l'action humaine et sociale ne sont pas des faits objectifs comme en physique : « Pour ce qui est des actions humaines, les choses sont ce que les gens qui agissent pensent qu'elles sont. » Il est ensuite un phénomène social, car il ne se produit pas seulement de façon isolée pour l'individu qui en est à sa genèse mentale, il s'exprime dans un lieu social déterminé, l'environnement de travail. En effet, l'objet « compétences » tel qu'il se pense et s'exerce est produit dans un réseau de relations humaines hiérarchisées avec des enjeux de pouvoir qui s'exercent sur l'individu. Citons Durkheim à ce sujet : « Le fait social est toute manière de faire, fixée ou non, susceptible d'exercer une contrainte sur l'individu. » Le fait social a ainsi une existence propre, indépendamment des manifestations individuelles. Il en est de même pour tout système de GPEC qui, nous l'avons vu, échappe à la fois à ses concepteurs (éditeur de logiciel, chef de projet GPEC), à ses thuriféraires (direction) et à ses utilisateurs (salariés : collaborateurs, gestionnaires ou managers) dès lors qu'il est en « action » et en « situation » : pour ses concepteurs, le système GPEC ne se comporte pas toujours comme il avait été prévu initialement ; pour ses utilisateurs, le système GPEC contraint le quotidien d'une façon différente de ce que ses thuriféraires avaient imaginé et expliqué.

1.1 Mettre fin aux présupposés d'une vision objective du monde

1.1.1 *L'illusion de la mesure mathématique appliquée au fait social*

Ces phénomènes de « distorsion », décrits ci-dessus, doivent être surveillés, car si l'on n'y prend pas garde, le fait social peut influer sur le comportement individuel et par rétroaction influer sur le fait social initial et devenir *a posteriori* fait social lui-même. Il convient de se poser la question de la mesure du fait social car, comme le dit Peter Drucker, « on ne manage que ce que l'on mesure ». Bachelard ne dit pas autre chose quand il écrit : « Voulez-vous croire au réel ? Mesurez-le. » Il faut toutefois se méfier de la façon dont on mesure le fait social. Pour pallier l'apparente absence d'objectivité du fait social, on peut être tenté de se servir du langage mathématique. Le langage mathématique, s'il est rigoureux, logique et universel, n'est pas la connaissance elle-même. Le langage mathématique, parce qu'il est tangible, reproductible, logique (un plus un est toujours égal à deux [1]) et donc rassurant, peut donner l'illusion de toucher le réel. Contrairement aux phénomènes observés dans le cadre des sciences de la nature (sciences physiques, biologiques…), le fait social n'existe pas objectivement, il ne peut pas être mesuré selon le principe d'exactitude, mais selon le principe… d'incertitude [2]. Il ne faut pas tomber dans le piège du scientisme en pensant (et en croyant) que ce qui n'est pas exact est inexact, donc que le contraire de l'exactitude est l'inexactitude. Le monde n'est pas binaire, loin s'en faut : le monde ne se résume pas à ce qui, d'un côté, est exact et à ce qui, de l'autre, est inexact. Exactitude et incertitude coexistent, dans le même monde, mais dans des « inter-mondes » différents : l'inter-monde physique et l'inter-monde psychique. Ces deux inter-mondes ont des règles de fonctionnement différentes, mais ils s'interpénètrent intimement. Ce qui autorise la multiplicité des regards, à la fois partiels et complémentaires : scientifique, pratique, psychologique, sociologique, philosophique, spirituel, etc. La réalité du monde ne se dénude pas une fois pour toutes avec des certitudes toutes faites. Cette réalité se dévoile dans l'intimité des relations de l'Être avec le monde, par voiles de connaissance successifs qui, loin de conduire à la connaissance ultime, lui font toucher les mystères de l'inconnu, de l'inconnaissable : pour paraphraser Edgar Morin, plus on connaît le monde, plus on mesure à quel point il est inconnaissable, parce que nos connaissances, mêmes scientifiques, demeurent incertaines. Imiter les sciences de la nature dans leur mode de fonctionnement de façon à produire de la

---

1. Bien évidemment dans une base supérieure ou égale à 2 !

2. Souvent, les certitudes du *vulgus pecum* laissent à croire que science incertaine est synonyme de science inexacte. « Inexactitude » n'est pas un terme adéquat pour rendre compte des méthodes et des résultats en gestion et de façon plus générique en sciences humaines et sociales (SHS). Il vaut mieux parler de « principe d'incertitude ». Les SHS ne sont pas des sciences inexactes (comme un certain langage commun le sous-tendrait en les opposant aux sciences dites « exactes », induisant par là même qu'elles ne sauraient accéder au vrai), sinon elles ne seraient pas des sciences tout court, au sens académique du terme. Les SHS sont des sciences « incertaines » parce qu'elles admettent des amplitudes de résultats soumis à des seuils d'incertitude, tout en étant régies par les principes de reproductibilité et de vérifiabilité scientifiques. Il est donc faux de croire que les SHS sont inexactes, ou qu'elles présentent des vérités sans preuves. Il semblerait de plus que le principe d'incertitude soit au cœur même des sciences dites « exactes » pour celles qui sont les plus avancées. Les découvertes toutes récentes dans le domaine de la quantique (l'infiniment petit) indiquent que la matière serait régie par ce principe, selon Brian Greene, physicien et mathématicien américain, professeur à l'Université Columbia (portrait in *Le Monde 2* du 9 août 2008), comme le redoutait Einstein lui-même…

connaissance « objective » dans les faits sociaux est donc une ambition vaine. Dans le domaine du fait social, ce qui importe, comme le souligne Von Hayek, « ce n'est pas que les lois de la Nature soient vraies ou fausses, mais seulement ce que les gens croient et qui fait qu'ils agissent en conséquence. C'est seulement ce que savent ou croient les gens qui est le motif de leur action consciente. »

1.1.2 *L'objet compétence n'est pas l'objet réel, mais une abstraction mise en représentation de l'objet*

Dans les domaines de la gestion appliquée et même des sciences de gestion, nous sommes loin des sciences de la nature, même si parfois l'activité produite dans et par l'organisation repose sur ses lois, tant en Recherche et développement que dans la plupart des applications techniques. La gestion est un ensemble de pratiques, de connaissances théoriques ou techniques et de discours relatifs à la conduite des organisations en général et des entreprises en particulier. Les disciplines – et la gestion n'échappe pas à la règle – se donnent une représentation ou se construisent un objectif (produire une activité *via* une organisation et des *process*) qui n'est pas l'objet réel lui-même (les produits, les services issus de l'activité organisationnelle qui donnent sa finalité à l'organisation), mais une abstraction de cet objet (les objectifs et les moyens qui précèdent les résultats). À cet égard, l'entreprise et l'organisation ne construisent pas le même objet selon qu'elles sont abordées par l'économie, le droit, la sociologie ou la psychologie. La GPEC se trouve ainsi de façon explicite, mais aussi de façon implicite, au carrefour de multiples représentations et donc de nombreuses constructions : économie, gestion (avec ses sous-domaines tels que RH, finance, informatique, logistique), sociologie, psychologie… La liste n'est pas close, à dessein, car la réalité du fait social ne se laisse pas enfermer de la même manière dans l'esprit de ses concepteurs et de ses thuriféraires que dans celui de ses utilisateurs… Il convient de recueillir les représentations et les constructions des différentes parties prenantes si l'on tient à conduire une démarche compétences avec un minimum d'objectivité sociale et de façon stratégique pour éviter d'entrer, à terme, dans des suspicions, voire des conflits d'intérêts.

1.1.3 *GPEC : pour quelle(s) finalité(s) ?*

Enfin, il convient de se poser la question de la finalité d'une démarche GPEC : (à quoi) va-t-elle servir ? La connaissance stockée par un système ou une instrumentation de GPEC n'est pas une fin en soi. Elle n'a de valeur qu'en tant que guide et moteur de l'action. Elle doit pouvoir fournir au gestionnaire de l'organisation des moyens de diagnostic pour prendre des décisions appropriées comme des traitements préventifs ou curatifs en relation avec l'objectif à atteindre. Une démarche qui n'aide pas l'organisation à créer de la valeur et qui ne permet pas aux individus de donner du sens à leur action, mais qui les dessert n'a pas de légitimité, même si, par ses non-sens, elle constitue un fait social en soi. La démarche, le système ou l'instrumentation GPEC doivent contribuer à expliquer, prévoir et maîtriser des phénomènes réels, quelle que soit la nature de cette réalité : au-delà même de l'objet « compétence », elle doit permettre de comprendre le comportement des groupes sociaux organisés dans et par l'organisation. Les résultats obtenus doivent être reproductibles, généralisables et cumulatifs :

- *reproductibles* : ceci sous-entend une stabilité de la mesure et des données mesurées ;
- *généralisables* : les résultats d'une observation ne doivent pas être cantonnés à tel sous-groupe de l'organisation. Si l'on s'aperçoit d'une particularité liée à tel sous-groupe, il convient de ne pas penser que, par extension, cette particularité peut être étendue à l'ensemble des sous-groupes de l'organisation. Il faut toujours se donner les moyens de vérifier la représentativité des résultats obtenus ;
- *cumulatifs* : le fait social n'étant observable qu'avec un degré d'incertitude, il convient d'établir des mesures successives et comparatives d'un même phénomène, de manière à s'assurer de sa récurrence dans des contextes similaires.

1.1.4 *La relativité de l'objectivité : sortir les démarches GPEC de l'« idéologisme »*

Popper a remis en cause nombre de présupposés sur l'objectivité issus du scientisme. Selon lui, l'important n'est pas de savoir quand et à quelle condition une théorie est vraie, mais où se situe la démarcation entre science et non-science ou, dit autrement, entre science authentique et objective (celle d'Einstein) et idéologie subjective (le marxisme ou la psychanalyse). Pour Popper, le critère premier qui établit le statut scientifique d'une théorie ou d'un énoncé est la *vérifiabilité* : la vérifiabilité désigne la possibilité pour une hypothèse ou une théorie d'être confrontée à l'expérience et d'être susceptible d'être réfutée ; les tentatives de réfutation qui échouent apportent des preuves positives confirmant le caractère scientifique de ce qui a été testé. Pouvoir être testé, c'est pouvoir être réfuté, ce qui n'est pas le cas de l'idéologie, par nature infaillible ou ne permettant pas d'être soumise à un protocole d'expérience. Les théories qui offrent le plus de résistance aux tests de mise à l'épreuve s'avèrent les meilleures approximations de la vérité. Ainsi, les théories ne sont pas des certitudes acquises définitivement, mais des énoncés conjecturaux toujours révisables et qui constituent la science du moment. C'est ainsi que la science progresse par erreurs corrigées et approximations successives. La réalité, pour Popper, est indépendante du sujet connaissant, puisque la réalité « résiste » à son action pour la dévoiler, approche sans fin, mais plus serrée du réel. Peut-on être objectif au sens poppérien du terme avec une GPEC ? Une démarche compétence déployée en organisation n'est certes pas comparable à une démarche scientifique, mais elle peut tendre vers l'objectivité dès lors qu'elle est vérifiable parce que réfutable, donc non « idéologisante » quant à la façon de gérer les compétences et les hommes. Tendre vers l'objectivité est l'une des visées praxéologiques des démarches GPEC : c'est une façon de provoquer la performance humaine au sein de l'organisation puis de la reproduire et de la faire perdurer aux meilleurs coûts pour une rentabilité optimale. Si tel n'est pas le cas, la finalité de ces démarches peut être remise en cause, indépendamment des bénéfices secondaires qu'elles peuvent apporter aux gestionnaires, comme renforcer leurs croyances, tel que nous l'avons vu dans la première partie. Mais l'objectivité n'est pas une fin en soi. L'objectivité poppérienne ne doit pas être opposée au vécu subjectif tel qu'expérimenté par les travailleurs, bien au contraire. Elle doit être au service de sa compréhension en permettant d'appréhender objectivement toute la subjectivité de ce vécu. C'est ce que nous allons voir en abordant la phénoménologie pensée par Husserl.

1.2 Vers une vision subjective et construite du monde : la phénoménologie et le constructivisme

L'ambition de Husserl au travers de la phénoménologie consiste à faire de la philosophie une science rigoureuse par un retour aux phénomènes – « phénomène » signifie, en grec, « ce qui apparaît, se manifeste » –, c'est-à-dire aux choses elles-mêmes telles qu'elles apparaissent au sujet, dans sa relation directe au monde. Par « phénomène », Husserl entend non pas l'apparence opposée à l'être, comme chez Platon, mais la manifestation de ce qui « est », étant étendu que « ce qui est » est donné à une conscience de manière originaire, avant toute réflexion et tout savoir.

Piaget complète la théorie de la connaissance de Husserl fondée sur l'activité réflexive du sujet. Le processus à l'œuvre dans la connaissance n'est pas une association de phénomènes à l'œuvre, mais une « intégration », une « incorporation » ou une « assimilation » de l'objet à partir d'une action sur lui.

1.2.1 *La phénoménologie, méthode d'appréhension de la réalité du monde*

Comme méthode, la phénoménologie est un effort pour appréhender, à travers des événements et des faits empiriques, l'« essence » des choses, c'est-à-dire leur signification idéale : il peut s'agir d'objets, d'entités logiques ou mathématiques, d'états de conscience (souvenirs, perceptions, images). Les « essences phénoménologiques » visées par les significations se donnent à la conscience dans une intuition directe, à l'occasion d'exemples singuliers, étudiés en détail et d'une manière très concrète. Les essences phénoménologiques sont saisies directement à l'aide de la « variation eidétique » des caractéristiques de tel ou tel objet. La variation eidétique permet, par exemple, de saisir l'essence phénoménologique d'un triangle en se demandant si l'une de ses caractéristiques est qu'il a deux ou quatre côtés. Il est possible de dégager l'invariant sans lequel sa réalité ne serait pas ce qu'elle est, donnant accès ainsi à son essence. Ainsi, le triangle « est » triangle parce qu'il ne peut exister à moins ou plus de trois côtés. La méthode phénoménologique est une description : elle consiste à amener les structures universelles restées implicites dans l'expérience vécue à s'expliciter, à se rendre manifestes. Cette méthode peut être appliquée dans l'effort de définition de l'objet « compétence », tel que les membres des parties prenantes d'une organisation se le représentent, en toute intersubjectivité…

1.2.2 *La phénoménologie, système de révélation de la vérité du monde par le vécu intersubjectif*

Comme système, la phénoménologie cherche à mettre en lumière dans le vécu humain la présence irréductible d'une dimension de vérité. Comme elle se place au point de vue de la signification, cette dimension de vérité s'appuie sur le principe selon lequel tout prend un sens par la médiation du sujet, extérieur au monde, mais tourné vers lui. Cette dimension de vérité n'est pas unique, car il appartient à la signification du monde de s'offrir à une pluralité de sujet. L'objectivité du monde apparaît ainsi comme une « intersubjectivité transcendantale » parce que transcendante à l'ego des différents sujets. Une GPEC se doit de donner à comprendre les compétences au travail telles qu'elles sont la manifestation du vécu (au sens large) des salariés à leur travail, tant du point de vue des sujets en situation que des sujets observant, tant du point de vue des sujets impliqués que des sujets concernés. Nous verrons plus bas que la « relation bijective » permet de contractualiser des transactions « gagnant-gagnant », ce qui sous-tend une posture permettant de partager le vécu « compétences » d'autrui, à la fois comme expérience *ex-ante* et comme connaissance *ex-post*. Cette posture entraîne une meilleure compréhension du potentiel de création de valeur du capital humain.

1.2.3 *Piaget : Le sujet comme producteur d'une connaissance en action*

Piaget indique que le développement de la connaissance dépend de la coordination des actions du sujet. Ses actions sont enracinées dans des activités réflexes en continuité avec son développement biologique qui s'effectue par maturation interne et interactions avec le milieu environnant. À chaque étape apparaît un déséquilibre entre connaissances acquises et nouveaux problèmes à résoudre ; un processus d'équilibration assure à la fois progrès et stabilité et produit le passage à un niveau de structure cognitif supérieur, par intériorisation de l'action (résolue ou non) en « schème », canevas formel d'organisation, permettant une répétition du comportement adaptée à l'action. Plus la répétition du comportement est adaptée et efficace, plus l'individu est compétent. Ainsi, la connaissance est une activité pratique ou cognitive, qui n'est pas innée, permettant au sujet de se connaître en connaissant l'objet : « l'intelligence se structure en fonctionnant » ; l'individu se forge de nouveaux instruments de connaissance en expliquant le monde.

1.2.4 *Les contributions constructiviste et interactionniste à la définition de la compétence*

Le courant constructiviste, qui s'appuie sur le travail de Piaget, permet d'éclairer le volet individuel du processus de construction de la compétence. La compétence est une forme de maîtrise de la connaissance construite au travers d'actions coordonnées par l'individu, en interaction avec son environnement. Elle s'élabore selon une dynamique de mécanismes cognitifs permettant une progression par étape. Elle sous-tend un accès, puis la maîtrise de connaissances par apprentissages successifs, consistant en une intériorisation de l'action (résolue ou non) par « schème », canevas formel d'organisation permettant la répétition adaptée du comportement face à l'action et son adaptation quand la situation d'action est nouvelle.

Le courant interactionniste apporte une contribution significative pour la compréhension de la construction de la compétence sur son volet collectif. L'interaction sociale suppose qu'il y ait au moins deux acteurs physiquement face à face, reliés par un comportement impliquant des échanges de communication ; chacun des acteurs modifie son comportement de telle sorte qu'il émerge de leur interaction un nouveau comportement dont le résultat est supérieur à la somme des compétences engagées par les acteurs avant leur interaction. Ce « plus » qu'apporte l'interaction donne du sens aux actions individuelles et structure le cadre social où elle se joue.

1.2.5 *La compétence, objet transitionnel en perpétuelle construction*

L'éclairage qu'apportent le constructivisme piagétien et l'interactionnisme permet d'appréhender la compétence non pas comme un concept, mais comme un « objet en action » en perpétuelle construction, qui s'épanouit dans un lieu social donné et qui fait sens différemment d'un lieu social à l'autre, d'un individu à l'autre. La compétence est ainsi une sorte « d'objet transitionnel » qui n'a pas besoin d'être présent en permanence dans la relation pour exister : son évocation, par sa représentation en mots ou en gestes, suffit pour susciter les interactions professionnelles entre les individus, mobiliser les acteurs d'un groupe social donné, et ainsi construire l'action collective. La compétence, en tant qu'objet transitionnel, permet de poser un cadre symbolique qui évite aux individus de faire la preuve de leur compétence à chaque fois qu'elle est évoquée : l'individu peut justifier ses choix de comportement *ex-ante* vis-à-vis de son groupe social d'appartenance par le discours ; l'observation par autrui du comportement *ex-post* de l'individu fait sens pour le groupe social dans sa globalité, au-delà de la simple habilité d'un individu pris isolément.

Débarrassé des présupposés d'objectivité scientiste hérités d'un cartésianisme réducteur, le manager peut désormais envisager de refonder sa démarche compétences en s'appuyant sur une épistémologie adaptée au questionnement qu'implique la mise en œuvre d'une démarche compétences.

2. Refonder les démarches compétence

Nous proposons au gestionnaire soucieux de fonder sa démarche compétence un questionnement qu'il convient de conduire en amont de celle-ci. Toutefois, si la démarche existe déjà, ce questionnement peut servir à mieux comprendre ses éventuels dysfonctionnements ou blocages partiels, de manière à éviter un éventuel échec qui remettrait en cause toute la démarche. Le questionnement proposé ci-après s'inspire de la méthode épistémologique qu'utilisent les chercheurs en sciences de gestion pour garantir la scientificité de la connaissance produite et mesurée au travers de leurs observations. Le lecteur pourrait s'interroger sur la pertinence d'un tel parallèle : en quoi les managers ou les gestionnaires sont-ils autorisés à utiliser légitimement la méthode scientifique pour gérer les compétences ? Ce à quoi nous répondons : pourquoi pas, dès lors qu'il s'agit de matière humaine ? Encadrer les pratiques de gestion des compétences par une réflexion théorique sérieuse ne peut que prévenir les erreurs d'appréciation des uns ou renforcer les intuitions géniales des autres, en apportant au sein de l'organisation une forme d'impartialité objective, puisque la méthode scientifique lui est extérieure. Qui plus est, la méthode scientifique est une façon de renforcer la déontologie des praticiens, voire l'éthique au sein de l'organisation, ce qui en outre peut permettre de désamorcer d'éventuels conflits d'intérêts entre les parties prenantes en présence dans l'hypothèse où l'on viendrait à remettre en cause l'objectivité de la démarche. Enfin, il serait regrettable que les méthodes scientifiques restent enfermées dans les laboratoires de recherche et ne soient pas utilisées sur le terrain des organisations. De plus, de nombreuses mesures gouvernementales incitent les organisations à s'entourer de chercheurs. Voici donc l'occasion rêvée de passer à l'acte en embauchant un jeune chercheur ! Le gestionnaire ou le manager devra toutefois veiller à ne pas se déclarer ou s'improviser lui-même chercheur sous prétexte qu'il utilise la méthode épistémologique des sciences de gestion ; il ne doit pas tomber dans le piège de « l'apprenti sorcier ». La démarche scientifique présuppose un certain nombre de conditions méthodologiques d'objectivité, particulièrement dans l'identification et l'exploration des données, leur test et la mesure des résultats obtenus. Ainsi, loin d'être une perte de temps ou d'argent, la réflexion en amont d'une démarche compétence fondée sur la méthode épistémologique des sciences de gestion vient non seulement l'étayer théoriquement et conceptuellement, mais permet aussi de la crédibiliser et de parer à d'éventuelles remises en cause de sa légitimité.

2.1 Apports de la méthode épistémologique en trois étapes

La méthode épistémologique pouvant être appliquée à la démarche GPEC se déroule en trois grandes étapes. Elle s'interroge d'abord sur la nature de la connaissance produite, ensuite sur les méthodes de production de cette connaissance et enfin sur le statut et la valeur de la connaissance produite. Nous proposons de présenter rapidement ces trois étapes puis d'approfondir le questionnement qui en découle.

2.1.1 *Étape 1 : la nature de la connaissance produite*

Il importe de s'assurer en premier lieu de la nature ou du type de la connaissance produite. Dans le champ de la gestion, la connaissance produite peut être de trois ordres : objective, construite ou interprétée.

- *Objective* : positiviste, cette approche étudie les faits sociaux comme les phénomènes physiques, à partir de l'observation empirique et dans le cadre de théories *ad hoc*. Elle postule que la réalité existe et que l'on peut atteindre la vérité en faisant correspondre les faits et la réalité, en établissant des lois de causalité, ce qui sous-entend un déterminisme avéré entre causes et conséquences. Un autre postulat affirme l'indépendance entre l'objet de connaissance étudié (même si c'est un autre sujet) et le sujet qui observe le phénomène. Cette approche est appropriée dès lors qu'il s'agit d'appréhender des comportements directement observables, des gestes directement sanctionnés par un résultat tangible et objectif.
- *Construite* : dans cette approche constructiviste, la réalité est à construire et dépend de son contexte. Finalisée, la connaissance est opérationnelle. Le projet de connaissance est le résultat de la démarche. Enfin, il existe par conséquent une forte dépendance entre l'objet de connaissance et le sujet qui observe.
- *Interprétée* : pour cette approche interprétativiste ou phénoménologique, la réalité est mentale. L'objet de connaissance est constitué d'intentions, de représentations, de motivations… Il doit exister une interdépendance entre l'objet de connaissance et le sujet qui observe, qui interprète.

Ces deux dernières approches sont adaptées lorsqu'il s'agit d'appréhender des compétences purement mentales, donc non directement observables, éventuellement en cours d'élaboration ou transitoires, comme dans les contextes de conduite de projet.

2.1.2 *Étape 2 : la méthode de production de la connaissance*

Dans un second temps, il convient de s'assurer de la façon dont la connaissance va être, est ou a été produite. Comment la connaissance attendue en matière de système de gestion des compétences est-elle produite, puis retranscrite ? La transcription d'un phénomène mental préalablement produit en situation de travail suppose l'utilisation d'un ou de plusieurs médias qui traduisent ce phénomène en un langage intelligible par et pour le plus grand nombre. La méthode est-elle explicative (conduit-elle à la production de lien[s] de causalité pouvant se référer ou être encadrés par un énoncé théorique avéré, voire par des lois scientifiques), descriptive (conduit-elle à un état des lieux réellement représentatif de la situation), compréhensive (conduit-elle à une meilleure compréhension de la situation) ?

2.1.3 *Étape 3 : la valeur de la connaissance produite*

Enfin, il convient de s'assurer de la valeur de la connaissance produite, tant sur sa validité que sur son statut.

- Quelle est sa validité ? Est-elle crédible, reflète-t-elle la réalité ? Les médias et le langage utilisés ne sont-ils pas trop réducteurs de la réalité du phénomène que l'on cherche à observer et à comprendre ?
- Quel est son statut ? Permet-elle d'éviter le scientisme en évitant de produire des pseudo-lois de cause à effet censées déterminer la meilleure façon de concevoir le *job design* ou censées estimer les meilleurs comportements de performance ? Permet-elle au contraire de découvrir des vérités, même relatives et provisoires, mais qui permettent d'avoir une meilleure prise sur l'action, voire de faire progresser la technique ou la science ?

2.2 Légitimer la démarche GPEC par un questionnement approprié

Comme nous venons de le voir, une démarche GPEC sera d'autant plus légitime qu'on parviendra à apporter des réponses aux trois questions suivantes : quelle est la nature de la connaissance produite, comment cette connaissance est-elle engendrée, quels sont la valeur et le statut de cette connaissance ? Nous proposons au gestionnaire soucieux de rigueur et d'objectivité dans sa démarche compétence d'approfondir ce questionnement, parce qu'il est incontournable de le conduire en amont de toute démarche, afin de la légitimer en termes de « validité de construction », ce qui permet de garantir que le plus grand soin aura été pris pour fonder la *praxis* de la démarche compétence.

- *Question 1 : quelle est la nature de la connaissance produite ?* Est-elle objective, dans le sens où elle refléterait une réalité qui existe indépendamment du gestionnaire ou du manager qui observe, classifie, stocke et gère les compétences dans l'organisation ? Est-elle le fruit de l'interprétation de la réalité par le gestionnaire ? Est-elle le fruit d'une construction de la réalité entre le gestionnaire, le manager et ceux qui sont porteurs de compétences ? Cette série de questions permet de s'interroger sur la vision du monde social que la démarche compétence sous-entend explicitement comme implicitement. Elle permet de mettre à jour la nature des liens qui peuvent exister entre le sujet qui observe le phénomène compétence et l'objet « compétence », avec tous les éventuels « filtres » qui peuvent venir perturber cette observation (chez celui qui observe ou chez l'observé). Enfin, ces questions posent clairement la nature de la réalité que l'on cherche à observer et donc son périmètre. Il existe non seulement plusieurs niveaux de réalité (ce qui va être observé), mais également plusieurs niveaux de « conscience » (celui ou ceux qui observent). C'est à celui qui conduit la démarche de savoir établir le périmètre de réalité le plus juste, fort des objectifs à atteindre (finalité de la démarche dans son apport comme support d'aide à la décision managériale et stratégique) et des moyens pouvant être mis en œuvre, moyens tant matériels (budget, système et instrumentation de gestion de l'information relative à la compétence) qu'immatériels (capacité à conceptualiser la compétence, à l'appréhender, à la mesurer, à l'évaluer). Étant entendu que ce questionnement détermine les moyens et non l'inverse, pour éviter de tomber dans le piège de l'idéologie sous-jacente qu'encapsulent les outils de gestion « sur étagère » ou « *ready-made* » (prêts à l'emploi).

- *Question 2 : comment la connaissance relative à la compétence est-elle engendrée ?* Cette étape permet de s'interroger sur le chemin de connaissance emprunté. Pour ce faire, le gestionnaire peut analyser le processus avec lequel il lui paraît le plus pertinent de produire la connaissance relative à la compétence, selon trois possibilités qui peuvent être utilisées séparément ou concomitamment.

  - *La connaissance à produire ou produite suivra-t-elle, ou suit-elle, un processus d'explication* ? En matière de gestion des compétences, cette approche sous-entend une relation causale : si tel emploi requiert telles compétences, alors la réussite de son titulaire s'expliquera par la maîtrise de ces compétences et seulement celles-là, toutes choses égales par ailleurs. La prise de contrôle sur le réel s'effectue toujours par les mêmes gestes immuables parce que ces gestes ont été jugés les plus adéquats, du fait de nombreuses tentatives pour en découvrir les meilleurs. Dans ce contexte (qui ne varie pas ou peu), les compétences sont directement observables, puisqu'elles découlent de la maîtrise des « bons » gestes ; les aléas sont peu probables ou quasi inexistants, ils ne nécessitent pas de compétences périphériques ;
  - *La connaissance à produire ou produite suivra-t-elle, ou suit-elle, un processus de compréhension phénoménologique* ? L'appréhension des compétences mentales nécessite un tel processus du fait qu'elles ne sont pas directement observables et du fait qu'elles sont le produit d'une intersubjectivité nécessitant un ajustement entre les sujets pour parvenir à un consensus tant du point de vue du processus que du contenu. Très souvent, la connaissance phénoménologique est de l'ordre de l'intuition ineffable ; il est donc parfois difficile de la formaliser pour un seul individu. L'intersubjectivité est alors une solution pour l'aider à produire cette connaissance, qu'elle soit le produit de la relation d'un sujet observant avec un sujet observé ou de sujets conduisant une méta-analyse *a posteriori* de leur situation de travail ;
  - *La connaissance à produire ou produite suivra-t-elle, ou suit-elle, un processus de construction* ? Le travail en démarche ou conduite par projet suit un tel processus. La compétence à produire n'existe pas au démarrage du projet, elle existe à

son issue. Dans ce contexte, les individus en interaction doivent créer *ex nihilo* un résultat attendu. Ils ne disposent que de leurs compétences acquises individuellement au préalable du projet et de leur potentiel à entrer en interaction. C'est la nature de l'interaction qui permet l'émergence de compétences collectives. Les compétences collectives viennent enrichir les compétences individuelles, sachant que ces compétences collectives n'auraient pu exister sans cette interaction d'individualité. L'observation *ex-ante* de telles compétences collectives est impossible alors, car elles n'existent pas encore, elles ne peuvent se résumer à la somme des compétences individuelles en présence. L'observation *ex-post* des compétences issues de l'interaction est vaine car, à la fin d'une démarche projet, les individus qui l'ont conduite se sont éparpillés vers d'autres horizons. Reste donc l'observation *in situ*, avec pour principales difficultés que, se construisant au fur et à mesure du projet, de telles compétences sont difficiles à appréhender et à évaluer à leur juste valeur, l'instant optimum se situant quelque part vers la fin du projet lorsque les délais sont imminents (voire souvent dépassés) et que les individus ne disposent plus du temps nécessaire à consacrer à l'observation de leurs compétences fraîchement acquises…

- *Question 3 : quels sont la valeur et le statut de la connaissance produite* ? Cette étape permet de s'interroger sur les critères de validation de la connaissance produite par la démarche compétence. La connaissance est-elle vérifiée, empathique ou intelligible :
  - *Une connaissance vérifiée, corroborée* ? La connaissance produite suppose qu'elle peut être soumise à un minimum de contrôle, dès lors qu'elle est rendue publique. En matière de gestion des compétences, il convient de s'interroger sur le déclaratif des salariés qui prétendent détenir telle ou telle compétence, à tel niveau de maîtrise. Comment vérifier ces assertions ? Parfois, la simple observation du comportement du travailleur et du résultat de son travail suffit à révéler l'existence d'une compétence. L'évaluation porte alors sur une quantité et/ou une qualité du résultat obtenu. L'évaluation et la grille d'évaluation du résultat sont alors déterminantes pour révéler cette compétence. L'avis du supérieur hiérarchique est-il suffisant, objectif ? Ce supérieur dispose-t-il des « bons » critères d'évaluation ? Faut-il prévoir un système d'évaluation extérieur à la relation que le supérieur hiérarchique entretient avec ses subordonnés ? Si oui, lequel : des tests professionnels ou psychotechniques, des *assessment centers* ?
  - *Une connaissance empathique* ? Dans le cas de compétences mentales, plus que la compréhension desdites compétences, il est nécessaire de comprendre telle situation professionnelle (par exemple en identifiant ses incidents critiques [3] déterminants dans la réussite du travailleur dans cette situation), voire de comprendre les individus eux-mêmes dans leur prise avec l'environnement et le réseau des relations individuelles. Il s'agit alors d'adopter une attitude

3. Cf. les travaux de Flanagan sur les incidents critiques (1954) qui ont permis d'améliorer la validité de construction des *assessement centers*. L'incident critique est un aléa professionnel déterminant, inhérent aux tâches ou aux activités d'un poste, nécessitant d'être résolu pour assurer correctement l'exécution des missions de ce poste (cf. Pierre-Éric Sutter, *Recruter ou se faire recruter, op. cit.*).

empathique[4], qui consiste en une posture de l'observant qui laisse de côté son système de référence pour comprendre le système de référence de l'observé, indépendamment de tout jugement de valeur. Cette posture permet de décrire *ex-post* plutôt que de prescrire *ex-ante* et ainsi de produire un contenu de compétence issu de la singularité des individus qui la possèdent.

- *Une connaissance intelligible, adéquate* ? La compétence se révèle-t-elle au-delà de la singularité de l'individu qui la possède ? Peut-elle se partager avec autrui pour produire de la compétence collective utile pour l'organisation ? Peut-elle se formaliser de telle manière à entrer dans un système de gestion des compétences produisant son propre système de connaissance ?

En synthèse, la nature de la connaissance que l'on espère produire sur les compétences dépend de la réalité que l'on espère appréhender au travers de telle démarche GPEC dans telle organisation, de la nature du « lien sujet/objet » retenu et de la nature du monde social envisagé. Ainsi, trois approches prédominent :

- le positivisme : appréhender les lois qui régissent la réalité tangible des compétences ;
- l'interprétativisme : comprendre le sens que les acteurs donnent à la réalité « compétences » au travers de l'interprétation de leur propre monde ;
- le constructivisme : de façon similaire, il s'agit de comprendre le sens que les acteurs donnent à la réalité « compétences » (les leurs, celles d'autrui) au travers de l'interprétation de leur propre monde, sachant que le chemin de la connaissance n'existe pas *a priori*, mais qu'il se construit en marchant (la connaissance est envisagée autant comme un processus que comme un résultat).

4. Cf. « l'écoute active » du célèbre psychologue américain Carl Rogers. Initialement conçue pour l'accompagnement de l'expression des émotions, l'écoute active est opérationnelle dans les situations de face à face où le professionnel écoute activement l'autre. Elle consiste à mettre en mots les émotions et les sentiments exprimés de manière tacite ou implicite par l'interlocuteur. L'écoute active permet de recueillir l'information la plus complète dans une relation de confiance qui permet à chacun de se sentir reconnu et compris. L'écoute devient active lorsque la personne qui la pratique participe activement à la compréhension du message. Elle démontre de l'intérêt et de la curiosité, demande des clarifications ; elle s'empêche de juger et d'interpréter.

CHAPITRE 11

Pour une autre approche de l'Homme au travail

La vision de l'Homme au travail ne se résume pas aux simples comportements que l'organisation attend de lui, pour atteindre les objectifs qui lui sont fixés (visée conative). Elle doit englober sa dimension psycho-sensorielle, qui fait de l'Homme au travail un être sensible et en relation (visée affective). Elle doit également prendre en compte sa dimension symbolique, qui en fait un être vivant se nourrissant de sens et de connaissance (visée cognitive). Appréhender l'Homme au travail comme un tout est la condition *sine qua non* du succès des démarches compétence. Ceci va nous conduire à proposer d'intégrer dans ces dernières la notion de valeur, particulièrement celle de « valeur travail ».

1. Dépasser les limites d'une vision réductionniste de l'Homme au travail

L'homme au sein de l'entreprise – comme au-dehors – doit être considéré comme un tout indissociable. L'Homme est un « animal » sensoriel doté d'un intellect qui le différencie des autres espèces vivantes, mais il s'en distingue également par ses facettes psychique et spirituelle [1]. Vouloir n'appréhender ou ne « sur-valoriser » qu'une ou plusieurs de ses facettes au détriment du tout conduit à nier la richesse humaine, son potentiel de créativité et son engagement au travail. Il est urgent de se débarrasser d'une vision réductionniste qui conduit à « mutiler » la réalité humaine, tant symboliquement que psychologiquement, voire biologiquement (comme dans les pathologies résultant du stress). Les organisations, quoi qu'en disent certains dirigeants et managers, ont tout à y gagner ; il y va de leur capacité à créer de la valeur.

1. Cette facette s'envisage en dehors de toute référence religieuse sans pour autant l'exclure ; le recours au mot « spirituel » dans son sens large permet de déterminer ce qui fait sens pour l'être humain dans sa quête d'un « ailleurs » se situant au-delà du monde physique et des besoins matériels, et qui *in fine* le met en mouvement. Ce qui « fait sens » s'entend ainsi dans un spectre large : du plus élaboré intellectuellement (fréquentation des traditions spirituelles ou expérimentation des sagesses orientales) au plus modeste (dévouement à de grandes causes sociales ou sociétales, concert de musique menant à la transe…). Cette approche du spirituel s'appuie sur celle d'auteurs tels que Marcel Gauchet (*Le Désenchantement du monde*, Paris, Gallimard, 1985, coll. Folio essais) ou André Comte-Sponville (*Qu'est-ce qu'une spiritualité sans Dieu ?*, Paris, Frémeaux et associés, 2007, CD).

1.1 L'être humain, un tout indissociable aux multiples dimensions

Comme le souligne Jean-François Chanlat[2], l'être humain est un : il est unique en tant qu'espèce, et à la fois générique et singulier en tant qu'individu. Bien qu'il ait été « découpé » par les scientifiques pour des raisons pratiques d'études (biologie, psychologie, sociologie, etc.), il est « un tout dont les différents éléments sont intimement reliés. Être fondamentalement biopsychosocial, l'Homme apparaît aussi comme profondément lié à la nature et à la culture qui l'environnent et qu'il contribue à transformer. »

1.2 Les cinq dimensions de l'Homme au travail

Il convient par conséquent d'appréhender l'Homme au travail dans ses différentes dimensions. Jean-François Chanlat propose une approche en cinq niveaux qui déterminent le vécu au travail : les niveaux individuel, interactionnel, organisationnel, sociétal et mondial. Ces cinq niveaux permettent de mieux comprendre les « ressorts » de l'Homme au travail, particulièrement ce qui peut l'amener à vivre son travail selon une valence positive ou négative.

- Niveau individuel : l'Homme au travail est d'abord un individu avec son capital biologique psychique et social endogène, apporté en l'état lors de son recrutement dans l'organisation pour laquelle il travaille. Ce capital détermine d'emblée son « profil » biopsychosocial tant inné qu'acquis : capacités physiques et mentales, personnalité, croyances sociales…
- Niveau interactionnel : l'homme au travail n'agissant pas en vase clos, il va être au cœur *d'interactions* qu'il va construire (ou subir) avec autrui. Cette faculté humaine, rappelons-le, permet au tout d'être supérieur à la somme des parties. L'interaction est cette étincelle qui « coagule » les énergies humaines, éparses dans le creuset organisationnel, en une alchimie créatrice permettant au plomb (matières et ressources) de se transformer en or (valeurs matérielles et immatérielles).
- Niveau organisationnel : l'Homme au travail et les groupes humains auxquels il appartient voient leur activité « cadrée » par un système social particulier : l'organisation. L'organisation est régie par deux grands sous-systèmes[3] : le sous-système structuro-matériel (moyens matériels des conditions de production) et le sous-système symbolique (l'univers des croyances et des représentations qui donnent sens aux actions humaines).
- Niveau sociétal : l'Homme au travail et son organisation sont issus d'une société d'appartenance qui les englobe et les dépasse. Leur société d'appartenance respective peut ne pas être la même, ce qui n'est pas sans susciter parfois des hiatus, des incompréhensions, voire des conflits. « Toute société est en effet un ensemble économique, politique, social et culturel, situé dans un contexte spatio-temporel donné. »[4] Les sociétés se différencient par des « codes » socioculturels spécifiques

2. Jean-François Chanlat (dir.), *L'Individu dans l'organisation : les dimensions oubliées*, PUF Laval, Éd. ESKA, 1990, 2007.
3. Jean-François Chanlat (dir.), *L'Individu dans l'organisation*, *op. cit.*
4. Jean-François Chanlat (dir.), *L'Individu dans l'organisation*, *op. cit.*

qui leur assurent simultanément leur spécificité et leur cohésion. L'individu étant « socialisé » dans une société donnée, il devient progressivement conforme à son groupe d'appartenance : il sait comment il faut penser, se comporter, se « conformer » par rapport à la norme du groupe social auquel il appartient. Et par truchement, l'organisation se trouve « conditionnée » par sa propre appartenance sociétale d'origine ; elle aura tendance à attendre des individus qu'ils se conforment à sa propre norme, héritée de sa culture originaire, même si ceux-ci ne sont pas de la même origine culturelle.

- Le niveau mondial : depuis la mondialisation du capitalisme, ce niveau a pris une importance grandissante tant dans les esprits que dans le quotidien des salariés et des organisations. Pour le meilleur et pour le pire. Il est désormais possible d'aller à la rencontre de toutes les cultures humaines du monde en quelques heures d'avion, de profiter à « chaque coin de rue » des réalisations ou œuvres culturelles en provenance des « quatre coins du monde ». L'Homme moderne occidental dispose d'un accès jusqu'à présent inégalé à la variété des cultures et sociétés humaines du monde. Mais il a découvert, à ses dépens, l'arrivée massive de produits à bas prix et la concurrence des pays en voie de développement qui menacent son emploi. L'émergence d'instances (FMI, ONU, CEE…) et de réglementations supranationales (accords du GATT ou de Bretton Woods) vient changer le centre focal tant des travailleurs que des organisations : le village est désormais planétaire, le travail sans frontières.

Ce réseau de dimensions qui caractérisent l'Homme au travail, s'il apparaît complexe de prime abord, constitue néanmoins une chance supplémentaire de créer de la valeur pour l'organisation. Le potentiel, la capacité d'une organisation à créer de la valeur est démultipliée dès lors que celle-ci est capable d'intégrer ce caractère multidimensionnel de l'être humain, plutôt que de le combattre. Toutefois, au-delà d'un nécessaire changement de paradigme quant à la vision de l'être humain au travail, les organisations se doivent également de reconsidérer leur vision de la notion de valeur, pour ne pas succomber à l'illusion du mythe de la maximisation du profit, que nous avons décrit dans la première partie.

2. Valeur et valeurs : pour une nouvelle donne

L'enjeu des organisations consiste à créer de la valeur. Il s'agit de créer de la valeur non seulement pour le client, mais aussi pour l'actionnaire, et aussi pour les salariés, comme nous l'avons vu dans la sous-partie précédente. Mais de quelle valeur s'agit-il ? D'une valeur purement économique ou financière ? La valeur organisationnelle ne doit-elle se réduire qu'à celle de l'argent, sous-entendant par là qu'il s'agirait de la « valeur » ultime de et pour l'organisation ainsi que des êtres humains qui la composent ? N'y a-t-il pas d'autres valeurs qui peuvent coexister avec la valeur monétaire, voire la transcender ? Ces différentes valeurs ont-elles la même « valeur » pour les différentes parties prenantes de l'organisation ? Cette série de questions pose le statut de l'objet « valeur » dont le mot dénomme, par un (heureux ?) hasard tant la « valeur » matérielle sous-tendue par l'approche économique que les « valeurs » immatérielles, sous-tendues par l'approche des sciences humaines. La valeur créée peut être matérielle et immatérielle ; il convient de ne pas en négliger les différentes facettes afin de ne pas mutiler, là encore, la réalité organisationnelle des entreprises et des hommes qui les composent quand il s'agira de gérer leurs compétences.

2.1 Les propriétés immatérielles de la valeur financière et organisationnelle

Nous avons abordé dans la sous-partie précédente les différentes propriétés matérielles de la valeur, aux sens financier et organisationnel : la valeur d'échange centrée sur le producteur, la valeur d'échange centrée sur le client et la valeur de rendement centrée sur l'actionnaire. Nous allons tenter ici de montrer que ces valeurs orientées « organisation » et « finances », aux propriétés matérielles, disposent également de propriétés immatérielles.

2.1.1 *Les propriétés immatérielles de la valeur : objet réel* versus *objet phénoménologique*

La valeur est la propriété émergeant d'un système de combinaison et d'interaction : combinaison de ressources matérielles et interaction de compétences humaines. Prenons un exemple [5] : soit une œuvre picturale d'un grand maître : *La Joconde* de Léonard de Vinci. La qualité artistique perçue de cette peinture ne dépend pas seulement de la qualité du pinceau ni de la toile, mais aussi du talent de l'artiste et encore et surtout de la valeur d'expérience (plaisir, art…) que ressent le public. Il est en effet peu probable que ce qui incite les touristes à se déplacer jusqu'au Louvre soit une description de l'œuvre comme celle-ci : « Il faut absolument voir *La Joconde*, c'est le portrait d'une femme qui sourit et croise les bras » (description de l'objet réel). Cette description, même partielle, serait certes juste. Mais elle ne donnerait pas à vivre cette autre chose que l'on expérimente dans la contemplation du portrait de Léonard de Vinci et qui lui donne toute sa valeur (l'objet phénoménologique). Il y a véritablement autre chose à saisir au-delà de l'objet réel que ce que nous donne à entendre le simple énoncé descriptif de l'œuvre. Dans l'expérience du public face au tableau (ou de sa reproduction), il n'y a aucun renvoi à l'objet réel (le buste du modèle) ; ce qui importe, c'est la « manière » dont le peintre constitue le sujet sur la toile, puis la « manière » d'expérimenter, de ressentir, de vivre ce sujet. Ces « manières » de faire et de vivre l'œuvre d'art (l'objet phénoménologique) ne sauraient exister indépendamment du portrait sur la toile (l'objet réel).

Ainsi, dans le monde des organisations, la valeur est subjective et immatérielle : ce qui compte, ce n'est pas la matière, mais l'esprit qui va animer la matière, la mettre en mouvement, afin de lui donner une destinée phénoménologique en phase avec les attentes de parties prenantes. Les composants séparés d'un ordinateur n'ont pas de valeur, c'est leur assemblage et l'usage qu'on peut en faire qui donnent de la valeur à l'ensemble. Mais un ordinateur qui fonctionne parfaitement et que personne n'achète n'en a pas non plus [6].

---

5. Cet exemple est fourni par Merleau-Ponty le 9 octobre 1948 lors de causeries radiographiques pour appuyer sa thèse consistant à réfuter le raisonnement (ou la croyance) que les sciences (approche positiviste) offrent une représentation plus complète que celle de l'expérience vécue du monde (approche phénoménologique) (*in Anthologie sonore de la pensée française*, par les philosophes du XXe siècle, CD Frémeaux et associés, 2003).

6. C'est ce qu'Apple a parfaitement compris – contrairement à IBM qui loupa une première fois le coche du PC –, si l'on en juge au succès de ses gammes d'ordinateurs, de baladeurs et autres téléphones mobiles qui, au-delà des fonctionnalités classiques d'objets réels, proposent de « vivre » des expériences nouvelles au travers d'objets phénoménologiques différenciés (par exemple, pouvoir se déplacer partout avec sa discothèque en poche et partager avec autrui ses émotions musicales, pouvoir se déplacer avec ses albums photos et partager ses meilleurs moments en vacances, etc.).

La valeur est ainsi au carrefour du « savoir-interagir », du « vouloir-interagir » et du « pouvoir-interagir ». La création de valeur dépend de l'interaction entre une offre et une demande : une organisation qui produit sans savoir ce qui intéresse ses clients ne crée pas de valeur. S'il n'y a pas de dialogue, de communication avec les clients, l'organisation court à sa perte. S'il n'y a pas volonté de faire vivre une expérience phénoménologique aux clients, le produit ou le service est inadapté. Connaître son client est une évidence pour l'organisation. Mais au-delà de cette tautologie, qu'est-ce que connaître son client ? Connaître son client, c'est connaître et reconnaître ses valeurs. Car la valeur d'une innovation dépend des valeurs de son contexte socioculturel. Une organisation a beau disposer d'une technologie d'avant-garde, elle « ne passera pas » si la culture dans laquelle elle se déploie est opposée à cette technologie (par exemple les produits alimentaires à base d'OGM en France). La valeur est toujours créée par des interactions positives, entre objets, entre personnes, entre organisations, entre idées et concepts... Il en est de même lorsqu'il s'agit de créer de la valeur avec et par les salariés. On ne peut pas les mobiliser autour d'un projet d'entreprise ambitieux s'ils se heurtent sans arrêt à des microdysfonctionnements qui viennent perturber leur quotidien au travail et déjuger ledit projet.

La production de valeur dans une organisation dépend certes de facteurs tangibles, comme les matières premières, l'outil de production ou les murs de l'entreprise. Mais elle dépend également de facteurs intangibles qui donnent ses propriétés immatérielles à sa capacité de production de valeur :

- le capital de l'entreprise, construit sur un système dynamique de relations, constitué de flux et non uniquement de stocks ;
- la position des dirigeants et leur mode de gouvernance : leur vision, leurs valeurs, leur volonté d'emmener le « bateau entreprise » dans la direction du projet d'entreprise ;
- le personnel, les fournisseurs et les clients qui ne sont pas la propriété de l'organisation.

2.1.2 *Les facultés intellectuelles et affectives des salariés, capital de création de valeur de l'organisation*[7]

Désormais, la création de valeur d'une organisation repose de moins en moins sur les capacités physiques de ses agents. Elle repose de plus en plus sur leurs facultés intellectuelles et affectives :

- *facultés intellectuelles* : ce qui compte, c'est la capacité à poser les problèmes dans leur globalité, sans les amputer de leurs multiples facettes de réalité, d'imaginer des solutions appropriées et multidimensionnelles, puis de les appliquer et de les faire appliquer. Nous sommes là dans une perspective constructiviste qui suppose que l'organisation sera à même de développer une « intelligence constructive » lui permettant « d'apprendre en marchant », pour plagier Piaget, afin de savoir combiner et recombiner ses ressources et ses compétences ;

---

7. Les points 2.1.2, 2.1.3 et 2.1.4 s'inspirent des propos tenus par André-Yves Portnoff lors de sa conférence « Entreprises à la recherche de la valeur ajoutée » au congrès du CJD « Les rencontres du réseau », Roissy-en-France, novembre 2007.

- *facultés affectives* : l'organisation doit non seulement construire des liens externes avec son environnement, ses clients, ses parties prenantes et même ses actionnaires, mais également les construire en son sein avec ses salariés, entre ses salariés, afin de disposer de compétences complémentaires tant à l'extérieur qu'à l'intérieur de son périmètre d'action. Nous sommes là dans une perspective phénoménologique qui suppose que l'organisation est à même de disposer d'une « intelligence affective » afin d'être en empathie avec les parties prenantes qui sont en interaction avec elle, et ainsi d'identifier, voire de devancer leurs attentes, leurs croyances et leurs intérêts.

2.1.3 *La qualité des interactions, condition de l'intelligence collective de l'organisation*

Par-delà les facultés intellectuelles et affectives que les salariés sont à même de produire, leur interaction peut produire de l'intelligence collective, supérieure à la somme des intelligences individuelles juxtaposées. C'est cette intelligence collective qui, avec la mise en synergie des idées créatrices d'idées nouvelles, favorise l'innovation des organisations. Cette intelligence collective dépend de la qualité et de l'intensité des échanges des salariés entre eux et avec l'extérieur. Cela sous-entend que les règles définissant les relations sont déterminantes. Elles doivent favoriser ces interactions sans trop les encadrer. Un cloisonnement trop étanche des services dans l'organisation étouffe les idées, le manque de diversité des horizons d'expérience et de culture des salariés également. Certaines parties prenantes sont fondamentales pour créer ce cadre souple qui définit les relations entre salariés : ces parties prenantes sont des personnes physiques et morales, ce sont la direction et le management, mais aussi les méthodes de management et l'organisation du travail. Ainsi, l'intelligence collective est une chaîne de création de « valeur » composée des maillons suivants :

- la vision stratégique donnée par la direction ;
- les valeurs que l'organisation met en visibilité et leur congruence avec le vécu des salariés ;
- la volonté de mise en œuvre du projet d'entreprise transmise par le management ;
- sa mise en œuvre par les compétences des salariés.

2.1.4 *Création de valeur : pour l'organisation, pour ses parties prenantes, pour la société*

La création de valeur de l'organisation se légitime par le fait qu'elle doit rester attractive pour ses investisseurs, ses clients, son personnel, ses fournisseurs, la société. Une organisation qui donne à voir qu'elle ne crée de la valeur que pour elle-même, en négligeant ses parties prenantes, perd de la valeur aux yeux de ces parties prenantes. Ainsi, l'entreprise doit concilier les projets des actionnaires, du personnel et des clients, lesquels peuvent être antinomiques. L'organisation a une finalité éthique plus ou moins conscientisée, voire malgré elle. Pour paraphraser l'Avare de Molière, on mange pour vivre (moyen) mais on ne vit pas (que) pour manger (finalité) : il ne faut pas confondre fin et moyen. L'entreprise doit faire du profit, mais ce ne peut être sa seule finalité. Sa véritable finalité, si elle veut être pérenne dans son environnement humain et sociétal, est la création de valeur. C'est la valeur qui permettra de dégager le profit convenable. Mais surtout, elle sera « l'assurance-vie », la garantie que l'organisation saura rebondir dans le plus grand nombre de situations.

2.2 Pour une approche qualitative et large de la création de valeur

Ce qui détermine la valeur des organisations, ce sont, d'une part, la qualité des compétences humaines des salariés et, d'autre part, les interactions entre eux et par truchement entre parties prenantes. Deux organisations disposant de ressources identiques ne produisent pas le même avantage concurrentiel du fait de la qualité de leurs compétences et de leurs interactions. Comme pour les atomes de carbone, c'est leur organisation qui détermine le résultat : une mine de crayon ou un diamant. Reste à savoir si ce résultat est conforme à l'objectif de création de valeur pour l'organisation. L'organisation des ressources et des compétences engendre des propriétés nouvelles issues de l'association de ces ressources et de ces compétences. Ainsi, le diamant, outre la valeur monétaire ou esthétique qu'il représente, offre des qualités de dureté qui en fait un des rares outils qui permet de forer les roches les plus dures, et ce bien mieux que la mine d'un crayon. La valeur des organisations repose bien ainsi sur une vision qualitative des interactions et non sur une vision quantitative : ce n'est pas en juxtaposant ou en superposant les compétences que l'on crée de la valeur. Plutôt que de se borner à répondre à la question « *de quelles compétences avons-nous besoin ?* » (qui a certes son importance), il convient de se demander : « *comment mobiliser le capital de compétences de l'organisation ?* », étant entendu que la mobilisation est suscitée par l'interaction des compétences des individus. La création de valeur de l'organisation est plus que la somme des parties qui la constituent, des molécules qui la composent. Répondre à cette seconde question est une gageure, car il n'y a pas de réponse absolue.

2.2.1 *Pour une approche humble de la création de valeur*

En effet, susciter l'interaction des individus et parties prenantes est un processus propre à chaque organisation, à chaque groupe social et à chaque individu, au travers de sa culture, de son histoire, de ses forces et de ses faiblesses, etc. Cela sous-entend qu'il convient de disposer d'un fort et large degré de connaissance des différents maillons de la chaîne d'interactions de l'organisation. Plutôt que de tenter de répondre à cette seconde question (« *comment mobiliser le capital de compétences de l'organisation ?* »), il peut être judicieux de s'interroger en utilisant d'abord son corollaire négatif : « *Comment éviter de démobiliser le capital de compétences de l'organisation ?* » Face à la complexité de la chaîne des interactions au sein de l'organisation, le manager considérera avec humilité qu'à l'instar du secouriste, il vaut mieux éviter de faire les mauvais gestes plutôt que prétendre comme le médecin connaître les bons gestes. C'est la raison pour laquelle, dans le contexte actuel de superposition de phénomènes mentaux aux phénomènes physiques du travail, il paraît plus pertinent de privilégier l'approche phénoménologique *versus* l'approche positiviste, complétée par une approche constructiviste : s'appuyer sur le vécu des salariés au travail (approche phénoménologique) permet de mieux comprendre ce qui nuit à leur interaction, tandis que leur prescrire une succession d'organisations et de réorganisation du travail sans les associer (approche positiviste) – comme on le voit souvent à l'occasion de la nomination de directeurs qui cherchent à imposer leur marque au sein de l'organisation – ne fait que les décourager ou pire les inquiéter. L'identification des freins à l'interaction que permet l'approche phénoménologique permet de déboucher sur la recherche copilotée et coconstruite de solutions d'organisation du travail partagée (approche constructiviste), tout en sachant que les « *solutions d'aujourd'hui sont les problèmes de demain* »[8].

8. Nous citons nos propres propos dans notre quotidien de gestionnaires d'entreprise…

2.2.2 *La tête dans les étoiles ET les pieds dans… l'humus*

Une organisation mature et compétente est une organisation qui sait remettre en cause ses modes de fonctionnement dès lors qu'ils ne permettent plus de créer de la valeur pour l'ensemble de ses parties prenantes : salariés, clients, actionnaires. C'est là la nécessaire compétence « épistémique » que doivent acquérir tant l'organisation que ses parties prenantes : apprendre à prendre de la hauteur et du recul en toute humilité, au sens étymologique du terme, en s'enracinant dans son propre humus, c'est-à-dire dans le terreau humain situé au plus près des réalités du terrain, qui la constitue et la fait grandir. Il lui faut ainsi apprendre à détecter les signaux faibles de la perte de capacité à créer de la valeur. Ces signaux faibles révèlent les microdysfonctionnements, certes la plupart du temps peu perceptibles depuis le siège de la direction générale. Mais, en s'accumulant et en n'étant pas pris en compte, ces microdysfonctionnements – dénommés « irritants sociaux » par Daniel Labbé et Hubert Landier[9] – risquent de mener l'organisation à l'explosion (conflit social, détérioration de l'image, voire sabotage) ou à l'implosion (démotivation, absence d'implication, désengagement des salariés) et donc à une baisse radicale de création de valeur pour toutes les parties prenantes. Tout l'enjeu de l'apprentissage organisationnel repose d'abord sur la capacité de la direction générale à dicter une attitude consistant à être à l'écoute de ces signaux faibles puis à être capable de les détecter à tous les échelons de l'organisation. Il convient que dirigeants et managers tiennent le cap stratégique de l'organisation (la tête dans les étoiles) sans pour autant se couper des réalités du terrain (les pieds dans l'humus). Il n'y a rien de dévalorisant à cela, bien au contraire.

La création de valeur de l'organisation ne se fera pas sans la prise en compte des valeurs du corps social. Ces dernières ne sont pas à opposer à la nécessaire création de valeur pour l'organisation, au nom d'obscurs combats idéologiques d'arrière-garde (pour ou contre, quel qu'en soit le bord). Valeur et valeurs coexistent pour le meilleur et pour le pire. Pour le pire, elles sont, quoi qu'on y fasse ou qu'on en veuille, que l'on adopte une attitude de déni ou de combat. Pour le meilleur, valeur et valeurs peuvent créer une synergie bénéfique tant pour l'organisation que pour l'ensemble des parties prenantes. C'est ce que nous allons maintenant aborder.

3. La « valeur travail » aux fondements de la performance sociale

Après avoir passé en revue ce que la valeur représente pour une organisation et montré comment elle conditionne son activité, considérons la façon dont les valeurs conditionnent les comportements des individus et des groupes sociaux. Nous allons voir comment les valeurs déterminent la représentation qu'ont les salariés du travail en général et de leur travail dans l'organisation : c'est ce qui est appelé communément la « valeur travail ». Nous verrons dans quelle mesure cette valeur travail détermine la performance sociale au

9. Selon ces auteurs, les irritants sociaux sont les multiples petits problèmes de la vie quotidienne des collaborateurs, le plus généralement insignifiants en apparence (par exemple un néon qui clignote continuellement), laissés sans solutions par l'organisation (Daniel Labbé et Hubert Landier, *Le Management du risque social*, Paris, Éd. d'Organisation, 2004).

sein de l'organisation en conditionnant attitudes et opinions des salariés à son égard, et donc leur engagement organisationnel révélé par le climat social.

3.1 Des valeurs sociologiques à la « valeur travail »

Les valeurs sociologiques représentent des manières d'être, de penser et d'agir qu'un individu ou un groupe social reconnaissent comme idéales. Les valeurs constituent un ensemble cohérent, hiérarchisé et s'organisent dans un système de croyances. Subjectives, elles orientent l'action des individus dans une société donnée, en leur fixant des buts, des idéaux, de manière à leur donner les moyens de juger leurs actes. Ainsi, elles varient selon les différentes cultures et selon les normes des différents groupes sociaux. Les valeurs sociologiques sont de différents types : elles incluent les valeurs morales et éthiques, les valeurs idéologiques (politique et religion), les doctrines ou encore les valeurs esthétiques. Ainsi, la « valeur travail » s'inscrit dans cet ensemble de valeurs qui caractérisent une société donnée. La valeur travail vient prendre sa place et son rang dans l'ensemble des valeurs sociologiques de cette société. On a souvent parlé de la « *crise de la valeur travail* » ou, au contraire, du « *retour de la valeur travail* ». Ces façons de dire – bien que, le plus souvent, non fondées sur une approche épistémologique et méthodologique rigoureuse – illustrent combien cette place et ce rang sont susceptibles de varier en importance dans le temps et la durée en tant que phénomène de société.

Comment passer de la théorie (valeur travail) à la pratique (performance sociale) ? Comment, concrètement, évaluer l'influence de la valeur travail au quotidien dans l'engagement, l'implication des salariés ? Une première option pourrait consister à solliciter l'opinion des salariés sur leur vécu. Or, comme nous allons le voir plus bas, l'opinion présente un souci méthodologique. Elle est labile, fluctuante et peu stable dans le temps et la durée. On ne peut que difficilement s'y fier, bien qu'il soit possible de la mesurer par ce que l'on appelle les enquêtes ou sondages d'opinion. Consulter l'opinion des salariés semble une condition nécessaire, mais pas suffisante pour révéler de façon rigoureuse l'influence de la valeur travail dans les comportements. Une autre option consiste à recourir au concept de « représentation sociale » et à la méthodologie qui lui est associée, tels que développés par la psychologie sociale, comme nous l'avons vu en première partie. Nous allons voir que recourir à la représentation sociale permet de mieux comprendre comment la valeur travail influe sur les comportements. Toutefois, la représentation sociale n'est pas une fin en soi, elle est l'un des moyens existants pour comprendre l'architecture de la pensée sociale relative au travail qui conditionne les pensées et les comportements de l'Homme au travail.

3.2 De la représentation sociale du travail et de sa caractérisation en valeur travail [10]

La représentation sociale se définit comme une « « façon de voir » localement partagée au sein d'une culture et reliant un sujet à un objet » [11]. La représentation sociale de leur travail par les salariés correspond à l'image qu'ils en ont, à la manière dont ils perçoivent

10. Tout le propos qui suit est tiré de l'article : Stéphanie Baggio et Pierre-Éric Sutter, « La relation homme/travail revisitée : liens entre implication personnelle, représentation sociale du travail et climat social de l'entreprise », *ibid.*
11. Patrick Rateau, *L'approche structurale des représentations sociales : nouvelles perspectives intégratives*, Habilitation à diriger les recherches, Université de Montpellier 3, 17 décembre 2004.

leur travail, le vivent ou le jugent. Autrement dit, la représentation sociale est la manière dont l'individu reconstruit mentalement le réel et lui attribue un sens [12]. Cette représentation comporte des éléments aussi bien cognitifs et affectifs (définition d'un contenu même approximative et évaluation sociopsychique) que conatifs (intentions d'action).

Le travail peut-il faire un objet de représentation sociale pour les sujets salariés ? Oui, dès lors qu'il est un objet socialement élaboré et/ou constitutif d'un objet social. Oui, dès lors qu'il permet aux sujets de se repérer dans leur environnement physique et humain. Oui, dès lors qu'il est présent dans la vie mentale et quotidienne des individus et des groupes. Force est de constater que le travail est dans nos sociétés modernes au cœur de nombre de débats (contenus cognitifs) comme de souffrance (contenus affectifs). Son étude opérationnelle ou scientifique montre qu'il déclenche une forte production cognitive et affective. De fait, la représentation du travail est une réalité sociopsychique qu'il est possible de mesurer et d'analyser.

L'analyse de la représentation sociale du travail permet d'accéder à la façon dont les salariés pensent la « valeur travail ». Différentes recherches ont montré que le travail constitue une valeur de référence en France, quoique fluctuante (dominante ou en déclin selon les époques et les contextes). Au niveau d'une organisation, l'analyse de la représentation du travail trouve sa pertinence dans sa capacité à révéler quels sont, d'une part, les salariés qui ont une image négative du travail et, d'autre part, ceux qui en ont une image positive. L'intérêt d'une telle mise en perspective permet de voir ensuite comment cette image conditionne ou non leur engagement.

Toutefois, l'image n'est pas la pensée et encore moins le comportement. Comment mettre en articulation la représentation sociale avec les valeurs et l'opinion telles que nous les avons évoqués plus haut ? Michel-Louis Rouquette [13] a proposé un modèle de l'architecture de la pensée sociale qui permet d'articuler différents concepts sociologiques de manière à les rendre plus facilement opérationnels. Selon ce modèle, les éléments relatifs à la pensée quotidienne des individus sont classés en fonction de deux critères :

- leur stabilité (instable *versus* stable) ;
- leur niveau de généralité (particulier *versus* général).

Les éléments de pensée les plus stables et les plus généraux sont les idéologies. Elles englobent d'autres concepts plus instables. La hiérarchie est la suivante :

TABLEAU 3 • L'architecture de la pensée sociale

stable	**Idéologies**	général
Degré de stabilité	**Représentations sociales**	**Niveau de généralité**
	Attitudes	
instable	**Opinions**	particulier

12. Jean-Claude Abric, *Coopération, compétition et représentations sociales*, Cousset, DelVal, 1987.

13. Michel-Louis Rouquette, « La Pensée sociale », in Moscovici, S. (éd.), *Introduction à la psychologie sociale*, Paris, Larousse, 1973, tome 2, pp. 299-327.

Ce modèle de l'architecture de la pensée sociale peut s'appliquer aux concepts tels que ceux de la représentation sociale, à des opinions et plus largement aux facteurs psychosociaux étudiés dans le contexte du travail. Ainsi :

- à l'idéologie [14] peut correspondre la valeur du travail dans une société donnée ;
- aux phénomènes représentationnels correspondent la représentation sociale du travail et l'implication ;
- aux attitudes [15] appartient l'engagement organisationnel ;
- aux opinions renvoient des éléments tels que la satisfaction, le plaisir au travail ou le climat social.

TABLEAU 4 • Architecture de M.-L. Rouquette Application au monde du travail

Idéologies	**Valeur travail**
Représentations sociales	**Représentation sociale du travail**
Attitudes	**Engagement et implication au travail**
Opinions	**Satisfaction au travail, climat social**

Au-delà des représentations sociales se situe le domaine de l'idéologie qui comprend la valeur travail, dans une société donnée. On peut opposer par exemple la conception de la valeur travail de l'idéologie marxiste à celle du libéralisme. Comme le prône l'école de Chicago (fondatrice du libéralisme radical) : « *Business is business businesses'* ». Autrement dit, les affaires sont les affaires, ce qui sous-entend qu'il n'y a pas lieu de se préoccuper d'autre chose, par exemple du facteur humain. La représentation sociale peut, dans une certaine mesure, donner accès à la valeur travail de plusieurs groupes d'individus et donc révéler les croyances de leur groupe d'appartenance.

La représentation sociale du travail, tutrice de l'action collective

La représentation sociale du travail, comme forme de savoir pratique reliant un objet à des sujets, permet de comprendre la représentation de quelque chose (l'objet travail) et d'un groupe social (les sujets travaillant ensemble dans la même organisation). La représentation sociale du travail, en tant que rapport de symbolisation avec son objet, tient lieu d'interprétation, tout en lui conférant un univers de significations spécifiques au groupe social pour lequel elle fait sens. En tant que savoir pratique, la représentation

14. Rappelons ce que nous entendons par « idéologie » (voir première partie, sous-partie 2). On parle d'idéologie dans les systèmes sociaux dès lors qu'on observe que les acteurs sociaux tiennent pour vraies des croyances qu'ils s'obstinent à « démontrer » par le biais de propositions ou de justifications *normatives* – par essence indémontrables – et *positives*, qui peuvent être soit non démontrables, soit non démontrées, soit fausses. Ces *croyances*, qui varient naturellement d'un système social à l'autre, et d'un groupe d'agents sociaux à l'autre à l'intérieur d'un même système social, sont un phénomène qu'on observe dans toute société. On les appelle souvent « *valeurs* » lorsqu'elles sont de caractère normatif.

15. L'attitude est une disposition interne durable qui sous-tend les postures, favorables ou défavorables, qu'un individu peut avoir vis-à-vis d'un objet social. « Attitude » est à différencier de l'« action » : un sujet peut avoir une attitude différente de son action et *vice versa*. Par exemple, un sujet peut manifester une attitude vis-à-vis d'une d'action (le droit de grève) sans passer à l'action (faire la grève).

sociale du travail permet l'ajustement pratique du travailleur à son environnement, l'organisation. Elle fonde l'épistémologie du savoir commun relatif au monde du travail, en tant que connaissance du sens commun. L'esprit humain recourt le plus souvent à un système de fonctionnement psychologique basé sur le mode intuitif et empirique qui lui permet de constituer la connaissance vulgaire. La représentation sociale du travail constitue ainsi un véritable « prêt-à-penser » au moindre coût cognitif – ce qui évite d'avoir à définir l'objet dont on parle, différencié selon les groupes sociaux. Ainsi, le travail peut être pensé comme facteur de réalisation de soi pour certains travailleurs et comme un mal nécessaire pour d'autres sans qu'ils soient toujours en mesure de développer rationnellement cette croyance, ce qui conditionne différemment les comportements des uns et des autres. L'étude sur la valeur travail présentée ci-dessous illustre ce propos.

L'une des propriétés de la représentation sociale consiste à faire privilégier au sujet la congruence psychologique – s'inscrire avec harmonie dans la pensée du moment de son groupe social d'appartenance – par rapport à la cohérence logique. Cette propriété fait passer l'efficience affective et cognitive avant l'efficacité théorique et scientifique. C'est ce qui conduit parfois les individus à privilégier des croyances fausses ou irrationnelles plutôt que des vérités avérées et rationnelles. L'univers des croyances humaines est immergé dans l'irrationnel ; le besoin de croire est si fort que l'homme ne se préoccupe guère de justification scientifique ni de démonstration rationnelle susceptible de rendre compte des contenus desdites croyances. Certains vont jusqu'à mettre en œuvre des stratégies psychologiques pour réguler la croyance et lui permettre de conserver sa cohérence, en dépit des évidences. Par exemple, céder à la démonstration mathématique et astrologique de l'héliocentrisme à un moment où toute la croyance repose sur la représentation d'une terre plate et géocentrique oblige à un tel remaniement de représentation que l'on préfère renoncer aux évidences scientifiques, au nom de la préservation de son confort intellectuel. La représentation n'est pas l'image d'un objet vrai, mais la « vraie » image d'un objet ; elle est la reconstruction d'un objet qui entretient avec la réalité de cet objet un décalage inévitable selon une double logique : sélection et déformation de la réalité. On comprend mieux comment un écart entre le prescrit du travail et son vécu peut s'installer tant dans l'esprit des concepteurs que dans celui des « exécutants ». C'est ce qui permet également de mieux comprendre pourquoi la valeur travail peut être forte dans l'esprit des travailleurs français concomitamment à un engagement faible ou à un climat social dégradé au sein de telle ou telle organisation.

Les comportements des sujets et des groupes vis-à-vis du travail ne sont pas déterminés par les caractéristiques objectives de la situation de travail, mais par la représentation de cette situation. Les représentations sociales sont une grille de lecture et de codage de la réalité permettant la compréhension, voire l'anticipation, des actes et des conduites (de soi ou d'autrui) par l'interprétation de la situation dans un sens préétabli, grâce au système de catégorisation cohérent et stable inhérent aux représentations sociales (cf. la théorie du noyau central d'Abric [16]). Le recours à la théorie du noyau central permet de sortir du flou notionnel des représentations, de mettre en évidence leur fonction opératoire. L'étude consacrée à la valeur travail des salariés français, ci-dessous, en est un exemple particulièrement flagrant.

16. Jean-Claude Abric, *Coopération, compétition et représentations sociales*, *op. cit.*

3.3 Comment les salariés français pensent positivement la valeur travail [17]

Comment les salariés pensent-ils leur travail ? Comment vivent-ils leur relation à l'entreprise qui les emploie ? Nombre d'études et d'enquêtes ont tenté de répondre à ces questions, avec plus ou moins de bonheur. En effet, s'il existe des études sérieuses, on trouve, à l'opposé, des sondages simples, voire simplistes, du fait de leur manque de profondeur conceptuelle ou de leur manque d'intérêt praxéologique. Des sondages se contentant de mesurer les réponses aux questions du type « aimez-vous votre travail ? » ou « êtes-vous satisfait de votre entreprise ? » apportent une information certes intéressante, mais trop peu précise. Qui plus est, cette information ne peut prêter à aucune généralisation. Enfin, les résultats de tels sondages ne peuvent conduire à aucune conduite du changement au sein de l'organisation. En effet, savoir par exemple que « 53,4 % des salariés sont insatisfaits par leur travail » (exemple fictif) ne renseigne pas vraiment les dirigeants et managers sur les tenants et les aboutissants de cette insatisfaction. Connaître les causes de cette insatisfaction éventuelle (manque de considération de leur supérieur hiérarchique, horaires de travail trop contraignants, autres motifs ?) est indispensable pour ceux qui veulent comprendre et agir en conséquence.

L'étude qui suit s'inscrit dans le cadre conceptuel de la pensée sociale tel que précisé par la théorie des représentations sociales. Du point de vue pratique, il ne s'agit pas d'imposer un questionnaire fermé au salarié (induisant une éventuelle « idéologie » implicite en termes de croyances ou, pire, visant à orienter les résultats vers une tendance « politiquement correcte »), mais de lui laisser la spontanéité de parole, afin de recueillir sans l'influencer, les éléments qu'il associe à son travail.

3.3.1 *Rappel du cadre théorique : les représentations sociales*

Nous l'avons vu au point 3.2, une représentation sociale peut être définie comme une *« façon de voir »*, localement partagée au sein d'une culture et reliant un sujet à un objet. La représentation sociale de l'objet travail par les sujets salariés correspond donc à la façon dont ils vivent leur travail au quotidien, le jugent et lui donnent sens [18]. La pensée associée à un objet comme le travail comporte *a priori* un certain nombre de thèmes (le salaire, le plaisir, ou encore la notoriété de l'entreprise) qui entretiennent un lien plus ou moins fort avec l'objet considéré (par exemple, la notoriété de l'entreprise peut sembler moins importante que le salaire). La nature des éléments de pensée d'une représentation sociale peut également prendre différents aspects : cognitifs, affectifs ou conatifs. Certains d'entre eux sont uniquement *cognitifs* (décrire les thématiques de son travail comme appartenant à un secteur donné, par exemple celui de la chimie), tandis que d'autres prennent une dimension *affective* (se plaindre d'un mauvais management ou se féliciter d'un travail intéressant). Enfin encore, d'autres éléments traitent du caractère *conatif* de la relation au travail, dans le sens où ils sont évocateurs d'action (par exemple, pour un ouvrier de la chimie, associer à son travail le fait de devoir revêtir un scaphandre de protection anaérobie). Ces derniers ne seront pas considérés dans l'étude qui suit.

---

17. Les propos sous le point 3.3 s'appuient sur l'article suivant : Stéphanie Baggio et Pierre-Éric Sutter, « La représentation sociale du travail des salariés français », publié sur le « blog de la performance sociale », http://blog.mars-lab.com.
18. Jean-Claude Abric, *Coopération, compétition et représentations sociales*, *op. cit.*

A. Méthodologie associée

Bien qu'elle allie les techniques quantitative et qualitative, la méthodologie d'étude de la représentation sociale du travail est abordée d'une manière simple. Pour susciter une production mentale révélant cette représentation sociale, la technique est la suivante. On demande aux salariés de donner les quatre premiers mots qui leur viennent à l'esprit quand ils pensent à leur travail dans telle entreprise : c'est ce que l'on nomme la technique de l'*association libre continuée*. Les quatre termes énoncés (ou « induits ») sont ensuite analysés en prenant en considération deux critères : leur *fréquence* (sont-ils cités souvent ou rarement par les salariés ?) et leur *rang d'apparition* (sont-ils plutôt cités en premier ou en dernier ?).

Ces deux critères permettent d'établir un tableau à double entrée, qui se présente de la façon suivante :

TABLEAU 5 • Répartition des éléments de RS dans une analyse de type « fréquence × rang »

		Fréquence	
		Élevée	**Faible**
Rang Moyen	**Faible**	**Case 1 :** noyau central	**Case 2 :** zone ambiguë
	Élevé	**Case 3 :** zone ambiguë	**Case 4 :** éléments périphériques

Les induits prennent des valeurs différentes selon leur place dans ce tableau à quatre cases :

- les termes cités fréquemment et plutôt en premier sont les plus importants pour caractériser l'objet ; ils sont dits candidats au « *noyau central* » dans l'approche structurale des représentations sociales théorisée par Abric (case 1) ;
- les termes cités rarement et plutôt en dernier sont les moins importants ; ils sont qualifiés de « *périphériques* » (case 4) ;
- les deux autres cases, croisant une fréquence forte et un rang faible ou une fréquence faible et un rang fort, sont constituées de termes ambigus, dans le sens où leur place est moins bien définie (cases 2 et 3). Ces termes nécessitent une analyse complémentaire.

La théorie et la méthodologie qui lui est associée ayant été précisées, les propos qui suivent présentent la mise en exergue empirique de la représentation sociale du travail.

B. L'échantillon

La représentation sociale du travail a été étudiée de juillet 2007 à juin 2008 auprès d'un échantillon de 2 821 salariés issus de quinze entreprises, en provenance de deux grands secteurs d'activité : la chimie et les services.

TABLEAU 6 • Répartition des salariés selon les secteurs d'activité

Secteurs	Pourcentage de salariés
Services	36,9 %
Chimie	63,1 %

La représentativité de l'échantillon (en termes de taille d'entreprise et de catégories de salariés) permet de généraliser les résultats de cette étude.

L'intérêt de disposer de deux sous-groupes clairement identifiés est double : il permet non seulement de proposer un état des lieux général et représentatif de la représentation sociale du travail des salariés français, mais aussi de cibler les représentations associées à chacun de deux secteurs d'activité et d'en établir des comparaisons spécifiques.

3.3.2 *État des lieux de la représentation sociale du travail des salariés français : les résultats*

La représentation sociale du travail est d'abord analysée de manière globale (ensemble des salariés interrogés). Les particularités de chacun des deux secteurs d'activité de l'échantillon (secteur services et secteur chimie) sont ensuite comparées.

La représentation sociale du travail pour l'ensemble de l'échantillon figure dans le tableau suivant :

TABLEAU 7 • Représentation sociale globale du travail

<table>
<tr><th colspan="2" rowspan="2"></th><th colspan="2">Fréquence</th></tr>
<tr><th>Élevée</th><th>Faible</th></tr>
<tr><td rowspan="2">Rang Moyen</td><td>Faible</td><td>Intéressant
Recherche
Salaire
CASE 1</td><td>Argent
Fierté
Innovation
Passionnant
Plaisir
Performance
Professionnalisme
Sérieux
CASE 2</td></tr>
<tr><td>Élevé</td><td>Autonomie
Équipe
Responsabilité
Rigueur
Sécurité
Stress
CASE 3</td><td>Diversifié
Esprit d'équipe
Manque de reconnaissance
Motivation
Performance
Pression
Qualité
CASE 4</td></tr>
</table>

Les termes composés en gras sont ceux connotés positivement ; les termes composés en italique sont ceux connotés négativement. Les autres termes sont soit descriptifs, soit ambigus (on ne peut déterminer s'ils sont positifs ou négatifs).

Les résultats montrent que la représentation sociale du travail dans l'esprit des salariés français est positive : 66,7 % des termes cités sont connotés positivement, contre seulement 12,5 % de termes connotés négativement. Les salariés français ont donc une image globalement favorable de leur travail. Dans ces résultats, on retrouve deux tendances déjà identifiées dans des travaux antérieurs [19] sur les représentations sociales du travail :

- d'une part, l'aspect « rémunération » est essentiel : le *salaire* figure parmi les termes les plus importants pour qualifier la représentation ; il en va de même du terme « *argent* » dans la case 2 ;
- d'autre part, le *plaisir* associé au travail est secondaire ; il figure dans la case 2.

Ces deux particularités caractérisent le travail tel qu'il est perçu en France, corroborant divers travaux antérieurs sur la question. Ce particularisme est confirmé en comparaison avec d'autres pays [20]. Toutefois, de nouvelles tendances apparaissent : une préoccupation grandissante des salariés vis-à-vis de la qualité de leur travail, qui doit être « intéressant » (le terme est cité en case 1, on note également le terme « passionnant » en case 2). Au-delà de ce constat général, les termes connotés positivement peuvent être regroupés en plusieurs catégories selon l'aspect du travail auquel ils se réfèrent :

- investissement des salariés dans leur travail et pour leur entreprise : les salariés se disent *motivés*, *fiers* ; ils estiment leur travail *intéressant*, *passionnant*, source de *plaisir* ;
- éléments positifs caractérisant le travail lui-même : le travail des salariés nécessite *sérieux* et *professionnalisme* ; *diversifié*, il est également synonyme de *performance*, d'*innovation*, d'*autonomie*, de *responsabilité*, de *performance* et de *qualité*, le tout dans un contexte de *sécurité*.

La représentation sociale du travail révèle non seulement l'implication des salariés dans leur travail, mais aussi la forte valorisation par ceux-ci du contenu et des nécessités du travail lui-même. Les relations dans l'entreprise sont également évoquées, mais de manière moins prégnante, avec des termes tels que « l'*esprit d'équipe* » et la référence au travail en *équipe*.

---

19. Claude Flament, « Le plaisir et la rémunération dans la représentation sociale du travail », *Cahiers internationaux de Psychologie sociale*, 1994.

20. Cf. étude de comparaison franco-russe de la représentation du travail in « blog de la performance sociale », http://blog.mars-lab.com. Les résultats d'une étude de comparaison franco-espagnole à venir, sur le même blog, début 2009.

3.3.3 *Confirmation de l'émergence des risques psychosociaux : le stress*

Ces résultats confirment de nouvelles tendances, mais cette fois-ci sur l'aspect de connotation négative. L'analyse des termes connotés négativement renvoie massivement à la question du *stress*. Le terme même est cité (case 3), tout comme le *manque de reconnaissance* et la *pression*, qui sont connus tous deux pour être des facteurs de stress en entreprise. Bien que l'analyse conduite dans cette étude soit globale et non focalisée sur le stress (rien n'a été induit pour le susciter), ce dernier apparaît pourtant spontanément, soulignant l'importance du problème pour les salariés français.

3.3.4 *Comparaison sectorielle de la représentation sociale du travail : secteur chimie et secteur services*

En complément des résultats globaux, l'étude permet d'appréhender la représentation sociale du travail dans chacun des deux secteurs composant l'échantillon. En effet, les tendances générales de la représentation sociale du travail des uns et des autres s'inscrivent et s'actualisent dans leur contexte particulier. Par exemple, la présence du terme « *recherche* » dans la case 1 procède nettement du secteur de la chimie, parce qu'il concerne particulièrement les salariés de ce secteur.

Les résultats de la représentation sociale du travail pour le secteur chimie et le secteur service figurent respectivement dans les deux tableaux suivants :

TABLEAU 8 • Représentation sociale du travail pour le secteur chimie

		Fréquence	
		Élevée	**Faible**
Rang Moyen	**Faible**	**Intéressant** Recherche Salaire	*Gagne-pain* **Innovation**
	Élevé	Équipe **Responsabilité** Rigueur **Sécurité**	**Autonomie** Chimie **Diversifié** *Manque de reconnaissance* **Motivation** *Stress* Technique

TABLEAU 9 • Représentation sociale du travail pour le secteur services

		Fréquence	
		Élevée	**Faible**
Rang Moyen	**Faible**	**Fierté** **Intéressant** **Sécurité** Salaire	Argent Grande entreprise **Passionnant** **Plaisir** **Sérieux**
	Élevé	Équipe **Responsabilité** *Stress*	**Autonomie** **Esprit d'équipe** *Manque de reconnaissance* **Performance** **Qualité** **Relationnel** **Respect** **Rigueur**

Les tendances générales de la représentation sociale du travail se retrouvent pour chacun des deux secteurs d'activité. Toutefois, certaines différences intéressantes se dessinent et montrent les spécificités de certains termes pour chaque secteur :

- dans le secteur chimie, les salariés évoquent la *recherche* et l'*innovation* ; ce sont deux dimensions qui les concernent directement dans leur travail quotidien, tout comme la *technique* ;
- dans le secteur services, les salariés évoquent le *relationnel* et l'*esprit d'équipe* qui animent leur travail, ainsi que le *respect*.

Un autre type de particularités caractérise ces secteurs d'activité. L'appréciation du travail et l'investissement qui lui est associé sont variables d'un secteur à l'autre. Ainsi, outre l'*intérêt* pour le travail qui reste constant (case 1), on peut noter que :

- dans le secteur chimie, les salariés se disent *motivés*, ce terme restant périphérique (case 4) ;
- dans le secteur services, les salariés sont *fiers* (case 1), mais également *passionnés* et ils jugent leur travail *plaisant* (case 2).

Ce constat permet de conclure que les salariés du secteur services semblent plus investis dans leur travail que les salariés du secteur chimie. Cette conclusion reste bien sûr, provisoire et limitée à cet échantillon. Des études complémentaires en cours, examinant des entreprises de secteurs variés, avec des échantillons de plus grande taille, devraient permettre de confirmer ou de nuancer cette tendance. Si les résultats connaissent des variations selon le secteur d'activité concerné, il n'en reste pas moins que ces éléments constituent autant de tendances de fond à confirmer et à préciser pour de futures recherches.

D'ici là, ces résultats permettent de conclure cette étude sur une note positive. Au-delà de certains discours idéologiques ou catastrophistes, non fondés sur une approche empirique rigoureuse, cette étude révèle l'image positive que représente le travail pour les salariés français. Ceux-ci se sentent investis dans leur travail, voire dans leur entreprise, et évaluent très favorablement la nature de leur travail lui-même. Cependant, ils n'en restent pas moins lucides sur l'absence de reconnaissance et la financiarisation jugée exagérée. La rémunération reste un élément essentiel pour caractériser leur relation avec leur travail. Quant au stress qu'il génère, il est pointé du doigt, indépendamment de toute volonté des auteurs de repérer un tel phénomène dans leur étude.

Nous venons de voir combien il était fondamental de prendre en considération la dynamique des représentations sociales en matière de gestion des compétences, celle d'autrui et la sienne propre, pour éviter d'entrer dans des conflits idéologiques représentationnels stériles. Au-delà, il convient d'aborder la GPEC, en pratique, avec une démarche d'évaluation des compétences humaines, dans une posture « gagnant-gagnant ». Cette posture, au service des intérêts réciproques des protagonistes au sein de l'organisation, permet de faire se rencontrer l'offre ET la demande dont ils sont simultanément porteurs, mais pas n'importe quelle offre et ni n'importe quelle demande, comme nous allons maintenant le montrer. Ainsi, l'une des clés des démarches GPEC repose sur la capacité des organisations à évaluer les compétences des hommes qui la composent.

4. Optimiser les pratiques d'évaluation des compétences : la contractualisation gagnant-gagnant

Au-delà de la formalisation de cartographies d'emploi et d'instrumentations de gestion *ad hoc*, l'évaluation des compétences humaines est la pierre angulaire des démarches GPEC. L'évaluation, comme son étymologie le suggère (*ex-valuere*), consiste à « extirper la valeur » hors du champ de l'inconnu, en référence à une norme connue. Évaluer permet de comparer cette valeur au regard d'attentes préalablement déterminées par cette norme.

L'acte d'évaluer est une responsabilité qui engage les protagonistes qui la mettent en œuvre dans l'organisation, qu'ils soient l'évaluateur ou l'évalué. Nous l'avons vu en première partie, l'évaluateur est le plus souvent un manager ou un gestionnaire au sens large, qui ne joue pas nécessairement un rôle d'encadrement et qui cherche à valoriser des profils d'emploi. L'évalué est un salarié qui cherche à valoriser son profil de compétences. Dans ce contexte, l'évaluation est un acte fondamental, fondateur même, pour la performance sociale de l'organisation. Sans compétences correctement évaluées au regard des attentes des profils de poste tels que le *job design* les a définis, et par-delà les objectifs de l'entreprise, on n'obtiendra ni la performance ni la création de valeur attendues par l'organisation. La réussite des démarches GPEC étant conditionnée par la prise en compte des croyances et des valeurs des protagonistes, il convient de se préoccuper aussi de leurs intérêts.

Les pratiques encore approximatives des démarches d'évaluation des compétences laissent à croire qu'elles devraient être mieux pensées par leurs protagonistes. Tel est l'un des propos de cet ouvrage : aider les gestionnaires à approfondir leur réflexion en la matière, pour en optimiser leurs pratiques. Avant d'agir, mieux vaut d'abord réfléchir, certes. Et comme toute activité de gestion, la gestion des compétences ne s'improvise pas, elle se prépare. Toute activité de gestion produit des effets secondaires, voire des dommages collatéraux, tant sur l'environnement – social, économique – que sur les protagonistes. Il ne suffit pas de penser, puis d'agir en fonction de ses valeurs, de ses croyances ou de ses intérêts ; il convient d'évaluer les conséquences de ses actions de gestion sur son environnement tout en prenant en compte les intérêts, les valeurs et les croyances des différentes parties prenantes en présence. Cela vaut particulièrement pour les pratiques d'évaluation des compétences.

4.1 Évaluation des compétences : des responsabilités partagées et réciproques

Il convient de fait d'envisager les démarches d'évaluation des compétences sous l'angle de la responsabilité réciproque des protagonistes, qu'ils soient l'évaluateur ou l'évalué, en les mettant concrètement en présence : la gestion des compétences est un acte local aux répercussions globales qu'il convient d'appréhender avant de se lancer tête baissée dans l'action. En ces temps où la RSE (Responsabilité sociale d'entreprise) est devenue un peu plus qu'un phénomène de mode, la gestion des compétences offre à chacun la possibilité d'exercer sa responsabilité individuelle au quotidien. Pour l'évaluateur, comme pour l'évalué, c'est l'occasion de repenser sa posture, la finalité de ses actions et sa légitimité à gérer les compétences. Gérer les compétences en exerçant sa responsabilité, c'est agir avec bon sens. Utiliser son bon sens permet d'abord de découvrir qu'il est illusoire de croire que l'on peut « bien évaluer » les compétences en se contentant de ce qu'on a appris à l'école, à l'université ou dans les livres. Ce n'est pas nier l'apport des sciences, bien au contraire ; la posture scientifique rigoureuse prône elle-même la relativité de ses propres découvertes. Mais utiliser son bon sens permet ensuite d'agir, avec justesse, en fonction des situations professionnelles des postes de l'organisation, ainsi que de l'expérience des êtres humains. Cela suppose de comprendre le profil des emplois de l'intérieur, à partir du vécu de leurs titulaires et non pas à partir des seuls mots [21] d'une description de poste. Cela suppose pour le gestionnaire de percevoir les profils de salariés sans préjugés. Il n'y a, *a priori* pas de « bons » salariés au profil préformaté (par exemple : « être dynamique et motivé, combatif et avoir le sens de l'excellence », ce qui ne veut rien dire !). En revanche, il y a, derrière le vocable de « salariés », des personnes plus ou moins adaptées et adaptables à des situations à chaque fois singulières. L'évaluation des compétences est une démarche de « réflexion-action-réflexion » permanente, jamais terminée, non pas un recopiage de recettes toutes faites, recettes extérieures à la réalité des postes de l'organisation et aux réalisations de ceux qui les animent. Utiliser son bon sens enfin, c'est envisager avec humilité que l'on peut se tromper, même si l'on s'est bien préparé. Mais c'est aussi envisager que l'on a davantage de chances de valoriser le capital de compétences des salariés de l'organisation si on a préalablement « auditées » les valeurs des différentes parties prenantes et si l'on s'inscrit dans une attitude constructiviste qui laisse à tous de larges degrés de liberté.

---

21. Les mots peinent à traduire les émotions et donc le vécu (cf. Françoise Kourilsky, *Du désir au plaisir de changer*, Paris, Dunod, 4e éd., 2008). Et comme le disait l'historien de l'art Erwin Panofsky, réputé pour ses travaux sur le symbolisme caché des choses, « le mot « chien » n'a jamais mordu ».

Souvent, les situations d'évaluation des démarches GPEC sont perçues comme une épreuve de séduction. Pire, elles sont envisagées comme un rapport de force entre les protagonistes qui subiraient, impuissants, qui les aléas de la réglementation ou du marché de l'emploi interne, qui les restructurations, et donc le législateur ou encore l'état de l'économie. Comment s'y prendre pour concilier les intérêts des parties prenantes en présence ? Comment l'évaluateur peut-il valoriser le profil de compétences de tel salarié évalué qui correspondrait à court ou moyen terme au profil de tel emploi, utile pour l'organisation ? Comment le salarié peut-il convaincre l'évaluateur de le faire évoluer vers ce « job idéal » qui semble répondre à ses aspirations professionnelles et financières du moment ? Il est de l'intérêt de l'évaluateur de faire évoluer l'un des collaborateurs de l'organisation (dont on connaît les qualités comme les défauts) plutôt que de recruter un candidat extérieur qu'il faut découvrir, avec la marge d'erreur que comporte tout recrutement.

4.1.1 *S'intéresser à l'autre pour l'intéresser, fondement de la contractualisation « gagnant-gagnant »*

Les protagonistes ne sont pas aussi impuissants qu'il y paraît. Car, pour intéresser l'autre, il faut d'abord s'intéresser à lui, que l'on soit évaluateur ou évalué. S'intéresser à l'autre, c'est envisager la gestion des compétences autrement que sous des rapports de séduction ou de force. S'intéresser à l'autre, c'est bien se connaître avant d'envisager de connaître l'autre. S'intéresser à l'autre, c'est prendre en compte ses intérêts et ses valeurs, au regard de ses propres intérêts et valeurs… C'est là toute l'originalité de la « contractualisation gagnant-gagnant » : mettre en présence les stratégies des protagonistes, en toute transparence, pour qu'ils apprennent à mieux se connaître mutuellement afin de mieux s'intéresser à l'autre, et de l'intéresser, et favoriser une interaction qui crée de la valeur tant pour l'organisation que pour les acteurs en présence.

Pour mettre en œuvre cette contractualisation gagnant-gagnant, les protagonistes des démarches compétences doivent conduire une véritable révolution dans leur esprit. Au-delà de leurs pratiques et de leurs intérêts, les évaluateurs comme les évalués doivent remettre en cause leurs propres *croyances*, qui conditionnent leurs comportements. Ces croyances sont le plus souvent fondées sur la supériorité de la posture « économiste » (la maximisation du profit comme unique objectif). Cette posture est actuellement considérée comme la plus rationnelle de toutes les postures parce qu'allant de soi dans les organisations, focalisées sur la rentabilité financière qui devient la principale norme. Ces croyances éludent la posture « humaniste », qui s'intéresse au vécu des individus et groupes sociaux et donc entre autres aux valeurs qui les animent. Il ne s'agit pas de faire de l'humanisme angélique (détaché des réalités économiques) ou cynique (oripeaux pseudo-humanistes masquant la démarche économiste). Questionner les croyances, c'est remettre en cause les certitudes toutes faites, les fausses évidences et les illusions trompeuses qui découlent d'une action irréfléchie. Les protagonistes qui auront effectué cette mise en cause seront au final plus *efficaces* et plus *efficients* :

- *efficaces*, par l'atteinte des fins de gestion des compétences avec des pratiques et des moyens appropriés ;
- *efficients*, par la création de valeur pour l'entreprise, mais aussi pour les individus, évaluateurs comme évalués.

C'est le fondement même d'une démarche d'évaluation des compétences « gagnant-gagnant », à égale distance des postures économiste et humaniste.

4.1.2 *Des actes de gestion des compétences conditionnés par la stratégie de la démarche GPEC*

Au-delà du résultat explicitement attendu – optimiser les emplois et les compétences –, les actes de gestion des emplois et des compétences sont totalement conditionnés, en amont, par la stratégie plus ou moins explicite de l'entreprise qui justifie et guide ces actes de gestion et, en aval de cette stratégie, par les moyens qu'elle y consacre. Pour comprendre comment la stratégie et les moyens associés influent sur les résultats, voire sur la pratique d'une démarche d'évaluation, considérons la situation (fictive) suivante. Soit un évaluateur agissant de la même manière dans ses actes d'évaluation parallèlement dans deux entreprises différentes. Il constaterait que les résultats obtenus seraient différenciés, et ce, non pas du fait de ses actes d'évaluation, mais du fait des stratégies et des moyens en présence dans chacune des entreprises. Cela signifie en clair que l'évaluateur est soumis à des contingences socio-organisationnelles spécifiques à l'entreprise, qui conditionnent, à terme, l'atteinte des résultats que son organisation lui assigne en matière de gestion des compétences. Il convient à l'évaluateur d'en prendre conscience pour les appréhender et les décoder, avant de se lancer dans l'action, s'il veut optimiser ses résultats. Il convient de faire la part des choses entre ce qui est du ressort réel de l'évaluateur (son comportement, sa déontologie, voire son éthique) et ce qui est du ressort de la stratégie de gestion des compétences de l'organisation ou, à défaut d'une stratégie pensée en amont, de sa culture socioéconomique.

La stratégie de gestion des compétences d'une organisation, qu'elle soit formalisée ou non, va être fonction de nombreux facteurs qui la déterminent : son marché, sa structure (taille et organisation juridico-capitalistique), son histoire, sa culture, sa maturité, sa stratégie, la courbe de vie de ses produits, son corps social, etc. Une start-up émergente ne dispose pas véritablement d'une stratégie de gestion des compétences, en tant que telle. Une banque et une entreprise du secteur du bâtiment n'auront pas la même approche concernant leur stratégie de gestion des compétences. Les entreprises qui ont une certaine taille et un certain âge ont appris à standardiser leurs *process* ; elles étudient leurs populations selon différents critères (métier, âge, ancienneté) et les mouvements d'effectifs (et donc, anticipent les éventuelles « sorties »), elles planifient leurs flux de recrutement à l'avance, elles conçoivent et formalisent une politique de mobilité et de formation, en phase avec la stratégie « ressources humaines » qui découle elle-même de la stratégie d'entreprise. Elles vont de ce fait privilégier certains *sourcing*, certains cursus de formation. Elles identifient ainsi leurs besoins, à la fois qualitativement et quantitativement, ce qui détermine les moyens affectés à la conduite des démarches GPEC. Cet ensemble cadre l'activité et les comportements des protagonistes de l'évaluation, mais il peut également les enfermer dans certaines des illusions telles que vues en première partie…

Il serait absurde de penser qu'une entreprise, aussi petite soit-elle, ne puisse se doter d'une stratégie de gestion des compétences et de moyens en phase avec sa stratégie, bien au contraire. Le terme « stratégie de gestion des compétences » n'est pas réservé aux « grandes entreprises », aussi renommées soient-elles ; ce terme ne doit pas effrayer le dirigeant de PME. Derrière le mot de stratégie doit se dessiner une réalité qui, même si elle paraît impalpable ou immatérielle, a toute sa raison d'être : la stratégie de gestion des compétences est l'aboutissement d'une *réflexion* conduite en amont de l'acte de GPEC ; cette réflexion permet de déterminer le but qu'on cherche à atteindre et la manière dont on va l'atteindre, tant en termes de posture que de moyens. *La stratégie de gestion des compétences est une réflexion qui donne un sens aux actions de gestion des compétences, même les plus simples, et du sens aux protagonistes.* Elle est en cohérence avec la stratégie de l'entreprise et avec les ressources que cette dernière peut octroyer aux évaluateurs et qui conduiront la démarche compétence.

La démarche compétence n'étant pas une science exacte, la démarche d'évaluation puis de valorisation des compétences des salariés doit être préparée et structurée par ses acteurs s'ils veulent atteindre un résultat satisfaisant. La démarche d'évaluation et de valorisation des compétences des salariés repose sur l'état d'esprit « gagnant-gagnant ». L'état d'esprit « gagnant-gagnant » n'est pas une formule vide de substance, c'est une véritable posture qui donne du sens à chacune des actions de gestion et d'évaluation des emplois et des compétences. Parce qu'il est inconcevable qu'une entreprise fonctionne sans êtres humains et parce qu'il est inadmissible que des êtres humains désirant travailler vivent sans un travail décent, l'ambition sous-jacente à cet état d'esprit consiste à comprendre puis à prendre en compte les intérêts, tant humains qu'économiques, des évalués salariés comme des évaluateurs, pour mieux les servir.

4.1.3 *L'évaluation « gagnant-gagnant » : convergence des intérêts des protagonistes*

La démarche compétence « gagnant-gagnant » doit tendre vers un équilibre : *la prise en compte par chaque partie des intérêts et valeurs de l'autre partie pour faire valoir ses propres intérêts et valeurs.* Cet équilibre permet d'éviter les enjeux de pouvoir entre le salarié évalué et l'évaluateur et ainsi de subir ou faire subir les aléas du marché interne, voire externes de l'emploi. Comme nous allons le voir, le point d'orgue de la démarche compétence est l'évaluation « gagnant-gagnant ». En effet, l'évaluation « gagnant-gagnant » est le point de rencontre des deux parties qui ont chacune une « *offre* » et une « *demande* » :

- l'offre : l'offre du salarié évalué est son profil personnel de compétences acquises, l'offre de l'évaluateur représentant de l'organisation est l'emploi qu'il cherche à optimiser ;
- la demande : la demande du salarié évalué est son profil de poste idéal, la demande de l'évaluateur est le profil de compétences optimal, traduit en compétences requises.

L'évaluation « gagnant-gagnant » doit être un lieu d'échange et de dialogue qui permet au salarié évalué et à l'évaluateur de communiquer pour apprendre à se connaître, à se découvrir mutuellement. Pour optimiser ce temps passé à deux, chacun devra d'abord s'intéresser à l'autre pour savoir si ce qu'il propose correspond à son interlocuteur. Chacun devra ensuite intéresser l'autre à ce qu'il propose pour correspondre aux attentes de son interlocuteur. La situation d'évaluation des compétences, telle que nous l'envisageons, n'est pas une mise en relation binaire dans laquelle l'offre de l'un des protagonistes doit d'adapter à la demande de l'autre. L'évaluation « gagnant-gagnant » se fonde sur une interaction « bijective » où l'offre du premier protagoniste tend à correspondre à la demande du second tandis que, simultanément, la demande du premier tend à correspondre à l'offre du second. Il y va de l'intérêt respectif des protagonistes.

4.1.4 *Tordre le cou au mouton à cinq pattes !*

Évaluer les compétences dans les organisations, ce n'est pas chercher à se focaliser exclusivement sur un but hypothétique à atteindre, comme trouver *le mouton à cinq pattes*, supposé détenir toutes les qualités idéales et garantissant au manager qu'il n'échouera jamais dans ses missions. Nous voudrions « tordre le cou » à cet animal mythique qui subsiste, hélas, encore dans l'esprit de trop nombreux gestionnaires et managers. Pour preuve, nombre de salariés qui peinent à retrouver un poste à leur niveau de qualification initiale parce qu'ils ont été embauchés jeunes diplômés par des managers frileux (ou peu compétents ?) adeptes de l'adage « qui peut le plus, peut le moins ». Que l'on ne s'étonne pas après de constater le peu d'engagement des jeunes dans les entreprises… Le « mythe de l'excellence »[22] – et ses corollaires – constitue décidément une fable tenace dans le monde des entreprises, révélatrice d'une posture fondée sur une conception étroite de la gestion des compétences et plus largement des ressources humaines.

4.2 Évaluer les compétences : le jeu de l'offre et de la demande de chacun des protagonistes

Gérer les compétences dans les organisations, c'est s'assurer que les postures, les méthodes et les moyens mis en œuvre dans le processus de GPEC garantissent les décisions qui permettront l'optimisation de l'évaluation des compétences. Cela suppose également de permettre aux protagonistes de ne pas avoir à prendre nécessairement des décisions optimales. C'est ainsi accepter le droit à l'erreur, en prévoir le traitement sous une forme qui ne soit ni dégradante ni humiliante pour les protagonistes. Pour paraphraser Ford, il s'agit de s'assurer que les « *bonnes personnes* [soient] *aux bonnes places* »[23]. En d'autres termes, il convient de s'assurer que l'on évaluera (et cherchera à valoriser) les compétences des salariés, compétences adaptées aux situations professionnelles qu'ils auront à gérer au sein de l'organisation. Cela nécessite que les protagonistes des démarches GPEC se soient préparés correctement, sur la teneur tant de ce qu'ils *demandent*, mais aussi (et surtout !) de ce qu'ils *offrent*.

Car évaluer des compétences, ce n'est pas aller au « marché » pour acquérir (ou vendre) des « ressources », comme malheureusement une certaine vision des compétences ou le terme même de « ressources humaines » tendrait à le sous-entendre, nous l'avons vu. C'est une relation entre deux types de protagonistes clairement identifiés, responsables de ce qu'ils sont et de ce qu'ils font dans la situation qui les réunit. Ils interagissent afin d'atteindre un but commun : la contractualisation d'une collaboration professionnelle. Parce que ces protagonistes sont tous les deux porteurs simultanément d'une « *offre* » ET d'une « *demande* » (comme le synthétise le schéma ci-dessous), ils sont amenés à trouver un terrain d'entente relatif à leurs intérêts respectifs et réciproques, pour échanger et à terme contractualiser. Cette interaction bijective est le soubassement même de la démarche d'évaluation des compétences gagnant-gagnant qui s'établit entre évaluateur et évalué.

---

22. Cf. Aubert et V. de Gaulejac, *Le Coût de l'excellence* de N, *ibid.*, qui en démonte les mécanismes et met en exergue les différentes formes d'aliénation auxquelles ce mythe peut conduire les salariés, au sein des entreprises.
23. D'après la célèbre formule attribuée à Ford : « *the right man at the right place* ».

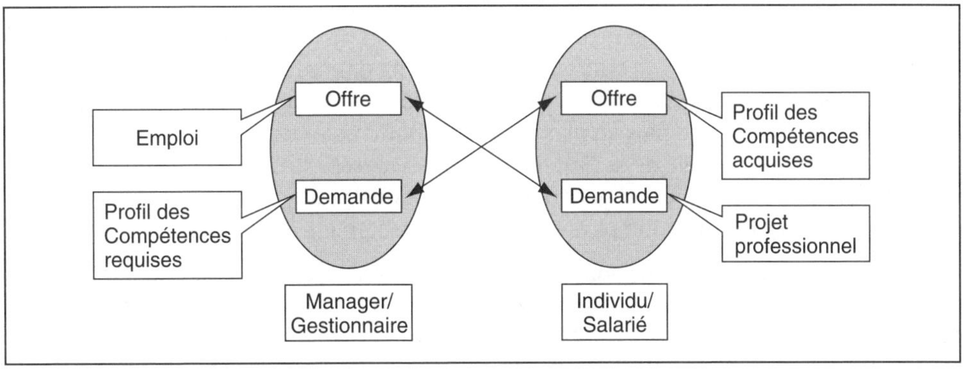

Le modèle de l'interaction bijective s'inspire du théorème mathématique décrivant la relation bijective des ensembles et dont voici la définition :

« *Application d'un ensemble A dans un ensemble B telle que deux éléments distincts de A aient deux images distinctes dans B (application injective) et que tout élément de B ait un antécédent et un seul dans A (application surjective)* » (in *Le Larousse illustré*, éd. 1992).

Dans le cadre des interactions qu'établissent les acteurs d'une situation de gestion des compétences en vue d'établir une *transaction* (par exemple lors d'une évaluation liée à une mobilité professionnelle au sein d'une organisation donnée), le schéma appliquant le théorème mathématique ci-dessus se traduit de la façon suivante :

- l'ensemble A représente *le manager/le gestionnaire* ; l'ensemble B représente *l'individu/le salarié* ;
- les deux images distinctes de A dans B : *l'offre* du manager/du gestionnaire (image 1) s'applique à la *demande* de l'individu/du salarié (image 1') ; la *demande* du manager/du gestionnaire (image 2) s'applique à *l'offre* de l'individu / salarié (image 2') ;
- les éléments de B (*l'offre et la demande de l'individu/du salarié*) ont pour seul antécédent respectivement *l'offre et la demande du manager/du gestionnaire* (l'offre de l'individu/du salarié ayant pour antécédent la demande du manager/du gestionnaire, l'offre du manager/du gestionnaire ayant pour antécédent la demande de l'individu / salarié).

FIGURE 28 • Modèle de l'interaction bijective

4.2.1 *De l'importance d'équilibrer offre et demande*

Il est important que l'évaluateur veille particulièrement à l'équilibre entre l'offre et de la demande de l'organisation qu'il représente et celles des salariés qu'il lui appartiendra d'évaluer. L'échec découlant du décalage entre le niveau de « l'offre » de l'entreprise et la « demande » de l'individu se concrétise très rarement de façon *manifeste*, c'est-à-dire par la démission du salarié évalué. L'échec se concrétise de plus en plus souvent de façon *latente* par le désengagement de ce dernier, par une démobilisation de plus en plus forte à mesure que les mois et les années passent, du fait du manque de perspectives d'évolution que son poste et son entreprise lui laissent entrevoir. En effet, un salarié à qui l'on a offert un emploi qu'il jugera sous-qualifié (offre inférieure à sa demande), mais qu'il aura peut-être accepté pour les promesses d'évolution qu'on lui aura faites (ou de l'évolution possible qu'il aura imaginée) ne cherchera pas à le quitter, de crainte de ne pas retrouver un autre emploi, plus conforme à ses aspirations. Il préférera « tenir plutôt que courir », même s'il trouve que l'emploi qu'il occupe est de plus en plus insatisfaisant du point de vue de sa propre réalisation professionnelle, au-delà de la simple satisfaction matérielle qu'il lui procure. En revanche, il est probable qu'il se désengagera et génèrera un mauvais climat de travail. C'est ce désengagement qui peut coûter plusieurs points de rentabilité à l'organisation [24].

S'entourer de personnel surqualifié – sur le principe de « qui peut le plus peut le moins » – afin de permettre au manager de prendre à peu de frais une « assurance » contre les « erreurs de casting » est une attitude doublement irresponsable. Premièrement, ce n'est en effet jamais le manager qui en fait les frais, mais toujours le salarié. Deuxièmement, cette attitude est au final coûteuse pour l'organisation. Cette pratique de surenchère au diplôme ne fait qu'accentuer le divorce entre les salariés (ce qui accroît leur désengagement et donc diminue leur efficience) tandis que les entreprises se trouvent décrédibilisées dans leur légitimité sociétale [25]. Ce phénomène rampant de désengagement peut coûter très cher à l'entreprise, du fait du manque à gagner que cela engendre, tant en termes d'efficacité organisationnelle à moyen terme, qu'en termes d'efficience pour l'actionnaire à plus long terme. Et pourtant, ce phénomène semble encore largement ignoré par les managers si l'on en juge les statistiques et les enquêtes menées auprès des salariés qui se plaignent du manque de perspectives d'évolution au sein des organisations [26].

4.2.2 *Ajuster ses critères d'évaluation des salariés : équilibrer son offre et sa demande*

Afin de toucher les salariés les plus en adéquation avec les emplois de l'organisation, l'évaluateur devra s'attacher à ne pas déséquilibrer :

- *son offre* : « sur-vendre » ou dévaloriser ses emplois par une communication inadaptée ;
- *sa demande* : envisager la recherche d'un « cador » surdimensionné ou d'un « mouton à cinq pattes » pour tel emploi qui ne l'exige pas ou, à l'inverse, susciter un profil sous-dimensionné du fait d'un cadrage insuffisant.

La confrontation de l'offre et de la demande des protagonistes doit tendre vers un équilibre, l'équilibre du profil de l'emploi considéré et du profil optimal du salarié, pour rester réaliste et pour tendre vers un jeu « gagnant-gagnant » avec les salariés proches de ce profil.

---

24. Daniel Labbé et Hubert Landier, *Le Management du risque social*, *op. cit.*

25. Nous renvoyons le lecteur à l'ouvrage d'Hubert Landier, *Divorce à la française : comment les Français jugent les entreprises*, Paris, Dunod, 2006, qui décrit ce phénomène de démobilisation et le cercle vicieux qui en découle.

26. Selon une dépêche de l'AEF en date du 19 décembre 2006, commentant une étude l'INSEE sur les déclassements socioprofessionnels, la mobilité progresse à tous les âges, mais c'est entre 30 et 34 ans qu'elle est la plus forte : entre 1998 et 2003, un tiers des actifs âgés de 30-34 ans ont changé de groupe social, contre un actif sur cinq entre 1980 et 1985. « Cette forte hausse est sans doute le signe, pour les jeunes, de recrutements effectués de plus en plus souvent en dessous du niveau de compétence, ces déclassements étant compensés ensuite par des promotions vers des métiers plus en accord avec la formation initiale. »

La formalisation de l'offre et de la demande « emploi et compétences » est un exercice délicat est paradoxal : il demande à l'évaluateur de ne pas s'arrêter aux seuls mots, ceux d'une fiche de poste, si elle existe ou ceux des titulaires du poste décrivant leur activité, et enfin, il nécessite de standardiser cette formalisation par une synthèse – faites de mots – en mesure de rendre compte de la réalité du poste de la façon la plus véridique. Pour dépasser les seuls mots, il est primordial d'entrer de plain-pied dans le « *vécu* » du poste. Pour se faire l'idée la plus juste du vécu du poste, l'évaluateur doit presque le ressentir lui-même, pour comprendre « de l'intérieur » les activités du poste et les comportements de succès avérés des titulaires les plus performants. Cela nécessite une démarche « terrain », consistant à s'imprégner du poste *in vivo*, idéalement en observant les titulaires du poste en situation réelle pour en saisir les principales subtilités, particulièrement les incidents critiques[27].

4.2.3 *Équilibrer l'offre et la demande : enjeux et issues*

Plusieurs cas de figure se présentent respectivement pour l'entreprise et le candidat, comme le montre le tableau ci-dessous.

TABLEAU 10 • Les différentes issues possibles lors des jeux de l'offre et de la demande entre organisation et salarié

		Organisation	
		Perdant	***Gagnant***
Salarié	***Gagnant***	**Cas 2** demande organisation > offre salarié offre organisation > demande salarié *Risque : candidat sous-dimensionné, dépassé par les incidents critiques, peu mobilisable et d'une efficacité faible. Application du principe de Peter[28]. Solution instable évoluant rapidement vers le cas n°1*	**Cas 4** demande organisation = offre salarié offre organisation = demande salarié *Risque : quasi nul. Développement conjoint*
Salarié	***Perdant***	**Cas 1** demande organisation # offre salarié offre organisation # demande salarié *Risque : désengagement fort, voire démission*	**Cas 3** demande organisation < offre salarié offre organisation < demande salarié *Risque : salarié surdimensionné, efficace rapidement, mais peu motivé par son emploi ; ennui professionnel.*

27. Pour la définition des incidents critiques, cf. note 3 page 245 au chapitre 1, 2.2 de la présente sous-partie.

28. Cf. le « principe de Peter » de Laurence J. Peter et Raymond Hull : « Tout employé tend à s'élever à son niveau d'incompétence. » Ce principe s'accompagne du « corollaire de Peter » : « Avec le temps, tout poste sera occupé par un incompétent incapable d'en assumer la responsabilité. » Dans les organisations, l'usage veut que les employés compétents soient promus, tandis que les incompétents restent à leur place. Les employés compétents grimpent la hiérarchie jusqu'à atteindre un poste pour lequel ils ne seront plus compétents. À ce stade, ils deviennent incompétents et occupent leur poste indéfiniment. Au final, un incompétent garde son poste tandis qu'un employé compétent est remplacé par un autre employé dès lors qu'il a été promu.

Cas 1 : jeu « perdant/perdant » pour les parties

Lorsque la demande ou l'offre de l'organisation ne correspond pas à l'offre ou à la demande des salariés, le jeu est toujours « perdant/perdant » pour les parties ; le résultat du jeu prévisible est, dans la quasi-totalité des cas, un fort désengagement, voire la démission des salariés concernés. Il faut également prendre en compte le manque à gagner pour l'organisation, du fait d'un poste non opérationnel pendant toutes les périodes.

Cas 2 : jeu « gagnant-perdant » en défaveur de l'organisation

Le gestionnaire privilégie son offre et sa demande au détriment de la demande et de l'offre des salariés : le jeu est potentiellement « gagnant-perdant » en défaveur de son organisation ; si, à terme, le gestionnaire favorise des salariés pas ou peu adaptés sur les emplois à pourvoir, ces derniers risquent d'être sous-dimensionnés et de se heurter à des situations critiques qu'ils auront du mal à gérer. Dans la pratique, l'organisation finit toujours par détecter l'incompétence du titulaire et à le faire passer dans la case n°1. Ceci signifie que cette hypothèse est vérifiée à très court terme seulement.

Cas 3 : jeu « perdant-gagnant » en faveur de l'organisation

À l'inverse, si le gestionnaire privilégie son offre et sa demande au détriment de l'offre et de la demande des salariés, ces derniers seront surdimensionnés pour le poste. Le gestionnaire fait jouer un jeu « perdant-gagnant » en faveur de son organisation : il est en effet fort probable que ce salarié, surdimensionné pour le poste, aille rechercher tôt ou tard un poste correspondant à son « envergure » ou qu'il se démobilise et se désinvestisse dans son poste… Dans ce cas, soit l'organisation détecte qu'elle a en son sein quelqu'un de surdimensionné et lui propose une évolution (ce à quoi le manager peut être tenté de s'opposer pour conserver cette "surcompétence"), soit le salarié « se remet sur le marché ».

Cas 4 : jeu « gagnant/gagnant » pour les parties

Lorsque la demande ou l'offre de l'organisation correspond à l'offre ou à la demande des salariés, le jeu est toujours « gagnant/gagnant » pour les parties ; dans la quasi-totalité des cas, ce jeu aboutit à une adaptation réelle du salarié à son emploi.

Les quatre cas cités ci-dessus, bien que schématiques, donnent instantanément une vue panoramique des résultats possibles en gestion des compétences, dans la dialectique du jeu de l'offre et de la demande. Ils permettent de mesurer immédiatement l'intérêt que représente pour l'évaluateur d'adopter avec les salariés le jeu le plus « gagnant-gagnant » possible, c'est-à-dire celui du cas n°4. On mesure tout l'intérêt de la posture « gagnant-gagnant ». Plus les protagonistes seront dans cet état d'esprit « gagnant-gagnant », moins ils prendront de risques : le risque de commettre des erreurs d'appréciation et de se tromper de salariés ou d'emploi, le risque de travailler pour rien, le risque de se dévaloriser aux yeux des autres (collaborateurs, collègues ou hiérarchie…). Il y va de l'intérêt de tous que l'évaluation réussisse à court terme, car celle-ci conditionne le succès de la démarche de gestion des compétences, à moyen terme, et leur valorisation à long terme.

Dans sa démarche de gestion des compétences « gagnant-gagnant », l'évaluateur « averti » sait qu'il n'y a ni « bons » ni « mauvais » salariés : il n'y a que des salariés adaptés aux situations critiques du poste proposé. L'évaluateur doit prendre le temps de s'interroger sur ses pratiques d'évaluation afin de mesurer combien ces dernières auront pu être profitables à ses actions d'évaluation et de gestion des compétences.

- L'évaluateur se lance-t-il dans sa recherche de salariés avec moins de préjugés, moins de certitudes, moins d'exigences qu'auparavant quant aux profils attendus (d'emploi, de compétences) ?
- Recherche-t-il les salariés les plus « adaptés » aux situations de ses postes, susceptibles de s'améliorer ou persiste-t-il à ne vouloir retenir que les « cadors » ou moutons à cinq pattes ?
- Face aux candidats, est-il vraiment dans des rapports « gagnant-gagnant » ou dans des rapports de séduction ou de force ?
- A-t-il réussi à intéresser l'autre à sa *demande* ? A-t-il réussi à attirer le salarié qui correspond le mieux à son *offre*, celui dont le profil correspond de manière optimale à l'emploi qu'il cherche à valoriser ?
- A-t-il ressenti la sérénité de celui qui, sachant qu'il s'est bien préparé, a davantage de chances de mieux gérer les compétences que celui qui improvise sa GPEC ?...

L'évaluateur devra garder en mémoire qu'il lui faudra également se donner le temps de réfléchir aux conséquences de ses pratiques : sont-elles plus *efficaces* et plus *efficientes* ?

- Sont-elles plus *efficaces* : les actions de GPEC atteignent-elles leurs buts avec un meilleur rendement, permettent-elles d'obtenir un résultat suffisamment acceptable, le moins mobilisateur de ressources ? Plus particulièrement, le manager pourra se poser les questions suivantes : comment les connaissances sont-elles partagées dans son équipe ? Comment pourra-t-il favoriser ce partage ? Ya-t-il, dans la structure, des collaborateurs performants qui ont acquis des compétences dans leur travail et à qui il faudrait proposer une évolution de carrière ?
- Sont-elles plus *efficientes* : les actions de GPEC permettent-elles d'atteindre ces buts en créant de la valeur tant économique que sociale, c'est-à-dire en permettant une meilleure performance pour l'organisation ? Permettent-elles de dégager des atouts et des compétences susceptibles de générer un avantage compétitif ? Parvient-on, dans l'organisation, à un véritable partage des responsabilités avec les collaborateurs ? Dans l'activité de l'organisation, n'y a-t-il pas des réalisations qu'il serait bon de faire connaître à l'extérieur (réseau de distribution, investisseurs) pour prouver la qualité de ses compétences propres ?
- Au-delà des intérêts de l'organisation, l'évaluateur peut-il évaluer les conséquences des actions de GPEC sur son environnement, prend-il réellement en compte les intérêts et les valeurs des salariés qu'il évalue ?

Si, à la majorité de ces questions, la réponse est positive, alors l'évaluateur aura réussi à conduire la révolution de la GPEC « gagnant-gagnant », tant dans son esprit que dans ses actes...

Conclusion

« Il s'agit moins de penser davantage que de penser autrement. »

Jean-Marie Domenach

L'illusion en matière de gestion des compétences n'est pas inéluctable. Elle peut être dépassée dès lors que ceux qui en sont les jouets la reconnaissent et acceptent un travail sur eux-mêmes : travail sur leurs certitudes toutes faites, travail sur leurs croyances, travail sur leurs valeurs. Ce travail sur soi est un préalable pour qui veut contribuer à créer de la valeur au sein des organisations.

Désormais, dans l'organisation, la création de valeur est centrale : elle en est non seulement l'une des principales finalités, mais aussi la garantie de sa pérennité. Cette création de valeur peut être orientée vers le producteur (le produit et l'organisation elle-même : c'est la valeur d'usage), vers le consommateur (le client final : c'est la valeur d'échange) et vers l'actionnaire (le propriétaire ou l'investisseur : c'est la valeur de rentabilité). Cette capacité à créer de la valeur, enfin, peut être sanctionnée par les marchés financiers (c'est la valeur de marché, si l'entreprise est introduite en Bourse). Le dosage entre ces diverses formes de création de valeur dépend de la stratégie de l'entreprise. La création de valeur dépend de la performance globale de l'entreprise. Il convient de s'assurer que tout, dans l'organisation, est en œuvre pour garantir cette performance, particulièrement sur le plan de la démarche compétence.

La performance globale de l'entreprise s'évalue à l'aune de la performance économique, de la performance sociale et de la performance environnementale. Dans cet ouvrage, nous nous sommes particulièrement attachés à montrer l'importance de la performance sociale comme condition de la performance globale de l'organisation.

Nous avons vu que le corps social pouvait grandement contribuer à la création de valeur à travers la recherche d'un avantage concurrentiel. Plusieurs conditions doivent être réunies. Principalement, le corps social doit être compétent et performant, et la performance sociale qu'il génère doit servir la stratégie de l'entreprise, sachant que la stratégie ne doit pas entrer en conflit avec les valeurs qui animent les salariés de l'organisation. Tout l'art du management repose sur sa capacité à identifier le socle commun de représentations sociales et à s'y appuyer pour mobiliser les compétences.

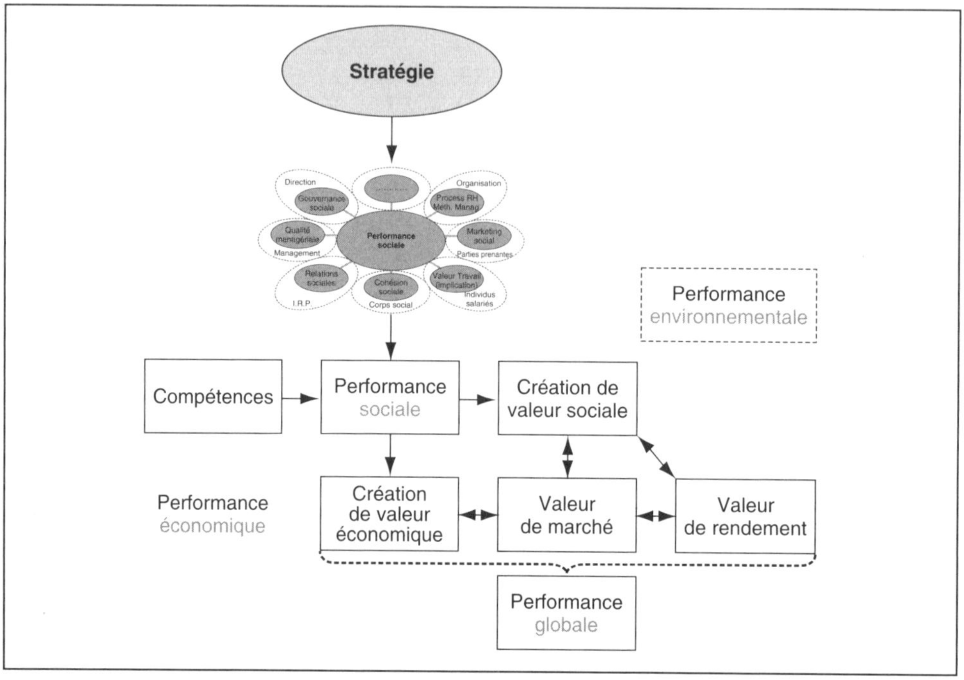

FIGURE 29 • Stratégie et création de valeur

La performance sociale peut être définie comme la capacité de l'organisation à faire travailler ensemble, de façon harmonieuse, les différents acteurs qui composent le corps social (et que nous avons schématisés dans cet ouvrage sous la forme de pétales d'une marguerite, cf. schéma 17) pour l'accomplissement d'une finalité économique (créer de la valeur) et d'une finalité humaine (créer du sens). Nous disions plus haut que l'une des conditions de cette performance sociale était que les personnels soient compétents et performants. Ces deux facteurs sont intimement liés : il faut être compétent pour être performant, mais la performance, par boucle de rétroaction, alimente la compétence.

De tout ce que nous avons écrit, le lecteur retiendra que la notion de compétence est sous-jacente à chaque pétale de la marguerite. C'est la notion de compétence collective qui unit tous les pétales de la marguerite (les facteurs de performance des différentes parties prenantes de l'organisation). C'est elle également qui explique les rétroactions circulaires dont nous avons parlé, en gardant à l'esprit que tous les acteurs vont avoir des perceptions différentes, parfois très différentes de cette notion.

C'est la raison pour laquelle il faut, avant toute chose, éluder les paradigmes qui conduisent aux illusions d'une gestion des compétences qui mutilent l'Homme au travail, tant symboliquement que physiquement. Peut-être est-ce là l'acte de management fondamental dans une société qui tend de plus en plus à faire appel à l'Homme dans sa complétude. C'est pourquoi, plutôt que d'essayer de gérer les compétences avec des paradigmes dépassés, mieux vaut chercher à mobiliser les compétences avec des paradigmes qui mettent les hommes au centre des préoccupations de l'organisation, ou tout du moins éviter de les démobiliser.

Peut-être jugera-t-on que l'approche proposée dans cet ouvrage est en rupture avec les pratiques courantes des organisations. Cette rupture doit être pensée et voulue au plus haut niveau de l'organisation pour refonder la démarche GPEC, puis pour être déclinée dans chaque pétale de la marguerite de la performance sociale. Bien entendu, un tel changement de paradigme prend du temps. La réponse du personnel, plus positive qu'on ne le croit (cf. l'étude sur la valeur travail), est souvent facteur de bonne surprise, par sa qualité, son amplitude et sa rapidité à se manifester. Les difficultés sont plutôt à attendre de certains qui y verraient « du travail en plus » ou qui, pire, ne sauraient remettre en question leurs certitudes toutes faites.

Dans cet esprit, la direction se devra de décliner sa stratégie sociale comme un appui de la stratégie générale. Elle devra veiller à ce que la démarche compétence soit reformulée et fondée selon les paradigmes d'une vision complète de l'Homme au travail. Elle devra veiller également à la complémentarité des messages de communication internes et externes, à leur crédibilité auprès de leur cible, et à leur cohérence globale. Dans notre société de communication totale, il est devenu aisé de vérifier que le discours est confirmé par les actes ou par les faits. Il est également aisé de signaler au plus grand nombre des incohérences flagrantes entre les discours et les actes. Attention, donc, aux effets d'annonces infondées.

Le management joue un rôle capital dans la transmission de ces messages et dans l'effort pour les faire vivre sur le terrain. La mobilisation des compétences est un exercice difficile qui repose sur la confiance et sur l'échange entre les acteurs. Le management est en première ligne. « Manager premier RH » disait Michel Bon quand il était à la tête du Groupe France Télécom. La gestion des compétences n'est pas une fin en soi : il faut les cultiver et les développer pour rendre les salariés acteurs de leur propre développement. Pour cela, il faut écouter, expliquer, coacher, insuffler du sens au quotidien. C'est la raison pour laquelle nous définissons le manager comme le premier gestionnaire des compétences, et non comme un gestionnaire fonctionnel quelconque, aussi talentueux soit-il.

Les partenaires sociaux ont également leur place dans la mobilisation des compétences et la création de valeur, parce que, comme les managers, ils sont sur le terrain et recueillent des informations très utiles, qui ne se sont peut-être pas exprimées par les canaux hiérarchiques habituels. De plus, leur sensibilité sociale peut en faire de bons « gardiens du temple humain », pour éviter les dérives qui pourraient exister ici et là, principalement localement, mais aussi parfois globalement. Cela suppose qu'ils soient formés et indépendants des enjeux idéologiques qui dépassent la vie quotidienne de l'organisation.

Le corps social et les individus qui le composent sont bien sûr directement impliqués, parce qu'il s'agit de leurs compétences. Nous insisterons simplement ici sur la nécessité de sensibiliser les salariés au dosage que l'organisation cherche à instaurer entre valeur d'usage, valeur d'échange et valeur de rentabilité. Ce dosage déterminant la relation au travail des salariés, il alimentera leur valeur travail dont dépendent leur implication et leur engagement.

L'organisation des activités et les processus contribuent de façon considérable au développement des compétences des personnels ou, au contraire, à leur disparition. Certes, l'organisation doit chercher l'efficacité et l'efficience, mais globalement, en intégrant les collaborateurs dans leur globalité. Une attention particulière devra être apportée au *job design* et à tout ce qui, dans le champ du socio-organisationnel, peut générer un stress excessif, du fait d'un écart trop important entre le prescrit et le vécu.

Nous l'avons vu, la notion de compétence est sous-jacente à chacun des pétales de la marguerite. Il est donc essentiel de réfléchir à l'application stratégique, commerciale, financière et humaine que l'on veut donner à ce concept. Puis il s'agit de le faire vivre, de le faire grandir, de le rendre palpable par les acteurs internes que sont le management et les salariés. Enfin, de le distiller dans les relations avec les parties prenantes externes (clients, actionnaires, collectivités locales...), afin qu'il enrichisse la relation avec ces derniers et, en retour, ouvre des perspectives nouvelles à la notion de compétence.

Nous fermerons cette conclusion sur trois réflexions.

- La première concerne l'instrumentation de gestion informatisée des compétences qui inclut (les fameux ERP). Celle-ci peut être utile, mais elle ne doit pas devenir centrale dans la démarche compétence et particulièrement il ne faut pas éluder la réflexion épistémologique à conduire en amont. C'est la raison pour laquelle nous avons développé notre propos sur ce dernier aspect, trop facilement évacué. Lorsque l'organisation décide d'avoir recours à un ERP, elle devra être attentive aux présupposés idéologiques qui le constituent, qui peuvent entrer en conflit avec les valeurs et les représentations du corps social.
- Ensuite, la mobilisation des compétences, en tant que mise en harmonie sociale, peut nécessiter un chef d'orchestre dans des organisations étendues. Son rôle est de porter le message de la direction générale et de permettre la démultiplication du concept. Ce référent doit être un passeur, un facilitateur qui doit se garder de ses propres présupposés en la matière.
- Enfin, il existe des démarches et outils de mesure de la performance sociale. Disposer d'indicateurs en la matière permet d'orienter les efforts et les messages dans le sens de leur meilleure efficacité. Outre l'analyse de la représentation sociale du travail, il existe des démarches d'audit de la performance sociale permettant de cerner le vécu du corps social dans l'organisation, l'implication et l'engagement des salariés au travail. S'équiper d'un tableau de bord de suivi de la performance sociale n'est pas plus absurde que de disposer d'un tableau de bord de suivi de la performance économique.

  L'audit de performance sociale révèle :

- la cohérence perçue des facteurs de performance sociale et du rôle des parties prenantes par l'ensemble des acteurs impliqués dans et par l'organisation ;
- l'écart entre le prescrit organisationnel et le vécu quotidien au travail ;
- l'interaction vécue entre les acteurs face à l'écart éventuel entre prescrit organisationnel et vécu au travail et comment il fait sens (ou parfois non-sens) : on parle alors de climat social, d'ambiance de travail ou encore de « travailler-ensemble », comme partie constituante du lien social existant au sein de l'organisation.

Toute velléité d'évaluation de la performance sociale se doit de faire appel à la méthodologie de l'audit. Cette méthodologie permet des évaluations et des mesures à l'aide d'un référentiel et d'un questionnaire validés et normés scientifiquement ; c'est une condition *sine qua non* du sérieux de la démarche d'audit. Un tel audit doit permettre de détecter les facteurs d'engagement et d'implication afin d'identifier les éventuelles sources de démobilisation (l'éventuel risque social) à la fois globalement mais aussi par entité de travail, par métier ou ancienneté. Un tel audit doit donner matière à travailler les points précis d'amélioration de la performance sociale, en agissant sur les facteurs de désengagement ou de « désimplication » et ainsi permettre de mieux mobiliser les compétences.

« Agir en homme de pensée et penser en homme d'action. »

Henri Bergson

Bibliographie

Abric Jean-Claude, *Coopération, compétition et représentations sociales*, Cousset, Del Val, 1987.

Abric Jean-Claude (dir.), *Méthodes d'étude des représentations sociales*, Ramonville-St-Agne, ERES, 2003.

d'Arcimoles C.H., *Gestion des compétences*, Paris, Liaisons, 2008.

Arendt Hannah, *Condition de l'homme moderne*, Paris, Press Pockett, coll. Agora, 1993.

Argyris Chris et Schön Donald, *Apprentissage organisationnel. Théorie, méthode, pratique*, Bruxelles, De Boeck, 2002.

Askenazy Philippe, *Les Désordres du travail*, Paris, Seuil, coll. La République des Idées, 2004.

Aubert Nicole et de Gaulejac Vincent, *Le Coût de l'excellence*, Paris, Seuil, 1991.

Boudon et Bourricaud, *Dictionnaire critique de la sociologie*, Paris, PUF, coll. Quadrige, 2002.

Bourdieu Pierre, *Raisons pratiques*, Paris, Seuil, coll. Points, 1996.

Chanlat Jean-François (dir.), *L'Individu dans l'organisation : les dimensions oubliées*, PUF Laval, Éd. ESKA, 1990, 2007.

Coutrot Thomas, *Critique de l'organisation du travail*, Paris, La Découverte, coll. Repères, 2002.

Crozier Michel, Friedberg Erhart, *L'Acteur et le système*, Paris, Seuil, 1977.

Dupuich-Rabasse Françoise (dir.), *Gestion des compétences et knowledge management*, Paris, Liaisons, 2002.

Flament Claude et Rouquette Michel-Louis, *Anatomie des idées ordinaires*, Paris, A. Colin, 2003.

Freud Sigmund, *Totem et Tabou*, Payot, Paris, 1913, 1965.

Freud Sigmund, *L'Avenir d'une illusion*, Paris, PUF, coll. Quadrige, 1923, 1999.

Friedmann Georges, *Le Travail en miettes*, 1956, rééd. Paris, Gallimard, coll. Idées, 1964.

Gauchet Marcel, *Le Désenchantement du monde*, Paris, Gallimard, coll. Folio essais, 1985.

Gilbert Patrick et Schmidt Géraldine, *Évaluation des compétences et situations de gestion*, Paris, Economica, coll. Recherche en gestion, 1999.

Gilbert Patrick, *L'Instrumentation de gestion, science humaine ?*, Paris, Economica, coll. Gestion, 1998.

Girard René, *La Violence et le sacré*, 1972.

Girard René, *Le Bouc émissaire*, 1982.

Hegel Georg Wilhelm Friedrich, *La Phénoménologie de l'Esprit*, 1807.

Heidegger Martin, *Être et Temps*, 1927.

Herzberg Frederick, *Le Travail et la nature de l'homme*, Paris, Entreprise moderne d'édition, 1971.

Hoarau Christian et Teller Robbert, *Création de valeur et management*, Paris, Vuibert, coll. Entreprendre, 2001.
Husserl Edmund, *Leçons pour une phénoménologie de la conscience intime du temps*, Presses universitaires de France, 1996.
Jonas Hans, *Le Principe Responsabilité* (1979), trad. Jean Greisch, Paris, Cerf, 1990.
Joule Robert-Vincent, et Beauvois Jean-Léon, *La Soumission librement consentie*, Paris, PUF, 1998.
Klarsfeld Alain et Olry Ewan (dir.), *Gérer les compétences : des instruments aux processus*, Paris, Vuibert/AGRH, 2003.
Khun Thomas, *Structure des révolutions scientifiques*, 1962.
Labbé Daniel et Landier Hubert, *Le Management du risque social*, Paris, Éd. d'Organisation, 2004.
Landier Hubert, *Divorce à la française : comment les Français jugent les entreprises*, Paris, Dunod, 2006.
Latour Bruno, *Aramis ou l'amour des techniques*, Paris, La Découverte, 1992.
Le Boterf Guy, *Construire les compétences individuelles et collectives*, Paris, Éd. d'Organisation, 2e éd., 2003.
Legendre Pierre, *La Fabrique de l'homme occidental*, Paris, Mille et une Nuits, 2000.
Lévi-Strauss Claude, *Anthropologie structurale*, Paris, Plon, 1958.
Levy-Leboyer Claude, *La Gestion des compétences*, Paris, Éd. d'Organisations, 2002.
Marx Karl, *Travail salarié et capital*, 1849.
Méda Dominique, *Le Travail. Une valeur en voie de disparition*, "Alto", Aubier, rééd. Champs-Flammarion, 1998.
Merleau-Ponty Maurice, *Phénoménologie de la perception*, Paris, Gallimard, collection Bibliothèque des Idées, 1945.
Mintzberg Henry, *Structure et dynamique des organisations*, Paris, Les Éd. d'Organisation, 1994.
Morin Edgar, *Introduction à la pensée complexe*, Paris, Seuil, 2005.
Moscovici Serge, *Psychologie sociale*, Paris, PUF, 1984.
Pavé Francis, *L'Illusion informaticienne*, Paris, L'Harmattan, 1989.
Nietzsche Friedrich Wilhelm, *Le Gai Savoir*, 1882.
Nietzsche Friedrich Wilhelm, *Par-delà le bien et le mal*, 1886.
Penrose Edith, *The Theory of the growth of the firm*, Oxford, Oxford University Press, 1959.
Philippon Thomas, *Le Capitalisme d'héritiers : La crise française du travail ?*, Paris, Seuil, coll. La république des idées, 2007.
Piaget Jean, *Psychologie et épistémologie*, Gonthiers Denoël, Paris, coll. Médiations, 1970.
Piaget Jean, *L'épistémologie génétique*, Que sais-je ?, PUF.
Porter Michael. E., *L'Avantage concurrentiel*, Paris, InterEditions, 1986.
Ricœur Paul, *À l'école de la phénoménologie*, Vrin, 1986.
Rojot Jacques, *Théories des organisations*, Paris, ESKA, 2003.
Veyne Paul, *Les Grecs ont-ils cru à leurs mythes ?*, Paris, Seuil, coll. Points essais, 1983.
Weber Max, *Sociologie de la Musique*, Paris, Métailié, 1998, coll. Leçons de choses.
Weber Max, *L'Éthique protestante et l'esprit du capitalisme* (1904-1905), Gallimard 2003.

Liste des figures

Liste des tableaux

Table des matières

Sous-partie B
Pourquoi en est-on arrivé là ?
Analyse et pronostic

Sous-partie B
Travail sur le sens : pour une nouvelle approche des compétences et pour une autre vision de l'homme au travail

Chapitre 11